全国土建类执业资格考试辅导用书系列

注册安全工程师执业资格考试

安全生产法及相关法律知识

华职教育建筑考试研究院 编著

4套 + **2套** + **4套**

仿真模拟演练试卷　　考前冲刺密押试卷　　历年考试真题试卷

东南大学出版社
·南京·

内容简介

本套试卷共分四部分:第一部分为备考指南和历年真题高频考点名师揭秘;第二部分为仿真模拟演练试卷和参考答案及精解精析;第三部分为考前冲刺密押试卷和参考答案及精解精析;第四部分为历年考试真题试卷和参考答案及精解精析。

图书在版编目(CIP)数据

安全生产法及相关法律知识/华职教育建筑考试研究院编著. —南京:东南大学出版社,2015.4

注册安全工程师执业资格考试辅导用书

ISBN 978-7-5641-5613-8

Ⅰ.①安… Ⅱ.①华… Ⅲ.①安全生产法-中国-安全工程师-资格考试-自学参考资料 Ⅳ.①D922.54

中国版本图书馆 CIP 数据核字(2015)第 060092 号

安全生产法及相关法律知识

出版发行:	东南大学出版社
社 址:	南京市四牌楼2号,邮编210096
出 版 人:	江建中
印 刷:	三河鑫鑫科达彩色印刷包装有限公司
开 本:	787mm×1092mm 1/8
印 张:	18
字 数:	374 千
版 次:	2015年4月第1版
印 次:	2015年4月第1次印刷
书 号:	ISBN 978-7-5641-5613-8
定 价:	40.00元

(凡因印装质量问题,请直接与营销中心调换,电话:025—83791830)

前言 PREFACE

注册安全工程师是指通过全国统一考试,取得《中华人民共和国注册安全工程师执业资格证书》,并经注册的专业技术人员。注册安全工程师执业资格考试是由人力资源和社会保障部、会同国家安全生产监督管理总局共同组织实施的一项职业资格准入制度的考试,每年在全国范围内举行一次。

注册安全工程师执业资格考试包括《安全生产法及相关法律知识》《安全生产管理知识》《安全生产技术》和《安全生产事故案例分析》四个科目。《安全生产法及相关法律知识》主要考查安全生产工作密切相关的法律、法规和部门规章。《安全生产管理知识》主要考查安全生产管理的基本原理、主要方法和主要内容。《安全生产技术》主要考查综合性及矿山、建筑和危险化学品高危行业的安全生产技术。《安全生产事故案例分析》属于综合性考查科目,考查范围涵盖了安全生产实际工作中有关危险有害因素辨识、安全技术措施制定、安全生产规章制度制定、安全教育培训、事故应急救援、事故调查处理和安全生产统计分析等内容。

为了帮助考生在激烈的竞争中顺利通过全国注册安全工程师执业资格考试,本套试卷在深入剖析历年注册安全工程师执业资格考试真题命题规律的基础上,浓缩了各科目的最新考前预测之精华编写而成。

本套试卷具有以下几个显著特点。

真题精解 本套试卷精选了最近四年的考试真题,并对真题进行了详细的讲解,可以帮助考生了解考试的考点及设题角度。通过对历年真题及解析的详细分解,帮助考生更好地理解命题的规律和解题的思路。

试题精选 本套试卷的仿真模拟演练试卷和考前冲刺密押试卷的试题都是经过精心筛选,严格依据最新考试大纲,并参考指定教材精编而成。试题力求在全面覆盖知识点的同时,做到突出重点。

学练合一 本套试卷每道试题均配有详细的解析,并标注了该考点在教材中的具体页码,方便考生进行对照学习,提高备考效率,并能做到有针对性地学习,把握教材与试题之间的联系,做到学练合一。

本套试卷在编写时参考或引用了部分单位、专家学者的资料,得到了许多业内人士的大力支持,在此表示衷心的感谢。但限于编者水平有限和时间紧迫,书中疏漏及不当之处在所难免,敬请广大读者批评指正。

华职教育建筑考试研究院

目录 CONTENTS

仿真模拟演练试卷和参考答案及精解精析

全国注册安全工程师执业资格考试《安全生产法及相关法律知识》仿真模拟演练试卷(一)和参考答案及精解精析

全国注册安全工程师执业资格考试《安全生产法及相关法律知识》仿真模拟演练试卷(二)和参考答案及精解精析

全国注册安全工程师执业资格考试《安全生产法及相关法律知识》仿真模拟演练试卷(三)和参考答案及精解精析

全国注册安全工程师执业资格考试《安全生产法及相关法律知识》仿真模拟演练试卷(四)和参考答案及精解精析

考前冲刺密押试卷和参考答案及精解精析

全国注册安全工程师执业资格考试《安全生产法及相关法律知识》考前冲刺密押试卷(一)和参考答案及精解精析

全国注册安全工程师执业资格考试《安全生产法及相关法律知识》考前冲刺密押试卷(二)和参考答案及精解精析

历年考试真题试卷和参考答案及精解精析

全国注册安全工程师执业资格考试

《安全生产法及相关法律知识》
仿真模拟演练试卷(一)

(考试时间150分钟)

题 号	一	二	总分	
题 分	70	30	核分人	
得 分			复查人	

得 分	评卷人

一、单项选择题(共70题,每题1分。每题的备选项中,只有一个最符合题意)

1. 下列关于社会规范的表述不正确的是 ( )
   A. 法律规范是社会规范的一种
   B. 法律规范由假定、处理、制裁三个要素组成
   C. 社会规范与技术规范是平等的两个序列,同属规范的范畴
   D. 社会规范与法律规范不同,它没有阶级划分

2. 关于安全生产法律体系的特征,下列说法错误的是 ( )
   A. 法律规范的内部影响具有约束性
   B. 法律规范的内容和形式具有多样性
   C. 法律规范的调整对象和阶级意志具有统一性
   D. 法律规范的相互关系具有系统性

3. 《安全生产法》之所以称为我国安全生产的基本法律,是就其在各个有关安全生产的法律、法规中的主导地位和作用而言的,是指它在安全生产领域内具有_____,主要解决安全生产领域中普遍存在的基本法律问题。 ( )
   A. 适用范围的基本性、法律制度的广泛性、法律规范的概括性
   B. 适用范围的广泛性、法律制度的基本性、法律规范的概括性
   C. 适用范围的概括性、法律制度的基本性、法律规范的广泛性
   D. 适用范围的广泛性、法律制度的概括性、法律规范的基本性

4. 根据《安全生产法》的规定,发现危及从业人员生命安全的情况时,工会有权_____从业人员撤离危险场所。 ( )
   A. 代表生产经营单位决定
   B. 命令现场负责人组织
   C. 向生产经营单位建议组织
   D. 采取紧急指挥措施组织

5. 生产经营单位与从业人员订立协议,免除或者减轻其对从业人员因生产安全事故伤亡依法应承担的责任的,该协议无效;对生产经营单位的_____处2万元以上10万元以下的罚款。 ( )
   A. 项目负责人、工会
   B. 技术负责人、个人经营的投资人
   C. 股东、工会代表
   D. 主要负责人、个人经营的投资人

6. 2013年4月25日,某服装公司发生火灾,造成20人死亡、45人受伤,该公司董事长周某年龄比较大,因患病常年在医院接受治疗,不能主持该公司的日常工作。公司总经理赵某于2012年6月出国参加学习一直未归,赵某出国期间,由公司常务副总经理黄某全面主持工作,公司由综合管理部负责安全生产管理工作,综合管理部主任高某,另外还配备一名专职的安全员负责现场安全监督管理工作。依据《安全生产法》,针对该事故,该公司应当被追究法律责任的主要负责人是 ( )
   A. 常务副总经理黄某
   B. 总经理赵某
   C. 董事长周某
   D. 综合管理部主任高某

7. 依据《安全生产法》的规定,除须由决策机构集体决定安全生产投入的之外,生产经营单位拥有本单位安全生产投入的决策权的是 ( )
   A. 兼职安全生产监督管理人员
   B. 专职安全生产监督管理人员
   C. 项目经理
   D. 主要负责人

8. 依据《安全生产法》的规定,特种作业人员的范围由_____会同国务院有关部门确定。 ( )
   A. 全国人民代表大会
   B. 国务院负责安全生产监督管理的部门
   C. 各地人民政府
   D. 国防科技工业主管部门

9. 安全生产法律责任的形式中,_____在追究安全生产违法行为的法律责任方式中运用最多。 ( )
   A. 赔偿责任
   B. 刑事责任
   C. 民事责任
   D. 行政责任

10.《安全生产法》第一次在安全生产立法中设定了_____责任,这是安全生产立法的一大突破。（   ）
A. 刑事赔偿
B. 经济补偿
C. 民事赔偿
D. 国家赔偿

11. 根据《矿山安全法》的规定,矿山企业必须对作业场所中的有毒有害物质和井下空气的_____进行检测,保证符合安全要求。（   ）
A. 含氢量
B. 含氧量
C. 含氮量
D. 含氯量

12.《矿山安全法》规定了职工享有的权利,下列不属于这一权利的是（   ）
A. 有权获知重大事故处理情况
B. 有权获得作业场所安全与职业危害方面的信息
C. 对任何危害职工安全健康的决定和行为,有权提出批评、检举和控告
D. 有权向有关部门和工会组织反映矿山安全状况和存在的问题

13. 依据《矿山安全法》的规定,已经投入生产的矿山企业,不具备安全生产条件而强行开采的,由安全生产监督管理部门（   ）
A. 责令停产整顿
B. 责令限期改进
C. 吊销采矿许可证
D. 吊销营业执照

14. 依据《消防法》的规定,消防安全布局、消防站、消防供水、消防通信、消防车通道、消防装备等内容,应由_____纳入城乡规划。（   ）
A. 安全监管部门
B. 公安消防机构
C. 地方各级人民政府
D. 建设行政主管部门

15. 建设工程应当按照_____需要进行设计,除另有规定外,建设单位应当将消防设计文件报公安机关消防机构备案。（   ）
A. 国家消防技术标准
B. 国家消防安全标准
C. 国家建筑消防设计标准
D. 国家工程建设消防技术标准

16.《道路交通安全法》规定,在道路上发生交通事故,仅造成_____,并且基本事实清楚的,当事人应当先撤离现场再进行协商处理。（   ）
A. 人身伤亡
B. 轻微财产损失
C. 1 人死亡
D. 2 人重伤

17. 根据《道路交通安全法》,机动车在公路上运载超限的不可解体的物品的,应该（   ）
A. 吊销执照
B. 处以 100 元以上 500 元以下的罚款
C. 避让其他车辆
D. 按规定的路线、速度、时间行驶

18. 依照《道路交通安全法》的规定,下列不属于同车道行驶的机动车不得超车情形的是（   ）
A. 行经市区交通流量小的路段
B. 与对面来车有会车可能
C. 前车为执行紧急任务的警车、消防车、救护车、工程救险车
D. 有前车正在左转弯、掉头、超车

19.《突发事件应对法》按照社会危害程度、影响范围等因素,一般将突发事件分为_____级。（   ）
A. 三
B. 五
C. 四
D. 六

20. 依据《刑法》的规定,不属于刑法的基本原则的是（   ）
A. 有罪必罚原则
B. 罪刑法定原则
C. 适用刑法平等原则
D. 罪刑相适应原则

21.《刑法》规定,为了使国家、公共利益、本人或者他人的人身、财产和其他权利免受正在发生的危险,不得不采取的紧急避险行为,造成损害的,（   ）
A. 依据《刑法》从轻处罚
B. 依据《刑法》减轻处罚
C. 不负刑事责任
D. 依据《刑法》承担刑事责任

22. 某矿山现场指挥作业的负责人赵某在未采取足够安全保障措施的情况下,不顾工人的反对意见,强令工人从事爆破作业,造成5人死亡,13人重伤的事故。依据《刑法》的有关规定,下列关于赵某应负刑事责任的说法,正确的是 （　　）
   A. 处5年以上有期徒刑
   B. 处3年以下有期徒刑或者拘役
   C. 处3年以上7年以下有期徒刑
   D. 处5年以下有期徒刑或者拘役

23. 依据《行政许可法》的规定,将行政许可分为一般许可、特许、认可、核准和 （　　）
   A. 执行
   B. 登记
   C. 审查
   D. 证明

24. 行政相对人的法律责任不包括 （　　）
   A. 被许可人以欺骗、贿赂等不正当手段取得行政许可的违法犯罪行为
   B. 行政许可申请人隐瞒有关情况或提供虚假材料申请行政许可的违法行为
   C. 行政机关工作人员在办理行政许可、实施监督检查,索取或收受他人财物或者谋取其他利益的违法犯罪行为
   D. 行政相对人违法从事行政许可,超越行政许可范围进行活动的违法犯罪行为

25. 《劳动法》规定,禁止用人单位安排女职工在经期从事高处、低温、冷水作业和国家规定的_____体力劳动强度的劳动。 （　　）
   A. 任意等级
   B. 第一级
   C. 第二级
   D. 第三级

26. 《职业病防治法》所称的职业病中的用人单位,是指企业、事业单位和_____等。 （　　）
   A. 国家机关
   B. 部队
   C. 个体经济组织
   D. 其他任何组织

27. 《职业病防治法》规定,对可能发生急性职业损伤的有毒、有害工作场所,用人单位应当配置_____、应急撤离通道和必要的泄险区。 （　　）
   A. 性能稳定的通信工具
   B. 急救交通车辆
   C. 现场专职医疗人员
   D. 现场急救用品、冲洗设备

28. 依据《职业病防治法》的规定,建设项目竣工验收前,应当由_____进行职业病危害控制效果评价。 （　　）
   A. 卫生行政部门
   B. 建设单位
   C. 劳动保障行政部门
   D. 安全生产监督管理部门

29. 《职业病防治法》规定,职业病危害严重的建设项目的防护设施设计,应当经_____进行卫生审查,符合国家职业卫生标准和卫生要求的,方可施工。 （　　）
   A. 劳动部
   B. 人民政府
   C. 卫生行政部门
   D. 人力资源和社会保障部

30. 《职业病防治法》规定,履行职业病防治监督检查职责时,关于卫生行政部门有权采取的措施,下列说法错误的是 （　　）
   A. 责令暂停导致职业病危害事故的作业
   B. 责令违反职业病防治法律、法规的单位和个人停止违法行为
   C. 进入被检查单位和职业病危害现场,了解情况,调查取证
   D. 查阅或者复制与违反职业病防治法律、法规的行为有关的资料和采集样品

31. 下列不属于劳动行政部门监督管理的特点的是 （　　）
   A. 监督管理的主体是代表国家行使监督管理职权的劳动行政部门
   B. 劳动行政部门的监督管理是《劳动合同法》监督检查的唯一方式
   C. 劳动行政部门监督管理是一种行政法律行为
   D. 劳动行政部门监督管理是一种执法行为

32. 《安全生产许可证条例》按照_____发证的原则规定了安全生产许可证的颁发机关。 （　　）
   A. 逐级
   B. 依法
   C. 两级
   D. 一级

33. 根据《安全生产许可证条例》规定,煤矿企业在领取煤炭生产许可证前,必须依法申请领取安全生产许可证,其煤矿安全生产许可证的颁发管理机关是 （　　）
   A. 国家煤矿安全监察机构
   B. 县级以上人民政府国土资源管理部门
   C. 设区的市以上人民政府煤炭管理部门
   D. 工商行政管理部门

34. 依据《建设工程安全生产管理条例》的规定，建设单位不得对勘察、设计、施工、工程监理等单位提出不符合建设工程安全生产法律、法规和_____规定的要求。（　　）

A. 规章
B. 产业政策
C. 强制性标准
D. 技术规范

35. 在初步设计阶段，概略计算拟建工程费用的依据不包括（　　）

A. 费用定额
B. 概算定额或概算指标
C. 初步设计的图纸
D. 最终设计的文件

36. 依据《建设工程安全生产管理条例》的规定，建筑工程实行总承包的，由_____单位对施工现场的安全生产负总责。（　　）

A. 分包商
B. 总承包
C. 业主
D. 中介

37. 依照《建设工程安全生产管理条例》的规定，对建设工程安全生产违法行为的责任主体实施的行政处罚不包括（　　）

A. 警告
B. 停业整顿
C. 拘留
D. 罚款

38. 依据《危险化学品安全管理条例》的规定，_____对违反本条例规定的行为，有权向负有危险化学品安全监督管理职责的部门举报。（　　）

A. 仅生产经营单位
B. 仅专职安全生产管理人员
C. 仅本单位从业人员
D. 任何单位和个人

39. 依据《危险化学品安全管理条例》的规定，通过道路运输剧毒化学品的，托运人应当向运输始发地或目的地县级人民政府_____申请剧毒化学品道路运输通行证。（　　）

A. 公安部门
B. 交通部门
C. 安全生产监督管理部门
D. 环境保护部门

40. 煤矿投入生产前，煤矿企业应当依照《煤炭法》的规定向_____申请领取煤炭生产许可证。（　　）

A. 劳动保障部门
B. 国土资源管理部门
C. 煤炭管理部门
D. 煤矿安全监察机构

41. 依据《烟花爆竹安全管理条例》的规定，生产烟花爆竹的企业，应当对黑火药、烟火药、引火线的保管采取必要的安全技术措施，建立_____登记制度。（　　）

A. 经营、运输、管理
B. 购买、领用、销售
C. 保管、领取、使用
D. 储存、搬运、使用

42. 依据《烟花爆竹安全管理条例》，在规定的时间可以在_____燃放烟花爆竹。（　　）

A. 住宅小区
B. 某博物馆附近
C. 敬老院
D. 幼儿园

43. 依据《民用爆炸物品安全管理条例》的规定，爆破作业单位应当在办理工商登记后_____日内，向所在地县级人民政府公安机关备案。（　　）

A. 10
B. 5
C. 3
D. 2

44. 特种设备生产单位不得生产_____的特种设备。（　　）

A. 安全性能不高
B. 能效指标较低
C. 企业章程明令禁止
D. 国家产业政策明令淘汰

45. 特种设备发生事故后，事故发生单位应当及时向事故发生地县以上_____报告，接到报告的部门应当按照国家有关规定如实上报。（　　）

A. 公安部门
B. 工商行政管理部门
C. 劳动和社会保障部门
D. 特种设备安全监督管理部门

46. 依据《使用有毒物品作业场所劳动保护条例》的规定,使用有毒物品作业场所应当设置_____区域警示线、警示标识和中文警示说明。 ( )

A. 橙色
B. 蓝色
C. 黄色
D. 红色

47. 发生职业中毒事故或者有证据证明职业中毒危害状态可能导致事故发生时,卫生行政部门有权采取的临时控制措施有责令暂停导致职业中毒事故的作业、封存造成职业中毒事故或者可能导致事故发生的物品,以及 ( )

A. 查阅或者复制与违反本条例行为有关的资料
B. 责令违反本条例规定的单位和个人停止违法行为
C. 进入用人单位和使用有毒物品作业场所现场了解情况
D. 组织控制职业中毒事故现场

48. 关于作业场所出现使用有毒物品产生的危险时劳动者所应承担的义务,下列说法不正确的是 ( )

A. 无须采取任何措施,应当马上从危险场所撤离
B. 根据情况将危险加以消除或者减少到最低限度
C. 按照规定正确使用防护设施
D. 劳动者应当采取必要措施

49. 依据《国务院关于特大安全事故行政责任追究的规定》,特大安全事故的具体标准,由_____会同国务院有关部门,根据不同行业的事故发生情况具体确定,报国务院批准后执行。 ( )

A. 国务院标准化行政主管部门
B. 国务院安全生产监督管理部门
C. 国务院建设行政主管部门
D. 国防科技工业主管部门

50. 依据《国务院关于特大安全事故行政责任追究的规定》的规定,地方人民政府或者政府部门阻挠、干涉对特大安全事故有关责任人员追究行政责任的,对该地方人民政府主要领导人或者政府部门正职负责人,根据情节轻重,给予_____的行政处分。 ( )

A. 降职或者开除
B. 降级或者撤职
C. 开除或者拘留
D. 管制或者拘役

51. 工伤补偿风险不需要企业或者业主直接负责补偿,而是由_____承担。 ( )

A. 社保机构
B. 当地人民政府
C. 保险公司
D. 当地民政部门

52. 依据《工伤保险条例》的规定,我国工伤保险实行_____补偿的原则。 ( )

A. 过错推定
B. 按过错大小
C. 有过错
D. 无过错

53. 依据《工伤保险条例》的规定,工伤保险行业差别费率及行业内费率档次由国务院社会保险行政部门制定,报_____批准后公布施行。 ( )

A. 国务院安全生产监督管理部门
B. 全国人民代表大会常务委员会
C. 国务院财政部门
D. 国务院

54. 依据《工伤保险条例》,下列伤亡情形中,不应当认定或视为工伤的是 ( )

A. 某车间安全员到车间现场例行安全检查时突发脑溢血,送往医院抢救8小时后死亡
B. 某职工骑自行车上班途中,不慎掉入沟渠中,致右腿骨折
C. 某取得伤残军人证的退伍军人到用人单位工作1年后旧伤复发
D. 某公司销售人员在去往某地洽谈业务途中,因发生车祸致死

55. 依据《注册安全工程师执业资格制度暂行规定》,_____负责实施注册安全工程师执业资格制度的有关工作。 ( )

A. 国务院建设行政主管部门
B. 国家安全生产监督管理总局
C. 国家煤矿安全监察局
D. 国家质检总局

56. 根据《注册安全工程师管理规定》的规定,关于办理初始注册的程序,下列表述有误的是 ( )

A. 部门、省级注册机构在收到申请人的申请材料后,应当作出是否受理的决定,并向申请人出具书面凭证;申请材料不齐全或者不符合要求,应当当场或者在5日内一次性告知申请人需要补正的全部内容
B. 国家安全生产监督管理总局自收到部门、省级注册机构以及中央企业总公司(总厂、集团公司)报送的材料之日起20日内完成复审并作出书面决定
C. 部门、省级注册机构自受理申请之日起10日内将初步审查意见和全部申请材料报送国家安全生产监督管理总局
D. 国家安全生产监督管理总局准予注册的,自作出决定之日起10日内,颁发执业证和执业印章,并在媒体上予以公告

57. 下列不属于注册安全工程师享有的权利的有 （ ）
   A. 申请设立注册安全工程师中介机构
   B. 获得相应的劳动报酬
   C. 从事规定范围内的执业活动
   D. 参加继续教育

58. 《注册安全工程师管理规定》规定，聘用单位应当为注册安全工程师建立执业活动档案，并保证档案内容的 （ ）
   A. 可靠性
   B. 专业性
   C. 衔接性
   D. 真实性

59. 依据《生产经营单位安全培训规定》，煤矿、非煤矿山、危险化学品、烟花爆竹等生产经营单位主要负责人和安全生产管理人员安全资格培训时间不得少于 （ ）
   A. 48 学时
   B. 32 学时
   C. 16 学时
   D. 12 学时

60. 依据《生产经营单位安全培训规定》，煤矿厂（矿）级岗前安全培训内容不包括 （ ）
   A. 本单位安全生产情况及安全生产基本知识
   B. 工作环境及危险因素
   C. 有关事故案例
   D. 从业人员安全生产权利和义务

61. 生产经营单位应当按照规定对本单位作业场所职业危害因素进行检测、评价，并按照职责分工向其所在地_____申报。 （ ）
   A. 县级以上卫生行政部门
   B. 县级以上安全生产监督管理部门
   C. 市级以上安全生产监督管理部门
   D. 省级以上安全生产监督管理部门

62. _____是职业安全健康监管的基础性工作。 （ ）
   A. 职业危害申报
   B. 职业危害防治
   C. 职业危害状况分级监管
   D. 提高监管执法效率

63. 依据《作业场所职业危害申报管理办法》规定，生产经营单位未按照规定及时申报职业危害的，由安全生产监督管理部门给予警告，责令限期改正，可以并处_____的罚款。 （ ）
   A. 1 万元以上 3 万元以下
   B. 2 万元以上 5 万元以下
   C. 3 万元以上 5 万元以下
   D. 2 000 元以上 2 万元以下

64. 依据《建设工程消防监督管理规定》，某建设工程拟采用新技术，不符合现有国家标准规定，公安机关消防机构将申请材料报送省级人民政府公安机关消防机构组织专家评审。省级人民政府公安机关消防机构应当在收到申请材料之日起_____日内会同同级住房和城乡建设行政主管部门召开专家评审会。参加评审的专家总数不应少于_____人，并应当出具专家评审意见。 （ ）
   A. 30；7
   B. 20；7
   C. 10；5
   D. 5；5

65. 依据《生产安全事故应急预案管理办法》，应急预案的管理不应遵循的原则是 （ ）
   A. 综合协调
   B. 分类管理
   C. 统分结合
   D. 分级负责

66. 依据《安全评价机构管理规定》的规定，省级安全生产监督管理部门、省级煤矿安全监察机构应当在_____日内对申请人提供的证明材料进行预审以决定是否受理。 （ ）
   A. 14
   B. 10
   C. 7
   D. 5

67. E 省一具有甲级资质的安全评价机构（评价业务范围为金属、非金属矿及其他采选业）要到 F 省 H 市 G 县开展安全评价活动。依据《安全评价机构管理规定》，该评价机构应当填写甲级资质安全评价机构跨省开展评价工作报告表，报送_____备案，并接受其监督检查。 （ ）
   A. G 县安全生产监管部门
   B. G 县煤矿安全监察机构
   C. F 省安全生产监督管理部门
   D. H 市安全生产监督管理部门

68. 下列情形中,已经批准的建设项目及其安全设施设计不需经原批准部门审查同意的是（　　）

　　A. 建设项目的规模、生产工艺、原料、设备发生重大变更的

　　B. 改变安全设施设计且可能降低安全性能的

　　C. 增加安全设施设计投入经费的

　　D. 在施工期间重新设计的

69. 在我国现行的安全生产标准中，_____主要指在安全生产领域的不同范围内，对普遍的、广泛通用的共性认识所作的统一规定，是在一定范围内作为制定其他安全标准的依据和共同遵守的准则。（　　）

　　A. 基础标准

　　B. 管理标准

　　C. 产品标准

　　D. 技术标准

70. 下列不属于产品标准的主要内容的是（　　）

　　A. 产品的适用范围

　　B. 工艺规程

　　C. 产品的试验、检验方法和验收规则

　　D. 产品的主要性能

二、多项选择题（共15题，每题2分。每题的备选项中，有2个或2个以上符合题意，至少有1个错误选项。错选，本题不得分；少选，所选的每个选项得0.5分）

71. 依据《安全生产法》的规定，生产经营单位的主要负责人对本单位安全生产工作负有的职责有（　　）

　　A. 督促、检查本单位的安全工作

　　B. 及时、如实报告生产安全事故

　　C. 向从业人员如实告知作业场所存在的危险因素，监督劳动防护用品的使用

　　D. 组织制定并实施本单位的生产安全事故应急预案

　　E. 保证本单位安全生产投入的有效实施

72. 某童装厂拥有280人从事童装生产经营活动，根据《安全生产法》的规定，该厂（　　）

　　A. 可只配备兼职安全生产管理人员

　　B. 只能配备专职安全生产管理人员

　　C. 应设置安全生产管理机构

　　D. 可不设专门机构

　　E. 可委托具有国家规定的相关专业技术资格的工程技术人员提供安全生产管理服务

73. 依据《安全生产法》，下列关于生产经营单位经营活动的说法中，正确的有（　　）

　　A. 生产经营单位不得将生产经营项目、场所、设备发包或者出租给不具备安全生产条件或者相应资质的单位或者个人

　　B. 生产经营单位不得将生产经营项目发包给个人

　　C. 由承租单位对安全生产工作统一协调、管理

　　D. 承包合同、租赁合同中约定各自的安全生产管理职责

　　E. 生产经营单位对承包单位安全生产工作统一协调、管理

74. 依据《矿山安全法实施条例》的规定，矿山企业对职工的安全教育、培训内容包括（　　）

　　A. 《矿山安全法》及《矿山安全法实施条例》赋予矿山职工的权利与义务

　　B. 各种事故征兆的识别、发生紧急情况时的安全技术措施和撤退路线

　　C. 与职工本职工作有关的安全知识

　　D. 矿山安全规程及矿山企业有关安全管理的规章制度

　　E. 自救装备的使用和有关急救方面的知识

75. 关于所有单位预防突发事件的义务，下列说法正确的有（　　）

　　A. 及时消除事故隐患

　　B. 建立健全安全管理制度

　　C. 不定期检查本单位各项安全防范措施的落实情况

　　D. 掌握并及时处理本单位存在的可能引发社会安全事件的问题

　　E. 对本单位可能发生的突发事件和采取安全防范措施的情况，应当按照规定及时报告

76. 根据《行政处罚法》规定，关于对违法行为调查终结，行政机关负责人审查调查结果，作出决定的描述，正确的是（　　）

　　A. 违法行为已构成犯罪的，移送公安机关

　　B. 违法事实不能成立的，不得给予行政处罚

　　C. 违法行为轻微，依法可以不予行政处罚的，给予行政处分

　　D. 确有应受行政处罚的违法行为的，根据情节轻重及具体情况，作出行政处罚决定

　　E. 对情节复杂或者重大违法行为给予较重的行政处罚，行政机关的负责人应当集体讨论决定

77. 依据《劳动法》的规定，县级以上各级人民政府劳动行政部门对用人单位违反劳动法律、法规的行为，有权作出的行政处理行为包括（　　）

　　A. 制止

　　B. 给予行政处罚

　　C. 追究其民事责任

　　D. 追究其刑事责任

　　E. 责令改正

78. 向用人单位提供可能产生职业病危害的化学品、放射性同位素和含有放射性物质的材料的,应当提供中文说明书。说明书应当载明的内容包括（　　）
   A. 产品特性
   B. 产品功能
   C. 存在的有害因素
   D. 可能产生的危害后果
   E. 职业病防护以及应急救治措施

79. 依据《职业病防治法》,用人单位与其他单位合并的,应当对从事接触职业病危害作业的劳动者（　　）
   A. 进行健康咨询
   B. 进行健康检查
   C. 酌情安置劳动者
   D. 按规定妥善安置职业病病人
   E. 给予一次性经济补助

80. 依据《国务院关于预防煤矿生产安全事故的特别规定》,下列煤矿不符合生产安全条件的情形,应当实施关闭的有（　　）
   A. 3个月内2次或者2次以上发现有重大安全生产隐患,仍继续生产的
   B. 煤矿主要负责人未按规定带班下井,经责令改正后拒不改正的
   C. 无证或者证照不全,擅自从事生产的
   D. 停产整顿期间,擅自从事生产的
   E. 经停产整顿,验收不合格的

81. ＿＿＿涉及施工安全的重点部位和环节,施工单位作业前,设计单位应当对防范生产安全事故提出指导意见。（　　）
   A. 地下管线的防护
   B. 深基坑工程
   C. 外电防护
   D. 隧道工程
   E. 高层建筑

82. 锅炉、压力容器、起重机械、客运索道、大型游乐设施的＿＿＿,必须由依照《特种设备安全监察条例》规定取得许可的单位进行。（　　）
   A. 销售
   B. 使用
   C. 维修
   D. 安装
   E. 改造

83. 依据《特种作业人员安全技术培训考核管理规定》,生产经营单位非法印制、伪造、倒卖特种作业操作证,或者使用非法印制、伪造、倒卖的特种作业操作证的,可作出的处罚有（　　）
   A. 构成犯罪的,依法追究刑事责任
   B. 给予警告,并处1万元以下的罚款
   C. 给予警告,并处1万元以上3万元以下的罚款
   D. 给予警告,并处1 000元以上5 000元以下的罚款
   E. 给予警告,并处2 000元以上1万元以下的罚款

84. 依据《劳动防护用品监督管理规定》的规定,劳动防护用品生产企业必须具备的条件有（　　）
   A. 完善的质量保证体系
   B. 产品标准和相关技术文件
   C. 完善的组织章程和作业规程
   D. 满足生产需要的生产场所和技术人员
   E. 取得国家主管部门的管理质量认证标志

85. 依据《建设项目安全设施"三同时"监督管理暂行办法》的规定,高危建设项目和国家、省级重点建设项目竣工后,根据规定建设项目需要试运行的,应当在＿＿＿＿＿进行试运行。（　　）
   A. 使用前
   B. 正式投入生产前
   C. 生产完成后
   D. 使用后
   E. 投入生产后1个月之内

安全生产法及相关法律知识仿真模拟演练试卷(一)参考答案及精解精析

一、单项选择题

1.【参考答案】 D （1P$_1$~P$_2$）
【考查要点】 本题考查的是法律规范
【精解精析】 规范一般可分为技术规范和社会规范两大类。法律规范是社会规范的一种。法律规范由假定、处理、制裁3个要素构成。法律规范与其他的社会规范有明显的区别。在一定的国家中，只能有统治阶级的法律规范。其他的社会规范则不同，在同一阶级社会中，可以有不同阶级的规范。

2.【参考答案】 A （1P$_{16}$~P$_{17}$）
【考查要点】 本题考查的是安全生产法律体系的特征
【精解精析】 具有中国特色的安全生产法律体系正在构建之中，这个体系具有3个特点：(1)法律规范的调整对象和阶级意志具有统一性；(2)法律规范的内容和形式具有多样性；(3)法律规范的相互关系具有系统性。

3.【参考答案】 B （2P$_{26}$）
【考查要点】 本题考查的是安全生产法的适用范围
【精解精析】《安全生产法》之所以称为我国安全生产的基本法律，不是指国家法律体系和法学对宪法、基本法律、法律进行分类的概念，而是就其在各个有关安全生产的法律、法规中的主导地位和作用而言的，是指它在安全生产领域内具有适用范围的广泛性、法律制度的基本性、法律规范的概括性，主要解决安全生产领域中普遍存在的基本法律问题。

4.【参考答案】 C （2P$_{32}$）
【考查要点】 本题考查的是工会参加安全管理和监督的权利
【精解精析】《安全生产法》规定，工会在参加安全管理和监督时享有的权利包括：(1)工会对生产经营单位违反安全生产法律、法规，侵犯从业人员合法权益的行为，有权要求纠正；(2)发现生产经营单位违章指挥、强令冒险作业或者发现事故隐患时，有权提出解决的建议，生产经营单位应当及时研究答复；(3)发现危及从业人员生命安全的情况时，有权向生产经营单位建议组织从业人员撤离危险场所，生产经营单位必须立即做出处理；(4)工会有权依法参加事故调查，向有关部门提出处理意见，并要求追究有关人员的责任。

5.【参考答案】 D （2P$_{32}$）
【考查要点】 本题考查的是生产经营单位主要负责人的法律责任
【精解精析】 生产经营单位与从业人员订立协议，免除或者减轻其对从业人员因生产安全事故伤亡依法应承担的责任的，该协议无效；对生产经营单位的主要负责人、个人经营的投资人处2万元以上10万元以下的罚款。

6.【参考答案】 A （2P$_{42}$~P$_{43}$）
【考查要点】 本题考查的是生产经营单位主要负责人的安全生产职责
【精解精析】 生产经营单位主要负责人必须是实际领导、指挥生产经营单位日常生产经营活动的决策人。依据《安全生产法》的规定，生产经营单位的主要负责人对本单位安全生产负有的职责包括：(1)建立、健全本单位安全生产责任制；(2)组织制定本单位安全生产规章制度和操作规程；(3)保证本单位安全生产投入的有效实施；(4)督促、检查本单位的安全生产工作，及时消除生产安全事故隐患；(5)组织制定并实施本单位的生产安全事故应急救援预案；(6)及时、如实报告生产安全事故。故题中常务副总经理黄某为该公司实际领导、指挥生产经营的决策人，即主要负责人，所以黄某应当是被追究法律责任的主要负责人。

7.【参考答案】 D （2P$_{43}$）
【考查要点】 本题考查的是生产经营单位主要负责人的安全生产职责
【精解精析】 除须由决策机构集体决定安全生产投入之外，生产经营单位主要负责人拥有本单位安全生产投入的决策权。

8.【参考答案】 B （2P$_{46}$）
【考查要点】 本题考查的是特种作业人员的范围
【精解精析】《安全生产法》规定，特种作业人员的范围由国务院负责安全生产监督管理的部门会同国务院有关部门确定。

9.【参考答案】 D （2P$_{65}$）
【考查要点】 本题考查的是行政责任
【精解精析】 行政责任在追究安全生产违法行为的法律责任方式中运用最多。《安全生产法》针对安全生产违法行为设定的行政处罚，共有责令改正、责令限期改正、责令停产停业整顿、责令停止建设、停止使用、责令停止违法行为、罚款、没收违法所得、吊销证照、行政拘留、关闭等11种，这在我国有关安全生产的法律、行政法规设定行政处罚的种类中是最多的。

10.【参考答案】 C （2P$_{70}$）
【考查要点】 本题考查的是民事赔偿责任
【精解精析】《安全生产法》第一次在安全生产立法中设定了民事赔偿责任，依法调整当事人之间在安全生产方面的人身关系和财产关系，重视对财产权利的保护，这是一大特色和创新。

11.【参考答案】 B （3P$_{75}$）
【考查要点】 本题考查的是矿山企业开采作业的安全保障
【精解精析】《矿山安全法》规定，矿山企业必须对作业场所中的有毒有害物质和井下空气含氧量进行检测，保证符合安全要求。

12.【参考答案】 A （3P$_{76}$）
【考查要点】 本题考查的是矿山企业职工享有的权利
【精解精析】《矿山安全法》规定，矿山企业职工有权对危害安全的行为，提出批评、检举和控告。矿山企业职工享有下列权利：(1)有权获得作业场所安全与职业危害方面的信息；(2)有权向有关部门和工会组织反映矿山安全状况和存在的问题；(3)对任何危害职工安全健康的决定和行为，有权提出批评、检举和控告。

13.【参考答案】 B （3P$_{79}$）
【考查要点】 本题考查的是矿山安全违法行为所应承担的法律责任
【精解精析】《矿山安全法》规定，已经投入生产的矿山企业，不具备安全生产条件而强行开采的，责令限期改正；逾期仍不具备安全生产条件的，提请县级以上人民政府决定责令停产整顿，或者由有关主管部门吊销其采矿许可证和营业执照。

14.【参考答案】 C （3P₈₀）
【考查要点】 本题考查的是消防规划
【精解精析】 《消防法》规定了城乡消防规划,以及城乡消防安全布局、公共消防设施和消防装备的完善。要求地方各级人民政府应当将包括消防安全布局、消防站、消防供水、消防通信、消防车通道、消防装备等内容的消防规划纳入城乡规划,并负责组织实施。

15.【参考答案】 D （3P₈₁）
【考查要点】 本题考查的是建设工程的消防安全
【精解精析】 《消防法》对消防设计文件的备案和抽查作出了有关规定,要求按国家工程建设消防技术标准需要进行消防设计的建设工程,除另有规定外,建设单位应当自依法取得施工许可证之日起7个工作日内,将消防设计文件报公安机关消防机构备案,公安机关消防机构应当进行抽查。

16.【参考答案】 B （3P₈₅）
【考查要点】 本题考查的是交通事故现场处理
【精解精析】 在道路上发生交通事故,未造成人身伤亡,当事人对事实及成因无争议的,可以即行撤离现场,恢复交通,自行协商处理损害赔偿事宜;不即行撤离现场的,应当迅速报告执勤的交通警察或者公安机关交通管理部门。在道路上发生交通事故,仅造成轻微财产损失,并且基本事实清楚的,当事人应当先撤离现场再进行协商处理。

17.【参考答案】 D （3P₈₆）
【考查要点】 本题考查的是机动车载物行驶
【精解精析】 《道路交通安全法》规定,机动车运载超限的不可解体的物品,影响交通安全的,应当按照公安机关交通管理部门指定的时间、路线、速度行驶,悬挂明显标志。

18.【参考答案】 A （3P₈₆）
【考查要点】 本题考查的是机动车通行规定
【精解精析】 同车道行驶的机动车,后车应当与前车保持足以采取紧急制动措施的安全距离。有前车正在左转弯、掉头、超车,与对面来车有会车可能,前车为执行紧急任务的警车、消防车、救护车、工程救险车,行经铁道路口、交叉路口、窄桥、弯道、陡坡、隧道、人行横道、市区交通流量大的路段等没有超车条件的情形,不得超车。

19.【参考答案】 C （3P₈₈）
【考查要点】 本题考查的是突发事件的分类与分级
【精解精析】 《突发事件应对法》按照社会危害程度、影响范围、突发事件性质、可控性、行业特点等因素,将突发事件分为特别重大、重大、较大和一般四级。

20.【参考答案】 A （4P₉₄~P₉₅）
【考查要点】 本题考查的是刑法的基本原则
【精解精析】 刑法的基本原则有:罪刑法定原则、适用刑法平等原则和罪刑相适应原则。

21.【参考答案】 C （4P₉₆~P₉₇）
【考查要点】 本题考查的是刑事责任
【精解精析】 我国《刑法》规定,为了使国家、公共利益、本人或者他人的人身、财产和其他权利免受正在发生的危险,不得已采取的紧急避险行为,造成损害的,不负刑事责任。

22.【参考答案】 A （4P₉₈~P₁₀₂）
【考查要点】 本题考查的是强令违章冒险作业罪
【精解精析】 依据《刑法》的规定,强令他人违章冒险作业,因而发生重大伤亡事故或者造成其他严重后果的,处5年以下有期徒刑或者拘役;情节特别恶劣的,处5年以上有期徒刑。依据《关于办理危害矿山生产安全刑事案件具体应用法律若干问题的解释》的规定,发生矿山生产安全事故,具有下列情形之一的,应当认定为《刑法》规定的"情节特别恶劣":(1)造成死亡3人以上,或者重伤10人以上的;(2)造成直接经济损失300万元以上的;(3)其他特别恶劣的情节。

23.【参考答案】 B （4P₁₁₇）
【考查要点】 本题考查的是行政许可的一般分类
【精解精析】 《行政许可法》将行政许可分为5类:一般许可(或称普通许可)、特许、认可、核准、登记。

24.【参考答案】 C （4P₁₂₅）
【考查要点】 本题考查的是行政相对人的法律责任
【精解精析】 行政相对人的法律责任包括:(1)行政许可申请人隐瞒有关情况或提供虚假材料申请行政许可的违法行为;(2)被许可人以欺骗、贿赂等不正当手段取得行政许可的违法犯罪行为;(3)行政相对人违法从事行政许可,涂改、转让、倒卖、出租和出借行政许可证件或非法转让行政许可的违法犯罪行为;(4)行政相对人违法从事行政许可,超越行政许可范围进行活动的违法犯罪行为;(5)向监督检查机关隐瞒有关情况,提供虚假材料或拒绝提供真实材料的行为;(6)行政相对人未经行政许可,擅自从事行政许可活动的。针对这些违法犯罪行为应对行政相对人按照违法犯罪的情节分别追究刑事、行政和民事责任。

25.【参考答案】 D （4P₁₂₆）
【考查要点】 本题考查的是女工保护
【精解精析】 女工保护包括:(1)禁止用人单位安排女工从事矿山井下、国家规定的第四级体力劳动强度的劳动和其他禁忌从事的劳动;(2)禁止用人单位安排女职工在经期从事高处、低温、冷水作业和国家规定的第三级体力劳动强度的劳动;(3)禁止用人单位安排女职工在怀孕期间从事国家规定的第三级体力劳动强度的劳动和孕期禁忌从事的活动,对怀孕7个月以上的职工,不得安排其延长工作时间和夜班劳动;(4)禁止用人单位安排女职工在哺乳未满1周岁婴儿期间从事国家规定的第三级体力劳动强度的劳动和哺乳期禁忌从事的其他劳动,不得延长其工作时间和夜班劳动。

26.【参考答案】 C （4P₁₂₇）
【考查要点】 本题考查的是职业病的范围
【精解精析】 《职业病防治法》规定,职业病是指企业、事业单位和个体经济组织等用人单位的劳动者在职业活动中,因接触粉尘、放射性物质和其他有毒、有害物质等因素而引起的疾病。

27.【参考答案】 D （4P₁₃₀）
【考查要点】 本题考查的是用人单位职业病管理
【精解精析】 《职业病防治法》规定,对可能发生急性职业损伤的有毒、有害工作场所,用人单位应当设置报警装置,配置现场急救用品、冲洗设备、应急撤离通道和必要的泄险区。

28.【参考答案】 B （4P₁₃₀）
【考查要点】 本题考查的是职业病危害防护措施
【精解精析】 《职业病防治法》规定,建设项目在竣工验收前,建设单位应当进行职业病危害控制效果

安全生产法及相关法律知识仿真模拟演练试卷(一)参考答案及精解精析

评价。建设项目竣工验收时,其职业病防护设施经卫生行政部门验收合格后,方可投入正式生产和使用。

29.【参考答案】 C (4P₁₃₀)
【考查要点】 本题考查的是职业病危害防护设施
【精解精析】 建设项目的职业病防护设施所需经费应当纳入建设工程预算,并与主体工程同时设计、同时施工、同时投入生产和使用。职业病危害严重的建设项目的防护设施设计,应当经卫生行政部门进行卫生审查,符合国家职业卫生标准和卫生要求的,方可施工。

30.【参考答案】 A (4P₁₃₄)
【考查要点】 本题考查的是职业病防治的日常监督检查权
【精解精析】《职业病防治法》规定,履行职业病防治监督检查职责时,卫生行政部门有权采取下列措施:(1)进入被检查单位和职业病危害现场,了解情况,调查取证;(2)查阅或者复制与违反职业病防治法律、法规的行为有关的资料和采集样品;(3)责令违反职业病防治法律、法规的单位和个人停止违法行为。

31.【参考答案】 B (4P₁₄₁)
【考查要点】 本题考查的是劳动行政部门的监督管理
【精解精析】 劳动行政部门监督管理是一种专业性的行政执法,是《劳动合同法》监督检查体系中最主要的一种。劳动行政部门监督管理具有以下三个特点:(1)监督管理的主体是代表国家行使监督管理职权的劳动行政部门;(2)劳动行政部门监督管理是一种执法行为,它是劳动行政部门代表国家意志所实施的具有强制性、执行性、单向性等特征的具体行政行为;(3)劳动行政部门监督管理是一种行政法律行为。

32.【参考答案】 C (5P₁₅₀)
【考查要点】 本题考查的是安全生产许可证发证机关的层级
【精解精析】《安全生产许可证条例》按两级发证的原则规定了安全生产许可证的颁发机关,并对民用爆破器材生产企业安全生产许可证的颁发机关作出了特殊的规定。

33.【参考答案】 A (5P₁₅₁)
【考查要点】 本题考查的是安全生产许可证
【精解精析】 依照《安全生产许可证条例》的规定,煤矿企业在领取煤炭生产许可证前,必须依法申请领取安全生产许可证。国家煤矿安全监察机构负责中央管理的煤矿企业安全生产许可证的颁发和管理。

34.【参考答案】 C (5P₁₇₅)
【考查要点】 本题考查的是建设单位的安全责任
【精解精析】《建设工程安全生产管理条例》规定,建设单位不得对勘察、设计、施工、工程监理等单位提出不符合建设工程安全生产法律、法规和强制性标准规定的要求,不得要求压缩合同的工期。

35.【参考答案】 D (5P₁₇₆)
【考查要点】 本题考查的是工程概算
【精解精析】 工程概算是指在初步设计阶段,根据初步设计的图纸、概算定额或概算指标、费用定额及其他有关文件,概略计算的拟建工程费用。

36.【参考答案】 B (5P₁₈₃)
【考查要点】 本题考查的是总承包单位与分包单位的安全管理
【精解精析】 实行施工总承包的,施工现场由总承包单位全面统一负责,包括工程质量、建设工期、造价控制、施工组织等,由此,施工现场的安全生产也应由施工总承包单位负责。

37.【参考答案】 C (5P₁₈₅)
【考查要点】 本题考查的是对建设工程责任主体行政处罚的种类
【精解精析】 依照《建设工程安全生产管理条例》,对建设工程安全生产违法行为的责任主体实施下列行政处罚:(1)警告;(2)责令限期改正;(3)责令停业整顿;(4)罚款;(5)降低资质等级;(6)吊销资质证书。D项,拘留作为限制人身自由的处罚只能由法律作出。

38.【参考答案】 D (5P₁₈₈)
【考查要点】 本题考查的是危险化学品安全监督管理部门的监督检查权
【精解精析】 依据《危险化学品安全管理条例》的规定,任何单位和个人对违反本条例规定的行为,有权向负有危险化学品安全监督管理职责的部门举报。负有危险化学品安全监督管理职责的部门接到举报,应当及时依法处理;对不属于本部门职责的,应当及时移送有关部门处理。

39.【参考答案】 A (5P₁₉₆)
【考查要点】 本题考查的是剧毒化学品道路运输通行证
【精解精析】《危险化学品安全管理条例》规定,通过道路运输剧毒化学品的,托运人应当向运输始发地或者目的地县级人民政府公安机关申请剧毒化学品道路运输通行证。

40.【参考答案】 C (5P₁₄₅)
【考查要点】 本题考查的是煤炭生产许可证
【精解精析】 依照《煤炭法》的规定,煤矿投入生产前,煤矿企业应当依据本法规定的煤炭管理部门申请领取煤炭生产许可证,由煤炭管理部门对其实际生产条件和安全条件进行审查,符合本法规定条件的,发给煤炭生产许可证。

41.【参考答案】 B (5P₂₀₇)
【考查要点】 本题考查的是烟花爆竹的安全管理
【精解精析】《烟花爆竹安全管理条例》规定,生产烟花爆竹的企业,应当对黑火药、烟火药、引火线的保管采取必要的安全技术措施,建立购买、领用、销售登记制度,防止黑火药、烟火药、引火线丢失。黑火药、烟火药、引火线丢失的,企业应当立即向当地安全生产监督管理部门和公安部门报告。

42.【参考答案】 A (5P₂₀₉)
【考查要点】 本题考查的是烟花爆竹燃放安全的规定
【精解精析】 依据《烟花爆竹安全管理条例》规定,禁止燃放烟花爆竹的地点有:(1)文物保护单位(如B项);(2)车站、码头、飞机场等交通枢纽以及铁路线路安全保护区内;(3)易燃易爆物品生产、储存单位;(4)输变电设施安全保护区内;(5)医疗机构、幼儿园(如D项)、中小学校、敬老院(如C项);(6)山林、草原等重点防火区;(7)县级以上地方人民政府规定的禁止燃放烟花爆竹的其他地点。

43.【参考答案】 C (5P₂₁₆)
【考查要点】 本题考查的是爆破作业的安全许可
【精解精析】《民用爆炸物品安全管理条例》规定,爆破作业单位应当在办理工商登记后3日内,向所在地县级人民政府公安机关备案。

44.【参考答案】 D (5P₂₂₂)

【考查要点】 本题考查的是特种设备生产单位的规定

【精解精析】 《特种设备安全监察条例》规定,特种设备生产单位对其生产的特种设备的安全性能和能效指标负责,不得生产不符合安全性能要求和能效指标的特种设备,不得生产国家产业政策明令淘汰的特种设备。

45.【参考答案】 D（5P230）

【考查要点】 本题考查的是事故抢救及报告

【精解精析】 依据《特种设备安全监察条例》的规定,特种设备事故发生后,事故发生单位应当立即启动事故应急预案,组织抢救,防止事故扩大,减少人员伤亡和财产损失,并及时向事故发生地县以上特种设备安全监督管理部门和有关部门报告。

46.【参考答案】 C（5P237）

【考查要点】 本题考查的是使用有毒物品作业场所警示标识的规定

【精解精析】 依据《使用有毒物品作业场所劳动保护条例》的规定,使用有毒物品作业场所应当设置黄色区域警示线、警示标识和中文警示说明。

47.【参考答案】 D（5P242）

【考查要点】 本题考查的是职业中毒事故的临时控制措施

【精解精析】 发生职业中毒事故或有证据证明职业中毒危害状态可能导致事故发生时,卫生行政部门有权采取下列临时控制措施:(1)责令暂停导致中毒事故的作业;(2)封存造成职业中毒事故或者能导致事故发生的物品;(3)组织控制职业中毒事故现场。在职业中毒事故或危害状态得到有效控制后,卫生行政部门应当及时解除控制措施。

48.【参考答案】 A（5P242）

【考查要点】 本题考查的是劳动者的义务

【精解精析】 依据《使用有毒物品作业场所劳动保护条例》的规定,作业场所出现使用有毒物品产生的危险时,劳动者应当采取必要措施,按照规定正确使用防护设施,将危险加以消除或者减少到最低限度。

49.【参考答案】 B（5P249）

【考查要点】 本题考查的是特大安全事故具体标准

【精解精析】 依据《国务院关于特大安全事故行政责任追究的规定》,特大安全事故的具体标准,由国务院安全生产监督管理部门会同国务院有关部门,根据不同行业的事故发生情况具体确定,报国务院批准后执行。

50.【参考答案】 B（5P252）

【考查要点】 本题考查的是发生特大事故的责任追究规定

【精解精析】 依据《国务院关于特大安全事故行政责任追究的规定》,地方人民政府或者政府部门阻挠、干涉对特大安全事故有关责任人员追究行政责任的,对该地方人民政府主要领导人或者政府部门正职负责人,根据情节轻重,给予降级或者撤职的行政处分。

51.【参考答案】 A（5P274）

【考查要点】 本题考查的是补偿风险的承担

【精解精析】 工伤保险是以社会共济方式确定补偿风险承担者的,因此不需要企业或者业主直接负责补偿,而是将补偿风险转由社保机构承担,由社保机构负责支付工伤保险补偿金。只要企业或者业主依法足额缴纳了工伤保险费,那么工伤补偿的责任就由社保机构承担。工伤保险实际上是一种转移工伤补偿的风险和责任的社会共济方式。

52.【参考答案】 D（5P274）

【考查要点】 本题考查的是保险补偿的原则

【精解精析】 按照国际惯例和我国立法,工伤保险补偿实行"无责任补偿"即无过错补偿的原则,这是基于职业风险理论确立的。这种理论从最大限度地保护职工权益的理念出发,认为职业伤害不可避免,职工无法抗拒,不能以受害人是否负有责任来决定是否补偿,只要因公受到伤害就应补偿。

53.【参考答案】 D（5P275）

【考查要点】 本题考查的是工伤保险费率的制定

【精解精析】 依据《工伤保险条例》的规定,国家根据不同行业的工伤风险程度确定行业的差别费率,并根据工伤保险费使用、工伤发生率等情况在每个行业内确定若干费率档次。行业差别费率及行业内费率档次由国务院社会保险行政部门制定,报国务院批准后公布施行。

54.【参考答案】 B（5P276）

【考查要点】 本题考查的是工伤范围和视同工伤的情形

【精解精析】 下列情况应当认定为工伤:(1)在工作时间和工作场所内,因工作原因受到事故伤害的;(2)工作时间前后在工作场所内,从事与工作有关的预备性或收尾性工作受到事故伤害的;(3)在工作时间和工作场所内,因履行工作职责受到暴力等意外伤害的;(4)患职业病的;(5)因工外出期间,由于工作原因受到伤害或者发生事故下落不明的;(6)在上下班途中,受到非本人主要责任的交通事故或城市轨道交通、客运轮渡、火车事故伤害的;(7)法律、行政法规规定应当认定为工伤的其他情形。下列情况应当视同工伤:(1)在工作时间工作岗位,突发疾病死亡或在48小时之内经抢救无效死亡的;(2)在抢险救灾等维护国家利益、公共利益活动中受到伤害的;(3)职工原在军队服役,因战、因工负伤致残,已取得革命伤残军人证,到用人单位后旧伤复发的。《工伤保险条例》规定,因故意犯罪、醉酒或吸毒、自残或自杀的等情形,不得认定为工伤或视同工伤。

55.【参考答案】 B（6P284）

【考查要点】 本题考查的是注册安全工程师的管理

【精解精析】 依据《注册安全工程师执业资格制度暂行规定》,国家安全生产监督管理总局负责实施注册安全工程师执业资格制度的有关工作。

56.【参考答案】 C（6P290）

【考查要点】 本题考查的是注册安全工程师初始注册的程序

【精解精析】 部门、省级注册机构自受理申请之日起20日内将初步审查意见和全部申请材料报送国家安全生产监督管理总局。故C项错误,其余三项均正确。

57.【参考答案】 A（6P292）

【考查要点】 本题考查的是注册安全工程师享有的权利

【精解精析】 根据《注册安全工程师管理规定》,注册安全工程师的权利除B、C、D三项外,还包括:(1)使用注册安全工程师称谓;(2)对执业中发现的不符合安全生产要求的事项提出意见和建议;(3)对侵犯本人权利的行为进行申诉;(4)法律、法规规定的其他权利;(5)使用本人的执业证。

58.【参考答案】 D（6P292）

【考查要点】 本题考查的是聘用单位的责任

【精解精析】 《注册安全工程师管理规定》规定,聘用单位应当为注册安全工程师建立执业活动档案,并保证档案内容的真实性。聘用单位应当建立注册安全工程师执业活动档案,不得弄虚作假,一旦弄虚作假的,承担相应的法律责任。

59.【参考答案】 A （6P$_{297}$）
【考查要点】 本题考查的是生产经营单位安全培训时间
【精解精析】 依据《生产经营单位安全培训规定》的规定,煤矿、非煤矿山、危险化学品、烟花爆竹等生产经营单位主要负责人和安全生产管理人员安全资格培训时间不得少于48学时;每年再培训时间不得少于16学时。

60.【参考答案】 B （6P$_{298}$）
【考查要点】 本题考查的是厂(矿)级岗前安全培训内容
【精解精析】 《生产经营单位安全培训规定》规定,厂(矿)级岗前安全培训内容包括:(1)本单位安全生产情况及安全生产基本知识;(2)本单位安全生产规章制度和劳动纪律;(3)从业人员安全生产权利和义务;(4)有关事故案例等。

61.【参考答案】 B （6P$_{315}$）
【考查要点】 本题考查的是职业危害申报机关
【精解精析】 职业危害申报工作实行属地分级管理。产经营单位应当按照规定对本单位作业场所职业危害因素进行检测、评价,并按照职责分工向其在地县级以上安全生产监督管理部门申报。

62.【参考答案】 A （6P$_{315}$）
【考查要点】 本题考查的是职业危害申报的基础性工作
【精解精析】 职业危害申报是职业安全健康监管的基础性工作。做好职业危害申报工作,有助于安生产监督管理部门了解职业危害状况,进而根据企业职业危害状况实施分级监管,提高监管执法效率,促进企业改善工作,加强职业危害的防治。

63.【参考答案】 B （6P$_{317}$）
【考查要点】 本题考查的是生产经营单位违反职业危害申报规定的处罚
【精解精析】 《作业场所职业危害申报管理办法》规定,生产经营单位未按照本办法规定及时、如实地申报职业危害的,由安全生产监督管理部门给予警告,责令限期改正,可以并处2万元以上5万元以下的罚款。

64.【参考答案】 A （6P$_{320}$）
【考查要点】 本题考查的是消防设计审核程序
【精解精析】 《建设工程消防监督管理规定》规定,对消防设计文件拟采用的新技术、新工艺、新材料可能影响建设工程消防安全,不符合国家标准规定的建设工程,公安机关消防机构应当在受理消防设计审核申请之日起五日内将申请材料报送省级人民政府公安机关消防机构组织专家评审。省级人民政府公安机关消防机构应当在收到申请材料之日起30日内会同同级住房和城乡建设行政主管部门召开专家评审会,对建设单位提交的消防设计方案进行评审。参加评审的专家应当具有相关专业高级技术职称,总数不应少于7人,并应当出具专家评审意见。

65.【参考答案】 C （6P$_{327}$）
【考查要点】 本题考查的是应急预案管理的原则
【精解精析】 依据《生产安全事故应急预案管理办法》的规定,应急预案的管理遵循综合协调、分类管理、分级负责、属地为主的原则。

66.【参考答案】 D （6P$_{338}$~P$_{339}$）
【考查要点】 本题考查的是安全评价机构申办甲级资质程序
【精解精析】 依据《安全评价机构管理规定》的规定,省级安全生产监督管理部门、省级煤矿安全监察机构应当在5日内对申请人提供的证明材料进行预审,以决定是否受理。

67.【参考答案】 C （6P$_{341}$）
【考查要点】 本题考查的是安全评价跨省业务管理
【精解精析】 依据《安全评价机构管理规定》,取得甲级资质的安全评价机构跨省开展安全评价活动,应当填写甲级资质安全评价机构跨省开展评价工作报告表,报送评价项目所在地的省级安全生产监管部门、省级煤矿安全监察机构备案,并接受其监督检查。

68.【参考答案】 C （6P$_{348}$）
【考查要点】 本题考查的是建设项目安全设施设计的变更
【精解精析】 《建设项目安全设施"三同时"监督管理暂行办法》规定,已经批准的建设项目及其安全设施设计有下列情形之一的,生产经营单位应当报原批准部门审查同意;未经审查同意的,不得开工建设:(1)建设项目的规模、生产工艺、原料、设备发生重大变更的;(2)改变安全设施设计且可能降低安全性能的;(3)在施工期间重新设计的。

69.【参考答案】 A （7P$_{357}$）
【考查要点】 本题考查的是本题考查的是安全生产标准的种类
【精解精析】 基础标准主要指在安全生产领域的不同范围内,对普遍的、广泛通用的共性认识所作的统一规定,是在一定范围内作为制定其他安全标准的依据和共同遵守的准则。

70.【参考答案】 B （7P$_{358}$）
【考查要点】 本题考查的是产品标准
【精解精析】 产品标准的主要内容包括:(1)产品的适用范围;(2)产品的品种、规格和结构形式;(3)产品的主要性能;(4)产品的试验、检验方法和验收规则;(5)产品的包装、储存和运输等方面的要求。

71.【参考答案】 ABDE （2P$_{42}$~P$_{43}$）
【考查要点】 本题考查的是生产经营单位主要负责人的安全生产职责
【精解精析】 《安全生产法》针对生产经营单位主要负责人的安全责任不明确的问题,规定了生产经营单位主要负责人依法应当负有建立健全本单位安全生产责任制,组织制定本单位安全生产规章制度和操作规程,保证本单位安全生产投入的有效实施,督促、检查本单位的安全生产工作,及时消除生产安全事故隐患;组织制定并实施本单位的生产安全事故应急预案和及时、如实报告生产安全事故等6项基本职责。

72.【参考答案】 ADE （2P$_{45}$）
【考查要点】 本题考查的是安全生产管理机构和安全生产管理人员的配置
【精解精析】 此童装厂属于非高危行业,从业人员数量为280人,少于300人,根据《安全生产法》的规定,除矿山、建筑施工和危险物品生产、经营、储存单位以外的其他生产经营单位,其从业人员在300人以下的,可以不设专门机构,但应当配备专职或者兼职的安全生产管理人员,或者委托具有国家规定的相关专业技术资格的工程技术人员提供安全生产管理服务。

73.【参考答案】 ADE （2P$_{50}$）
【考查要点】 本题考查的是生产经营项目、场所、设备发包或者出租的安全管理

【精解精析】 依据《安全生产法》的规定,生产经营单位不得将生产经营项目、场所、设备发包或者出租给不具备安全生产条件或者相应资质的单位或者个人,故 A 项正确,B 项错误;生产经营项目、场所有多个承包单位、承租单位的,生产经营单位应当与承包单位、承租单位签订专门的安全生产管理协议,或者在承包合同、租赁合同中约定各自的安全生产管理职责,故 D 项正确;生产经营单位对承包单位、承租单位的安全生产工作统一协调、管理,故 C 项错误,E 项正确。

74.【参考答案】 ACDE （3P_{76}）
【考查要点】 本题考查的是矿山企业对职工的安全教育、培训的内容
【精解精析】 依照《矿山安全法实施条例》的规定,矿山企业对职工的安全教育、培训,应当包括下列内容:(1)《矿山安全法》及本条例赋予矿山职工的权利与义务;(2)矿山安全规程及矿山企业有关安全管理的规章制度;(3)与职工本职工作有关的安全知识;(4)各种事故征兆的识别、发生紧急情况时的应急措施和撤退路线;(5)自救装备的使用和有关急救方面的知识;(6)有关主管部门规定的其他内容。

75.【参考答案】 ABDE （3P_{89}）
【考查要点】 本题考查的是所有单位预防突发事件的义务
【精解精析】 《突发事件应对法》规定,所有单位应当建立健全安全管理制度,定期检查本单位各项安全防范措施的落实情况,及时消除事故隐患;掌握并及时处理本单位存在的可能引发社会安全事件的问题,防止矛盾激化和事态扩大;对本单位可能发生的突发事件和采取安全防范措施的情况,应当按照规定及时向所在地人民政府或者人民政府有关部门报告。

76.【参考答案】 BDE （4P_{112}）
【考查要点】 本题考查的是行政处罚的一般程序
【精解精析】 根据《行政处罚法》的规定,对违法行为调查终结,行政机关负责人应当审查调查结果,酌情分别作出决定:(1)确有应受行政处罚的违法行为的,根据情节轻重及具体情况,作出行政处罚决定;(2)违法行为轻微,依法可以不予行政处罚的,不予行政处罚;(3)违法事实不能成立的,不得给予行政处罚;(4)违法行为已构成犯罪的,移送司法机关。对情节复杂或者重大违法行为给予较重的行政处罚,行政机关的负责人应当集体讨论决定。

77.【参考答案】 AE （4P_{126}）
【考查要点】 本题考查的是劳动安全卫生监督检查的规定
【精解精析】 县级以上各级人民政府劳动行政部门依法对用人单位遵守劳动法律、法规的情况进行监督检查,对违反劳动法律、法规的行为有权制止,并责令改正。

78.【参考答案】 ACDE （4P_{131}）
【考查要点】 本题考查的是用人单位职业病管理
【精解精析】 根据《职业病防治法》规定,向用人单位提供可能产生职业病危害的化学品、放射性同位素和含有放射性物质的材料的,应当提供中文说明书。说明书应当载明产品特性、主要成份、存在的有害因素、可能产生的危害后果、安全使用注意事项、职业病防护以及应急救治措施等内容。产品包装应当有醒目的警示标识和中文警示说明。贮存上述材料的场所应当在规定的部位设置危险物品标识或者放射性警示标识。

79.【参考答案】 BD （4P_{133}）
【考查要点】 本题考查的是职业病病人保障
【精解精析】 依据《职业病防治法》的规定,用人单位发生分立、合并、解散、破产等情形时,应当对从事接触职业病危害作业的劳动者进行健康检查,并按照国家有关规定妥善安置职业病病人。

80.【参考答案】 ACDE （5P_{171}）
【考查要点】 本题考查的是关闭煤矿的要求
【精解精析】 依据《国务院关于预防煤矿生产安全事故的特别规定》的规定,应予关闭的非法煤矿的4种情形:(1)无证照或者证照不全擅自生产的;(2)在3个月内2次或者2次以上发现重大安全生产隐患的;(3)停产整顿期间擅自从事生产的;(4)经整顿验收不合格的。

81.【参考答案】 ABC （5P_{179}）
【考查要点】 本题考查的是设计单位的安全责任
【精解精析】 下列涉及施工安全的重点部位和环节应当在设计文件中注明,施工单位作业前,设计单位应当就设计意图、设计文件向施工单位做出说明和技术交底,并对防范生产安全事故提出指导意见:(1)地下管线的防护;(2)外电防护;(3)深基坑工程。

82.【参考答案】 CDE （5P_{223}）
【考查要点】 本题考查的是特种设备安装、改造、维修的管理
【精解精析】 依照《特种设备安全监察条例》的规定,锅炉、压力容器、起重机械、客运索道、大型游乐设施的安装、改造、维修以及场(厂)内专用机动车辆的改造、维修,必须由依照本条例取得许可的单位进行。

83.【参考答案】 AC （6P_{309}）
【考查要点】 本题考查的是生产经营单位非法印刷等行为的处罚
【精解精析】 《特种作业人员安全技术培训考核管理规定》规定,生产经营单位非法印制、伪造、倒卖特种作业操作证,或者使用非法印制、伪造、倒卖的特种作业操作证的,给予警告,并处1万元以上3万元以下的罚款;构成犯罪的,依法追究刑事责任。

84.【参考答案】 ABD （6P_{310}）
【考查要点】 本题考查的是劳动防护用品生产企业必须具备的条件
【精解精析】 依据《劳动防护用品监督管理规定》,生产企业应当具备下列条件:(1)有工商行政管理部门核发的营业执照;(2)有满足生产需要的生产场所和技术人员;(3)有保证产品安全防护性能的生产设备;(4)有满足产品安全防护性能要求的检验与测试手段;(5)有完善的质量保证体系;(6)有产品标准和相关技术文件;(7)产品符合国家标准或者行业标准的要求;(8)法律、法规规定的其他条件。

85.【参考答案】 AB （6P_{349}）
【考查要点】 本题考查的是建设项目试运行
【精解精析】 《建设项目安全设施"三同时"监督管理暂行办法》规定,高危建设项目和国家、省级重点建设项目竣工后,根据规定建设项目需要试运行的,应当在正式投入生产或者使用前进行试运行。

全国注册安全工程师执业资格考试

《安全生产法及相关法律知识》
仿真模拟演练试卷(二)

(考试时间150分钟)

题 号	一	二	总分	
题 分	70	30	核分人	
得 分			复查人	

一、单项选择题(共70题,每题1分。每题的备选项中,只有一个最符合题意)

1. 地方国家权力机关依照法定职权和程序制定和颁布的、施行于本行政区域的规范性文件是 ( )
   A. 法律
   B. 行政法规
   C. 行政规章
   D. 地方性法规

2. 行政机关公布的信息应当全面、准确、真实。非经法定事由并非经法定程序,行政机关不得撤销、变更已经生效的行政决定,体现出依法行政的_____要求。 ( )
   A. 高效便民
   B. 权责一致
   C. 诚实守信
   D. 合理行政

3. 安全生产_____是指国务院有关部门和直属机构依照《标准化法》制定的在安全生产领域内适用的安全生产技术规范。 ( )
   A. 国际标准
   B. 国家标准
   C. 地方标准
   D. 行业标准

4. 《安全生产法》立法有5个基本原则,即人身安全第一的原则、预防为主的原则、权责一致的原则、依法从重处罚的原则和_____的原则。 ( )
   A. 综合监管、联合执法
   B. 政府监管、群众监督
   C. 社会监督、综合治理
   D. 齐抓共管、群防群治

5. 依据《安全生产法》的规定,下列组织中,有权对建设项目的安全设施与主体工程同时设计、同时施工、同时投入生产和使用情况进行监督并提出意见的是 ( )
   A. 行业协会
   B. 工会
   C. 设计单位
   D. 施工单位

6. 公安部的职责是 ( )
   A. 建设施工安全的监督管理工作
   B. 特种设备安全的监督管理工作
   C. 消防安全、道路交通安全的监督管理工作
   D. 道路建设和运输企业安全、水上交通安全的监督管理工作

7. 依据《安全生产法》的规定,生产经营单位安全投入的标准应当以_____为基础进行计算。 ( )
   A. 产值
   B. 销售收入
   C. 安全设施技术改造费用
   D. 安全生产法律、行政法规和国家标准或行业标准规定生产经营单位应当具备法定安全生产条件

8. 依据《矿山安全法》的规定,矿山企业安全生产的_____必须接受专门培训,经考核合格取得操作资格证书,方可上岗作业。 ( )
   A. 特种作业人员
   B. 专业技术人员
   C. 安全检查人员
   D. 质量监督员

9. 《安全生产法》针对大量存在的"生死合同",赋予了从业人员必要的法定权利,这些权利具有操作性和 ( )
   A. 权威性
   B. 可处分性
   C. 个体差异性
   D. 不可侵犯性

10. 下列选项中,_____是从业人员必须履行的法定义务,这是保障从业人员人身安全和生产经营单位安全生产的需要。 ( )
    A. 遵章守规、服从管理
    B. 正确佩戴和使用劳动防护用品
    C. 接受安全培训,掌握安全生产技能
    D. 发现事故隐患或者其他不安全因素及时报告

11. 生产经营单位_____在事故报告和抢救中负有主要领导责任,必须履行及时、如实报告生产安全事故的法定义务。（ ）
   A. 管理人员
   B. 主要负责人
   C. 主管人员
   D. 分管安全生产的其他负责人

12. 生产经营单位将生产经营项目、场所、设备发包或者出租给不具备安全生产条件或者相应资质的单位或者个人的违法行为导致发生生产安全事故,并给他人造成损害时,应当承担（ ）
   A. 民事责任
   B. 补偿责任
   C. 行政责任
   D. 刑事责任

13. 据统计,目前我国已经探明并进行开采的矿产资源超过_____余种,所有矿产资源开采过程中的安全生产均要适用《矿山安全法》。（ ）
   A. 150
   B. 180
   C. 200
   D. 300

14. 依照《矿山安全法实施条例》的规定,关于矿长对本企业的安全生产工作负有的职责,下列说法错误的是（ ）
   A. 认真贯彻执行《矿山安全法》和《矿山安全法实施条例》以及其他法律、法规中有关矿山安全生产的规定
   B. 采取有效措施,改善职工劳动条件,保证安全生产所需要的材料、设备、仪器和劳动防护用品的及时供应
   C. 制订矿山灾害的预防和救援计划
   D. 制定本企业安全生产管理制度

15. 依据《矿山安全法》的规定,矿山企业中,应当具备安全专业知识,具有领导安全生产和处理矿山事故的能力,并必须经过考核合格的人员是（ ）
   A. 安全生产管理人员
   B. 总工程师
   C. 特种作业人员
   D. 矿长

16. 制定《矿山安全法》时,国家规定由_____负责监督矿山安全。（ ）
   A. 矿山安全管理部门
   B. 安全生产监督部门
   C. 劳动行政主管部门
   D. 县级以上人民政府

17. 依照《矿山安全法》的规定,矿长不具备安全专业知识,安全生产的特种作业人员未取得操作资格证书上岗作业的,处以（ ）
   A. 撤职
   B. 拘役
   C. 罚款
   D. 限期改正

18. 县级以上地方人民政府公安机关消防机构应当将发生火灾可能性较大以及一旦发生火灾可能造成重大的人身伤亡或者财产损失的单位,确定为本行政区域内的_____,并由公安机关报_____备案。（ ）
   A. 消防安全监控单位;上级人民政府公安消防机构
   B. 消防安全重点单位;本级人民政府公安消防机构
   C. 消防安全重点单位;本级人民政府
   D. 消防安全监控单位;本级人民政府

19. 《道路交通安全法》规定,医疗机构对交通事故中的受伤人员应当（ ）
   A. 及时抢救,由肇事方、保险公司和受害人筹集医疗费用
   B. 及时抢救,不得因抢救费用未及时交付而拖延救治
   C. 及时抢救,由保险公司支付医疗费用
   D. 在医疗费用支付以后再实施抢救

20. 《突发事件应对法》所指的突发事件的特征不包括（ ）
   A. 危害性和破坏性
   B. 突发性和紧迫性
   C. 需要公众介入和社会力量
   D. 具有明显的公共性或社会性

21. 以下关于犯罪的特征,说法不正确的是（ ）
   A. 犯罪必须具有严重的社会危害性
   B. 犯罪必须具有应受刑事处罚性
   C. 犯罪必须具有刑事违法性
   D. 实施的行为具有故意性

22. 依照《刑法》的规定,重大责任事故罪的本质特征是（ ）
   A. 违反有关安全管理的规定而发生重大伤亡事故或者造成其他严重后果
   B. 从事生产、作业的各类社会组织及其从业人员
   C. 人的生命、健康和重大公私财产安全
   D. 表现为过失或者故意

23. 依据《刑法》的规定,存在_____的违法行为,因而发生重大伤亡事故或者造成其他严重后果的,处5年以下有期徒刑或者拘役;情节特别恶劣的,处5年以上有期徒刑。( )

A. 安全生产设施或者安全生产条件不符合国家规定
B. 在生产、作业中违反有关安全管理规定
C. 举办大型群众性活动违反安全管理规定
D. 强令他人违章、冒险作业

24. 甲建筑工地的管理人员为了节约成本,没有给工人发放安全帽,致使发生了重大的安全事故,该建筑单位主要负责人应当承担的法律责任是 ( )

A. 1万元以上3万元以下的罚款
B. 3年以下有期徒刑或者拘役
C. 责令停产停业整顿
D. 行政拘留

25. 依据《行政处罚法》的规定,罚款、没收违法所得或没收非法财物拍卖的款项,必须全部 ( )

A. 上缴当地政府
B. 上缴当地行政机关
C. 上缴当地财政部门
D. 上缴国库

26. 下列关于行政许可费用的表述错误的是 ( )

A. 在法律、行政法规另有规定的情况下可以收取费用
B. 行政机关提供行政许可申请书格式文本,不得收费
C. 实施行政许可一律不得收取任何费用
D. 实施行政许可的费用由本地财政予以拨付

27. 《劳动法》明确规定,国家对_____实行特殊保护。( )

A. 女职工和未成年工
B. 女职工和老年工
C. 孕妇和未成年工
D. 老年工和未成年工

28. 依据《职业病防治法》的规定,对从事接触职业病危害的作业的劳动者,用人单位应当按照国务院卫生行政部门的规定组织_____的职业健康检查并将检查结果如实告知劳动者。

A. 上岗前
B. 在岗期间
C. 离岗时
D. 以上答案均正确

29. 职业病病人除依法享有工伤社会保险外,依照_____尚有获得赔偿的权利的,有权向_____提出赔偿要求。( )

A. 保险法;保险机构
B. 安全生产法;劳动行政部门
C. 有关民事法律;用人单位
D. 职业病防治法;用人单位

30. 《职业病防治法》规定,职业卫生技术服务机构和医疗卫生机构有违反本法规定的行为,对直接负责的主管人员和其他直接责任人员,依法给予_____的处分。( )

A. 罚款、撤职或者开除
B. 降级、撤职或者开除
C. 降级、罚款或者开除
D. 降级、撤职或者罚款

31. 依据《劳动合同法》的规定,_____负责本行政区域内劳动合同制度实施的监督管理。( )

A. 国务院劳动行政部门
B. 县级以上地方人民政府劳动行政部门
C. 市级以上地方人民政府劳动行政部门
D. 省级以上地方人民政府劳动行政部门

32. 根据我国现行法律的规定,地区煤矿安全监察机构、煤矿安全监察办事处应当对煤矿实施 ( )

A. 重点安全检查
B. 专项安全检查
C. 全面安全检查
D. 经常性安全检查

33. 煤矿安全监察人员到山西大同某煤矿企业进行现场检查时,发现该煤矿企业的新建煤矿还未建设完成就已进行井下采掘工作。依据《煤矿安全监察条例》,煤矿安全监察人员有权要求煤矿 ( )

A. 立即停止生产,排除隐患
B. 立即消除或者限期解决
C. 停止作业或者停产整顿
D. 立即消除或者停产整顿

34. 根据《煤矿安全监察条例》的规定,在检查中发现影响煤矿安全的违法行为,煤矿安全监察员有权 （　　）
   A. 责令立即停止作业,并将有关情况报告煤矿安全监察机构
   B. 要求煤矿立即消除或者限期解决
   C. 当场予以纠正或者要求限期改正
   D. 立即责令纠正或者责令立即停止作业

35. 根据矿产资源法律法规和现行职责分工的规定,煤矿采矿许可证的颁发管理机关是 （　　）
   A. 工商行政管理部门
   B. 国家煤矿安全监察机构
   C. 设区的市以上人民政府煤炭管理部门
   D. 县级以上人民政府国土资源管理部门

36. 建设单位应当在拆除工程施工15日前,将_____等资料报送建设工程所在地县级以上人民政府建设行政主管部门或者其他有关部门备案。 （　　）
   A. 施工单位资质等级证明
   B. 建设单位安全监督人员和工程监理人员的花名册
   C. 工程项目负责人、安全管理人员和特种作业人员持证上岗情况
   D. 拟进入现场使用的起重机械设备(塔式起重机、物料提升机、外用电梯)的型号、数量

37. 为了规范拆除工程安全,《建设工程安全生产管理条例》规定,建设单位应当将拆除工程发包给具有相应资质等级的 （　　）
   A. 设计单位
   B. 分包单位
   C. 监理单位
   D. 施工单位

38. 依据《建设工程安全生产管理条例》的规定,施工单位的_____应当对建设工程项目施工安全负全面责任,是本项目安全生产的第一责任人。 （　　）
   A. 作业人员
   B. 主要负责人
   C. 项目负责人
   D. 安全管理人员

39. 下列物品不适用于《危险化学品安全管理条例》的是 （　　）
   A. 民用爆炸物品
   B. 放射性物品
   C. 核能物质
   D. 农药

40. 依法设立的危险化学品生产企业,必须向_____申请领取危险化学品生产许可证,任何单位和个人不得生产、经营、使用国家明令禁止的危险化学品。 （　　）
   A. 公安部
   B. 国家工商机关
   C. 国家质量监督检验检疫部门
   D. 国家安全生产监督管理部门

41. 《危险化学品安全管理条例》规定,危险化学品生产企业应当提供与其生产的危险化学品相符的化学品_____ （　　）
   A. 生产单位许可证书
   B. 安全技术说明书
   C. 产品认证证书
   D. 质量合格证书

42. 依据《烟花爆竹安全管理条例》,下列_____不是烟花爆竹零售经营者应当具备的条件。 （　　）
   A. 主要负责人经过安全知识教育
   B. 设专人负责安全管理
   C. 建立了安全预防措施
   D. 经营场所配备必要的消防器材,张贴明显的安全警示标志

43. 申请举办焰火晚会的主办单位应当按照分级管理的规定,向有关人民政府公安部门提出申请,受理申请的公安部门审查后,对符合条件的,核发_____;对不符合条件的,应当说明理由。 （　　）
   A. 《焰火燃放许可证》
   B. 《安全燃放许可证》
   C. 《烟花爆竹安全燃放许可证》
   D. 《烟花爆竹燃放许可证》

44. 对未经许可生产、经营烟花爆竹制品的,由安全生产监督管理部门责令停止非法生产、经营活动,处_____的罚款,并没收非法生产、经营的物品及违法所得。 （　　）
   A. 1万元以上5万元以下
   B. 2万元以上5万元以下
   C. 2万元以上10万元以下
   D. 5万元以上10万元以下

45. 根据《民用爆炸物品安全管理条例》的规定,关于民用爆炸物品的销售许可的表述,正确的是 ( )

A. 省、自治区、直辖市人民政府国防科技工业主管部门应当自受理之日起15日内进行审查,并对申请单位的销售场所和专用仓库等经营设施进行查验,对符合条件的,核发《民用爆炸物品销售许可证》

B. 民用爆炸物品销售企业应当在办理工商登记后3日内,向所在地县级人民政府公安机关备案

C. 民用爆炸物品销售企业在销售民用爆炸物品后,再持《民用爆炸物品销售许可证》到工商行政管理部门办理工商登记

D. 申请从事民用爆炸物品销售的企业,应当具备的条件之一是销售场所和专用仓库符合企业有关标准和规范

46. 依据《民用爆炸物品安全管理条例》的规定,从事爆炸物品销售的单位在办理工商登记时,须持 ( )

A.《民用爆炸物品生产许可证》
B.《民用爆炸物品销售许可证》
C.《民爆企业安全生产许可证》
D.《爆破作业人员许可证》

47. 根据《民用爆炸物品安全管理条例》的规定,爆破作业单位未按照规定建立民用爆炸物品领取登记制度、保存登记记录的,应 ( )

A. 由公安机关责令改正,处5万元以上20万元以下的罚款
B. 由国防科技工业主管部门责令限期改正,处5万元以上20万元以下的罚款
C. 由公安机关责令停止违法行为或者限期改正,处10万元以上50万元以下的罚款
D. 由国防科技工业主管部门、公安机关按照职责责令限期改正,可以并处5万元以上20万元以下的罚款

48. 根据《特种设备安全监察条例》的规定,下列使用的特种设备的安全监察不适用于本条例的是 ( )

A. 起重机械
B. 核设施
C. 锅炉
D. 电梯

49. 依据《特种设备安全监察条例》,电梯安装施工过程中,电梯安装单位应当服从_____对施工现场的安全生产管理。 ( )

A. 建筑施工具体分包单位
B. 建筑施工总承包单位
C. 建筑施工总监理单位
D. 建筑造价单位

50. 根据《特种设备安全监察条例》的规定,锅炉、气瓶、氧舱和客运索道、大型游乐设施的设计文件,未经国务院特种设备安全监督管理部门核准的检验检测机构鉴定,擅自用于制造的,由特种设备安全监督管理部门 ( )

A. 予以取缔,没收非法制造的产品,已经实施安装、改造的,责令恢复原状或者责令限期由取得许可的单位重新安装、改造,处5万元以上20万元以下罚款

B. 责令改正,情节严重的,责令停止生产、销售,处违法生产、销售货值金额30%以下罚款;有违法所得的,没收违法所得

C. 予以取缔,处1万元以上5万元以下罚款,有违法所得的,没收违法所得

D. 责令改正,没收非法制造的产品,处5万元以上20万元以下罚款

51.《使用有毒物品作业场所劳动保护条例》对不得从事有毒物品作业的人员做出了限制,下列说法不正确的是 ( )

A. 16至18周岁的未成年人,有独立的劳动能力,可以从事有毒物品的作业
B. 用人单位不得安排孕期、哺乳期的女职工从事使用有毒物品的作业
C. 用人单位不得安排未成年人从事使用有毒物品的作业
D. 用人单位禁止使用童工

52. 关于《使用有毒物品作业场所劳动保护条例》的适用范围,下列说法不正确的是 ( )

A. 涉及作业场所使用有毒物品可能产生职业中毒危害的劳动保护的有关事项,适用本条例
B. 有毒物品的生产、经营、储存、运输、使用和废弃处置的安全管理,适用本条例
C. 本条例未作规定的,依照职业病防治法和其他有关法律、行政法规的规定执行
D. 作业场所使用有毒物品可能产生职业中毒危害的劳动保护

53.《国务院关于特大安全事故行政责任追究的规定》的立法原则是 ( )

A. 安全第一
B. 诚实守信
C. 尊重科学、实事求是
D. 以人为本、权责一致、责罚相当

54. 依据《国务院关于特大安全事故行政责任追究的规定》的规定，特大安全事故发生后，_____应当按照国家有关规定迅速、如实发布事故消息。（　　）
   A. 省、自治区、直辖市人民政府
   B. 社区的市级人民政府
   C. 县级人民政府
   D. 国务院

55. 根据《生产安全事故报告和调查处理条例》的规定，安全监督管理部门和负有安全生产监督管理的有关部门逐级上报事故情况的同时，应当报告（　　）
   A. 上一级人民政府
   B. 本级人民政府
   C. 省级人民政府
   D. 国务院

56. 工伤保险行业差别费率及行业内费率档次由国务院_____制定，报国务院批准后公布施行。（　　）
   A. 财政部门
   B. 卫生行政部门
   C. 安全生产监督管理部门
   D. 社会保险行政部门

57. 依据《工伤保险条例》的规定，职工发生事故伤害或者按职业病防治法规定被诊断、鉴定为职业病，所在单位应当自事故伤害发生之日或者被诊断、鉴定为职业病之日起_____日内，向统筹地区社会保险行政部门提出工伤认定申请。（　　）
   A. 7   B. 15
   C. 20   D. 30

58. 注册安全工程师在执业中，因其过失给当事人造成损失的，由_____承担赔偿责任。（　　）
   A. 所在单位
   B. 所在单位部分
   C. 注册安全工程师
   D. 所在单位和注册安全工程师连带

59. 依据《注册安全工程师管理规定》，安全生产管理人员在7人以下的，至少配备_____注册安全工程师。（　　）
   A. 1名   B. 2名
   C. 3名   D. 5名

60. 国家安全生产监督管理总局自收到部门、省级注册机构以及中央企业总公司（总厂、集团公司）报送的材料之日起20日内完成复审并作出书面决定。准予注册的，自作出决定之日起_____日内，颁发执业证，并在媒体上予以公告；不予注册的，应当书面说明理由。（　　）
   A. 20   B. 15
   C. 10   D. 5

61. 根据《劳动防护用品监督管理规定》的规定，检测检验机构必须取得_____认可的安全生产检测检验机构资质，并在批准的业务范围内开展劳动防护用品检测检验工作。（　　）
   A. 国家质量监督检验检疫总局
   B. 国家安全生产监督管理总局
   C. 国家工商行政管理局
   D. 国家环境保护总局

62. 下列关于劳动防护用品检测检验机构因出具虚假证明而应承担的法律责任的说法，错误的是（　　）
   A. 尚不构刑事处罚，可保留检验检测资质，但对机构和直接负责的主管人员及直接责任人员处以罚款
   B. 给他人造成损害的，与生产经营单位承担连带赔偿责任，并撤销其检测检验资质
   C. 尚不构刑事处罚的，由安全生产监督管理部门没收违法所得
   D. 构成犯罪的，由司法机关追究其刑事责任

63. 依据《劳动防护用品监督管理规定》的规定，生产经营单位的从业人员有权对本单位劳动防护用品管理的违法行为提出（　　）
   A. 批评、质询、检举
   B. 质询、检举、控告
   C. 批评、检举、控告
   D. 质询、批评、检举

64. 生产经营单位终止生产经营活动的，依照相关法律应当在生产经营活动终止之日起_____日内向原申报机关报告办理相关手续。（　　）
   A. 10   B. 15
   C. 20   D. 30

65. 依据《安全生产事故隐患排查治理暂行规定》，发生自然灾害可能危及生产经营单位和人员安全的情况时，不属于生产经营单位应当采取的安全措施的是（　　）
   A. 向政府有关部门报告
   B. 舍身救灾
   C. 撤离人员
   D. 停止作业

66.《国务院办公厅转发安全监管总局等部门关于加强企业应急管理工作意见的通知》中明确规定,企业应急预案按照_____的原则报当地政府主管部门和上级单位备案,并告知相关单位。　　　　　　　　　　　　　　　　　　　　　　　　　　　　(　　)

A. 分类管理、全面负责　　　　　　　　B. 统一管理、分级负责

C. 分类管理、分级负责　　　　　　　　D. 统一管理、全面负责

67. 依据《生产安全事故应急预案管理办法》,生产经营单位应急预案应根据不同情况变化及时修订。生产经营单位的下列情况中,其应急预案不需要修订的是　　　　　(　　)

A. 生产经营单位周围环境发生变化,形成新的重大危险源的

B. 生产经营单位应急组织指挥体系或者职责已经调整的

C. 生产经营单位生产工艺和技术发生变化的

D. 生产经营单位生产线停产检修的

68. 依据《建设项目安全设施"三同时"监督管理暂行办法》,跨两个及两个以上行政区域的建设项目安全设施"三同时"由_____实施监督管理。　　　　　(　　)

A. 其共同的上一级人民政府安全生产监督管理部门

B. 建设项目所在地安全生产监督管理部门

C. 其共同的上一级建设行政管理部门

D. 建设单位所在地人民政府

69. 下列不属于安全条件论证报告内容的是　　　　　　　　　　　　　　　(　　)

A. 建设项目与周边设施(单位)生产、经营活动和居民生活在安全方面的相互影响

B. 当地自然条件对建设项目安全生产的影响

C. 法律、行政法规、规章规定的其他文件资料

D. 其他需要论证的内容

70. 根据安全生产标准的内容的分类,对防护服装机械性能材料抗刺穿性及动态撕裂性的试验标准,属于　　　　　　　　　　　　　　　　　　　　　　　　　　　　(　　)

A. 产品标准　　　　　　　　　　　　B. 方法标准

C. 管理标准　　　　　　　　　　　　D. 技术标准

二、多项选择题(共15题,每题2分。每题的备选项中,有2个或2个以上符合题意,至少有1个错误选项。错选,本题不得分;少选,所选的每个选项得0.5分)

71. 依据《安全生产法》的规定,安全生产监督检查人员依法履行职责的要求有　(　　)

A. 忠于职守,坚持原则,秉公执法

B. 严格按照程序履行职责,规范执法,保守秘密

C. 执行监督检查任务时,必须出示有效的监督执法证件

D. 不准在生产经营单位入股分红或者提供有偿技术咨询服务

E. 履行监督检查职责不得影响被检查单位的正常生产经营活动

72. 事故调查处理的原则有　　　　　　　　　　　　　　　　　　　　　　(　　)

A. 查明事故性质和责任

B. 查清事故原因

C. 总结事故教训

D. 提出整改措施

E. 处理责任人

73. 以对违法行为人的何种权利采取制裁措施为标准,行政法学上通常将行政处罚的种类分为　　　　　　　　　　　　　　　　　　　　　　　　　　　　　　　　(　　)

A. 管制　　　　　　　　　　　　　　B. 拘役

C. 声誉罚　　　　　　　　　　　　　D. 行为罚

E. 人身自由罚

74. 下列适用于《劳动法》的单位和人员有　　　　　　　　　　　　　　　(　　)

A. 国家机关

B. 事业组织

C. 社会团体

D. 个体经营者

E. 国内外的劳动者

75.《职业病防治法》规定,卫生行政部门在履行职业病防治监督检查职责时,有权采取的措施包括　　　　　　　　　　　　　　　　　　　　　　　　　　　　　(　　)

A. 负责职业病申报

B. 组织查处职业病危害事故责任人

C. 进入被检查单位和职业病危害现场,调查取证

D. 责令违反职业病防治法律、法规的单位和个人停止违法行为

E. 查阅或复制与违反职业病防治法律、法规的行为有关的资料和采集样品

76. 依据《安全生产许可证条例》的规定,国家对_____企业实施安全生产许可管理。(　　)

A. 危险化学品生产

B. 民用爆破器材生产

C. 危险化学品储存

D. 烟花爆竹生产

E. 危险化学品经营

77. 安全生产许可证的申请和颁发工作实施管理的主要事项有（　　）
   A. 决定安全生产许可证的颁发
   B. 建立安全生产许可证档案管理制度
   C. 监督检查企业取得安全生产许可证的情况
   D. 检查企业的安全生产条件和日常安全生产管理的情况
   E. 制定安全生产许可证颁发工作的规章制度和工作程序

78. 依据《烟花爆竹安全管理条例》，生产烟花爆竹的企业应当具备的条件有（　　）
   A. 基本建设项目经过批准
   B. 依法进行了安全评价
   C. 注册资金 500 万元以上
   D. 有健全的安全生产责任制
   E. 有安全生产管理机构和专职安全生产管理人员

79. 依据《特种设备安全监察条例》的规定，特种设备使用单位应当建立特种设备安全技术档案。安全技术档案应当包括（　　）
   A. 特种设备的日常维修记录
   B. 特种设备运行故障和事故记录
   C. 特种设备的定期检验和定期自行检查的记录
   D. 特种设备的设计文件、制造单位、产品质量合格证明、使用维护说明等文件以及安装技术文件和资料
   E. 特种设备及其安全附件、安全保护装置、测量调控装置及有关附属仪器仪表的日常维护保养记录

80. 根据《特种设备安全监察条例》的规定，特种设备使用单位有＿＿＿＿＿情形，由特种设备安全监督管理部门责令限期改正；逾期未改正的，责令停止使用或者停产停业整顿，处 2 000 元以上 2 万元以下罚款。（　　）
   A. 未对特种作业人员进行特种设备安全教育和培训的
   B. 从事特种设备作业的人员，未取得相应特种作业人员证书，上岗作业的
   C. 未依照《特种设备安全监察条例》规定，设置特种设备安全管理机构的
   D. 未依照《特种设备安全监察条例》规定，配备专职、兼职的安全管理人员的
   E. 在作业过程中发现事故隐患或者其他不安全因素，未立即向现场安全管理人员和单位有关负责人报告的

81. 依据《工伤保险条例》，确定工伤保险费率档次和差别费率的依据有（　　）
   A. 工伤发生率
   B. 企业所有制性质
   C. 工伤保险费的使用情况
   D. 不同行业的工伤风险程度
   E. 不同行业不同工种的危险等级

82. 依据《注册安全工程师管理规定》，注册安全工程师实行分类注册，有＿＿＿＿＿＿＿等。（　　）
   A. 煤矿安全
   B. 非煤矿矿山安全
   C. 危险物品安全
   D. 建筑施工安全
   E. 装饰装修施工安全

83. 依据《生产经营单位安全培训规定》的规定，生产经营单位安全生产管理人员的安全培训包括的内容有（　　）
   A. 所有事故和应急救援案例分析
   B. 国内外先进的安全生产管理经验
   C. 安全生产管理、安全生产技术、职业卫生等知识
   D. 伤亡事故统计、报告及职业危害的调查处理方法
   E. 应急管理、应急预案编制以及应急处置的内容和要求

84. 某家具厂比较重视个人劳动防护用品的配备工作，每年都征集职工对劳动防护用品的意见和建议。下列意见和建议中，符合《劳动防护用品监督管理规定》的有（　　）
   A. 及时更换失效的防护用品
   B. 家具装箱车间风险比较低，不需要使用劳动防护用品
   C. 喷漆车间风险高，要求配备全身劳动防护用品
   D. 锯木车间粉尘比较大，要求配备防尘口罩
   E. 部分职工想以等值的货币替代劳动防护用品，厂领导不予批准

85. 关于公安机关消防机构的执法监督，下列说法正确的有（　　）
   A. 不得指定消防产品和建筑材料的品牌、销售单位
   B. 对设有人员密集场所的建设工程的抽查比例不应低于 30%
   C. 实施消防设计审核、消防验收和备案、抽查，不得收取任何费用
   D. 市级公安机关消防机构应当在互联网上设立消防设计和竣工验收备案受理系统
   E. 公安机关消防机构接到有关建设工程违反消防法律法规和国家工程建设消防技术标准的举报，应当在 3 日内组织人员核查

安全生产法及相关法律知识
仿真模拟演练试卷(二)参考答案及精解精析

一、单项选择题

1.【参考答案】 D （1P$_5$～P$_6$）
【考查要点】 本题考查的是法的分类
【精解精析】 地方性法规是指地方国家权力机关依照法定职权和程序制定和颁布的、施行于本行政区域的规范性文件。行政规章是指国家行政机关依照行政职权所制定、发布的针对某一类事件、行为或者某一类人员的行政管理的规范性文件。行政法规是国家行政机关制定的规范性文件的总称。广义的法律与法同义。狭义的法律特指由享有立法权的国家机关依照一定的立法程序制定和颁布的规范性文件。

2.【参考答案】 C （1P$_8$）
【考查要点】 本题考查的是依法行政的基本要求
【精解精析】 行政机关公布的信息应当全面、准确、真实。非经法定事由并非经法定程序，行政机关不得撤销、变更已经生效的行政决定；因国家利益、公共利益或者其他法定事由需要撤回或者变更行政决定的，应当依照法定权限和程序进行，并对行政管理相对人因此而受到的财产损失依法予以补偿。

3.【参考答案】 D （1P$_{18}$）
【考查要点】 本题考查的是行业标准
【精解精析】 安全生产行业标准是指国务院有关部门和直属机构依照《标准化法》制定的在安全生产领域内适用的安全生产技术规范。行业安全生产标准对同一安全生产事项的技术要求，可以高于国家安全生产标准但不得与其相抵触。

4.【参考答案】 C （1P$_{21}$～P$_{22}$）
【考查要点】 本题考查的是《安全生产法》的基本原则
【精解精析】《安全生产法》的基本原则包括：(1)人身安全第一的原则；(2)预防为主的原则；(3)权责一致的原则；(4)社会监督、综合治理的原则；(5)依法从重处罚的原则。

5.【参考答案】 B （2P$_{32}$）
【考查要点】 本题考查的是工会对"三同时"的监督
【精解精析】《安全生产法》规定，工会有权对建设项目的安全设施与主体工程同时设计、同时施工、同时投入生产和使用进行监督，提出意见。

6.【参考答案】 C （2P$_{34}$）
【考查要点】 本题考查的是有关部门及其职责
【精解精析】 公安部负责消防安全、道路交通安全的监督管理工作；建设部负责建筑施工安全的监督管理工作；交通部负责道路建设和运输企业安全、水上交通安全的监督管理工作；国家质检总局负责特种设备安全的监督管理工作。

7.【参考答案】 D （2P$_{44}$）
【考查要点】 本题考查的是生产经营单位安全投入的标准
【精解精析】《安全生产法》规定，具备法定安全生产条件所必需的资金投入标准，应以安全生产法律、行政法规和国家标准或者行业标准规定生产经营单位应当具备的安全生产条件为基础进行计算。具备法定安全生产条件所需要的安全资金数额，就是生产经营单位应当投入的资金标准。

8.【参考答案】 A （3P$_{77}$）
【考查要点】 本题考查的是特种作业人员的培训
【精解精析】《矿山安全法》规定，矿山企业安全生产的特种作业人员必须接受专门培训，经考核合格取得操作资格证书的，方可上岗作业。

9.【参考答案】 D （2P$_{52}$～P$_{53}$）
【考查要点】 本题考查的是从业人员获得安全保障、工伤保险和民事赔偿的权利
【精解精析】《安全生产法》规定，生产经营单位不得以任何形式与从业人员订立协议，免除或者减轻其对从业人员因生产安全事故伤亡依法应当承担的责任。《安全生产法》针对大量存在的"生死合同"，赋予了从业人员必要的法定权利，具有操作性和不可侵犯性。

10.【参考答案】 B （2P$_{55}$）
【考查要点】 本题考查的是从业人员正确佩戴和使用劳动防护用品的义务
【精解精析】 正确佩戴和使用劳动防护用品是从业人员必须履行的法定义务，这是保障从业人员人身安全和生产经营单位安全生产的需要。

11.【参考答案】 B （2P$_{63}$）
【考查要点】 本题考查的是生产安全事故报告和处置的规定
【精解精析】 生产经营单位主要负责人在事故报告和抢救中负有主要领导责任，必须履行及时、如实报告生产安全事故的法定义务。

12.【参考答案】 A （2P$_{71}$）
【考查要点】 本题考查的是民事责任
【精解精析】 生产经营单位将生产经营项目、场所、设备发包或者出租给不具备安全生产条件或者相应资质的单位或个人，导致发生生产安全事故给他人造成损害的，与承包方、承租方承担连带赔偿责任。如因他们不履行法定义务发生事故造成他人损害的，则要承担民事赔偿责任。

13.【参考答案】 B （3P$_{73}$）
【考查要点】 本题考查的是《矿山安全法》的适用范围
【精解精析】 据统计，目前我国已经探明并进行开采的矿产资源超过180余种，所有矿产资源开采过程中的安全生产均要适用《矿山安全法》。

14.【参考答案】 C （3P$_{75}$）
【考查要点】 本题考查的是矿长(含矿务局局长、矿山公司经理)对本企业的安全生产工作负有的职责
【精解精析】 矿长(含矿务局局长、矿山公司经理)对本企业的安全生产工作负有下列职责：(1)认真贯彻执行《矿山安全法》和本条例以及其他法律、法规中有关矿山安全生产的规定；(2)制定本企业安全生产管理制度；(3)根据需要配备合格的安全工作人员，对每个作业场所进行跟班检查；(4)采取有效措施，改善职工劳动条件，保证安全生产所需要的材料、设备、仪器和劳动防护用品的及时供应；(5)依照本条例的规定，对职工进行安全教育、培训；(6)制订矿山灾害的预防和应急计划；(7)及时采取措施，处理矿山存在的事故隐患；(8)及时、如实向劳动行政主管部门和管理矿山企业的主管部门报告矿山事故。

15.【参考答案】 D （3P$_{77}$）

【考查要点】 本题考查的是矿长培训

【精解精析】 《矿山安全法》要求矿长必须经过考核,具备安全专业知识,具有领导安全生产和处理矿山事故的能力。

16.【参考答案】 C （3P₇₈）

【考查要点】 本题考查的是矿山安全监督的部门

【精解精析】 制定《矿山安全法》时,国家规定由劳动行政主管部门负责监督矿山安全。根据国务院的现行规定,法律中规定的矿山安全监督的主管部门已不再是劳动行政主管部门,而是县级以上人民政府负责安全生产监督管理的部门,由其负责矿山安全的监督管理和行政执法职责。

17.【参考答案】 D （3P₇₉）

【考查要点】 本题考查的是矿长、特种作业人员的法律责任

【精解精析】 矿长不具备安全专业知识,安全生产的特种作业人员未取得操作资格证书上岗作业的,责令限期改正;逾期不改正的,提请县级以上人民政府决定责令停产,调整配备合格人员后,方可恢复生产。

18.【参考答案】 C （3P₈₂）

【考查要点】 本题考查的是消防安全重点单位的安全管理

【精解精析】 《消防法》规定了重点消防单位的确定方法及其应当履行的职责,要求县级以上地方人民政府公安机关消防机构应当将发生火灾可能性较大以及发生火灾可能造成重大的人身伤亡或者财产损失的单位,确定为本行政区域内的消防安全重点单位,并由公安机关报本级人民政府备案。

19.【参考答案】 B （3P₈₅）

【考查要点】 本题考查的是道路交通事故处理中的受伤人员救治

【精解精析】 依据《道路交通安全法》的规定,医疗机构对交通事故中的受伤人员应当及时抢救,不得因抢救费用未及时支付而拖延救治。

20.【参考答案】 C （3P₈₇）

【考查要点】 本题考查的是突发事件的特征

【精解精析】 《突发事件应对法》所指的突发事件包含的特征有:(1)具有明显的公共性或社会性;(2)突发性和紧迫性;(3)危害性和破坏性;(4)需要公权介入和社会力量。

21.【参考答案】 D （4P₉₅）

【考查要点】 本题考查的是犯罪的基本特征

【精解精析】 犯罪的基本特征是指犯罪行为区别于一般违法行为的核心要素,主要包括以下几个方面:(1)犯罪必须具有严重的社会危害性;(2)犯罪必须具有刑事违法性;(3)犯罪必须具有应受刑事处罚性。犯罪的上述三个基本特征相互联系,不可分割。

22.【参考答案】 A （4P₉₈）

【考查要点】 本题考查的是重大责任事故罪的本质特征

【精解精析】 客观方面表现为在生产、作业中违反有关安全生产的规定,因而发生重大伤亡事故或者造成其他严重后果的行为。违反有关安全管理的规定而发生重大伤亡事故或者造成其他严重后果,是重大责任事故罪的本质特征。

23.【参考答案】 D （4P₉₈）

【考查要点】 本题考查的是强令违章冒险作业罪

【精解精析】 《刑法》规定,强令他人违章冒险作业,因而发生重大伤亡事故或者造成其他严重后果的,处5年以下有期徒刑或者拘役;情节特别恶劣的,处5年以上有期徒刑。

24.【参考答案】 B （4P₉₉）

【考查要点】 本题考查的是重大劳动安全事故罪

【精解精析】 《刑法》规定,安全生产设施或者安全生产条件不符合国家规定,因而发生重大伤亡事故或者造成其他严重后果的,对直接负责的主管人员和其他直接责任人员,处3年以下有期徒刑或者拘役;情节特别恶劣的,处3年以上7年以下有期徒刑。

25.【参考答案】 D （4P₁₁₄）

【考查要点】 本题考查的是行政处罚的执行严格实行收支两条线

【精解精析】 《行政处罚法》规定,罚款、没收违法所得或没收非法财物拍卖的款项,必须全部上缴国库,任何行政机关或个人不得以任何形式截留、私分或变相私分;财政部门不得以任何形式向作出行政处罚决定的行政机关返还罚款、没收的违法所得或返还没收非法财物的拍卖款项。

26.【参考答案】 C （4P₁₂₃）

【考查要点】 本题考查的是行政许可费用的收取

【精解精析】 《行政许可法》规定,行政机关实施行政许可和对行政许可事项进行监督检查,不得收取任何费用。但是,法律、行政法规另有规定的,依照其规定。行政机关提供行政许可申请书格式文本,不得收费。行政机关实施行政许可所需经费应当列入本行政机关的预算,由本级财政予以保障,按照批准的预算予以拨付。另外,实施行政许可不得收取任何费用,但其他法律、行政法规另有规定的,可以收取,实施行政许可的费用由财政予以拨付。

27.【参考答案】 A （4P₁₂₆）

【考查要点】 本题考查的是女职工和未成年工特殊保护

【精解精析】 依据《劳动法》的规定,国家对女职工和未成年工实行特殊劳动保护。

28.【参考答案】 D （4P₁₃₂）

【考查要点】 本题考查的是职业健康检查制度

【精解精析】 《职业病防治法》规定,对从事接触职业病危害的作业的劳动者,用人单位应当按照国务院卫生行政部门的规定组织上岗前、在岗期间和离岗时的职业健康检查并将检查结果如实告知劳动者。职业健康检查费用由用人单位承担。

29.【参考答案】 C （4P₁₃₃）

【考查要点】 本题考查的是职业病病人获得赔偿的权利

【精解精析】 《职业病防治法》规定,职业病病人除依法享有工伤社会保险外,依照有关民事法律尚有获得赔偿的权利的,有权向用人单位提出赔偿要求。

30.【参考答案】 B （4P₁₃₅）

【考查要点】 本题考查的是职业卫生技术服务机构的法律责任

【精解精析】 《职业病防治法》规定,职业卫生技术服务机构和医疗卫生机构有违反本法规定的行为,分别给予责令立即停止违法行为、没收违法所得、取消其相应资格的行政处罚。对直接负责的主管人员和其他直接责任人员,依法给予降级、撤职或者开除的处分;构成犯罪的,依法追究刑事责任。

31.【参考答案】 B （4P₁₄₁）

【考查要点】 本题考查的是安全生产和职业病防治监督检查的主管机关

【精解精析】《劳动合同法》规定,国务院劳动行政部门负责全国劳动合同制度实施的监督管理。县级以上地方人民政府劳动行政部门负责本行政区域内劳动合同制度实施的监督管理。县级以上各级人民政府劳动行政部门在劳动合同制度实施的监督管理工作中,应当听取工会、企业方面代表以及有关行业主管部门的意见。

32.【参考答案】 D （5P$_{159}$）

【考查要点】 本题考查的是煤矿安全监察机构的安全检查权

【精解精析】《煤矿安全监察条例》规定,地区煤矿安全监察机构、煤矿安全监察办事处应当对煤矿实施经常性的安全检查;对事故多发地区的煤矿,应当实施重点安全检查,国家煤矿安全监察机构根据煤矿安全工作的实际情况,组织对全国煤矿的全面安全检查或者重点安全抽查。

33.【参考答案】 A （5P$_{160}$）

【考查要点】 本题考查的是煤矿安全监察员的职权

【精解精析】 依据《煤矿安全监察条例》的规定,煤矿安全监察人员进行现场检查时,发现存在事故隐患的,有权要求煤矿立即消除或者限期解决;发现威胁职工生命安全的紧急情况时,有权要求立即停止作业。新建煤矿边建设边生产是威胁职工生命安全的紧急情况之一,所以应立即停止生产,排除隐患。

34.【参考答案】 C （5P$_{160}$）

【考查要点】 本题考查的是煤矿安全监察员的职责

【精解精析】 依照《煤矿安全监察条例》和《煤矿安全监察员管理办法》的规定,煤矿安全监察员在检查中发现影响煤矿安全的违法行为,有权当场予以纠正或者要求限期改正。

35.【参考答案】 D （5P$_{168}$）

【考查要点】 本题考查的是采矿许可证的颁发管理机关

【精解精析】 采矿许可证是煤矿取得采矿权的法定凭证。依照矿产资源法律法规和现行职责分工的规定,煤矿采矿许可证的颁发管理机关是县级以上人民政府国土资源管理部门。

36.【参考答案】 A （5P$_{177}$～P$_{178}$）

【考查要点】 本题考查的是关于拆除工程的特殊规定

【精解精析】 建设单位应当在拆除工程施工15日前,报送建设工程所在地县级以上人民政府建设行政主管部门或者其他有关部门备案的资料有:(1)施工单位资质等级证明;(2)拟拆除建筑物、构筑物及可能危及毗邻建筑的说明;(3)拆除施工组织方案;(4)堆放、清除废弃物的措施。

37.【参考答案】 D （5P$_{177}$）

【考查要点】 本题考查的是关于拆除工程的特殊规定

【精解精析】 为了规范拆除工程安全,《建设工程安全生产管理条例》规定,建设单位应当将拆除工程发包给具有相应资质等级的施工单位。

38.【参考答案】 C （5P$_{181}$）

【考查要点】 本题考查的是项目负责人的安全责任

【精解精析】 项目负责人在施工活动中占有非常重要的地位,代表施工企业法定代表人对项目组织实施中劳动力的调配、资金的使用、建筑材料的购进等行使决策权。因此,施工单位的项目负责人应当对建设工程项目施工安全负全面责任,是本项目安全生产的第一责任人。

39.【参考答案】 D （5P$_{186}$）

【考查要点】 本题考查的是《危险化学品安全管理条例》的排除适用

【精解精析】《危险化学品安全管理条例》规定,监控化学品,属于危险化学品的药品和农药的安全管理,依照本条例的规定执行;法律、行政法规另有规定的,依照其规定。民用爆炸物品、烟花爆竹、放射性物品、核物质以及用于国防科研生产的危险化学品的安全管理,不适用本条例。

40.【参考答案】 C （5P$_{187}$）

【考查要点】 本题考查的是危险化学品监督管理部门的职责

【精解精析】《危险化学品安全管理条例》规定,质量监督检验检疫部门负责核发危险化学品及其包装物、容器生产企业的工业产品生产许可证,并依法对其产品质量实施监督,负责对进出口危险化学品及其包装实施检验。

41.【参考答案】 B （5P$_{189}$）

【考查要点】 本题考查的是安全技术说明书

【精解精析】 依据《危险化学品安全管理条例》的规定,危险化学品生产企业应当提供与其生产的危险化学品相符的化学品安全技术说明书,并在危险化学品包装(包括外包装件)上粘贴或者挂拴与包装内危险化学品相符的化学品安全标签。

42.【参考答案】 C （5P$_{208}$）

【考查要点】 本题考查的是烟花爆竹零售经营者的条件

【精解精析】 依据《烟花爆竹安全管理条例》的规定,烟花爆竹零售经营者应当具备的条件包括:(1)主要负责人经过安全知识教育;(2)实行专店或者专柜销售,设专人负责安全管理;(3)经营场所配备必要的消防器材,张贴明显的安全警示标志;(4)法律、法规规定的其他条件。

43.【参考答案】 A （5P$_{209}$）

【考查要点】 本题考查的是焰火晚会等大型焰火燃放活动的许可

【精解精析】《烟花爆竹安全管理条例》规定,受理申请的公安部门应当自受理申请之日起20日内对提交的有关材料进行审查,对符合条件的,核发《焰火燃放许可证》;对不符合条件的,应说明理由。

44.【参考答案】 C （5P$_{210}$）

【考查要点】 本题考查的是非法从事烟花爆竹生产经营运输活动的处罚

【精解精析】《烟花爆竹安全管理条例》规定,对未经许可生产、经营烟花爆竹制品,或者向未取得烟花爆竹安全生产许可的单位或者个人销售黑火药、烟火药、引火线的,由安全生产监督管理部门责令停止非法生产、经营活动,处2万元以上10万元以下的罚款,并没收非法生产、经营的物品和违法所得。

45.【参考答案】 B （5P$_{213}$～P$_{214}$）

【考查要点】 本题考查的是民用爆炸物品的销售许可

【精解精析】 省、自治区、直辖市人民政府国防科技工业主管部门应自受理之日起30日内进行审查,并对申请单位的销售场所和专用仓库等经营设施进行查验,对符合条件的,核发《民用爆炸物品销售许可证》;对不符合条件的,不予核发《民用爆炸物品销售许可证》,书面向申请人说明理由。民用爆炸物品销售企业持《民用爆炸物品销售许可证》到工商行政管理部门办理工商登记后,方可销售民用爆炸物品。民用爆炸物品销售企业应当在办理工商登记后3日内,向所在地县级人民政府公安机关备案。申请从事民用爆炸物品销售的企业,应当具备的条件之一是销售场所和专用仓库符合国家有关标准和规范。

46.【参考答案】 B （5P$_{214}$）

【考查要点】 本题考查的是民用爆炸物品的销售许可

【精解精析】《民用爆炸物品安全管理条例》规定,民用爆炸物品销售企业持《民用爆炸物品销售许可证》到工商行政管理部门办理工商登记后,方可销售民用爆炸物品。

47.【参考答案】 C (5P₂₁₉)
【考查要点】 本题考查的是民用爆炸物品安全管理违法行为应负的法律责任
【精解精析】 违反《民用爆炸物品安全管理条例》的规定,从事爆破作业的单位有下列情形之一的,由公安机关责令停止违法行为或者限期改正,处10万元以上50万元以下的罚款;逾期不改正的,责令停产停业整顿,情节严重的,吊销《爆破作业单位许可证》:(1)爆破作业单位未按照其资质等级从事爆破作业的;(2)营业性爆破作业单位跨省、自治区、直辖市行政区域实施爆破作业,未按照规定事先向爆破作业所在地的县级公安机关报告的;(3)爆破作业单位未按照规定建立民用爆炸物品领取登记制度、保存登记记录的;(4)违反国家有关标准和规范实施作业的。

48.【参考答案】 B (5P₂₂₁)
【考查要点】 本题考查的是《特种设备安全监察条例》排除适用的规定
【精解精析】《特种设备安全监察条例》规定,军事装备、核设施、航空航天器、铁路机车、海上设施和船舶以及矿山井下使用的特种设备、民用机场专用设备的安全监察不适用本条例。

49.【参考答案】 B (5P₂₂₃)
【考查要点】 本题考查的是电梯安装的管理
【精解精析】 依据《特种设备安全监察条例》的规定,电梯安装施工过程中,电梯安装单位应当服从建筑施工总承包单位对施工现场的安全生产管理。

50.【参考答案】 D (5P₂₃₁)
【考查要点】 本题考查的是擅自从事特种设备设计、制造活动的法律责任
【精解精析】 依据《特种设备安全监察条例》的规定,锅炉、气瓶、氧舱和客运索道、大型游乐设施以及高耗能特种设备的设计文件,未经国务院特种设备安全监督管理部门核准的检验检测机构鉴定,擅自用于制造的,由特种设备安全监督管理部门责令改正,没收非法制造的产品,处5万元以上20万元以下罚款;触犯刑律的,对负有责任的主管人员和其他直接责任人员依照刑法关于生产、销售伪劣产品罪、非法经营罪或者其他罪的规定,依法追究刑事责任。

51.【参考答案】 A (5P₂₃₆)
【考查要点】 本题考查的是未成年人和妇女的特殊保护
【精解精析】《使用有毒物品作业场所劳动保护条例》规定,用人单位禁止使用童工。用人单位不得安排未成年人和孕期、哺乳期的女职工从事使用有毒物品的作业。

52.【参考答案】 B (5P₂₃₆)
【考查要点】 本题考查的是《使用有毒物品作业场所劳动保护条例》的适用范围
【精解精析】 鉴于有毒物品的生产、经营、储存、运输、使用和废弃处置有专门的安全管理规定,但其作业场所又都可能涉及使用有毒物品,为避免重复,《使用有毒物品作业场所劳动保护条例》规定,有毒物品的生产、经营、储存、运输、使用和废弃处置的安全管理,依照《危险化学品安全管理条例》执行。

53.【参考答案】 D (5P₂₄₈)
【考查要点】 本题考查的是《国务院关于特大安全事故行政责任追究的规定》的立法原则
【精解精析】《国务院关于特大安全事故行政责任追究的规定》的立法原则主要有两个:一是以人为本的原则;二是权责一致、责罚相当的原则。

54.【参考答案】 A (5P₂₅₀)
【考查要点】 本题考查的是地方各级人民政府的安全职责
【精解精析】 依据《国务院关于特大安全事故行政责任追究的规定》的规定,特大安全事故发生后,省、自治区、直辖市人民政府应当按照国家有关规定迅速、如实发布事故消息。

55.【参考答案】 B (5P₂₅₈)
【考查要点】 本题考查的是政府职能部门事故报告的时限
【精解精析】 县级以上人民政府安全生产监督管理部门和负有安全生产监督管理的有关部门向上一级人民政府安全生产监督管理部门和负有安全生产监督管理的有关部门逐级报告事故的时限,是每级上报的时间不得超过2小时。安全生产监督管理部门和负有安全生产监督管理的有关部门逐级上报事故情况的同时,应当报告本级人民政府。

56.【参考答案】 D (5P₂₇₅)
【考查要点】 本题考查的是工伤保险费率的制定
【精解精析】《工伤保险条例》规定,国家根据不同行业的工伤风险程度确定行业的差别费率,并根据工伤保险费使用、工伤发生率等情况在每个行业内确定若干费率档次。行业差别费率及行业内费率档次由国务院社会保险行政部门制定,报国务院批准后公布施行。

57.【参考答案】 D (5P₂₇₆)
【考查要点】 本题考查的是工伤保险申请时限
【精解精析】《工伤保险条例》规定,职工发生事故伤害或者按照职业病防治法规定被诊断、鉴定为职业病,所在单位应当自事故伤害发生之日或者被诊断、鉴定为职业病之日起30日内,向统筹地区社会保险行政部门提出工伤认定申请。遇有特殊情况,经报社会保险行政部门同意,申请时限可以适当延长。

58.【参考答案】 A (6P₂₈₈)
【考查要点】 本题考查的是注册安全工程师承担的赔偿责任
【精解精析】 依据《注册安全工程师执业资格制度暂行规定》,注册安全工程师在执业中,因其过失给当事人造成损失的,由其所在单位承担赔偿责任。单位赔偿后,可视情况向其追偿部分或全部赔偿费用。

59.【参考答案】 A (6P₂₈₈)
【考查要点】 本题考查的是注册安全工程师的配备
【精解精析】 依据《注册安全工程师管理规定》的规定,安全生产管理人员在7人以下的,至少配备1名注册安全工程师。

60.【参考答案】 C (6P₂₉₀)
【考查要点】 本题考查的是注册安全工程师初始注册的程序
【精解精析】 国家安全生产监督管理总局自收到部门、省级注册机构以及中央企业总公司(总厂、集团公司)报送的材料之日起20日内完成复审并作出书面决定。准予注册的,自作出决定之日起10日内,颁发执业证,并在媒体上予以公告;不予注册的,应当书面说明理由。

61.【参考答案】 B (6P₃₁₁)
【考查要点】 本题考查的是检测检验机构资质
【精解精析】《劳动防护用品监督管理规定》规定,检测检验机构必须取得国家安全生产监督管理总局认可的安全生产检测检验机构资质,并在批准的业务范围内开展劳动防护用品检测检验工作。

62.【参考答案】 A （6P₃₁₄）
【考查要点】 本题考查的是检测检验机构的法律责任
【精解精析】 依据《劳动防护用品监督管理规定》，劳动防护用品检测检验机构出具虚假证明，构成犯罪的，依照《刑法》有关规定追究其刑事责任；尚不构成犯罪的，由安全生产监督管理部门没收违法所得，违法所得在5 000元以上的，并处违法所得二倍以上五倍以下的罚款，违法所得不足5 000元的，单处或者并处5 000元以上2万元以下的罚款，对直接负责的主管人员和直接负责人员处5 000元以上5万元以下的罚款；给他人造成损害的，与生产经营单位承担连带赔偿责任。

63.【参考答案】 C （6P₃₁₄）
【考查要点】 本题考查的是从业人员的监督
【精解精析】 《劳动防护用品监督管理规定》规定,生产经营单位的从业人员有权依法向本单位提出配备所需劳动防护用品的要求；有权向本单位劳动防护用品管理的违法行为提出批评、检举、控告。

64.【参考答案】 B （6P₃₁₆）
【考查要点】 本题考查的是职业危害终止申报
【精解精析】 生产经营单位终止生产经营活动的，应当在生产经营活动终止之日起15日内向原申报机关报告办理相关手续。

65.【参考答案】 B （6P₃₂₆）
【考查要点】 本题考查的是自然灾害的预警
【精解精析】 依据《安全生产事故隐患排查治理暂行规定》的规定，在接到有关自然灾害预警时，应当及时向下属单位发出预警通知；发生自然灾害可能危及生产经营单位和人员安全的情况时，应当采取撤离人员、停止作业、加强监测等安全措施，并及时向当地人民政府及其有关部门报告。

66.【参考答案】 C （6P₃₂₉）
【考查要点】 本题考查的是应急预案的备案
【精解精析】 《国务院办公厅转发安全监管总局等部门关于加强企业应急管理工作意见的通知》中明确规定，企业应急预案按照"分类管理、分级负责"的原则报当地政府主管部门和上级单位备案，并告知相关单位。备案管理单位要加强对预案内容的审查，实现预案之间的有机衔接。

67.【参考答案】 D （6P₃₃₁）
【考查要点】 本题考查的是应急预案的修订
【精解精析】 《生产安全事故应急预案管理办法》规定，有下列情形之一的，应急预案应当及时修订：(1)生产经营单位因兼并、重组、转制等导致隶属关系、经营方式、法定代表人发生变化的；(2)生产经营单位生产工艺和技术发生变化的；(3)周围环境发生变化，形成新的重大危险源的；(4)应急组织指挥体系或职责已经调整的；(5)依据的法律、法规、规章和标准发生变化的；(6)应急预案演练评估报告要求修订的；(7)应急预案管理部门要求修订的。

68.【参考答案】 A （6P₃₄₄～P₃₄₅）
【考查要点】 本题考查的是建设项目安全设施"三同时"监管的职权划分
【精解精析】 依据《建设项目安全设施"三同时"监督管理暂行办法》的规定，跨两个和两个以上行政区域的建设项目安全设施"三同时"由其共同的上一级人民政府安全生产监督管理部门实施监督管理。

69.【参考答案】 C （6P₃₄₅）
【考查要点】 本题考查的是安全论证

【精解精析】 依据《建设项目安全设施"三同时"监督管理暂行办法》，生产经营单位在对建设项目进行安全条件论证时，应当编制安全条件论证报告。安全条件论证报告应当包括下列内容：(1)建设项目内在的危险和有害因素及对安全生产的影响；(2)建设项目与周边设施(单位)生产、经营活动和居民生活在安全方面的相互影响；(3)当地自然条件对建设项目安全生产的影响；(4)其他需要论证的内容。

70.【参考答案】 B （7P₃₅₈）
【考查要点】 本题考查的是安全生产的方法标准
【精解精析】 方法标准有安全帽测试方法、防护服装机械性能材料抗刺穿性及动态撕裂性的试验方法、安全评价通则、安全预评价导则、安全验收评价导则、安全现状评价导则等。

71.【参考答案】 ABCE （2P₅₉）
【考查要点】 本题考查的是安全生产监督检查人员依法履行职责的要求
【精解精析】 《安全生产法》对安全生产监督检查人员履行职责提出了要求。一是坚持行政生产监督检查人员监管执法的行为准则，立党为公，执政为民，忠实于法律。不玩忽职守，不徇私情，不贪赃枉法。二是严格按照程序履行职责，规范执法，持证执法，保守秘密。三是监督检查不得影响被检查单位的正常生产经营活动。四是应当将检查的时间、地点、内容、发现的问题及其处理情况，作出书面记录，并由检查人员和被检查单位的负责人签字；被检查单位的负责人拒绝签字的，检查人员应当将情况记录在案，并向负有安全生产监督管理职责的部门报告。

72.【参考答案】 ABCD （2P₆₄）
【考查要点】 本题考查的是事故调查处理的原则
【精解精析】 《安全生产法》规定了事故调查处理的原则，即应当按照实事求是、尊重科学的原则，及时、准确地查清事故原因，查明事故性质和责任，总结事故教训，提出整改措施，并对事故责任者提出处理意见。

73.【参考答案】 CDE （4P₁₀₄）
【考查要点】 本题考查的是行政处罚的种类
【精解精析】 行政处罚的种类，是行政处罚外在的具体表现形式。根据不同的标准，行政处罚有不同的分类。以对违法行为人的何种权利采取制裁措施为标准，行政法学上通常将行政处罚的种类分为四种：(1)人身自由罚；(2)行为罚；(3)财产罚；(4)声誉罚。

74.【参考答案】 ABCD （4P₁₂₅）
【考查要点】 本题考查的是《劳动法》的适用范围
【精解精析】 《劳动法》规定，在中华人民共和国境内的企业、个体经济组织和与之形成劳动关系的劳动者，适用本法。国家机关、事业组织、社会团体和与之建立劳动合同关系的劳动者，依照本法执行。

75.【参考答案】 CDE （4P₁₃₄）
【考查要点】 本题考查的是职业病防治的日常监督检查权
【精解精析】 《职业病防治法》规定，履行职业病防治监督检查职责时，卫生行政部门有权采取下列措施：(1)进入被检查单位和职业病危害现场，了解情况，调查取证；(2)查阅或复制与违反职业病防治法律、法规的行为有关的资料和采集样品；(3)责令违反职业病防治法律、法规的单位和个人停止违法行为。

76.【参考答案】 ABD （5P₁₄₄）
【考查要点】 本题考查的是安全生产许可制度的适用范围

【精解精析】 确立安全生产行政许可制度,是《安全生产许可证条例》的核心内容。国家对矿山企业、建筑施工企业和危险化学品、烟花爆竹、民用爆破器材生产企业实行安全生产许可制度,是指这五类危险性较大的企业,必须依照法定条件、程序,向有关管理机关申请领取安全生产许可证,方可进行生产。

77.【参考答案】 ABE (5P₁₅₄)

【考查要点】 本题考查的是安全生产许可证的申请和颁发工作实施管理的主要事项

【精解精析】 安全生产许可证的申请和颁发工作实施管理的主要事项包括:(1)制定安全生产许可证颁发工作的规章制度和工作程序;(2)受理安全生产许可证的申请;(3)对申请人的安全生产条件进行审查;(4)决定安全生产许可证的颁发;(5)规定安全生产许可证的式样或者制作安全生产许可证;(6)建立安全生产许可证档案管理制度;(7)公布企业取得安全生产许可证的情况;(8)协调、解决安全生产许可证颁发工作的有关事项。

78.【参考答案】 ABDE (5P₂₀₆)

【考查要点】 本题考查的是烟花爆竹生产企业应当具备的安全生产条件

【精解精析】 依据《烟花爆竹安全管理条例》的规定,生产烟花爆竹的企业应当具备的条件包括:(1)符合当地产业结构规划;(2)基本建设项目经过批准;(3)选址符合城乡规划,并与周边建筑、设施保持必要的安全距离;(4)厂房和仓库的设计、结构和材料以及防火、防爆、防雷、防静电等安全设备、设施符合国家有关标准和规范;(5)生产设备、工艺符合安全标准;(6)产品品种、规格、质量符合国家标准;(7)有健全的安全生产责任制;(8)有安全生产管理机构和专职安全生产管理人员;(9)依法进行了安全评价;(10)有事故应急救援预案、应急救援组织或应急救援人员,配备必要的应急救援器材、设备;(11)法律、法规规定的其他条件。

79.【参考答案】 BCDE (5P₂₂₄~P₂₂₅)

【考查要点】 本题考查的是特种设备安全技术档案

【精解精析】 《特种设备安全监察条例》规定,特种设备使用单位应当建立特种设备安全技术档案。安全技术档案应当包括以下内容:(1)特种设备的设计文件、制造单位、产品质量合格证明、使用维护说明等文件以及安装技术文件和资料;(2)特种设备的定期检验和定期自行检查的记录;(3)特种设备的日常使用状况记录;(4)特种设备及其安全附件、安全保护装置、测量调控装置及有关附属仪器仪表的日常维护保养记录;(5)特种设备运行故障和事故记录;(6)高耗能特种设备的能效测试报告、能耗状况记录以及节能改造技术资料。

80.【参考答案】 ABCD (5P₂₃₄)

【考查要点】 本题考查的是特种设备使用单位有关安全管理机构和从业人员的法律责任

【精解精析】 依据《特种设备安全监察条例》的规定,特种设备使用单位有下列情形之一的,由特种设备安全监督管理部门责令限期改正;逾期未改正的,责令停止使用或者停产停业整顿,处2 000元以上2万元以下罚款:(1)未依照本条例规定设置特种设备安全管理机构或者配备专职、兼职的安全管理人员的;(2)从事特种设备作业的人员,未取得相应特种作业人员证书,上岗作业的;(3)未对特种设备作业人员进行特种设备安全教育和培训的。

81.【参考答案】 ACD (5P₂₇₅)

【考查要点】 本题考查的是工伤保险费率的制定

【精解精析】 依据《工伤保险条例》的规定,国家根据不同行业的工伤风险程度确定行业的差别费率,并根据工伤保险费使用、工伤发生率等情况在每个行业内确定若干费率档次。

82.【参考答案】 ABCD (6P₂₈₉)

【考查要点】 本题考查的是注册安全工程师注册的分类

【精解精析】 《注册安全工程师管理规定》规定,注册安全工程师实行分类注册,注册类别包括:(1)煤矿安全;(2)非煤矿山安全;(3)建筑施工安全;(4)危险物品安全;(5)其他安全。

83.【参考答案】 BCDE (6P₂₉₆)

【考查要点】 本题考查的是安全生产管理人员安全培训的内容

【精解精析】 依据《生产经营单位安全培训规定》的规定,生产经营单位安全生产管理人员的安全培训包括下列内容:(1)国家安全生产方针、政策和有关安全生产的法律、法规、规章及标准;(2)安全生产管理、安全生产技术、职业卫生等知识;(3)伤亡事故统计、报告及职业危害的调查处理方法;(4)应急管理、应急预案编制以及应急处置的内容和要求;(5)国内外先进的安全生产管理经验;(6)典型事故和应急救援案例分析;(7)其他需要培训的内容。

84.【参考答案】 ACDE (6P₃₁₂~P₃₁₃)

【考查要点】 本题考查的是劳动防护用品的配备与使用的规定

【精解精析】 依据《劳动防护用品监督管理规定》的规定,生产经营单位为从业人员提供的劳动防护用品,必须符合国家标准或者行业标准,不得超过使用期限,故A项正确。从业人员在作业过程中,必须按照安全生产规章制度和劳动防护用品使用规则,正确佩戴和使用劳动防护用品;未按规定佩戴和使用劳动防护用品的,不得上岗作业,故B项错误,C、D两项正确。生产经营单位不得以货币或者其他物品替代应当按规定配备的劳动防护用品,故E项正确。

85.【参考答案】 ACE (6P₃₂₂~P₃₂₃)

【考查要点】 本题考查的是公安机关消防机构的执法监督

【精解精析】 公安机关消防机构及其工作人员不得指定或者变相指定建设工程的消防设计、施工、工程监理单位和消防技术服务机构。不得指定消防产品和建筑材料的品牌、销售单位。省级公安机关消防机构应当在互联网上设立消防设计和竣工验收备案受理系统,结合辖区内建设工程数量和消防设计、施工质量情况,统一确定消防设计与竣工验收备案预设程序和抽查比例,并对备案、抽查实施情况进行定期检查。对设有人员密集场所的建设工程的抽查比例不应低于50%。公安机关消防机构实施消防设计审核、消防验收和备案、抽查,不得收取任何费用。公安机关消防机构接到公民、法人和其他组织有关建设工程违反消防法律法规和国家工程建设消防技术标准的举报,应当在3日内组织人员核查,核查处理情况应当及时告知举报人。

安全生产法及相关法律知识仿真模拟演练试卷(二)参考答案及精解精析

全国注册安全工程师执业资格考试

《安全生产法及相关法律知识》

仿真模拟演练试卷(三)

(考试时间150分钟)

题 号	一	二	总分	
题 分	70	30	核分人	
得 分			复查人	

一、单项选择题(共70题,每题1分。每题的备选项中,只有一个最符合题意)

1. 我国社会主义法对人的效力,采取_____的原则。 ( )
   A. 属人主义
   B. 属地主义
   C. 属地主义和属人主义相结合
   D. 属人主义和保护主义相结合

2. 关于法是统治阶级意志的表述中,不正确的是 ( )
   A. 意志内容的一般性
   B. 意志内容的推荐性
   C. 意志内容的统一性
   D. 意志内容的客观性

3. 下列各项不属于《安全生产法》调整范围的是 ( )
   A. 澳门某外资企业的生产活动
   B. 重庆某建筑公司的生产活动
   C. 山西某煤矿的生产活动
   D. 上海某股份制企业的生产活动

4. 我国安全生产管理的方针是 ( )
   A. 安全生产、效率第一
   B. 安全第一、预防为主
   C. 以人为本、安全第一
   D. 安全第一、公政高效

5. 安全生产监督管理工作的重点、关口必须前移,放在_____监管上。 ( )
   A. 事前、事中
   B. 事中、事后
   C. 事前、事后
   D. 事后、事中、事前

6. 依据《安全生产法》的规定,生产经营单位主要负责人不依照本法规定保证安全生产所必需的资金投入,导致发生生产安全事故,尚不够刑事处罚的,给予生产经营单位的主要负责人_____的行政处分。 ( )
   A. 降级
   B. 撤职
   C. 降职
   D. 开除

7. 下列机构中,_____是国务院的正部级直属机构,依照法律和国务院批准的"三定"方案确定的职责,对全国安全生产工作实施综合监督管理。 ( )
   A. 铁道部
   B. 交通运输部
   C. 国家质检总局
   D. 国家安全生产监督管理总局

8. 依据《安全生产法》的规定,安全设备的设计、制造、安装、使用、_____、维修、改造和报废,应当符合国家标准或者行业标准。 ( )
   A. 检测
   B. 保养
   C. 拆卸
   D. 处置

9. 依据《安全生产法》,生产经营单位使用的涉及生命安全、危险性较大的特种设备,必须按照国家有关规定,由专业生产单位生产,并经取得专业资质的检测、检验机构检测、检验合格,取得安全使用证或者_____,方可投入使用。 ( )
   A. 认证标志
   B. 安全标志
   C. 安全警示标志
   D. 绿色环保标志

10. 依据《安全生产法》的规定,生产、经营、储存、使用危险物品的车间、商店、仓库不得与员工宿舍在_____内,并应当与员工宿舍保持安全距离。 ( )
    A. 同一座建筑物
    B. 同一楼层
    C. 同一街道
    D. 同一范围

11. 生产经营单位不得对从业人员行使相关的安全生产方面的权利进行打击报复,下列属于打击报复的是 ( )
    A. 要求加班
    B. 降低工资
    C. 带病工作
    D. 增加工作内容

12. 关于重大事故应急抢救的表述,不正确的是 （   ）
    A. 仅事故单位都应当支持、配合事故抢救,并提供一切便利条件
    B. 负有安全生产监督管理职责的部门接到事故报告后,应当立即按照国家有关规定上报事故情况
    C. 负有安全生产监督管理职责的部门和有关地方人民政府对事故情况不得隐瞒不报、谎报或者拖延不报
    D. 有关地方人民政府和负有安全生产监督管理职责的部门的负责人接到重大生产安全事故报告后,应当立即赶到事故现场,组织事故抢救

13. 根据《安全生产法》,以下有可能涉及安全生产违法的责任主体有 （   ）
    (1)各级政府职能部门的有关人员;(2)中介机构技术人员;(3)生产经营单位负责人;(4)安全生产管理人员;(5)从业人员。
    A. (1)(2)(3)(4)
    B. (1)(3)(4)(5)
    C. (2)(3)(4)(5)
    D. (1)(2)(3)(4)(5)

14. 中华人民共和国管辖的其他海域包括我国法律规定的领海毗连区和领海以外_____海里的专属海洋经济区。 （   ）
    A. 1 500
    B. 200
    C. 250
    D. 300

15. 下列各项不属于矿山设计中安全规程和行业技术规范的是 （   ）
    A. 矿井的通风系统和供风量、风质、风速
    B. 露天矿的边坡角和台阶的宽度、高度
    C. 防水、排水系统和防火、灭火系统
    D. 抗噪声振动系统

16. 根据现行安全生产监督管理体制和人民政府授权,《矿山安全法》规定由县级以上劳动行政主管部门决定的行政处罚,应由_____决定。 （   ）
    A. 县级以上建设行政主管部门
    B. 县级以上地方人民政府劳动行政部门
    C. 县级以上人民政府负责安全生产监督管理的部门
    D. 县级以上人民政府建设、卫生、安全生产监督管理等有关主管部门

17. 工程监理单位与建设单位或者建筑施工企业串通,弄虚作假,降低消防施工质量的行为,依据《消防法》的规定,应责令改正或者停止施工,并处_____罚款。 （   ）
    A. 5 000元以上10万元以下
    B. 5 000元以上20万元以下
    C. 1万元以上10万元以下
    D. 2万元以上20万元以下

18. 违反《消防法》的下列情形中,应当给予责令改正或者停止施工,并处1万元以上10万元以下罚款的有 （   ）
    A. 埋压、圈占、遮挡消火栓或者占用防火间距的
    B. 损坏、挪用或者擅自拆除、停用消防设施、器材的
    C. 建筑设计单位不按照消防技术标准强制性要求进行消防设计的
    D. 消防设施、器材或者消防安全标志的配置、设置不符合国家标准、行业标准

19. 在道路上发生交通事故,车辆驾驶人的做法不正确的是 （   ）
    A. 立即停车,保护现场
    B. 立即将车停靠在路边
    C. 造成人身伤亡的,车辆驾驶人应立即抢救受伤人员
    D. 迅速报告执勤的交通警察或者公安机关交通管理部门

20. 某机动车与行人之间发生交通事故,机动车一方没有过错。依据《道路交通安全法》,下列关于机动车一方在该事故中赔偿责任的说法,正确的是 （   ）
    A. 机动车一方承担不超过10%的赔偿责任
    B. 机动车一方承担不超过20%的赔偿责任
    C. 机动车一方承担主要赔偿责任
    D. 机动车一方不承担赔偿责任

21. 依照《行政处罚法》的规定,行政相对人的权利不包括 （   ）
    A. 建议权
    B. 申辩权
    C. 陈述权
    D. 诉讼权

22. 依据《行政处罚法》的规定,吊销企业营业执照的行政处罚可以由_____设定。 （   ）
    A. 地方规章
    B. 部门规章
    C. 地方性法规
    D. 行政法规

23. 依据《行政处罚法》的规定,行政处罚案件一般由_____的行政机关管辖。( )
   A. 侵权行为发生地
   B. 违法行为发生地
   C. 违法行为人经常居住地
   D. 违法行为人户籍所在地

24. 《行政处罚法》规定,依法给予_____元以下罚款的情形,可以作出当场行政处罚的决定并当场收缴罚款。 ( )
   A. 10
   B. 20
   C. 100
   D. 200

25. 行政许可的原则不包括 ( )
   A. 许可法定原则
   B. 许可实事求是原则
   C. 许可便民、效率原则
   D. 许可监督检查原则

26. 依据《行政许可法》,下列对法律、法规、规章的设定权描述错误的是 ( )
   A. 法律可以根据需要设定任何一种形式的许可
   B. 行政法规的设定权仅低于法律,高于地方性法规和规章
   C. 地方性法规的设定权仅高于规章
   D. 地方政府有关部门只能在本部门所辖范围内设定一般许可

27. 根据《劳动法》的规定,应当给予特殊保护的未成年工是指_____的劳动者。( )
   A. 年满12周岁未满14周岁
   B. 年满14周岁未满16周岁
   C. 年满14周岁未满18周岁
   D. 年满16周岁未满18周岁

28. 依据《职业病防治法》,建设单位有违反本法规定的行为,给予警告,责令限期改正;逾期不改正的,处_____的罚款;情节严重的,责令停止产生职业病危害的作业。( )
   A. 10万元以上50万元以下
   B. 10万元以上30万元以下
   C. 5万元以上10万元以下
   D. 2万元以上5万元以下

29. 依据《职业病防治法》,_____不按照规定报告职业病和职业病危害事故的,由上一级行政部门责令改正,通报批评,给予警告;虚报、瞒报的,对单位负责人、直接负责的主管人员和其他直接责任人员依法给予降级、撤职或者开除的处分。 ( )
   A. 用人单位
   B. 卫生行政部门
   C. 安全生产监督管理部门
   D. 卫生行政部门、安全生产监督管理部门

30. 下列不属于《劳动合同法》基本原则的是 ( )
   A. 合法原则
   B. 公开原则
   C. 平等自愿原则
   D. 协商一致原则

31. 依据《劳动合同法》的规定,_____应当帮助、指导劳动者与用人单位依法订立和履行劳动合同。 ( )
   A. 工会
   B. 用人单位
   C. 地方政府
   D. 安全生产监督管理部门

32. 《安全生产法》重点规范的三类危险性较大的高危生产企业分别为矿山企业、建筑施工企业和 ( )
   A. 危险物品生产企业
   B. 非煤矿矿山企业
   C. 道路交通安全管理部门
   D. 民用爆破器材生产企业

33. 依据《安全生产许可证条例》,下列说法正确的是 ( )
   A. 安全生产许可证的有效期为2年
   B. 企业在安全生产许可证有效期满时必须接受审查
   C. 符合条件的,安全生产许可证有效期可以延期2年
   D. 安全生产许可证有效期满需要延期的,企业应当在有效期满前向原安全生产许可证颁发管理机关办理延期手续

34. 依据《安全生产许可证条例》的规定,除民用爆破器材生产企业外,其他中央管理企业安全生产许可证的发证机关实行_____分工负责的体制。 ( )
   A. 一级
   B. 二级
   C. 三级
   D. 四级

35. 根据《煤矿安全监察条例》的规定,煤矿安全监察机构的职责不包括 （ ）
   A. 管理权
   B. 安全检查权
   C. 行政处罚权
   D. 建议报告权

36. 依据《国务院关于预防煤矿生产安全事故的特别规定》,县级以上地方人民政府负责煤矿安全生产监督管理的部门、煤矿安全监察机构在监督检查中,_____个月内3次或者3次以上发现煤矿企业未依照国家有关规定对井下作业人员进行安全生产教育和培训或者特种作业人员无证上岗的,应当提请有关地方人民政府对该煤矿予以关闭。 （ ）
   A. 1
   B. 2
   C. 3
   D. 5

37. 依据《建设工程安全生产管理条例》的规定,出租的机械设备、施工机具及配件,应当具有 （ ）
   A. 生产(制造)许可证、安全合格证
   B. 生产(制造)许可证、产品合格证
   C. 产品合格证、经营许可证
   D. 经营许可证、检测合格证

38. 依据《危险化学品安全管理条例》的规定,负有危险化学品安全监督管理职责的部门依法进行监督检查,监督检查人员不得少于_____人,并应当出示执法证件。 （ ）
   A. 2
   B. 3
   C. 4
   D. 5

39. 依据《危险化学品安全管理条例》,新建、改建、扩建生产、储存危险化学品的建设项目,应当由_____进行安全条件审查。 （ ）
   A. 劳动保障部门
   B. 卫生行政主管部门
   C. 国防科技工业委员会
   D. 安全生产监督管理部门

40. 《危险化学品安全管理条例》规定,生产、科研、医疗等单位经常使用剧毒化学品的,应当向所在地县级人民政府_____申请领取购买许可证,凭购买许可证购买。 （ ）
   A. 公安部门
   B. 卫生行政部门
   C. 安全生产监督管理部门
   D. 产品质量监督管理部门

41. 依据《危险化学品安全管理条例》的规定,禁止利用_____运输剧毒化学品以及国家规定禁止通过内河运输的其他危险化学品。 （ ）
   A. 公路
   B. 铁路
   C. 航空
   D. 内河封闭水域

42. 依据《烟花爆竹安全管理条例》的规定,生产烟花爆竹的企业,应在烟花爆竹包装物上印制易燃、易爆危险物品 （ ）
   A. 合格证书
   B. 生产厂家
   C. 警示标志
   D. 使用说明书

43. 根据《民用爆炸物品安全管理条例》的规定,对爆破作业安全许可的表述,错误的是 （ ）
   A. 爆破作业单位应当在办理工商登记后3日内,向所在地县级人民政府公安机关备案
   B. 申请从事爆破作业的单位,应当具备的条件之一是有健全的安全管理制度、岗位安全责任制度
   C. 受理申请的公安机关应当自受理申请之日起15日内进行审查,对符合条件的,核发《爆破作业单位许可证》
   D. 营业性爆破作业单位持《爆破作业单位许可证》到工商行政管理部门办理工商登记后,方可从事营业性爆破作业活动

44. 关于民用爆炸物品的储存,下列说法不正确的是 （ ）
   A. 性质相抵触的民用爆炸物品必须分库储存,可以在库房内存放其他物品
   B. 储存在专用仓库内,并按照国家规定设置技术防范设施
   C. 建立出入库检查、登记制度,做到账目清楚,账物相符
   D. 储存的民用爆炸物品数量不得超过储存设计容量

45. 依据《民用爆炸物品安全管理条例》的规定,民用爆炸物品丢失、被盗、被抢,应当立即报告 （ ）
   A. 县级人民政府
   B. 当地公安机关
   C. 安全管理部门
   D. 工商行政管理部门

46. 依据《特种设备安全监察条例》，特种设备是指涉及生命安全、危险性较大的锅炉、压力容器(含气瓶)、压力管道、电梯、起重机械、客运索道、_____和场(厂)内专用机动车辆。
( )

A. 铁路机车
B. 大型游乐设施
C. 海上设施和船舶
D. 煤矿矿井使用的特种设备

47. 依据《特种设备安全监察条例》的规定，特种设备在使用前或者投入使用后30日内，特种设备使用单位应当向直辖市或者设区的市的特种设备安全监察部门办理_____手续。
( )

A. 登记
B. 备案
C. 检验
D. 检测

48. 依据《特种设备安全监察条例》的规定，电梯应当至少每_____日进行一次清洁、润滑、调整和检查。
( )

A. 1
B. 5
C. 10
D. 15

49. 依据《使用有毒物品作业场所劳动保护条例》，用人单位变更名称、法定代表人或者负责人的，应当向原受理申报的_____备案。
( )

A. 规划主管部门
B. 建设主管部门
C. 卫生行政部门
D. 环保主管部门

50. 依据《使用有毒物品作业场所劳动保护条例》的规定，违反本条例的规定，未经许可，擅自从事使用有毒物品作业的，由_____依据各自职权予以取缔。
( )

A. 卫生行政部门和劳动行政部门
B. 劳动行政部门和工商行政管理部门
C. 工商行政管理部门和卫生行政部门
D. 国家安全生产监督管理部门和卫生行政部门

51. 依照《国务院关于特大安全事故行政责任追究的规定》，地方政府主要领导人对特大安全事故的防范、发生，有失职、渎职情形或者负有领导责任的，依法
( )

A. 给予民事制裁
B. 给予行政处分
C. 承担赔偿责任
D. 追究经济责任

52. 某市一火灾事故造成15人死亡，70人重伤，直接造成经济损失7 000万元。根据《生产安全事故报告和调查处理条例》的规定，该事故被认定为
( )

A. 特别重大事故
B. 重大事故
C. 较大事故
D. 一般事故

53. 依据《生产安全事故报告与调查处理条例》的规定，安全生产监督管理部门和负有安全生产监督管理职责的有关部门逐级上报事故情况，每级上报时间不得超过_____小时。
( )

A. 1
B. 2
C. 3
D. 4

54. 根据《生产安全事故报告和调查处理条例》的规定，自事故发生之日起_____日内，事故造成的伤亡人数发生变化的，事故发生单位应当及时补报。
( )

A. 7
B. 15
C. 30
D. 60

55. 根据《生产安全事故报告和调查处理条例》的规定，较大事故一般由_____进行调查。
( )

A. 国务院组织事故调查组
B. 事故发生地省级人民政府直接组织事故调查组
C. 事故发生地县级人民政府直接组织事故调查组
D. 事故发生地设区的市级人民政府直接组织事故调查组

56. 根据《工伤保险条例》的规定，享有工伤保险权利的主体是
( )

A. 只限于用人单位的职工和领导人
B. 只限于用人单位的职工或者雇工
C. 只限于用人单位的职工但不包括雇工
D. 所有人

57. 依据《注册安全工程师执业资格制度暂行规定》，_____负责审定考试科目、考试大纲和考试试题，组织实施考务工作。 （ ）
   A. 国家安全生产监督管理总局
   B. 人力资源和社会保障部
   C. 劳动和社会保障部
   D. 教育部

58. 全国注册安全工程师执业资格制度的政策制定、组织协调、资格考试、注册登记和监督管理等工作由_____负责。 （ ）
   A. 国家安全生产监督管理部门和国务院有关部门
   B. 公安部、国防科工委和国家安全生产监督管理总局
   C. 人力资源和社会保障部与国家安全生产监督管理总局
   D. 住房和城乡建设部、工业和信息化部和国务院直属机构

59. 根据《注册安全工程师执业资格制度暂行规定》的规定，注册安全工程师的权利不包括 （ ）
   A. 审核所在单位上报的有关安全生产的报告
   B. 维护国家、公众的利益和受聘单位的合法权益
   C. 参加建设项目安全设施的审查和竣工验收工作，并签署意见
   D. 发现有危及人身安全的紧急情况时，应及时向生产经营单位建议停止作业并组织作业人员撤离危险场所

60. 根据《注册安全工程师管理规定》，注册安全工程师在每个注册周期内应当参加继续教育，时间累计不得少于_____学时。 （ ）
   A. 36
   B. 48
   C. 72
   D. 96

61. 依据《注册安全工程师管理规定》，注册安全工程师应由_____委派，并按照注册类别在规定的执业范围内执业。 （ ）
   A. 聘用单位
   B. 注册管理机构
   C. 注册工程师事务所
   D. 安全生产监督管理部门

62. 电工作业是指对电气设备进行运行、维护、安装、检修、改造、施工、调试等作业，下列不属于其分类作业的是 （ ）
   A. 高压电工作业
   B. 低压电工作业
   C. 电力系统进网作业
   D. 防爆电气作业

63. 生产经营单位的下列行为中，不属于违法的是 （ ）
   A. 不配发高级劳动防护用品的
   B. 配发超过使用期限的劳动防护用品的
   C. 不按有关规定或者标准配发劳动防护用品的
   D. 生产或者经营假冒伪劣劳动防护用品和无安全标志的特种劳动防护用品的

64. 某公司开发的一商务楼于2012年6月20日完成竣工验收，该公司随后向公安机关消防机构申请消防设计、竣工验收备案。6月30日，该公司被确定为抽查对象并收到公安机关消防机构出具的备案凭证。依据《建设工程消防监督管理规定》，该公司应当在_____前按照备案项目向公安机关消防机构提供有关申请消防设计审核和竣工验收的材料。 （ ）
   A. 7月5日
   B. 7月7日
   C. 7月10日
   D. 7月15日

65. 下列关于重大事故隐患治理方案，错误的是 （ ）
   A. 治理的目标和任务
   B. 采取的方法和措施
   C. 负责治理的机构和人员
   D. 治理过程中的安全评估

66. 发生重大事故的，需立即赶往事故现场的相关负责人是 （ ）
   A. 国家安全生产监督管理总局、国家煤矿安全监察局负责人
   B. 省级安全监督管理部门、省级煤矿安全监察局负责人
   C. 设区的市级安全生产监督管理部门、省级煤矿安全监察局负责人
   D. 县级安全生产监督管理部门、煤矿安全监察分局负责人

67. 依据《安全评价机构管理规定》，关于申请乙级资质的安全评价机构的条件，下列说法不正确的是 （ ）
   A. 设有专职技术负责人和过程控制负责人
   B. 注册资金200万元以上，固定资产100万元以上
   C. 有16名以上专职安全评价师，其中一级安全评价师20%以上、二级安全评价师30%以上
   D. 法定代表人通过二级资质以上培训机构组织的相关安全生产和安全评价知识培训，并考试合格

68. 依据《安全评价机构管理规定》,安全评价机构分立或者合并的,应当在发生变化之日起_____内向原资质审批机关申请办理资质证书变更手续。( )
   A. 10日
   B. 15日
   C. 30日
   D. 45日

69. 安全生产标准主要是为保障安全生产而制定颁布的一切有关_____方面的技术、管理等要求。( )
   A. 安全作业
   B. 安全生产
   C. 质量
   D. 安全管理

70. 烟花爆竹安全生产标准体系包括基础标准、管理标准、_____、生产作业场所标准、生产技术工艺标准和生产设备设施标准等。( )
   A. 运输安全标准
   B. 安全操作规程标准
   C. 安全卫生标准
   D. 原辅材料使用标准

二、多项选择题(共15题,每题2分。每题的备选项中,有2个或2个以上符合题意,至少有1个错误选项。错选,本题不得分;少选,所选的每个选项得0.5分)

71. 安全生产中介服务机构和安全专业人员的义务包括 ( )
   A. 对其承担的服务工作的合法性、真实性负责
   B. 接受政府有关主管部门对其进行的检查监督
   C. 接受政府、部门的委托或生产经营单位的聘请
   D. 具备法定条件,依法取得安全生产中介服务资质
   E. 合理地确定服务报酬和收费标准,不得非法牟利

72. 依据《安全生产违法行为行政处罚办法》,生产经营单位的_____未依法保证国家规定的其他安全生产所必需的资金投入,致使生产经营单位不具备安全生产条件,责令限期改正,提供必需的资金;逾期未改正,责令生产经营单位停产停业整顿。( )
   A. 总工程师
   B. 决策机构

   C. 主要负责人
   D. 实际控制人
   E. 财务负责人

73. 按照"三同时"的要求,矿山建设项目和用于_____危险物品的建设项目的安全设施设计,应当按照国家有关规定报经有关部门审查,并按照批准的设计施工,审查部门及其负责审查的人员对审查结果负责。 ( )
   A. 使用
   B. 生产
   C. 储存
   D. 运输
   E. 废弃处置

74. 依据《安全生产法》的规定,负有安全生产监督管理职责的部门在依法对生产经营单位执法时,行使的职权有 ( )
   A. 现场检查权
   B. 当场处理权
   C. 紧急处置权
   D. 查封扣押权
   E. 责令关闭权

75. 甲县某化工企业的一线车间的职工刘某因违规操作,导致易制爆危险化学品发生爆炸,造成5人死亡,30人重伤,甲县人民政府和安全生产监督管理部门在接到事故报告后即刻赶到事故现场,组织事故抢救,并进行了事故调查。依据《安全生产法》,甲县人民政府和安全生产监督管理部门在进行事故调查处理的过程中应当采取的原则包括 ( )
   A. 处理责任人,追究事故责任人
   B. 查清事故原因
   C. 提出整改措施
   D. 查明事故性质和责任
   E. 总结事故教训

76. 矿山企业要对_____等一些危害安全的事故隐患采取预防措施。( )
   A. 低温
   B. 瓦斯爆炸、煤尘爆炸
   C. 地面和井下的火灾、水害
   D. 冲击地压、瓦斯突出、井喷
   E. 粉尘、有毒有害气体、放射性物质

77. 依照《道路交通安全法》的规定，_____、铰接式客车、全挂拖斗车以及其他设计最高时速低于70 km的机动车，不得进入高速公路。（ ）
   A. 行人
   B. 货车
   C. 拖拉机
   D. 非机动车
   E. 轮式专用机械车

78. 听证程序组织的程序包括（ ）
   A. 听证由行政机关指定的非本案调查人员主持
   B. 当事人要求听证的，应当在行政机关告知后5日内提出
   C. 除涉及国家秘密、商业秘密或者个人隐私外，听证公开举行
   D. 听证应当制作笔录，笔录应当由当事人审核无误后签字或盖章
   E. 行政机关应当在听证的7日前，通知当事人举行听证的时间、地点

79. 根据《职业病防治法》的规定，产生职业病危害的用人单位，应当在醒目位置设置公告栏，公告的内容包括（ ）
   A. 职业病患者的个人信息
   B. 职业病防治的操作规程
   C. 职业病防治的规章制度
   D. 职业病危害事故应急救援措施
   E. 工作场所职业病危害因素检测结果

80. 根据《民用爆炸物品安全管理条例》的规定，申请从事民用爆炸物品生产的企业，应当具备的条件有（ ）
   A. 安全投入符合安全生产要求
   B. 符合国家产业结构规划和产业技术标准
   C. 有健全的安全管理制度、岗位安全责任制度
   D. 依法参加工伤保险，为从业人员缴纳保险费
   E. 有具备相应资格的专业技术人员、安全生产管理人员和生产岗位人员

81. 依据《特种设备安全监察条例》，使用单位应当对_____的特种设备及时予以报废。（ ）
   A. 技术性能下降
   B. 无改造、维修价值
   C. 未按规定检测检验
   D. 存在严重事故隐患
   E. 超过安全技术规范规定使用年限

82. 国务院特种设备安全监督管理部门和省、自治区、直辖市特种设备安全监督管理部门应当定期向社会公布特种设备安全以及能效状况，应当包括_____等内容。（ ）
   A. 特种设备质量安全状况
   B. 特种设备能效状况
   C. 特种设备运行记录
   D. 特种设备的定期检验和定期自行检查的记录
   E. 特种设备事故的情况、特点、原因分析、防范对策

83. 《国务院关于特大安全事故行政责任追究的规定》明确规定的特大安全事故有（ ）
   A. 特大火灾事故
   B. 特大矿山安全事故
   C. 特大公共卫生事故
   D. 特大交通安全事故
   E. 特大建筑质量安全事故

84. 依据《注册安全工程师管理规定》的规定，不予注册的情形包括（ ）
   A. 不具有完全民事行为能力的
   B. 申请人未提交资格证书原件的
   C. 在申请注册过程中有弄虚作假行为的
   D. 同时在两个或者两个以上聘用单位申请注册的
   E. 国家安全生产监督管理总局规定的其他不予注册的情形

85. 依据《建设工程消防监督管理规定》，下列事项属于建设单位的责任是（ ）
   A. 选用具有国家规定资质等级的消防设计、施工单位
   B. 建立施工现场消防安全责任制度，确定消防安全负责人
   C. 选用合格的消防产品和满足防火性能要求的建筑构件、建筑材料及室内装修装饰材料
   D. 按照国家工程建设消防技术标准和经消防设计审核合格或者备案的消防设计文件组织施工，不得擅自改变消防设计进行施工，降低消防施工质量
   E. 建筑材料施工、安装前，核查产品质量证明文件，不得同意使用或者安装不合格的消防产品

安全生产法及相关法律知识
仿真模拟演练试卷(三)参考答案及精解精析

一、单项选择题

1.【参考答案】 C （1P₂~P₃）

【考查要点】 本题考查的是法关于人的效力

【精解精析】 法律对什么人发生效力,各国立法原则不同,大体有3种情况:(1)以国籍为主,即属人原则,亦称属人主义;(2)以地域为主,即属地原则,亦称属地主义;(3)属人原则与属地原则相结合,即凡居住在一国领土内者,无论本国人还是外国人,原则上一律适用该国法律。我国社会主义法对人的效力,采用属人主义与属地主义相结合的原则。

2.【参考答案】 B （1P₂）

【考查要点】 本题考查的是法的本质

【精解精析】 法作为统治阶级的意志可以体现在3个方面:(1)意志内容的一般性;(2)意志内容的客观性;(3)意志内容的统一性。

3.【参考答案】 A （2P₂₆）

【考查要点】 本题考查的是《安全生产法》空间的适用

【精解精析】 根据《安全生产法》的规定,在中华人民共和国领域内从事生产经营活动的单位的安全生产,适用本法。《安全生产法》是全国人大常委会制定的法律,其效力自然及于中华人民共和国的全部领域。但按照我国香港、澳门两个特别行政区基本法的规定,只有列入这两个基本法附件三的全国性法律,才能在这两个特别行政区适用。香港和澳门的安全生产立法,应由这两个特别行政区的立法机关自行制定。

4.【参考答案】 B （2P₂₈）

【考查要点】 本题考查的是安全生产管理的方针

【精解精析】 《安全生产法》规定"安全生产管理,坚持安全第一、预防为主的方针"。"安全第一、预防为主"是安全生产基本方针,是《安全生产法》的灵魂。《安全生产法》的基本法律制度和法律规范始终突出了"安全第一、预防为主"的方针。

5.【参考答案】 A （2P₂₉）

【考查要点】 本题考查的是安全生产管理的方针

【精解精析】 各级人民政府及其安全生产监督管理部门和有关部门强化安全生产监督管理,加大行政执法力度,是预防事故、保证安全的重要条件。安全生产监督管理工作的重点、关口必须前移,放在事前、事中监管上。

6.【参考答案】 B （2P₃₁）

【考查要点】 本题考查的是生产经营单位主要负责人的法律责任

【精解精析】 《安全生产法》规定,生产经营单位的主要负责人不依照本法规定保证安全生产所必需的资金投入,致使生产经营单位不具备安全生产条件的,责令限期改正,提供必需的资金;逾期未改正的,责令生产经营单位停产停业整顿。有前款违法行为,导致发生生产安全事故,构成犯罪的,依照刑法有关规定追究刑事责任;尚不够刑事处罚的,对生产经营单位的主要负责人给予撤职处分。

7.【参考答案】 D （2P₃₃）

【考查要点】 本题考查的是负有安全生产监督管理的部门及其职责

【精解精析】 国家安全生产监督管理总局是国务院的正部级直属机构,依照法律和国务院批准的"三定"方案确定的职责,对全国安全生产工作实施综合监督管理。

8.【参考答案】 A （2P₄₈）

【考查要点】 本题考查的是安全设备达标和管理的规定

【精解精析】 《安全生产法》规定,安全设备的设计、制造、安装、使用、检测、维修、改造和报废,应当符合国家标准或者行业标准。

9.【参考答案】 B （2P₄₈）

【考查要点】 本题考查的是特种设备检测、检验的规定

【精解精析】 依据《安全生产法》的规定,生产经营单位使用的涉及生命安全、危险性较大的特种设备,以及危险物品的容器、运输工具,必须按国家有关规定,由专业生产单位生产,并经取得专业资质的检测、检验机构检测、检验合格,取得安全使用证或者安全标志,方可投入使用。

10.【参考答案】 A （2P₄₉）

【考查要点】 本题考查的是生产设施、场所安全距离和紧急疏散的规定

【精解精析】 《安全生产法》规定,生产、经营、储存、使用危险物品的车间、商店、仓库不得与员工宿舍在同一座建筑物内,并应当与员工宿舍保持安全距离。生产经营场所与员工宿舍应当设有符合紧急疏散要求、标志明显、保持畅通的出口。禁止封闭、堵塞生产经营场所或员工宿舍的出口。

11.【参考答案】 B （2P₅₄）

【考查要点】 本题考查的是从业人员拒绝违章指挥和强令冒险作业的权利

【精解精析】 《安全生产法》规定,生产经营单位不得因从业人员对本单位安全生产工作提出批评、检举、控告或者拒绝违章指挥、强令冒险作业而降低其工资、福利等待遇或者解除与其订立的劳动合同。

12.【参考答案】 A （2P₆₃）

【考查要点】 本题考查的是重大事故的应急抢救

【精解精析】 《安全生产法》规定,负有安全生产监督管理职责的部门接到事故报告后,应当立即按照国家有关规定上报事故情况。负有安全生产监督管理职责的部门和有关地方人民政府对事故情况不得隐瞒不报、谎报或者拖延不报。有关地方人民政府和负有安全生产监督管理职责的部门的负责人接到重大生产安全事故报告后,应当立即赶到事故现场,组织事故抢救。任何单位和个人都应当支持、配合事故抢救,并提供一切便利条件。

13.【参考答案】 D （2P₆₅~P₆₆）

【考查要点】 本题考查的是安全生产违法行为的责任主体

【精解精析】 安全生产违法行为的责任主体,是指依照《安全生产法》的规定享有安全生产权利、负有安全生产义务和承担法律责任的社会组织和公民。责任主体主要包括以下四种:(1)有关人民政府和负有安全生产监督管理职责的部门及其领导人、负责人;(2)生产经营单位及其负责人、有关主管人员;(3)生产经营单位的从业人员;(4)安全生产中介服务机构和安全生产中介服务人员。

14.【参考答案】 B （3P₇₃）

【考查要点】 本题考查的是《矿山安全法》的空间适用范围

【精解精析】 《矿山安全法》的空间适用范围包括中华人民共和国领域和中华人民共和国管辖的其他海域。中华人民共和国领域是指我国主权管辖的领陆、领水和领空,领水包括12海里以内的领海。中华人民共和国管辖的其他海域包括我国法律规定的领海毗连区和领海以外200海里的专属海洋经

15.【参考答案】 D （3P₇₄）
【考查要点】 本题考查的是矿山建设工程安全设施的设计和竣工验收
【精解精析】 矿山设计中安全规程和行业技术规范的内容包括：(1)矿井的通风系统和供风量、风质、风速；(2)露天矿的边坡角和台阶的宽度、高度；(3)供电系统；(4)提升、运输系统；(5)防水、排水系统和防火、灭火系统；(6)防瓦斯系统和防尘系统；(7)有关矿山安全的其他项目。

16.【参考答案】 C （3P₇₈）
【考查要点】 本题考查的是矿山安全监督的部门
【精解精析】 根据国务院的现行规定，法律中规定的矿山安全监督的主管部门已不再是劳动行政主管部门，而是县级以上人民政府负责安全生产监督管理的部门，由其负责矿山安全的监督管理和行政执法职责。

17.【参考答案】 C （3P₈₄）
【考查要点】 本题考查的是消防设计与施工不符合标准的法律责任
【精解精析】 有关单位违反《消防法》的规定，有下列行为之一的，责令改正或者停止施工，并处1万元以上10万元以下罚款：(1)建设单位要求建筑设计单位或者建筑施工企业降低消防技术标准设计、施工的；(2)建筑设计单位不按照消防技术标准强制性要求进行消防设计的；(3)建筑施工企业不按照消防设计文件和消防技术标准施工，降低消防施工质量的；(4)工程监理单位与建设单位或者建筑施工企业串通，弄虚作假，降低消防施工质量的。

18.【参考答案】 C （3P₈₄）
【考查要点】 本题考查的是消防设计与施工不符合标准的法律责任
【精解精析】 依据《消防法》的规定，违反本法规定，责令改正或者停止施工，并处1万元以上10万元以下罚款的行为包括：(1)建设单位要求建筑设计单位或者建筑施工企业降低消防技术标准设计、施工的；(2)建筑设计单位不按照消防技术标准强制性要求进行消防设计的；(3)建筑施工企业不按照消防设计文件和消防技术标准施工，降低消防施工质量的；(4)工程监理单位与建设单位或者建筑施工企业串通，弄虚作假，降低消防施工质量的。

19.【参考答案】 B （3P₈₅）
【考查要点】 本题考查的是交通事故现场处理
【精解精析】 在道路上发生交通事故，车辆驾驶人应当立即停车，保护现场；造成人身伤亡的，车辆驾驶人应当立即抢救受伤人员，并迅速报告执勤的交通警察或者公安机关交通管理部门。因抢救受伤人员变动现场的，应当标明位置。乘车人、过往车辆驾驶人、过往行人应当予以协助。在道路上发生交通事故，仅造成轻微财产损失，并且基本事实清楚的，当事人应当先撤离现场再进行协商处理。

20.【参考答案】 D （3P₈₅）
【考查要点】 本题考查的是交通事故的人身伤亡和财产损失赔偿
【精解精析】 《道路交通安全法》规定，交通事故的损失是由非机动车驾驶人、行人故意碰撞机动车造成的，机动车一方不承担赔偿责任。

21.【参考答案】 A （4P₁₀₅～P₁₀₆）
【考查要点】 本题考查的是行政相对人的权利
【精解精析】 为了保证行政处罚活动的合法、适当，规范行政处罚实施机关及其工作人员的行政执法活动，防止行政违法和滥施行政处罚权，切实保障行政相对人的合法权利，《行政处罚法》赋予行政相对人5项权利，即陈述权、申辩权、复议权、诉讼权、索赔权。

22.【参考答案】 D （4P₁₀₇）
【考查要点】 本题考查的是处罚设定权的立法配置
【精解精析】 《行政处罚法》规定，法律可以设定各种种类的行政处罚。《行政处罚法》规定，行政法规可以设定除限制人身自由以外的行政处罚。《行政处罚法》规定，地方性法规可以设定除限制人身自由、吊销企业营业执照以外的行政处罚。部门规章、地方规章可以设定警告或一定数量罚款的行政处罚。

23.【参考答案】 B （4P₁₀₉）
【考查要点】 本题考查的是行政处罚的级别管辖
【精解精析】 《行政处罚法》规定，行政处罚由违法行为发生地的县级以上地方人民政府具有行政处罚权的行政机关管辖。法律、行政法规另有规定的除外。

24.【参考答案】 B （4P₁₁₄）
【考查要点】 本题考查的是行政处罚执行中实行处罚机关与收缴罚款机构相分离
【精解精析】 《行政处罚法》确立了罚款决定机关与收缴罚款机构相分离的制度，在行政处罚决定做出后，作出罚款决定的行政机关及其工作人员不能自行收缴罚款，而由当事人自收到处罚决定书之日起15日内到指定的银行缴纳罚款，银行将收缴的罚款直接上缴国库。但在以下情况下，可以当场收缴罚款：(1)依法给予20元以下罚款的；(2)不当场收缴事后难以执行的；(3)在边远、水上、交通不便地区，当事人向指定的银行缴纳罚款确有困难，经当事人提出，行政机关及其执法人员可以当场收缴罚款。

25.【参考答案】 B （4P₁₂₀）
【考查要点】 本题考查的是行政许可的原则
【精解精析】 行政许可的原则是指由法律规定或认可的、贯穿于行政许可活动的始终，对行政许可的设定与实施具有普遍指导作用的原则，包括：许可法定原则；许可公开、公平、公正原则；许可便民、效率原则；保障被许可人合法权利原则；许可监督检查原则。

26.【参考答案】 D （4P₁₂₁）
【考查要点】 本题考查的是行政许可的设定权限
【精解精析】 依据《行政许可法》，法律、法规、规章的设定权包括：(1)法律可以根据需要设定任何一种形式的许可（A项正确）；(2)行政法规除有权对法律设定的许可作具体规定外，还可以根据需要，在不违反法律、不侵害公民法人合法权益情况下设定其他许可（B项正确）；(3)地方性法规除对法律法规设定的许可作具体规定外，有权在本辖区内结合地方特色和需要设定许可（属于特许，D项错误），但不得违反法律、行政法规，不得妨碍国家统一的管理权限和公民人身自由和财产权利；(4)规章有权根据需要就法定事项规定许可标准、许可条件、许可程序和其他内容，但不得与法律法规相抵触（C项正确），规章以下规范性文件不得规定任何行政许可。

27.【参考答案】 D （4P₁₂₆）
【考查要点】 本题考查的是未成年工特殊保护
【精解精析】 《劳动法》明确规定，未成年工是指年满16周岁未满18周岁的劳动者。

28.【参考答案】 A （4P₁₃₅）
【考查要点】 本题考查的是建设单位的法律责任
【精解精析】 依据《职业病防治法》，建设单位有违反本法规定的行为的，给予警告，责令限期改正；逾期不改正的，处10万元以上50万元以下的罚款；情节严重的，责令停止产生职业病危害的作业，或者请有关人民政府按照国务院规定的权限责令停建、关闭的行政处罚。

29.【参考答案】 D （4P₁₃₅）
【考查要点】 本题考查的是职业病防治违法行为行政处罚的决定机关
【精解精析】 依据《职业病防治法》的规定,卫生行政部门、安全生产监督管理部门不按照规定报告职业病和职业病危害事故的,由上一级行政部门责令改正,通报批评,给予警告;虚报、瞒报的,对单位负责人、直接负责的主管人员和其他直接责任人员依法给予降级、撤职或者开除的处分。

30.【参考答案】 B （4P₁₃₆）
【考查要点】 本题考查的是《劳动合同法》的基本原则
【精解精析】 《劳动合同法》的基本原则包括以下几个方面:(1)合法原则;(2)公平原则;(3)平等自愿原则;(4)协商一致原则;(5)诚实信用原则。

31.【参考答案】 A （4P₁₃₇）
【考查要点】 本题考查的是工会的职责与作用
【精解精析】 《劳动合同法》第六条规定,工会应当帮助、指导劳动者与用人单位依法订立和履行劳动合同,并与用人单位建立集体协商机制,维护劳动者的合法权益。

32.【参考答案】 A （5P₁₄₆）
【考查要点】 本题考查的是三类企业
【精解精析】 所谓三类企业是指《安全生产法》重点规范的三类危险性较大的高危生产企业,即矿山企业、建筑施工企业和危险物品生产企业。《安全生产许可证条例》将法律所指的三类企业分为六种:矿山企业分为煤矿企业和非煤矿企业两种,危险物品生产企业分为危险化学品生产企业、烟花爆竹生产企业和民用爆破器材生产企业三种,加上建筑施工企业共为六种。

33.【参考答案】 C （5P₁₄₉~P₁₅₀）
【考查要点】 本题考查的是安全生产许可证的期限与延续
【精解精析】 依据《安全生产许可证条例》的规定,安全生产许可证的有效期为3年,故A项错误;安全生产许可证有效期满需要延期的,企业应当于期满前3个月向原安全生产许可证颁发管理机关办理延期手续,故B项错误;企业在安全生产许可证有效期内,严格遵守有关安全生产的法律法规,未发生死亡事故的,安全生产许可证有效期届满时,经原安全生产许可证颁发管理机关同意,不再审查,安全生产许可证有效期延期3年,故C项错误,D项正确。

34.【参考答案】 B （5P₁₅₃）
【考查要点】 本题考查的是中央管理企业安全生产许可证的发证机关
【精解精析】 依照《安全生产许可证条例》的规定,除了民用爆破器材生产企业之外,其他中央管理企业安全生产许可证的发证机关都是两级。

35.【参考答案】 A （5P₁₅₉）
【考查要点】 本题考查的是煤矿安全监察机构的职责
【精解精析】 依照《煤矿安全监察条例》的规定,煤矿安全监察机构的职责包括4个方面:(1)行政处罚权;(2)安全检查权;(3)建议报告权;(4)事故调查处理权。

36.【参考答案】 A （5P₁₇₃）
【考查要点】 本题考查的是非法煤矿关闭的条件
【精解精析】 《国务院关于预防煤矿生产安全事故的特别规定》规定,县级以上地方人民政府负责煤矿安全生产监督管理的部门、煤矿安全监察机构在监督检查中,1个月内3次或者3次以上发现煤矿企业未依照国家有关规定对井下作业人员进行安全生产教育和培训或者特种作业人员无证上岗的,应当提请有关地方人民政府对该煤矿予以关闭。

37.【参考答案】 B （5P₁₈₀）
【考查要点】 本题考查的是出租机械设备单位的安全责任
【精解精析】 《建设工程安全生产管理条例》规定,出租的机械设备和施工机具及配件,应当具有生产(制造)许可证、产品合格证。出租单位应当对出租的机械设备和施工机具及配件的安全性能进行检测,在签订租赁协议时,应当出具检测合格证明。禁止出租检测不合格的机械设备和施工机具及配件。

38.【参考答案】 A （5P₁₈₈）
【考查要点】 本题考查的是危险化学品安全监督管理部门的监督检查权
【精解精析】 负有危险化学品安全监督管理职责的部门依法进行监督检查,监督检查人员不得少于2人,并应当出示执法证件;有关单位和个人对依法进行的监督检查应当予以配合,不得拒绝、阻碍。

39.【参考答案】 D （5P₁₈₈）
【考查要点】 本题考查的是危险化学品监督管理部门的职责
【精解精析】 依据《危险化学品安全管理条例》的规定,安全生产监督管理部门负责危险化学品安全监督管理综合工作,组织确定、公布、调整危险化学品目录,对新建、改建、扩建生产、储存危险化学品的建设项目进行安全条件审查,核发危险化学品安全生产许可证、危险化学品安全使用许可证和危险化学品经营许可证,并负责危险化学品登记工作。

40.【参考答案】 A （5P₁₉₄）
【考查要点】 本题考查的是购买剧毒化学品、易制爆危险化学品的安全规定
【精解精析】 《危险化学品安全管理条例》规定,除依法取得危险化学品安全生产许可证、危险化学品安全使用许可证、危险化学品经营许可证的企业以外,其他单位购买剧毒化学品的,应当向所在地县级人民政府公关机构申请取得剧毒化学品购买许可证。

41.【参考答案】 D （5P₁₉₇）
【考查要点】 本题考查的是内河运输剧毒化学品和其他危险化学品的禁止规定
【精解精析】 《危险化学品安全管理条例》规定,禁止通过内河封闭水域运输剧毒化学品以及国家规定禁止通过内河运输的其他危险化学品。

42.【参考答案】 C （5P₂₀₇）
【考查要点】 本题考查的是烟花爆竹生产安全管理
【精解精析】 根据《烟花爆竹安全管理条例》,生产烟花爆竹的企业,应当按照国家标准的制定,在烟花爆竹产品上标注燃放说明,并在烟花爆竹包装物上印制易燃、易爆危险物品的警示标志。

43.【参考答案】 C （5P₂₁₆）
【考查要点】 本题考查的是爆破作业的安全许可
【精解精析】 申请从事爆破作业的单位,应当按国务院公安部门的规定,向有关人民政府公安机关提出申请,并提供能够证明其符合《民用爆炸物品安全管理条例》规定的有关材料。受理申请的公安机关应当自受理申请之日起20日内进行审查,对符合条件的,核发《爆破作业单位许可证》;对不符合条件的,不予核发《爆破作业单位许可证》,书面向申请人说明理由。故C项错误,其余三项均正确。

44.【参考答案】 A （5P₂₁₇）
【考查要点】 本题考查的是民用爆炸物品储存的安全管理规定
【精解精析】 D项,根据《民用爆炸物品安全管理条例》规定,对性质相抵触的民用爆炸物品必须分库

储存,严禁在库房内存放其他物品。

45.【参考答案】 B (5P₂₁₇)

【考查要点】 本题考查的是民用爆炸物品丢失、被盗、被抢的措施

【精解精析】 《民用爆炸物品安全管理条例》规定,民用爆炸物品丢失、被盗、被抢,应当立即报告当地公安机关。

46.【参考答案】 B (5P₂₂₁)

【考查要点】 本题考查的是《特种设备安全监察条例》的适用范围

【精解精析】 依据《特种设备安全监察条例》的规定,特种设备是指涉及生命安全、危险性较大的锅炉、压力容器(含气瓶)、压力管道、电梯、起重机械、客运索道、大型游乐设施和场(厂)内专用机动车辆。

47.【参考答案】 A (5P₂₂₄)

【考查要点】 本题考查的是特种设备的使用登记

【精解精析】 依据《特种设备安全监察条例》的规定,特种设备在投入使用前或者投入使用后30日内,特种设备使用单位应当向直辖市或者设区的市的特种设备安全监督管理部门登记。登记标志应当置于或者附着于该特种设备的显著位置。

48.【参考答案】 D (5P₂₂₅)

【考查要点】 本题考查的是电梯维护保养的安全要求

【精解精析】 《特种设备安全监察条例》规定,电梯的日常维护保养必须由依照本条例取得许可的安装、改造、维修单位或者电梯制造单位进行。电梯应当至少每15日进行一次清洁、润滑、调整和检查。

49.【参考答案】 C (5P₂₃₈)

【考查要点】 本题考查的是作业场所的职业危害申报

【精解精析】 依据《使用有毒物品作业场所劳动保护条例》的规定,用人单位变更名称、法定代表人或者负责人的,应当向原受理申报的卫生行政部门备案。

50.【参考答案】 C (5P₂₄₄)

【考查要点】 本题考查的是用人单位擅自使用有毒物品的法律责任

【精解精析】 《使用有毒物品作业场所劳动保护条例》规定,违反本条例的规定,未经许可,擅自从事使用有毒物品作业的,由工商行政管理部门、卫生行政部门依据各自职权予以取缔。

51.【参考答案】 B (5P₂₅₁)

【考查要点】 本题考查的是地方政府领导人对发生特大事故的责任

【精解精析】 《国务院关于特大安全事故行政责任追究的规定》规定,地方人民政府主要领导人和政府有关部门正职负责人对特大安全事故的防范、发生,依照法律、行政法规和本规定的规定有失职、渎职情形或者负有领导责任的,依照本规定给予行政处分;构成玩忽职守罪或者其他罪的,依法追究刑事责任。

52.【参考答案】 B (5P₂₅₆)

【考查要点】 本题考查的是生产安全事故的分级规定

【精解精析】 《生产安全事故报告和调查处理条例》将一般的生产安全事故分为下列四级:(1)特别重大事故,是指一次造成30人以上死亡,或者100人以上重伤(包括急性工业中毒,下同),或者1亿元以上直接经济损失的事故;(2)重大事故,是指一次造成10人以上30人以下死亡,或者50人以上100人以下重伤,或者5 000万元以上1亿元以下直接经济损失的事故;(3)较大事故,是指一次造成3人以上10人以下死亡,或者10人以上50人以下重伤,或者1 000万元以上5 000万元以下直接经济损失的事故;(4)一般事故,是指一次造成3人以下死亡,或者10人以下重伤,或者1 000万元以下直接经济损失的事故。

53.【参考答案】 B (5P₂₅₈)

【考查要点】 本题考查的是政府职能部门事故报告的时限

【精解精析】 《生产安全事故报告与调查处理条例》规定,县级以上人民政府安全生产监督管理部门和负有安全生产监督管理的有关部门向上一级人民政府安全生产监督管理部门和负有安全生产监督管理的有关部门逐级报告事故的时限,是每级上报的时间不得超过2小时。

54.【参考答案】 C (5P₂₅₈)

【考查要点】 本题考查的是事故续后、补报

【精解精析】 事故报告后出现新情况,事故发生单位和安全生产监督管理部门和负有安全生产监督管理的有关部门应当及时续报。自事故发生之日起30日内,事故造成的伤亡人数发生变化的,事故发生单位和安全生产监督管理部门和负有安全生产监督管理的有关部门应当及时补报。

55.【参考答案】 D (5P₂₆₂)

【考查要点】 本题考查的是事故调查的一般规定

【精解精析】 较大事故由事故发生地设区的市级人民政府直接组织事故调查组进行调查。设区的市级人民政府还包括地区行政公署和民族自治地方的州、盟人民政府。

56.【参考答案】 B (5P₂₇₃)

【考查要点】 本题考查的是工伤保险的权利主体

【精解精析】 享有工伤保险权利的主体只限于用人单位的职工或者雇工,其他人不能享有这项权利。

57.【参考答案】 B (6P₂₈₄)

【考查要点】 本题考查的是注册安全工程师考试制度

【精解精析】 《注册安全工程师执业资格制度暂行规定》规定,人力资源和社会保障部负责审定考试科目、考试大纲和考试试题,组织实施考务工作。人力资源和社会保障部会同国家安全生产监督管理局对注册安全工程师执业资格考试进行检查、监督、指导和确定合格标准。

58.【参考答案】 C (6P₂₈₄)

【考查要点】 本题考查的是注册安全工程师的管理

【精解精析】 人力资源和社会保障部、国家安全生产监督管理总局负责全国注册安全工程师执业资格制度的政策制定、组织协调、资格考试、注册登记和监督管理等工作。

59.【参考答案】 B (6P₂₈₇)

【考查要点】 本题考查的是注册安全工程师的权利

【精解精析】 依据《注册安全工程师执业资格制度暂行规定》的规定,注册安全工程师有下列权利:(1)对生产经营单位的安全生产管理、安全监督检查、安全技术研究和安全检测检验、建设项目的安全评估、危害辨识或危险评价等工作存在的问题提出意见和建议;(2)审核所在单位上报的有关安全生产的报告;(3)发现有危及人身安全的紧急情况时,应及时向生产经营单位建议停止作业并组织作业人员撤离危险场所;(4)参加建设项目安全设施的审查和竣工验收工作,并签署意见;(5)参与重大危险源检查、评估、监控,制定事故应急预案和登记建档工作;(6)参与编制安全规则、制定安全生产规章制度和操作规程,提出安全生产条件所必需的资金投入的建议;(7)法律、法规规定的其他权利。

60.【参考答案】 B (6P₂₉₂)

【考查要点】 本题考查的是注册安全工程师继续教育的时间

【精解精析】 《注册安全工程师管理规定》规定,继续教育按照注册类别分类进行。注册安全工程师在

每个注册周期内应当参加继续教育,时间累计不少于48学时。注册安全工程师在3年内,必须参加累计不少于48学时的继续教育。

61.【参考答案】 A (6P₂₉₂)
【考查要点】 本题考查的是注册安全工程师聘用单位的责任
【精解析析】 《注册安全工程师管理规定》规定,注册安全工程师应当由聘用单位委派,并按照注册类别在规定的执业范围内执业,同时在出具的各种文件、报告上签字和加盖执业印章。

62.【参考答案】 C (6P₃₀₂)
【考查要点】 本题考查的是电工作业
【精解析析】 电工作业是指对电气设备进行运行、维护、安装、检修、改造、施工、调试等作业,(不含电力系统进网作业),具体包括:高压电工作业、低压电工作业、防爆电气作业。

63.【参考答案】 A (6P₃₁₃)
【考查要点】 本题考查的是劳动防护用品违法行为
【精解析析】 《劳动防护用品监督管理规定》规定,生产经营单位有下列违法行为之一,应当依法受到查处:(1)不发放劳动防护用品的;(2)不按有关规定或者标准发放劳动防护用品的;(3)配发无安全标志的特种劳动防护用品的;(4)配发不合格的劳动防护用品的;(5)配发超过使用期限的劳动防护用品的;(6)劳动防护用品管理混乱,由此对从业人员造成事故伤害或职业危害的;(7)生产或者经营假冒伪劣劳动防护用品和无安全标志的特种劳动防护用品的;(8)其他违反劳动防护用品管理有关法律、法规、规章、标准的行为。

64.【参考答案】 A (6P₃₂₂)
【考查要点】 本题考查的是建设工程消防设计的备案抽查
【精解析析】 依据《建设工程消防监督管理规定》,公安机关消防机构收到消防设计、竣工验收备案后,应当出具备案凭证,并通过消防设计和竣工验收备案受理系统中预设的抽查程序,随机确定抽查对象;被抽查到的建设单位应当在收到备案凭证之日起5日内按照备案项目向公安机关消防机构提供本规定有关申请消防设计审核与竣工验收的材料。

65.【参考答案】 D (6P₃₂₅~P₃₂₆)
【考查要点】 本题考查的是重大事故隐患治理方案
【精解析析】 对于重大事故隐患,由生产经营单位主要负责人组织制定并实施事故隐患治理方案。重大事故隐患治理方案应包括以下内容:(1)治理的目标和任务;(2)采取的方法和措施;(3)经费和物资的落实;(4)负责治理的机构和人员;(5)治理的时限和要求;(6)安全措施和应急预案。

66.【参考答案】 B (6P₃₃₅)
【考查要点】 本题考查的是生产安全事故的现场调查
【精解析析】 依据《生产安全事故信息报告和处置办法》规定,安全生产监督管理部门、煤矿安全监察机构接到生产安全事故报告后,应当按照下列规定派员立即赶赴事故现场:(1)发生一般事故的,县级安全生产监督管理部门、煤矿安全监察分局负责人立即赶赴事故现场;(2)发生较大事故的,设区的市级安全生产监督管理部门、省级煤矿安全监察局负责人应当立即赶赴事故现场;(3)发生重大事故的,省级安全监管部门、省级煤矿安全监察局负责人立即赶赴事故现场;(4)发生特别重大事故的,国家安全生产监督管理总局、国家煤矿安全监察局负责人立即赶赴事故现场。上级安全生产监督管理部门、煤矿安全监察机构认为必要的,可以派员赶赴事故现场。

67.【参考答案】 B (6P₃₃₈)

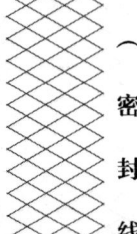

【考查要点】 本题考查的是安全评价机构申请乙级资质的条件
【精解析析】 依据《安全评价机构管理规定》,安全评价机构申请乙级资质,应当具备下列条件:(1)具有法人资格,注册资金300万元以上,固定资产200万元以上;(2)有与其开展工作相适应的固定工作场所和设施设备,具有必要的技术支撑条件;(3)有健全的内部管理制度和安全评价过程控制体系;(4)有16名以上专职安全评价师,其中一级安全评价师20%以上、二级安全评价师30%以上。按照不少于专职安全评价师30%的比例配备注册安全工程师。安全评价师、注册安全工程师有与其申报业务相适应的专业能力;(5)法定代表人通过二级资质以上培训机构组织的相关安全生产和安全评价知识培训,并考试合格;(6)设有专职技术负责人和过程控制负责人。专职技术负责人有二级以上安全评价师和注册安全工程师资格,并具有与所申报业务相适应的高级专业技术职称;⑦法律、行政法规、规章规定的其他条件。

68.【参考答案】 C (6P₃₄₀)
【考查要点】 本题考查的是安全评价机构证书变更的情形
【精解析析】 依据《安全评价机构管理规定》的规定,安全评价机构分立或者合并的,应当在发生变化之日起30日内向原资质审批机关申请办理资质证书变更手续。

69.【参考答案】 B (7P₃₅₈)
【考查要点】 本题考查的是安全标准的概念
【精解析析】 安全标准是指为维持生产经营活动,保障安全生产而制定颁布的一切有关安全生产方面的技术、管理等要求,包括设备装备、器材标准。

70.【参考答案】 D (7P₃₆₀)
【考查要点】 本题考查的是烟花爆竹安全生产标准体系
【精解析析】 烟花爆竹安全生产标准体系包括基础标准、管理标准、原辅材料使用标准、生产作业场所标准、生产技术工艺标准和生产设备设施标准等。

二、多项选择题

71.【参考答案】 BDE (2P₃₇)
【考查要点】 本题考查的是安全生产中介服务机构和安全专业人员的义务
【精解析析】 安全生产中介服务机构和安全专业人员的义务包括:(1)具备法定条件,依法取得安全生产中介服务资质;(2)在法律、行政法规规定的行业、领域和业务范围内,按照执业准则,从事合法的、真实的中介服务,不得弄虚作假和虚假的服务;(3)严格按照政府、部门和生产经营单位的委托或者约定,完成所承担的安全生产中介服务事项;(4)接受政府有关主管部门对其进行的检查监督;(5)合理地确定服务报酬和收费标准,不得非法牟利。

72.【参考答案】 BCD (2P₄₄)
【考查要点】 本题考查的是安全投入不足的法律责任
【精解析析】 生产经营单位的决策机构、主要负责人、个人经营的投资人(包括实际控制人)未依法保证国家规定的其他安全生产所需的资金投入,致使生产经营单位不具备安全生产条件的,责令限期改正,提供必需的资金;逾期未改正的,责令生产经营单位停产停业整顿。

73.【参考答案】 BC (2P₄₇)
【考查要点】 本题考查的是建设项目安全设施设计和安全条件论证的规定
【精解析析】 按照"三同时"的要求,矿山建设项目和用于生产、储存危险物品的建设项目的安全设施设计,应当按照国家有关规定报经有关部门审查,并按照批准的设计施工,审查部门及其负责审查的人员对审查结果负责。

74.【参考答案】 ABCD （2P₅₈）

【考查要点】 本题考查的是负有安全生产监督管理职责的部门依法监督检查时行使的职权

【精解精析】 《安全生产法》规定，负有安全生产监督管理职责的部门依法对生产经营单位执行有关安全生产的法律、法规和国家标准或者行业标准的情况进行监督检查时行使的职权有：现场检查权、当场处理权、紧急处置权、查封扣押权。

75.【参考答案】 BCDE （2P₆₄）

【考查要点】 本题考查的是生产安全事故调查处理的原则

【精解精析】 事故调查处理应当按照实事求是、尊重科学的原则，及时、准确地查清事故原因，查明事故性质和责任，总结事故教训，提出整改措施，并对事故责任者提出处理意见。

76.【参考答案】 BCDE （3P₇₅）

【考查要点】 本题考查的是矿山企业必须对危害安全的事故隐患采取预防措施的情形

【精解精析】 矿山企业必须对下列危害安全的事故隐患采取预防措施：冒顶片帮、边坡滑落和地表塌陷；瓦斯爆炸、煤尘爆炸；冲击地压、瓦斯突出、井喷；地面和井下的火灾、水害；爆破器材和爆破作业发生的危害；粉尘、有毒有害气体、放射性物质和其他有害物质引起的危害；其他危害。

77.【参考答案】 ACDE （3P₈₆）

【考查要点】 本题考查的是高速公路的特别规定

【精解精析】 行人、非机动车、拖拉机、轮式专用机械车、铰接式客车、全挂拖斗车以及其他设计最高时速低于70 km的机动车，不得进入高速公路。高速公路限速标志标明的最高时速不得超过120 km。任何单位、个人不得在高速公路上拦截检查行驶的车辆，公安机关的人民警察依法执行紧急公务除外。

78.【参考答案】 ACDE （4P₁₁₃）

【考查要点】 本题考查的是听证程序

【精解精析】 根据《行政处罚法》的规定，听证依照以下程序组织：(1)当事人要求听证的，应当在行政机关告知后3日内提出；(2)行政机关应当在听证的7日前，通知当事人举行听证的时间、地点；(3)除涉及国家秘密、商业秘密或者个人隐私外，听证公开举行；(4)听证由行政机关指定的非本案调查人员主持；当事人认为主持人与本案有直接利害关系的，有权申请回避；(5)当事人可以亲自参加听证，也可以委托1至2人代理；(6)举行听证时，调查人员提出当事人违法的事实、证据和行政处罚建议；当事人进行申辩和质证；(7)听证应当制作笔录；笔录应当交当事人审核无误后签字或者盖章。

79.【参考答案】 BCDE （4P₁₃₀）

【考查要点】 本题考查的是用人单位职业危害公告和警示

【精解精析】 《职业病防治法》规定，产生职业病危害的用人单位，应当在醒目位置设置公告栏，公布有关职业病防治的规章制度、操作规程、职业病危害事故应急救援措施和工作场所职业病危害因素检测结果。

80.【参考答案】 BCE （5P₂₁₂~P₂₁₃）

【考查要点】 本题考查的是民用爆炸物品生产的安全管理规定

【精解精析】 《民用爆炸物品安全管理条例》规定，申请从事民用爆炸物品生产的企业，应当具备下列条件：(1)符合国家产业结构规划和产业技术标准；(2)厂房和专用仓库的设计、结构、建筑材料，安全距离以及防火、防爆、防雷、防静电等安全设备、设施符合国家标准和规范；(3)生产设备、工艺符合有关安全生产的技术标准和规程；(4)有具备相应资格的专业技术人员、安全生产管理人员和生产岗位人员；(5)有健全的安全管理制度、岗位安全责任制度；(6)法律、行政法规规定的其他条件。

81.【参考答案】 BDE （5P₂₂₅）

【考查要点】 本题考查的是特种设备的报废注销

【精解精析】 依据《特种设备安全监察条例》的规定，特种设备存在严重事故隐患，无改造、维修价值，或者超过安全技术规范规定使用年限，特种设备使用单位应当及时予以报废，并应当向原登记的特种设备安全监督管理部门办理注销。

82.【参考答案】 ABE （5P₂₂₉）

【考查要点】 本题考查的是定期公布特种设备安全及能效

【精解精析】 依据《特种设备安全监察条例》的规定，国务院特种设备安全监督管理部门和省、自治区、直辖市特种设备安全监督管理部门应当定期向社会公布特种设备安全以及能效状况，内容包括：(1)特种设备质量安全状况；(2)特种设备事故的情况、特点、原因分析、防范对策；(3)特种设备能效状况；(4)其他需要公布的情况。

83.【参考答案】 ABDE （5P₂₄₉）

【考查要点】 本题考查的是特大安全事故行政责任追究的事故种类

【精解精析】 《国务院关于特大安全事故行政责任追究的规定》确定的特大安全事故行政责任追究的事故种类有：(1)特大火灾事故；(2)特大交通安全事故；(3)特大建筑质量安全事故；(4)民用爆炸物品和化学危险品特大安全事故；(5)煤矿和其他矿山特大安全事故；(6)锅炉、压力容器、压力管道和特种设备特大安全事故；(7)其他特大安全事故。

84.【参考答案】 ACDE （6P₂₈₉）

【考查要点】 本题考查的是注册安全工程师不予注册的规定

【精解精析】 依据《注册安全工程师管理规定》，有下列情形之一的，不予注册：(1)不具有完全民事行为能力的；(2)在申请注册过程中有弄虚作假行为的；(3)同时在两个或者两个以上聘用单位申请注册的；(4)国家安全生产监督管理总局规定的其他不予注册的情形。

85.【参考答案】 AC （6P₃₁₈）

【考查要点】 本题考查的是建设工程中建设单位的责任

【精解精析】 《建设工程消防监督管理规定》规定，建设单位不得要求设计、施工、工程监理等有关单位和人员违反消防法规和国家工程建设消防技术标准，降低建设工程消防设计、施工质量，并承担下列消防设计、施工的质量方面的责任：(1)依法申请建设工程消防设计审核、消防验收，依法办理消防设计和竣工验收备案手续并接受抽查；建设工程内设置的公众聚集场所未经消防安全检查或者经检查不符合消防安全要求的，不得投入使用、营业；(2)实行工程监理的建设工程，应当将消防施工质量一并委托监理；(3)选用具有国家规定资质等级的消防设计、施工单位；(4)选用合格的消防产品和满足防火性能要求的建筑构件、建筑材料及室内装修装饰材料；(5)依法应当经消防设计审核、消防验收的建设工程，未经审核或者审核不合格的，不得组织施工；未经验收或者验收不合格的，不得交付使用。

全国注册安全工程师执业资格考试

《安全生产法及相关法律知识》
仿真模拟演练试卷（四）

（考试时间150分钟）

题 号	一	二	总分	
题 分	70	30	核分人	
得 分			复查人	

一、单项选择题（共70题，每题1分。每题的备选项中，只有一个最符合题意）

1. 关于法律规范的表述中，不正确的是（ ）
   A. 法律规范是社会规范的一种
   B. 法律规范是国家机关制定或者认可，由国家强制力保证其实施的一般行为规则
   C. 法律规范由假定、处理和制裁3个要素构成
   D. 法律规范一般可以分为经济规范、技术规范和社会规范三大类

2. 下列法律不属于安全生产法律体系中的上位法的是（ ）
   A.《建筑法》
   B.《矿山安全法》
   C.《海上交通安全法》
   D.《煤矿安全监察条例》

3. 根据《安全生产法》的规定，下列关于《安全生产法》适用范围的说法，正确的是（ ）
   A. 有关法律、行政法规对铁路交通安全没有规定的，适用《安全生产法》
   B. 有关法律、行政法规对非煤矿山有另行规定的，不适用《安全生产法》
   C. 有关法律、行政法规对危险化学安全另有规定的，不适用《安全生产法》
   D. 有关法律，行政法规对烟花爆竹、民用爆破器材安全另有规定的，不适用《安全生产法》

4.《安全生产法》规定，_____依照本法和其他有关法律、行政法规的规定，对全国安全生产工作实施综合监督管理。（ ）
   A. 国务院建设行政主管部门
   B. 省级人民政府建设行政主管部门
   C. 国务院负责安全生产监督管理的部门
   D. 省级人民政府负责安全生产监督管理的部门

5. 由于生产经营单位在安全生产管理方面的问题造成的事故属于（ ）
   A. 非责任事故
   B. 职业责任事故
   C. 自然灾害事故
   D. 人为责任事故

6. 依据《安全生产法》，股份有限责任公司安全投入资金的保障主体是（ ）
   A. 监事会
   B. 董事会
   C. 股东大会
   D. 执行总裁

7. 依据《安全生产法》的规定，矿山建设项目和用于_____危险物品的建设项目，应当分别按照国家有关规定进行安全条件论证和安全评价。（ ）
   A. 生产、经营
   B. 生产、储存
   C. 生产、使用
   D. 生产、运输

8. 为了加强生产安全工艺、设备管理，加快技术更新和改造，《安全生产法》明确规定国家对严重危及生产安全的工艺、设备实行（ ）
   A. 备案制度
   B. 审批制度
   C. 淘汰制度
   D. 以旧换新制度

9. 依据《安全生产法》的规定，生产经营单位与从业人员订立的劳动合同，应当载明有关保障从业人员劳动安全和_____的事项。（ ）
   A. 事故应急措施
   B. 安全技术措施
   C. 职业危害申报
   D. 防止职业危害

10. 依据《安全生产法》的规定，事故调查处理应当遵循_____的原则，及时、准确地查清事故原因，查清事故性质和责任，总结事故教训，提出整改措施，并对事故责任者提出处理意见。（ ）
    A. 实事求是、尊重科学
    B. 严肃认真、宽严相济
    C. 两级处理、属地管辖
    D. 统筹兼顾、高效协调

11. 依据《安全生产法》,生产经营单位发生重大生产安全事故时,其主要负责人不立即组织抢救或者在事故调查处理期间擅离职守或者逃匿的,给予_____的处分,对逃匿的处15日以下拘留。 ( )

   A. 撤职
   B. 记过、降级
   C. 降级、降职
   D. 降职、撤职

12. 下列不属于追究法律责任的负有安全生产监督管理职责的部门工作人员的违法行为的是 ( )

   A. 失职、渎职的违法行为
   B. 安全生产监督管理部门,在对安全生产事项的审查、验收中滥用职权、玩忽职守的
   C. 有关地方人民政府、负有安全生产监督管理职责的部门,对生产安全事故隐瞒不报、谎报或者拖延不报的
   D. 负有安全生产监督管理职责的部门,要求被审查、验收的单位购买其指定的安全设备、器材或者其他产品的,在对安全生产事项的审查、验收中收取费用的

13. 依据我国现行法律的规定,民事责任的执法主体是 ( )

   A. 基层人民法院
   B. 中级人民法院
   C. 最高人民法院
   D. 各级人民法院

14. 依据《矿山安全法》,对开采作业的安全保障描述错误的是 ( )

   A. 必须对井上井下空气含氧量进行检测
   B. 必须对瓦斯爆炸的事故隐患采取有效的防护措施
   C. 加高堤坝,防止尾矿库溃坝
   D. 必须检测作业场所中的有毒有害物质

15. 《消防法》规定,公众聚集场所在投入使用、营业前,建设单位或者使用单位应当向场所所在地的_____申请消防安全检查。 ( )

   A. 市级人民政府环境保护主管部门
   B. 市级人民政府建设行政主管部门
   C. 市级人民政府安全生产监督管理部门
   D. 县级以上地方人民政府公安机关消防机构

16. 《消防法》规定,建筑构件和建筑材料的防火性能必须符合 ( )

   A. 地方标准或者行业标准
   B. 地方标准或者企业标准
   C. 企业标准或者行业标准
   D. 国家标准或者行业标准

17. 依据《消防法》的规定,建筑施工企业不按照消防设计文件和消防技术标准施工,降低消防施工质量的,责令改正或停止施工,并处_____罚款。 ( )

   A. 5 000元以上1万元以下
   B. 1万元以上5万元以下
   C. 1万元以上10万元以下
   D. 5万元以上10万元以下

18. 《突发事件应对法》按照社会危害程度、影响范围等因素,一般将突发事件分为 ( )

   A. 6级
   B. 5级
   C. 4级
   D. 3级

19. 《突发事件应对法》规定,突发事件发生之后,发生地_____应当立即采取措施控制事态发展,组织开展应急救援处置工作,并立即向上一级人民政府报告,必要时可以越级上报。 ( )

   A. 县级人民政府
   B. 市级人民政府
   C. 环境保护部门
   D. 建设行政主管部门

20. 依据《刑法》的规定,对于_____,可以比照既遂犯从轻、减轻处罚或者免除处罚。 ( )

   A. 终止犯
   B. 中止犯
   C. 未遂犯
   D. 预备犯

21. 依据《刑法》规定,可被认定为重大劳动安全事故罪犯罪主体的是 ( )

   A. 企业的普通职工
   B. 企业的技术人员
   C. 企业的主要领导
   D. 国家工作人员

22. 根据《行政处罚法》规定,受委托组织必须符合的条件不包括 ( )

   A. 依法成立的管理公共事务的事业组织
   B. 受委托组织应当是具有管理公共事务职能的组织
   C. 具有熟悉有关法律、法规、规章和业务的工作人员
   D. 对违法行为需要进行技术检查或者技术鉴定的,应当有条件组织进行相应的技术检查或者技术鉴定

23. 依据《行政处罚法》的规定,行政处罚由违法行为发生地的县级以上地方人民政府具有行政处罚权的行政机关管辖,这种管辖属于_____管辖。（ ）
   A. 属地
   B. 行政
   C. 指定
   D. 移送

24. 关于《行政处罚法》中一般程序的表述,不正确的是（ ）
   A. 询问或者检查时应当制作笔录
   B. 行政机关在调查或者进行检查时,执法人员可以为1人
   C. 行政机关在调查或者进行检查时,应当向当事人或者有关人员出示合法证件
   D. 对违法行为调查终结,行政机关负责人应当审查调查结果,酌情分别作出决定

25. 依据《劳动法》的规定,用人单位必须建立、健全_____制度,严格执行国家劳动安全卫生规程和标准,对劳动者进行劳动安全卫生教育,防止劳动过程中的事故,减少职业危害。（ ）
   A. 劳动纪律
   B. 劳动安全教育
   C. 劳动安全卫生
   D. 劳动事故处理

26. 根据《劳动法》的规定,用人单位不得安排未成年工从事_____、国家规定的第四级体力劳动强度的劳动和其他禁忌从事的劳动。（ ）
   A. 矿山井下
   B. 家电维修
   C. 机械加工
   D. 汽车维修

27. 依照《安全生产法》和国务院的规定,现由_____负责履行劳动卫生监督管理的职责,行使《劳动法》中有关劳动安全卫生监督管理和行政执法的职权。（ ）
   A. 劳动行政部门
   B. 安全生产监察部门
   C. 卫生行政部门
   D. 安全生产监督管理部门

28. 依据《职业病防治法》,用人单位应当按照国务院卫生行政部门的规定,定期对工作场所进行职业病危害因素_____。（ ）
   A. 监测、评价
   B. 监测、评估
   C. 检测、评价
   D. 检测、评估

29. 关于平等自愿原则,下列表述错误的是（ ）
   A. 任何单位不得强迫劳动者订立劳动合同
   B. 劳动者与用人单位的权利在任何时候是对等的
   C. 劳动合同是出于劳动者和用人单位双方自愿的原则签订的
   D. 劳动者和用人单位在订立劳动合同时在法律地位上是平等的

30. 我国民事法律原则中的帝王条款是（ ）
   A. 合法原则
   B. 协商一致原则
   C. 平等自愿原则
   D. 诚实信用原则

31. 下列关于试用期的说法,错误的是（ ）
   A. 劳动合同期限1年以上不满3年的,试用期不得超过2个月
   B. 劳动合同期限3个月以上不满1年的,试用期不得超过1个月
   C. 3年以上固定期限和无固定期限的劳动合同,试用期不得超过1年
   D. 劳动者在试用期的工资不得低于本单位相同岗位最低工资或者劳动合同约定工资的80%,并不得低于用人单位所在地的最低工资标准

32. 依据《安全生产许可证条例》,从事_____、建筑施工和危险化学品、烟花爆竹、民用爆破器材生产的企业,应当依法取得安全生产许可证。（ ）
   A. 矿山
   B. 交通运输
   C. 钢铁冶炼
   D. 锅炉与压力容器制造

33. 依据《安全生产许可证条例》的规定,安全生产许可证颁发管理机关在接到申请人关于领取安全生产许可证的申请书、相关文件和资料后,应当对其进行的审查包括（ ）
   A. 形式审查和内容审查
   B. 形式审查和实质性审查
   C. 书面审查和内容审查
   D. 简易审查和详细审查

34. 依据《煤矿安全监察条例》的规定,煤矿安全监察机构审查煤矿建设工程安全设施设计,应当自收到申请审查的设计资料之日起_____日内审查完毕,签署同意或者不同意的意见,并书面答复。（ ）
   A. 30
   B. 15
   C. 10
   D. 5

35. 根据《煤矿安全监察条例》的相关规定,煤矿发生事故,煤矿方面伪造、故意破坏煤矿事故现场的,由煤矿安全监察机构给予 （ ）
   A. 警告,可以并处 5 万元以下的罚款
   B. 警告,可以并处 10 万元以下的罚款
   C. 警告,可以并处 3 万元以上 15 万元以下的罚款
   D. 拘留,可以并处 5 万元以上 10 万元以下的罚款

36. 依据《国务院关于预防煤矿生产安全事故的特别规定》的规定,煤矿有重大安全生产隐患和违法行为的,应当 （ ）
   A. 加强安全生产管理
   B. 停产停业,予以关闭
   C. 立即停止生产,排除隐患
   D. 限期排除隐患,隐患无法排除的,停产整顿

37. 根据《建设工程安全生产管理条例》的规定,对施工现场从事危险作业的人员办理意外伤害保险的单位是 （ ）
   A. 建设单位
   B. 施工单位
   C. 监理单位
   D. 设计勘察单位

38. 依据《建设工程安全生产管理条例》,建设行政主管部门在审核发放施工许可证时,应当对建设工程是否有_____进行审查,否则不得颁发施工许可证。 （ ）
   A. 安全施工措施
   B. 应急救援措施
   C. 职业病防治措施
   D. 环境保护措施

39. 依据《危险化学品安全管理条例》,国家实行危险化学品登记制度。危险化学品生产、储存企业以及使用剧毒化学品和数量构成重大危险源的其他危险化学品的单位,应当向_____负责危险化学品登记的机构办理危险化学品登记。 （ ）
   A. 安全生产监管部门
   B. 环境保护部门
   C. 公安部门
   D. 质监部门

40. 国家对危险化学品的运输实行_____制度。未经资质认定,不得运输危险化学品。 （ ）
   A. 准运
   B. 许可
   C. 计划运输
   D. 资质认定

41. 依据《烟花爆竹安全管理条例》,举办焰火晚会以及其他大型焰火燃放活动,应当根据举办的时间、地点、_____、活动性质、规模以及燃放烟花爆竹的种类、规格及数量,确定危险等级,实行分级管理。 （ ）
   A. 作业单位
   B. 环境
   C. 状况天气
   D. 人员

42. 依据《烟花爆竹安全管理条例》的规定,对未经许可经由道路运输烟花爆竹的,由公安部门责令停止非法运输活动,处_____的罚款。 （ ）
   A. 5 000 元以上 3 万元以下
   B. 1 万元以上 3 万元以下
   C. 1 万元以上 5 万元以下
   D. 2 万元以上 10 万元以下

43. 依据《民用爆炸物品安全管理条例》的规定,_____负责民用爆炸物品生产、销售的安全监督管理。 （ ）
   A. 工商行政管理部门
   B. 安全生产监督管理部门
   C. 环境保护主管部门
   D. 国防科技工业主管部门

44. 根据《民用爆炸物品安全管理条例》的规定,民用爆炸物品使用单位购买民用爆炸物品的,应当向所在地县级人民政府公安机关提出购买申请,下列不属于应提交材料的是 （ ）
   A. 购买的品种、数量和用途说明
   B. 购买单位的名称、地址、银行账户
   C. 工商营业执照或者事业单位法人证书
   D. 《民用爆炸物品购买许可证》或者其他合法的证明

45. 依据《民用爆炸物品安全管理条例》的规定,民用爆炸物品运达目的地,收货单位应当进行验收后在《民用爆炸物品运输许可证》上签注,并在_____日内将《民用爆炸物品运输许可证》交回发证机关核销。 （ ）
   A. 3
   B. 5
   C. 7
   D. 10

46. 某个体经营的烟火公司的主要投资人未履行《民用爆炸物品安全管理条例》规定的安全管理责任,导致发生职工损伤事故,尚不构成犯罪的,则应对其投资人处_____以上20万元以下的罚款。（ ）

A. 4万元
B. 3万元
C. 2万元
D. 1万元

47. 下列_____不属于特种设备。（ ）

A. 电梯
B. 锅炉
C. 煤气
D. 大型游乐设施

48. 根据《特种设备安全监察条例》的规定,特种设备检验检测机构和检验检测人员应当_____出具检验检测结果、鉴定结论。（ ）

A. 独立、公开、公平地
B. 客观、公正、及时地
C. 公正、公开、公平地
D. 自主、独立、快速地

49. 根据《特种设备安全监察条例》的规定,下列行为中,由特种设备安全监督管理部门予以取缔,处1万元以上5万元以下罚款,有违法所得的,没收违法所得的是（ ）

A. 未经许可,擅自从事气瓶充装活动的
B. 未经许可,擅自从事锅炉、压力容器、电梯、起重机械、客运索道、大型游乐设施的维修或者日常保养的
C. 特种设备出厂时,未按照安全技术规范的要求附有设计文件、产品质量合格证明、安装及使用维修说明、监督检验证明等文件的
D. 未经许可,擅自从事锅炉、压力容器、电梯、起重机械、客运索道、大型游乐设施的制造、安装、改造以及压力管道元件的制造活动的

50. 依据《使用有毒物品作业场所劳动保护条例》,下列用人单位维护、检修存在高毒物品作业的,由_____依据各自职权予以取缔。（ ）

A. 检修煤气罐前,制定煤气检修方案
B. 检修煤气罐时,班长老余负责监护,小叶、小宋进行罐内维修作业
C. 按操作规程要求,检修煤气罐时,打开罐口及通风口,先行送风;然后检测残余煤气浓度,达到维修标准后,小叶、小宋才能进入罐内作业
D. 煤气罐体发现裂缝,关闭进气、出气阀,小叶、小宋在罐体外用电焊进行补焊

51. 依据《使用有毒物品作业场所劳动保护条例》的规定,对卫生行政部门的工作人员的行政处分不包括（ ）

A. 警告
B. 降级
C. 撤职
D. 开除

52. 《生产安全事故报告和调查处理条例》针对当前事故报告和调查处理工作中存在的突出问题,确定了事故报告和调查处理_____的原则,确立了事故报告和调查处理工作的制度、机制和程序,加大了事故责任追究和处罚的力度,实现了相关立法和执法部门职责的和谐统一。（ ）

A. 由企业领导、分级负责和实事求是
B. 由企业领导、统一负责和权责一致
C. 由政府领导、统一负责和责罚相当
D. 由政府领导、分级负责和"四不放过"

53. 依据《生产安全事故报告和调查处理条例》的规定,较大事故应当逐级上报至_____和负有安全生产监督管理职责的有关部门。（ ）

A. 国务院安全生产监督管理部门
B. 县级人民政府安全生产监督管理部门
C. 设区的市级人民政府安全生产监督管理部门
D. 省、自治区、直辖市人民政府安全生产监督管理部门

54. 依据《生产安全事故报告和调查处理条例》,某造船股份有限公司因未及时整改隐患发生重大事故,则应对该公司（ ）

A. 处上一年年收入30%的罚款
B. 处上一年年收入40%的罚款
C. 处上一年年收入60%的罚款
D. 处上一年年收入80%的罚款

55. 下列注册安全工程师执业资格申请注册的要求中不正确的是（ ）

A. 注册管理机构考核合格
B. 遵纪守法,恪守职业道德
C. 取得《注册安全工程师执业资格证书》
D. 能坚持在生产经营单位中安全生产管理、安全工程技术岗位或为安全生产提供技术服务的中介机构工作

56. 根据《注册安全工程师执业资格制度暂行规定》的规定，注册安全工程师的义务不包括（   ）

    A. 遵守国家有关安全生产的法律、法规和标准

    B. 维护国家、公众的利益和受聘单位的合法权益

    C. 遵守职业道德，客观、公正执业，不弄虚作假，并承担在相应报告上签署意见的法律责任

    D. 对生产经营单位的安全生产管理、安全监督检查、安全技术研究和安全检测检验、建设项目的安全评估、危害辨识或危险评价等工作存在的问题提出意见和建议

57. 根据《注册安全工程师执业资格制度暂行规定》，注册安全工程师执业资格注册有效期满前_____个月，持证者应到原注册管理机构办理再次注册手续。（   ）

    A. 1

    B. 3

    C. 6

    D. 12

58. 依据《注册安全工程师执业资格制度暂行规定》，注册安全工程师发现有危及人身安全的紧急情况时，应（   ）

    A. 立即启动相应的应急预案

    B. 责令生产经营单位立即改正

    C. 责令生产经营单位立即停止作业并组织作业人员撤离危险场所

    D. 及时向生产经营单位建议停止作业并组织作业人员撤离危险场所

59. 下列选项中，不属于特种作业人员应符合条件的是（   ）

    A. 具有初中及以上文化程度

    B. 具备必要的安全技术知识与技能

    C. 高中或者相当于高中及以上文化程度

    D. 年满18周岁，且不超过国家法定退休年龄

60. 依据《劳动防护用品监督管理规定》，生产经营单位为从业人员配备劳动防护用品（   ）

    A. 不得以货币或者其他物品替代应当配备的劳动防护用品

    B. 不得以货币但可以以其他物品替代应当配备的劳动防护用品

    C. 可以以货币或者其他物品替代应当配备的劳动防护用品

    D. 可以以货币但不得以其他物品替代应当配备的劳动防护用品

61. 《建设工程消防监督管理规定》的适用范围包括（   ）

    A. 临时性建筑

    B. 住宅室内装修

    C. 村民自建住宅

    D. 商业用房室内装修

62. 依据《建设工程消防监督管理规定》的规定，人员密集场所和特殊工程由_____进行消防设计审核和消防验收。（   ）

    A. 建设行政主管部门

    B. 工商行政管理部门

    C. 公安消防机构

    D. 环境保护部门

63. 依据《建设工程消防监督管理规定》，下列不属于建设单位申请消防设计审核需要提供的材料的是（   ）

    A. 消防设计文件

    B. 工程竣工验收报告

    C. 设计单位资质证明文件

    D. 建设工程消防设计审核申报表

64. 按照《安全生产事故隐患排查治理暂行规定》的规定，事故隐患分为_____和重大事故隐患。（   ）

    A. 特大事故隐患

    B. 较大事故隐患

    C. 一般事故隐患

    D. 轻微事故隐患

65. 依据《生产安全事故信息报告和处置办法》，生产经营单位对较大涉险事故迟报、漏报、谎报或者瞒报的，给予警告，并处_____以下的罚款。（   ）

    A. 5 000元

    B. 1万元

    C. 2万元

    D. 3万元

66. 依据《安全评价机构管理规定》，下列属于安全评价机构第一类业务范围的是（   ）

    A. 尾矿库

    B. 港口码头

    C. 管道运输业

    D. 石油和天然气开采业

67. 根据《安全评价机构管理规定》，申请甲级、乙级资质的机构，应当于每年_____月向有关部门提出申请。（   ）

    A. 3

    B. 5

    C. 6

    D. 9

68. 依据《安全评价机构管理规定》,安全评价机构的资质证书有效期届满未办理延期或者未经批准延期擅自从事安全评价活动的,给予警告,并处_____的罚款。（　　）

A. 3万元以上5万元以下
B. 2万元以上3万元以下
C. 1万元以上2万元以下
D. 5 000元以上1万元以下

69. 依据《建设项目安全设施"三同时"监督管理暂行办法》,对生产、储存危险化学品的建设项目未进行安全生产条件论证和安全预评价的,给予建设单位_____的处罚,并处罚款。（　　）

A. 警告
B. 责令期限改正
C. 停产停业
D. 暂扣建设资质

70. 下列不属于煤矿职业危害安全标准系统的是（　　）

A. 个体防护标准
B. 作业环境安全标准
C. 职业病鉴定标准
D. 露天开采安全标准

二、多项选择题(共15题,每题2分。每题的备选项中,有2个或2个以上符合题意,至少有1个错误选项。错选,本题不得分;少选,所选的每个选项得0.5分)

71. 依据《安全生产法》的规定,下列企业中,应当设置安全生产管理机构或者配备专职安全管理人员的企业包括（　　）

A. 从业人员100人的矿山企业
B. 从业人员100人的纺织企业
C. 从业人员100人的建筑施工企业
D. 从业人员100人的机械制造企业
E. 从业人员100人的危险物品生产、经营、储存企业

72. 依据《安全生产法》的规定,交叉作业可能危及对方生产安全的单位,应当（　　）

A. 签订安全生产管理协议
B. 在协议中明确应当采取的安全措施
C. 在协议中明确各自的安全生产管理职责
D. 只雇佣一般的安全生产管理人员进行安全检查与协调
E. 指定专职或兼职安全生产管理人员进行安全检查与协调

73. 承担安全评价、认证、监测、检验工作的中介组织机构（　　）

A. 应当具备国家规定的资质条件
B. 接受负有安全生产监督管理职责的部门的监督
C. 对其作出的安全评价、认证、检测、检验的结果负责
D. 按照法定程序申请登记并获得批准的,方可从事安全生产中介服务活动
E. 对其作出的安全评价、认证、检测、检验的结果与生产经营单位承担连带责任

74.《煤矿生产安全事故报告和调查处理规定》规定,事故调查组应当坚持_____的基本要求。（　　）

A. 实事求是
B. 权责一致
C. 高效便民
D. 依法依规
E. 注重实效

75.《矿山安全法》对必须符合矿山安全规程和行业技术规范的矿山设计项目作出了规定,其中包括（　　）

A. 防震系统
B. 提升、运输系统
C. 防水、排水系统和防火、灭火系统
D. 露天矿的边坡角和台阶的宽度、高度
E. 矿井的通风系统和供风量、风质、风速

76. 依据《行政处罚法》,地方性法规可以设定的行政处罚种类包括（　　）

A. 罚款
B. 限制人身自由
C. 没收违法所得
D. 吊销企业营业执照
E. 责令停产停业

77. 根据《行政处罚法》的规定,行政处罚决定依法作出后,当事人没有正当理由逾期不履行的,则导致强制执行。作出行政处罚决定的安全生产监管监察部门可以采取的措施包括（　　）

A. 自行强制执行
B. 责令停产停业整顿
C. 每日按罚款数额的3%加处罚款
D. 申请人民法院强制执行
E. 根据法律规定,将查封、扣押的设施、设备、器材拍卖所得价款抵缴罚款

78.《劳动合同法》规定,劳动者对危害生命安全和身体健康的劳动条件,有权对用人单位
( )
A. 提出批评
B. 提出检举
C. 提出控告
D. 进行处罚
E. 处以罚款

79. 煤矿事故中有下列_____情形的,情节一般的,给予警告,可以并处3万元以上15万元以下的罚款。 ( )
A. 阻碍、干涉煤矿事故调查工作的
B. 伪造、故意破坏煤矿事故现场的
C. 不按规定及时、如实报告煤矿事故的
D. 拒绝接受调查取证、提供有关情况和资料的
E. 采取威胁、强迫等手段迫使遇难人员家属同意私下了结的

80. 依据《建设工程安全生产管理条例》的规定,建设单位应当向施工单位提供施工现场及毗邻区域内供水、排水、供电、供气、供热、通信、广播电视等地下观测资料,并保证资料的 ( )
A. 真实性
B. 科学性
C. 完整性
D. 及时性
E. 准确性

81. 根据《民用爆炸物品安全管理条例》的规定,由公安机关责令限期改正,处5万元以上20万元以下的罚款,逾期不改正的,责令停产停业整顿的行为包括 ( )
A. 民用爆炸物品的质量不符合相关标准
B. 使用现金或者实物进行民用爆炸物品交易的
C. 超出购买许可的品种、数量购买民用爆炸物品的
D. 未按照规定对民用爆炸物品做出警示标志、登记标识或者未对雷管编码打号的
E. 未按照规定保存购买单位的许可证、银行账户转账凭证、经办人的身份证明复印件的

82. 某日8时,某建筑工地发生塌方事故,当场5人死亡,2人被埋失踪,9人受伤,现场安全员立即将事故情况向作业队长和项目经理报告,项目经理立即组织人员前往现场营救。将死亡和受伤的人员运出现场,安排工人挖掘搜寻失踪人员,次日7时许,找到一名失踪人员已死亡。此时,项目经理才想起向当地县安全生产监督局报告。报告称事故造成1人死亡,1人失踪,9人受伤,依据《生产安全事故报告和调查处理条例》,下列有关该事故的说法正确的是 ( )
A. 项目经理应当向当地安全生产监督局报告事故情况
B. 县安全生产监管局了解事故真实情况后,还应向上一级安全生产监督部门报告
C. 现场安全员只向作业队长和项目经理报告,未及时向当地安全生产监督局报告
D. 公司为了抢救被埋人员,在作出适当标识的前提下,可移动事故现场部分物件
E. 项目经理在事故发生后23小时向当地安全生产监督局报告事故情况,属于未在规定时间内上报

83. 依据《工伤保险条例》,可以视同工伤的情形包括 ( )
A. 在工作时间和工作岗位,突发疾病死亡或者在48小时之内经抢救无效死亡的
B. 在公共利益活动中受到伤害的
C. 因违反治安管理伤亡的
D. 醉酒导致伤亡的
E. 自杀的

84. 依据《生产安全事故信息报告和处置办法》的规定,下列事故属于较大涉险事故的有 ( )
A. 一次涉险10人的事故
B. 危及发电站安全的事故
C. 紧急疏散人员300人的事故
D. 造成3人被困或者下落不明的事故
E. 因生产安全事故对环境造成污染的事故

85. 在安全生产标准制定程序中,下列说法正确的有 ( )
A. 函审单的回函率不足2/3者,应重新组织函审
B. 会议代表的出席率不足2/3时,应重新组织审查
C. 会议审查表决时,必须有不少于出席会议代表人数的2/3同意方为通过
D. 对需要通过WTO向各国通报的强制性标准,自通报之日起60日后,方可办理批准发布手续
E. 标准实施后,应根据科学技术的发展、经济建设的需要以及安全生产工作的实际适时进行复审,复审周期不超过5年

安全生产法及相关法律知识
仿真模拟演练试卷(四)参考答案及精解精析

一、单项选择题

1. 【参考答案】 D （1P₁~P₂）
   【考查要点】 本题考查的是法律规范
   【精解精析】 规范一般可以分为技术规范和社会规范两大类。法律规范是社会规范的一种。法律规范是国家机关制定或者认可、由国家强制力保证其实施的一般行为规则，它反映由一定的物质生活条件所决定的统治阶级的意志。法律规范由假定、处理和制裁3个要素构成。

2. 【参考答案】 D （1P₁₈~P₁₉）
   【考查要点】 本题考查的是安全生产法律体系的基本框架
   【精解精析】 法律是安全生产法律体系中的上位法，居于整个体系的最高层级，其法律地位和效力高于行政法规、地方性法规、部门规章、地方政府规章等下位法。《矿山安全法》《海上交通安全法》《建筑法》等法律，属于上位法。《煤矿安全监察条例》属于行政法规，属于下位法。

3. 【参考答案】 A （2P₂₇）
   【考查要点】 本题考查的是《安全生产法》的排除适用
   【精解精析】 《安全生产法》规定，有关法律、行政法规对消防安全和道路交通安全、铁路交通安全、水上交通安全、民用航空安全另有规定的，适用其规定。有关法律、行政法规对消防安全和道路交通安全、铁路交通安全、水上交通安全、民用航空安全没有规定的，适用《安全生产法》。除了消防安全和道路交通安全、铁路交通安全、水上交通安全、民用航空安全适用有关法律、行政法规原有特殊规定以外的所有生产经营单位的安全生产，都要适用《安全生产法》。

4. 【参考答案】 C （2P₃₃）
   【考查要点】 本题考查的是安全生产综合监管部门与专项监管部门的职责分工
   【精解精析】 《安全生产法》规定，国务院负责安全生产监督管理的部门依照本法和其他有关法律、行政法规的规定，对全国安全生产工作实施综合监督管理；县级以上地方各级人民政府负责安全生产监督管理的部门依照本法，对本行政区域内安全生产工作实施综合监督管理。

5. 【参考答案】 D （2P₃₇）
   【考查要点】 本题考查的是生产安全事故的分类
   【精解精析】 按照引发事故的直接原因进行分类，生产安全事故分为自然灾害事故和人为责任事故。人为责任事故是由于生产经营单位或者从业人员在生产经营过程中违反法律、法规、国家标准或者行业标准和规章制度、操作规程所出现的失误和疏忽而导致的事故。

6. 【参考答案】 B （2P₄₄）
   【考查要点】 本题考查的是生产经营单位安全投入的决策和保障
   【精解精析】 依据《安全生产法》的规定，生产经营单位应当具备的安全生产条件所必需的资金投入，由生产经营单位的决策机构(B项"董事会"是公司制生产经营单位的决策机构)、主要负责人或者个人经营的投资人予以保证，并对由于安全生产所必需的资金投入不足导致的后果承担责任。

7. 【参考答案】 B （2P₄₇）
   【考查要点】 本题考查的是建设项目的安全条件论证和安全评价的规定
   【精解精析】 《安全生产法》规定，矿山建设项目和用于生产、储存危险物品的建设项目，应当分别按照国家有关规定进行安全条件论证和安全评价。

8. 【参考答案】 C （2P₄₈~P₄₉）
   【考查要点】 本题考查的是生产安全工艺、设备管理的规定
   【精解精析】 为了加强生产安全工艺、设备管理，加快技术更新和改造，《安全生产法》明确规定国家对严重危及生产安全的工艺、设备实行淘汰制度。

9. 【参考答案】 D （2P₅₁）
   【考查要点】 本题考查的是工伤保险的规定
   【精解精析】 《安全生产法》规定，生产经营单位与从业人员订立的劳动合同，应当载明有关保障从业人员劳动安全、防止职业危害的事项，以及为从业人员办理工伤社会保险的事项。

10. 【参考答案】 A （2P₆₄）
    【考查要点】 本题考查的是事故调查处理的原则
    【精解精析】 《安全生产法》规定，事故调查处理应当按照实事求是、尊重科学的原则，及时、准确地查清事故原因，查明事故性质和责任，总结事故教训，提出整改措施，并对事故责任者提出处理意见。

11. 【参考答案】 D （2P₆₇）
    【考查要点】 本题考查的是对生产经营单位主要负责人违法行为的处理
    【精解精析】 依据《安全生产法》的规定，生产经营单位主要负责人在本单位发生重大生产安全事故时，不立即组织抢救或者在事故调查处理期间擅离职守或者逃匿的，给予降职、撤职的处分，对逃匿的处15日以下拘留。

12. 【参考答案】 B （2P₇₀）
    【考查要点】 本题考查的是负安全生产监督管理职责的部门工作人员的违法行为
    【精解精析】 《安全生产法》规定追究法律责任的负有安全生产监督管理职责的部门工作人员的违法行为，有下列3种：(1)失职、渎职的违法行为；(2)负有安全生产监督管理职责的部门，要求被审查、验收的单位购买其指定的安全设备、器材或者其他产品的，在对安全生产事项的审查、验收中收取费用的；(3)有关地方人民政府、负有安全生产监督管理职责的部门对生产安全事故隐瞒不报、谎报或者拖延不报的。

13. 【参考答案】 D （2P₇₀）
    【考查要点】 本题考查的是民事赔偿的强制执行
    【精解精析】 民事责任的执法主体是各级人民法院。按照我国民事诉讼法的规定，只有人民法院是受理民事赔偿案件、确定民事责任、裁判追究民事赔偿责任的唯一的法律审判机关。

14. 【参考答案】 A （3P₇₅）
    【考查要点】 本题考查的是矿山企业开采作业的安全保障
    【精解精析】 依据《矿山安全法》的规定，矿山企业必须对作业场所中的有毒有害物质和井下空气含氧量进行检测，保证符合安全要求，故A项错误，D项正确；矿山企业必须对瓦斯爆炸、煤尘爆炸的事故隐患采取预防措施，故B项正确；矿山企业对使用机械、电气设备，排土场、矸石山、尾矿库和矿山闭坑后可能引起的危害，应当采取预防措施，故C项正确。

15.【参考答案】 D (3P₈₁)
【考查要点】 本题考查的是公众聚集场所和大型群众性活动的消防安全
【精解精析】《消防法》规定,公众聚集场所在投入使用、营业前,建设单位或者使用单位应当向场所所在地的县级以上地方人民政府公安机关消防机构申请消防安全检查。未经消防安全检查或者经检查不符合消防安全要求的,不得投入使用、营业。

16.【参考答案】 D (3P₈₁)
【考查要点】 本题考查的是建设工程的消防安全
【精解精析】《消防法》规定,建筑构件、建筑材料和室内装修、装饰材料的防火性能必须符合国家标准;没有国家标准的,必须符合行业标准。

17.【参考答案】 C (3P₈₄)
【考查要点】 本题考查的是消防设计与施工不符合标准的法律责任
【精解精析】《消防法》规定,有下列行为之一的,责令改正或停止施工,并处一万元以上十万元以下罚款:(1)建设单位要求建筑设计单位或建筑施工企业降低消防技术标准设计、施工的;(2)建筑设计单位不按照消防技术标准强制性要求进行消防设计的;(3)建筑施工企业不按照消防设计文件和消防技术标准施工,降低消防施工质量的;(4)工程监理单位与建设单位或建筑施工企业串通,弄虚作假,降低消防施工质量的。

18.【参考答案】 C (3P₈₈)
【考查要点】 本题考查的是突发事件的分级
【精解精析】 依据《突发事件应对法》的规定,按照社会危害程度、影响范围等因素,将突发事件分为特别重大、重大、较大和一般四级。

19.【参考答案】 A (3P₈₈)
【考查要点】 本题考查的是应对突发事件时政府部门的分工
【精解精析】 突发事件发生之后,发生地县级人民政府应当立即采取措施控制事态发展,组织开展应急救援处置工作,并立即向上一级人民政府报告,必要时可以越级上报。突发事件发生地县级人民政府不能消除或者不能有效控制突发事件引起的严重社会危害的,应当及时向上级人民政府报告。

20.【参考答案】 D (4P₉₆)
【考查要点】 本题考查的是预备犯
【精解精析】《刑法》规定,为了犯罪,准备工具,制造条件的,是犯罪预备。犯罪的预备,是着手犯罪前的一种准备活动,是犯罪的最初阶段。对于预备犯,可以比照既遂犯从轻、减轻处罚或者免除处罚。

21.【参考答案】 C (4P₉₉)
【考查要点】 本题考查的是重大劳动安全事故罪
【精解精析】 根据《刑法》的规定,重大劳动安全事故罪的犯罪主体为一般主体,是指对发生重大伤亡事故或者造成其他严重后果负有责任的事故发生单位的主管人员和其他直接责任人员。

22.【参考答案】 B (4P₁₀₈~P₁₀₉)
【考查要点】 本题考查的是行政机关依法委托的组织应符合的条件
【精解精析】《行政处罚法》明确规定受委托组织必须符合下列条件:(1)依法成立的管理公共事务的事业组织;(2)具有熟悉有关法律、法规、规章和业务的工作人员;(3)对违法行为需要进行技术检查或者技术鉴定的,应当有条件组织进行相应的技术检查或者技术鉴定。

23.【参考答案】 A (4P₁₀₉)
【考查要点】 本题考查的是地域管辖
【精解精析】 地域管辖又称一般管辖或属地管辖,它是以违法行为发生地作为确定管辖权的依据,以违法行为发生地的行政机关管辖为一般原则,即违法行为发生在何处,就由当地有行政处罚权的行政机关管辖,这样便于及时发现和查处违法行为。

24.【参考答案】 B (4P₁₁₂)
【考查要点】 本题考查的是行政处罚的一般程序
【精解精析】《行政处罚法》规定,行政机关在调查或者进行检查时,执法人员不得少于两人,并应当向当事人或者有关人员出示证件。当事人或者有关人员应当如实回答询问,并协助调查或者检查,不得阻挠。询问或者检查应当制作笔录。对违法行为调查终结,行政机关负责人应当审查调查结果,酌情分别作出决定。

25.【参考答案】 C (4P₁₂₆)
【考查要点】 本题考查的是用人单位的义务
【精解精析】《劳动法》规定,用人单位必须建立、健全劳动安全卫生制度,严格执行国家劳动安全卫生规程和标准,对劳动者进行劳动安全卫生教育,防止劳动过程中的事故,减少职业危害。

26.【参考答案】 A (4P₁₂₆)
【考查要点】 本题考查的是未成年工保护
【精解精析】《劳动法》规定,禁止用人单位安排未成年工从事矿山井下、有毒有害、国家规定的第四级体力劳动强度的劳动和其他禁忌从事的劳动。

27.【参考答案】 D (4P₁₂₇)
【考查要点】 本题考查的是劳动安全卫生监管和行政执法的机关
【精解精析】 根据《安全生产法》和国务院的规定,现由县级以上人民政府负责安全生产监督管理的部门负责履行《劳动法》赋予劳动行政部门负责的劳动卫生监督管理的职责,行使《劳动法》中有关劳动安全卫生监督管理和行政执法的职权。县级以上人民政府劳动行政部门依照法律和本级人民政府的规定,行使劳动安全卫生以外的其他劳动活动的监督管理和行政执法的职权。

28.【参考答案】 C (4P₁₃₁)
【考查要点】 本题考查的是用人单位对职业病危害因素的监测、评价
【精解精析】 依据《职业病防治法》的规定,用人单位应当按照国务院卫生行政部门的规定,定期对工作场所进行职业病危害因素检测、评价。

29.【参考答案】 B (4P₁₃₆)
【考查要点】 本题考查的是劳动合同的平等自愿原则
【精解精析】 劳动合同的平等自愿原则包含两个方面,一方面平等原则是指劳动者和用人单位在订立劳动合同时在法律地位上是平等的,没有高低、从属之分,不存在命令与服从、管理与被管理的关系;另一方面自愿原则是指订立劳动合同完全是出于劳动者和用人单位双方的真实意志,是双方协商一致达成的,任何一方不得把自己的意志强加于另一方。根据自愿原则,任何单位和个人都不得强迫劳动者订立劳动合同。

30.【参考答案】 D (4P₁₃₆~P₁₃₇)
【考查要点】 本题考查的是《劳动合同法》的基本原则

【精解精析】 诚实信用原则是我国民事法律原则中的帝王条款,具有重大的理论与实践指导意义。具体到《劳动合同法》,简单地说就是订立劳动合同要诚实,讲信用。

31.【参考答案】 C （4P139）

【考查要点】 本题考查的是试用期

【精解精析】《劳动合同法》规定,劳动合同期限3个月以上不满1年的,试用期不得超过1个月;劳动合同期限1年以上不满3年的,试用期不得超过2个月;3年以上固定期限和无固定期限的劳动合同,试用期不得超过6个月。《劳动合同法》还规定,劳动者在试用期的工资不得低于本单位相同岗位最低工资或者劳动合同约定工资的80%,并不得低于用人单位所在地的最低工资标准。

32.【参考答案】 A （5P144）

【考查要点】 本题考查的是安全生产许可制度的适用范围

【精解精析】 依据《安全生产许可证条例》的规定,国家对矿山企业、建筑施工企业和危险化学品、烟花爆竹、民用爆破器材生产企业实行安全生产许可制度。是指这五类危险性较大的企业,必须按照法定条件、程序,向有关管理机关申请领取安全生产许可证,方可进行生产。

33.【参考答案】 B （5P148）

【考查要点】 本题考查的是受理申请及审查

【精解精析】 接到申请人关于领取安全生产许可证的申请书、相关文件和资料后,安全生产许可证颁发管理机关应当决定是否受理和审查。审查工作分为两部分:(1)形式审查;(2)实质性审查。

34.【参考答案】 A （5P161）

【考查要点】 本题考查的是煤矿建设工程安全设施设计审查

【精解精析】《煤矿安全监察条例》规定,煤矿安全监察机构审查煤矿建设工程安全设施设计,应当自收到申请审查的设计资料之日起30日内审查完毕,签署同意或者不同意的意见,并书面答复。

35.【参考答案】 C （5P164）

【考查要点】 本题考查的是妨碍事故调查处理的责任

【精解精析】《煤矿安全监察条例》规定,煤矿发生事故,伪造、故意破坏煤矿事故现场的,由煤矿安全监察机构给予警告,可以并处3万元以上15万元以下的罚款;情节严重的,由煤矿安全监察机构责令停产整顿;对直接负责的主管人员和其他直接责任人员,依法给予降级直至开除的纪律处分;构成犯罪的,依法追究刑事责任。

36.【参考答案】 C （5P169）

【考查要点】 本题考查的是煤矿停产整顿的规定

【精解精析】《国务院关于预防煤矿生产安全事故的特别规定》规定,煤矿有重大安全生产隐患和违法行为的,应当立即停止生产,排除隐患。

37.【参考答案】 B （5P183）

【考查要点】 本题考查的是人身意外伤害保险

【精解精析】《建设工程安全生产管理条例》规定,施工单位应当为施工现场从事危险作业的人员办理意外伤害保险。意外伤害保险费由施工单位支付。实行施工总承包的,由总承包单位支付意外伤害保险费。

38.【参考答案】 A （5P184）

【考查要点】 本题考查的是建设施工许可

【精解精析】 依据《建设工程安全生产管理条例》的规定,建设行政主管部门在审核发放施工许可证时,应当对建设工程是否有安全施工措施进行审查,对没有安全施工措施的,不得颁发施工许可证。

39.【参考答案】 A （5P191）

【考查要点】 本题考查的是危险化学品仓库的安全管理

【精解精析】《危险化学品安全管理条例》规定,对剧毒化学品以及储存数量构成重大危险源的其他危险化学品,储存单位应当将其储存数量、储存地点以及管理人员的情况,报所在地县级人民政府安全生产监督管理部门(在港区内储存的,报港口行政管理部门)和公安机关备案。

40.【参考答案】 B （5P195）

【考查要点】 本题考查的是危险化学品运输的企业资质

【精解精析】 根据《危险化学品安全管理条例》的规定,国家对危险化学品的运输实行许可制度,未经许可,任何单位和个人不得运输危险化学物品。

41.【参考答案】 B （5P209）

【考查要点】 本题考查的是焰火晚会等大型焰火燃放活动危险等级的确定

【精解精析】 依据《烟花爆竹安全管理条例》的规定,举办焰火晚会以及其他大型焰火燃放活动,应当按照举办的时间、地点、环境、活动性质、规模以及燃放烟花爆竹的种类、规格和数量,确定危险等级,实行分级管理。

42.【参考答案】 C （5P210）

【考查要点】 本题考查的是非法从事烟花爆竹生产经营运输活动的处罚

【精解精析】《烟花爆竹安全管理条例》规定,对未经许可经由道路运输烟花爆竹的,由公安部门责令停止非法运输活动,处1万元以上5万元以下的罚款,并没收非法运输的物品及违法所得。

43.【参考答案】 D （5P212）

【考查要点】 本题考查的是民用爆炸物品安全监管的政府部门及职责

【精解精析】 依据《民用爆炸物品安全管理条例》的规定,国防科技工业主管部门负责民用爆炸物品生产、销售的安全监督管理。

44.【参考答案】 D （5P214）

【考查要点】 本题考查的是民用爆炸物品的购买许可

【精解精析】 依据《民用爆炸物品安全管理条例》的规定,民用爆炸物品使用单位购买民用爆炸物品的,应当向所在地县级人民政府公安机关提出购买申请,并提交有关材料:(1)工商营业执照或者事业单位法人证书;(2)爆破作业单位许可证)或者其他合法使用的证明;(3)购买单位的名称、地址、银行账户;(4)购买的品种、数量和用途说明。

45.【参考答案】 A （5P215）

【考查要点】 本题考查的是经由道路运输民用爆炸物品的特别规定

【精解精析】 民用爆炸物品运达目的地,收货单位应当进行验收后在《民用爆炸物品运输许可证》上签注,并在3日内将《民用爆炸物品运输许可证》交回发证机关核销。

46.【参考答案】 C （5P219）

【考查要点】 本题考查的是民用爆炸物品从业单位的主要负责人违法行为的法律责任

【精解精析】 依据《民用爆炸物品安全管理条例》的规定,民用爆炸物品从业单位的主要负责人未履行本条例规定的安全管理责任,导致发生重大伤亡事故或者造成其他严重后果的,尚不构成犯罪的,对个人经营的投资人处2万元以上20万元以下的罚款。

47.【参考答案】 C （5P₂₂₁）
【考查要点】 本题考查的是《特种设备安全监察条例》的适用范围
【精解精析】 《特种设备安全监察条例》规定，特种设备是指涉及生命安全、危险性较大的锅炉、压力容器(含气瓶)、压力管道、电梯、起重机械、客运索道、大型游乐设施和场(厂)内专用机动车辆。

48.【参考答案】 B （5P₂₂₇）
【考查要点】 本题考查的是特种设备检验检测的要求
【精解精析】 依据《特种设备安全监察条例》的规定，特种设备检验检测机构和检验检测人员应当客观、公正、及时地出具检验检测结果、鉴定结论。检验检测结果、鉴定结论经检验检测人员签字后，由检验检测机构负责人签署。

49.【参考答案】 B （5P₂₃₁）
【考查要点】 本题考查的是擅自从事特种设备维修保养活动的法律责任
【精解精析】 依据《特种设备安全监察条例》的规定，未经许可，擅自从事锅炉、压力容器、电梯、起重机械、客运索道、大型游乐设施、场(厂)内专用机动车辆的维修或者日常维护保养的，由特种设备安全监督管理部门予以取缔，处1万元以上5万元以下的罚款；有违法所得的，没收违法所得。

50.【参考答案】 D （5P₂₃₉）
【考查要点】 本题考查的是生产装置的维护、检修
【精解精析】 依据《使用有毒物品作业场所劳动保护条例》的规定，用人单位维护、检修存在高毒物品的生产装置，必须事先制定维护、检修方案（A项正确），明确职业中毒危害防护措施，确保维护、检修人员的生命安全和身体健康。维护、检修存在高毒物品的生产装置，必须严格按照维护、检修方案和操作规程进行（C项正确、D项错误）。维护、检修现场应当有专人监护（B项正确），并设置警示标志。

51.【参考答案】 A （5P₂₄₂）
【考查要点】 本题考查的是卫生行政部门的工作人员的法律责任
【精解精析】 《使用有毒物品作业场所劳动保护条例》规定，卫生行政部门的工作人员造成职业中毒危害但尚未导致职业中毒事故发生，不够刑事处罚的，根据不同情节，依法给予降级、撤职或者开除的行政处分。

52.【参考答案】 D （5P₂₅₃）
【考查要点】 本题考查的是事故报告和调查处理工作的原则
【精解精析】 《生产安全事故报告和调查处理条例》针对当前事故报告和调查处理工作中存在的突出问题，确定了事故报告和调查处理由政府领导、分级负责和"四不放过"的原则，确立了事故报告和调查处理工作的制度、机制和程序，加大了事故责任追究和处罚的力度，实现了相关立法和执法部门职责的和谐统一。

53.【参考答案】 D （5P₂₅₇）
【考查要点】 本题考查的是政府部门报告事故的程序
【精解精析】 较大事故应当逐级上报至省、自治区、直辖市人民政府安全生产监督管理部门和负有安全生产监督管理职责的有关部门。

54.【参考答案】 C （5P₂₇₂）
【考查要点】 本题考查的是事故发生单位主要负责人未履行职责的法律责任

【精解精析】 依据《生产安全事故报告和调查处理条例》规定，事故发生单位主要负责人未依法履行安全生产管理职责，发生重大事故的，处上一年年收入60%的罚款。

55.【参考答案】 A （6P₂₈₅～P₂₈₆）
【考查要点】 本题考查的是注册安全工程师申请注册的条件
【精解精析】 A项，注册安全工程师执业资格申请注册的条件要求之一是"申请注册人员所在单位"考核合格，而非"注册管理机构"考核合格。

56.【参考答案】 D （6P₂₈₇）
【考查要点】 本题考查的是注册安全工程师的义务
【精解精析】 依据《注册安全工程师执业资格制度暂行规定》的规定，注册安全工程应当履行下列义务：(1)遵守国家有关安全生产的法律、法规和标准；(2)遵守职业道德，客观、公正执业，不弄虚作假，并承担在相应报告上签署意见的法律责任；(3)维护国家、公众的利益和受聘单位的合法权益；(4)严格保守在执业中知悉的单位、个人技术和商业秘密；(5)注册安全工程师应当定期接受业务培训，不断更新知识，提高业务技术水平。

57.【参考答案】 B （6P₂₈₆）
【考查要点】 本题考查的是注册安全工程师注册的有效期
【精解精析】 《注册安全工程师执业资格制度暂行规定》规定，注册安全工程师执业资格注册有效期一般为2年，有效期满前3个月，持证者应到原注册管理机构办理再次注册手续。

58.【参考答案】 D （6P₂₈₇）
【考查要点】 本题考查的是注册安全工程师的权利
【精解精析】 依据《注册安全工程师执业资格制度暂行规定》的规定，注册安全工程师发现有危及人身安全的紧急情况时，应及时向生产经营单位建议停止作业并组织作业人员撤离危险场所。

59.【参考答案】 C （6P₃₀₃）
【考查要点】 本题考查的是特种作业人员的条件
【精解精析】 依据《特种作业人员安全技术培训考核管理规定》，特种作业人员应当符合下列条件：(1)年满18周岁，且不超过国家法定退休年龄；(2)经社区或者县级以上医疗机构体检健康合格，并无妨碍从事相应特种作业的器质性心脏病、癫痫病、美尼尔氏症、眩晕症、癔病、震颤麻痹症、精神病、痴呆症以及其他疾病和生理缺陷；(3)具有初中及以上文化程度；(4)具备必要的安全技术知识与技能；(5)相应特种作业规定的其他条件。

60.【参考答案】 A （6P₃₁₂）
【考查要点】 本题考查的是劳动防护用品配备规定
【精解精析】 《劳动防护用品监督管理规定》规定，生产经营单位不得以货币或其他物品替代应当按规定配备的劳动防护用品。

61.【参考答案】 D （6P₃₁₇）
【考查要点】 本题考查的是《建设工程消防监督管理规定》的适用范围
【精解精析】 《建设工程消防监督管理规定》适用于新建、扩建、改建(含室内装修、用途变更)等建设工程的消防监督管理，不适用住宅室内装修、村民自建住宅、救灾和其他临时性建筑的建设活动。这里注意改建的建设工程包括室内装修、用途变更，主要指商业用房、公共用房等，新建、扩建、改建的住宅建设工程的公共消防应当适用《建设工程消防监督管理规定》。

62. 【参考答案】 C （6P₃₁₉）

【考查要点】 本题考查的是消防设计审核和消防验收

【精解精析】 依据《建设工程消防监督管理规定》的规定,人员密集场所和特殊工程由公安消防机构进行消防设计审核和消防验收。

63. 【参考答案】 B （6P₃₂₀）

【考查要点】 本题考查的是建设单位申请消防设计审核提供的材料

【精解精析】 依据《建设工程消防监督管理规定》的规定,建设单位申请消防设计审核应当提供的材料包括:(1)建设工程消防设计审核申报表;(2)建设单位的工商营业执照等合法身份证明文件;(3)设计单位资质证明文件;(4)消防设计文件;(5)法律、行政法规规定的其他材料。

64. 【参考答案】 C （6P₃₂₄）

【考查要点】 本题考查的是安全生产事故隐患的分级

【精解精析】《安全生产事故隐患排查治理暂行规定》规定,事故隐患分为一般事故隐患和重大事故隐患。一般事故隐患,是指危害和整改难度较小,发现后能够立即整改排除的隐患。重大事故隐患,是指危害和整改难度较大,应当全部或者局部停产停业,并经过一定时间整改治理方能排除的隐患,或者因外部因素影响致使生产经营单位自身难以排除的隐患。

65. 【参考答案】 D （6P₃₃₅）

【考查要点】 本题考查的是生产经营单位迟报、漏报、谎报或者瞒报较大涉险事故的处罚

【精解精析】 依据《生产安全事故信息报告和处置办法》的规定,生产经营单位对较大涉险事故迟报、漏报、谎报或者瞒报的,给予警告,并处3万元以下的罚款。

66. 【参考答案】 D （6P₃₃₇）

【考查要点】 本题考查的是安全评价机构第一类业务范围

【精解精析】 依据《安全评价机构管理规定》有关的规定,安全评价机构第一类业务范围包括:(1)煤炭开采和洗选业;(2)金属、非金属矿及其他矿采选业;(3)石油和天然气开采业;石油加工业;(4)化学原料、化学品及医药制造业;(5)燃气生产及供应业;(6)炼焦业;(7)烟花爆竹、民用爆破器材制造业。

67. 【参考答案】 C （6P₃₃₈）

【考查要点】 本题考查的是安全评价机构资质申请时间

【精解精析】 根据《安全评价机构管理规定》,申请甲级、乙级资质的机构,应当按照安全评价机构资质审批权限的划分,于每年6月向国家安全生产监督管理总局、省级安全生产监督管理部门、省级煤矿安全监察机构提出申请。

68. 【参考答案】 B （6P₃₄₂）

【考查要点】 本题考查的是安全评价机构违反证书管理的处罚

【精解精析】《安全评价机构管理规定》规定,安全评价机构的资质证书有效期届满未办理延期或未批准延期擅自从事安全评价活动的,给予警告,并处2万元以上3万元以下的罚款。

69. 【参考答案】 A （6P₃₅₁）

【考查要点】 本题考查的是建设项目违反安全条件论证和安全预评价的处罚

【精解精析】 依据《建设项目安全设施"三同时"监督管理办法》,生产经营单位违反本办法的规定,对非煤矿矿山建设项目;生产、储存危险化学品的建设项目;生产、储存烟花爆竹的建设项目等高危建设项目和国家、省级重点建设项目未进行安全生产条件论证和安全预评价的,给予警告,可以并处1万元以上3万元以下的罚款。

70. 【参考答案】 D （7P₃₅₉）

【考查要点】 本题考查的是煤矿安全生产标准体系

【精解精析】 煤矿职业危害安全标准系统包括作业环境安全标准、个体防护标准、职业病鉴定标准等3个领域。

二、多项选择题

71. 【参考答案】 ACE （2P₄₅）

【考查要点】 本题考查的是高危行业的生产经营单位必须配置安全生产管理机构或专职安全管理人员

【精解精析】《安全生产法》规定,矿山、建筑施工单位和危险物品生产、经营、储存单位,应当设置安全生产管理机构或配备专职安全生产管理人员。

72. 【参考答案】 ABC （2P₅₀）

【考查要点】 本题考查的是交叉作业的安全管理

【精解精析】《安全生产法》规定,两个以上生产经营单位在同一作业区域内进行生产经营活动,可能危及对方生产安全的,应当签订安全生产管理协议,明确各自的安全生产管理职责和应当采取的安全措施,并指定专职安全生产管理人员进行安全检查与协调。

73. 【参考答案】 ABCD （2P₅₉）

【考查要点】 本题考查的是安全生产中介机构资质的认可

【精解精析】 承担安全评价、认证、检测、检验的机构应当具备国家规定的资质条件。只有符合国家规定或者国家授权部门规定的资质条件,按照法定程序申请登记并获得批准的,方可从事安全生产中介服务活动。E项,对中介组织机构作出的安全评价、认证、检测、检验的结果,只有在出具虚假证明的情况下,才与生产经营单位承担连带赔偿责任。

74. 【参考答案】 ADE （5P₂₆₄～P₂₆₅）

【考查要点】 本题考查的是事故调查组应当坚持的基本要求

【精解精析】 事故调查组应当坚持实事求是、依法依规、注重实效的三项基本要求和"四不放过"的原则,做到诚信公正、恪尽职守、廉洁自律,遵守事故调查组的纪律,保守事故调查的秘密,不得包庇、祖护负有事故责任的人员或者借机打击报复。

75. 【参考答案】 BCDE （3P₇₄）

【考查要点】 本题考查的是矿山建设工程安全设施的设计和竣工验收

【精解精析】 法律对必须符合矿山安全规程和行业技术规范的矿山设计项目作出了规定:(1)矿井的通风系统和供风量、风质、风速;(2)露天矿的边坡角和台阶的宽度、高度;(3)供电系统;(4)提升、运输系统;(5)防水、排水系统和防火、灭火系统;(6)防瓦斯系统和防尘系统;(7)有关矿山安全的其他项目。

76. 【参考答案】 ACE （4P₁₀₇）

【考查要点】 本题考查的是地方性法规设定的行政处罚

【精解精析】 依据《行政处罚法》的规定,地方性法规可以设定除限制人身自由、吊销企业营业执照以外的行政处罚。

77. 【参考答案】 CDE （4P₁₁₄）

【考查要点】 本题考查的是行政处罚的强制执行

【精解精析】 如果当事人没有正当理由逾期不履行,则导致强制执行。根据《行政处罚法》的规定实行强制执行有三种措施:(1)到期不缴纳罚款的,每日按罚款数额的3%加处罚款;(2)查封、扣押的财物拍卖或将冻结的存款划拨抵缴罚款;(3)申请人民法院强制执行。

78.【参考答案】 ABC (4P₁₃₈)

【考查要点】 本题考查的是劳动者的权利

【精解精析】 《劳动合同法》规定,劳动者拒绝用人单位管理人员违章指挥、强令冒险作业的,不视为违反劳动合同。劳动者对危害生命安全和身体健康的劳动条件,有权对用人单位提出批评、检举和控告。

79.【参考答案】 ABCD (5P₁₆₄)

【考查要点】 本题考查的是妨碍事故调查处理的责任

【精解精析】 《煤矿安全监察条例》规定,煤矿发生事故,有下列情形之一的,由煤矿安全监察机构给予警告,可以并处3万元以上15万元以下的罚款:(1)不按规定及时、如实报告煤矿事故的;(2)伪造、故意破坏煤矿事故现场的;(3)阻碍、干涉煤矿事故调查工作,拒绝接受调查取证、提供有关情况和资料的。情节严重的,由煤矿安全监察机构责令停产整顿;对直接负责的主管人员和其他直接责任人员,依法给予降级直至开除的纪律处分;构成犯罪的,依法追究刑事责任。

80.【参考答案】 ACE (5P₁₇₅)

【考查要点】 本题考查的是建设单位应当如实向施工单位提供有关施工资料的责任

【精解精析】 《建设工程安全生产管理条例》规定,建设单位应当向施工单位提供施工现场及毗邻区域内供水、排水、供电、供气、供热、通信、广播电视等地下管线资料,相邻建筑物和构筑物、地下工程的有关资料,并保证资料的真实、准确、完整。

81.【参考答案】 BCDE (5P₂₁₈)

【考查要点】 本题考查的是民用爆炸物品安全管理违法行为应负的法律责任

【精解精析】 违反《民用爆炸物品安全管理条例》的规定,有下列情形之一的,由公安机关责令限期改正,处5万元以上20万元以下的罚款;逾期不改正的,责令停产停业整顿:(1)未按规定对民用爆炸物品做出警示标志、登记标识或未对雷管编码打号的;(2)超出购买许可的品种、数量购买民用爆炸物品的;(3)使用现金或者实物进行民用爆炸物品交易的;(4)未按照规定保存购买单位的许可证、银行账户转账凭证、经办人的身份证复印件的;(5)销售、购买、进出口民用爆炸物品,未按照规定向公安机关备案的;(6)未按照规定建立民用爆炸物品登记制度,如实将本单位生产、销售、购买、运输、储存、使用民用爆炸物品的品种、数量和流向信息输入计算机系统的;(7)未按照规定将《民用爆炸物品运输许可证》交回发证机关核销的。

82.【参考答案】 ABDE (5P₂₅₇)

【考查要点】 本题考查的是生产安全事故报告的规定

【精解精析】 《生产安全事故报告和调查处理条例》规定,事故发生后,事故现场有关人员应当立即向本单位负责人报告;单位负责人接到报告后,应当于1小时内向事故发生地县级以上人民政府安全生产监督管理部门和负有安全生产监督管理职责的有关部门报告。县级以上人民政府安全生产综合监督管理部门,负有安全生产监督管理的有关部门接到事故发生单位的报告后,其报告对象有两个,一是上一级人民政府安全生产监督管理部门、负有安全生产监督管理的有关部门,二是本级人民政府。因抢救人员、防止事故扩大等原因,需要移动事故现场物体的,应当作出标记。

83.【参考答案】 AB (5P₂₇₆)

【考查要点】 本题考查的是视同工伤的规定

【精解精析】 依据《工伤保险条例》的规定,可以视同工伤的情形包括:(1)在工作时间和工作岗位,突发疾病死亡或者在48小时之内经抢救无效死亡的(如A项);(2)在抢险救灾等维护国家利益、公共利益活动中受到伤害的(如B项);(3)职工原在军队服役,因战、因公负伤致残,已取得革命伤残军人证,到用人单位后旧伤复发的。不得认定为工伤或者视同工伤的情形包括:(1)故意犯罪的(如C项);(2)醉酒或者吸毒的(如D项);(3)自残或者自杀的(如E项)。

84.【参考答案】 ABD (6P₃₃₂)

【考查要点】 本题考查的是较大涉险事故的范围

【精解精析】 《生产安全事故信息报告和处置办法》规定,较大涉险事故是指:(1)涉险10人以上的事故;(2)造成3人以上被困或下落不明的事故;(3)紧急疏散人员500人以上的事故;(4)因生产安全事故对环境造成严重污染(人员密集场所、生活水源、农、田、河流、水库、湖泊等)的事故;(5)危及重要场所和设施安全(电站、重要水利设施、危化品库、油气站和车站、码头、港口、机场及其他人员密集场所等)的事故;(6)其他较大涉险事故。

85.【参考答案】 ABDE (7P₃₆₄~P₃₆₅)

【考查要点】 本题考查的是安全生产标准审查阶段的相关要求

【精解精析】 C项,会议审查时,应当进行充分讨论,尽量取得一致意见。需要表决时,必须有不少于出席会议代表人数的3/4同意方为通过。

全国注册安全工程师执业资格考试

《安全生产法及相关法律知识》

考前冲刺密押试卷(一)

(考试时间150分钟)

题 号	一	二	总分	
题 分	70	30	核分人	
得 分			复查人	

一、单项选择题(共70题,每题1分。每题的备选项中,只有一个最符合题意)

1. 有权制定法律法规的国家机关依照法定程序制定的、以规范性文件的形式表现出来的法叫做 ( )
   A. 成文法
   B. 非成文法
   C. 技术规范
   D. 法律规范

2. 社会主义法治的基本要求是以法律为人们的行动准则,其中心环节是 ( )
   A. 有法可依
   B. 有法必依
   C. 执法必严
   D. 违法必究

3. 从法律地位和效力来看,经济特区安全生产法规和民族自治地方安全生产法规与_____相同。 ( )
   A. 安全生产许可证条例
   B. 地方性安全生产法规
   C. 地方政府安全生产规章
   D. 《劳动保护条例》

4. 为了保证生产经营单位依法从事生产经营活动,防止和减少生产安全事故,《安全生产法》确立了_____,对生产经营活动安全实施全面的法律调整,其内容最为丰富。 ( )
   A. 生产经营单位安全保障制度
   B. 生产经营单位主要负责人的制度
   C. 生产经营单位安全生产责任制度
   D. 生产安全事故责任追究制度

5. 《安全生产法》规定,生产经营单位应当具备的_____,由生产经营单位的决策机构、主要负责人或者个人经营的投资人予以保证,并对安全生产所必需的资金投入不足导致的后果承担责任。 ( )
   A. 资金投入
   B. 成本投入
   C. 安全投入
   D. 安全生产条件

6. 关于安全生产条件所必需的资金投入的决策主体,下列表述错误的是 ( )
   A. 某国有企业的厂长
   B. 某公司制生产经营单位的董事会
   C. 某公司制生产经营单位有决策权的经理层
   D. 某个人投资并由他人管理的生产经营单位的经理

7. 为确保安全生产,《安全生产法》规定,矿山建设项目和用于生产、储存危险物品的建设项目,应当分别按照国家有关规定进行 ( )
   A. 安全条件论证和安全预评价
   B. 安全条件调研和安全评价
   C. 安全条件论证和安全评价
   D. 安全条件调研和安全预评价

8. 依据《安全生产法》的规定,生产经营单位对承包单位、承租单位的安全生产工作实行_____管理。 ( )
   A. 全面负责
   B. 统一协调
   C. 间接负责
   D. 委托负责

9. 依据《安全生产法》,生产经营单位因违法操作造成重大生产安全事故,从业人员依法获得工伤保险后,_____要求生产经营单位给予赔偿的权利。 ( )
   A. 仍然享有
   B. 不得享有
   C. 应当放弃
   D. 自动丧失

10. 《安全生产法》确立了_____的安全生产监督管理体制。 ( )
    A. 国家监察与地方监管相结合
    B. 综合监管与专项监管相结合
    C. 国家监督与行业管理相结合
    D. 行业管理与社会监督相结合

11. 依据《安全生产法》的规定,对事故隐患或者安全生产违法行为,任何单位或者个人（　　）
   A. 必须向各级人民政府报告或者举报
   B. 必须向生产经营单位安全管理部门报告或者举报
   C. 有权向负有安全生产监督管理职责的部门报告或者举报
   D. 应当向负有安全生产监督管理职责的部门报告或者举报

12. 根据《矿山安全法》的规定,预防矿山事故的安全技术措施所需的资金,由矿山企业按矿山维简费的_____的比例据实列支。（　　）
   A. 10%
   B. 15%
   C. 20%
   D. 25%

13. 《消防法》的规定,_____应当按照国家规定建立公安消防队、专职消防队,并按照国家标准配备消防装备,承担火灾扑救工作。（　　）
   A. 国务院
   B. 省级人民政府
   C. 市级人民政府
   D. 县级以上地方人民政府

14. 《消防法》明确了地方政府建立火灾应急预案和应急反应机制的要求,县级以上地方人民政府应当组织有关部门针对本行政区域内的火灾特点制定应急预案,建立应急反应和_____机制,为火灾扑救和应急救援工作提供人员、装备等保障。（　　）
   A. 运行
   B. 管理
   C. 处置
   D. 备案

15. 依照《道路交通安全法》的规定,_____是道路交通安全违法行为行政处罚的决定机关。（　　）
   A. 法院
   B. 公安机关
   C. 公安机关消防机构
   D. 公安机关交通管理部门

16. 依据《突发事件应对法》,关于易燃易爆物品的生产单位预防突发事件的义务,下列说法错误的是（　　）
   A. 对生产经营场所开展隐患排查
   B. 遵守不连续生产的行业规则
   C. 制定具体应急预案
   D. 及时采取措施消除隐患

17. 《突发事件应对法》规定,国家应建立健全突发事件预警制度,预警级别的划分标准由_____制定。（　　）
   A. 地方政府
   B. 安全生产监督管理总局
   C. 国家应急中心
   D. 国务院或者国务院规定的部门

18. 容易引发突发事件和容易受突发事件影响的生产经营单位和管理单位承担法律责任的情形不包括（　　）
   A. 未按照规定采取预防措施,导致发生严重突发事件的
   B. 突发事件发生后,及时组织开展应急救援工作,但仍造成严重后果的
   C. 未及时消除已发现的可能引发突发事件的隐患,导致发生严重突发事件的
   D. 未做好应急设备、设施日常维护、检测工作,导致发生严重突发事件或者突发事件危害扩大的

19. 在生产、作业中违反有关安全管理的规定,因而发生重大伤亡事故或者造成其他严重后果的,情节特别恶劣的,处_____有期徒刑。（　　）
   A. 3年以上6年以下
   B. 4年以上7年以下
   C. 3年以上7年以下
   D. 4年以上6年以下

20. 某矿山现场指挥作业的负责人秦某在未采取足够安全保障措施的情况下,不顾工人的反对意见,强令工人从事爆破作业,造成1人死亡、3人重伤的事故。依据《刑法》的有关规定,下列关于秦某应负刑事责任的说法中,正确的是（　　）
   A. 处3年以下有期徒刑或者拘役
   B. 处3年以上7年以下有期徒刑
   C. 处5年以下有期徒刑或者拘役
   D. 处5年以上有期徒刑

21. 《行政处罚法》规定,_____授权的具有管理公共事务职能的组织可以在法定授权范围内实施行政处罚。（　　）
   A. 部门规章
   B. 法律、法规
   C. 地方政府规章
   D. 行政规章和行政处罚条例

22. 《行政处罚法》规定,不满_____周岁的人有违法行为的,不予行政处罚,责令监护人加以管教。（　　）
   A. 18
   B. 16
   C. 15
   D. 14

23. 根据《安全生产违法行为行政处罚办法》的规定，生产经营单位及其有关人员的下列行为中，不属于应当从轻或者减轻处罚的行为是 （　　）
   A. 主动消除或者减轻安全生产违法行为危害后果的
   B. 3年内因同一违法行为受到2次以上行政处罚的
   C. 配合行政机关查处违法行为有立功表现的
   D. 受他人胁迫有违法行为的

24. 依据《行政处罚法》，对于违法事实确凿并有法定依据，对公民处以50元以下、对法人或者其他组织处以1 000元以下的罚款的案件，行政机关可以使用_____作出决定。 （　　）
   A. 一般程序
   B. 特定程序
   C. 简易程序
   D. 听证程序

25. 直接关系公共安全、人身健康、生命财产安全的重要设备、设施的设计、建造、安装和使用以及直接关系人身健康、生命财产安全的特定产品、物品的检验、检疫事项，应当适用 （　　）
   A. 登记
   B. 核准
   C. 特许
   D. 一般许可

26. 依据《劳动法》的规定，劳动者享有的权利不包括 （　　）
   A. 选择职业的权利
   B. 休息休假的权利
   C. 接受职业技能培训的权利
   D. 执行劳动安全卫生规程的权利以及法律规定的其他劳动权利

27. 依据《劳动法》的规定，用人单位在劳动安全卫生方面应承担的法律义务不包括 （　　）
   A. 设立卫生医疗机构
   B. 对劳动者进行安全卫生教育
   C. 必须建立、健全劳动安全卫生制度
   D. 严格执行国家劳动安全卫生规程和标准

28. 依据《职业病防治法》，用人单位应当建立、健全职业病防治_____，加强对职业病防治的管理，提高职业病防治水平，对本单位产生的职业病危害承担责任。 （　　）
   A. 组织
   B. 责任制
   C. 机构
   D. 规章制度

29. 依据《职业病防治法》的规定，用人单位对不适宜继续从事原工作的职业病病人，（　　）
   A. 可以辞退
   B. 应当给予生活补贴
   C. 勒令辞职
   D. 应当调离原岗位并妥善安置

30. 依据《职业病防治法》的规定，对遭受急性职业病危害的劳动者，用人单位应当及时组织救治、进行健康检查和医学观察，所需费用由_____承担。 （　　）
   A. 劳动者
   B. 用人单位
   C. 当地政府
   D. 社会保险部门

31. 《劳动合同法》规定，劳动合同期限3个月以上不满1年的，试用期不得超过_____个月。 （　　）
   A. 1
   B. 2
   C. 3
   D. 6

32. 下列关于服务期和竞业限制的规定，正确的是 （　　）
   A. 用人单位为劳动者提供专项培训费用，对其进行专业技术培训的，可以与该劳动者订立协议，约定服务期。劳动者违反服务期约定的，应当按照约定向用人单位支付违约金。违约金的数额由合同确定
   B. 竞业限制的人员限于用人单位的高级管理人员、高级技术人员
   C. 在解除或者终止劳动合同后，负有保密义务的人员到与本单位生产或者经营同类产品、从事同类业务的有竞争关系的其他用人单位，或者自己开业生产或者经营同类产品、从事同类业务的竞业限制期限，不得超过2年
   D. 竞业限制的范围、地域、期限由用人单位与劳动者约定，由合同确定

33. 劳动行政部门开展监督检查的方式不包括 （　　）
   A. 经常性地进行监督检查
   B. 接受劳动者的举报进行监督
   C. 集中力量，进行突击性的监督检查
   D. 有针对性地对某些用人单位进行监督检查

34. 安全生产许可证条例规定的行政处罚，由_____决定。 （　　）
   A. 公安部门
   B. 地方人民政府的安全生产监督管理部门
   C. 国家安全生产监督管理部门
   D. 安全生产许可证颁发管理机关

35. 依据《煤矿安全监察条例》的规定,煤矿建设工程安全设施设计未经煤矿安全监察机构审查同意,擅自施工的,由煤矿安全监察机构责令停止施工;拒不执行的,可以 （ ）
   A. 由工商行政部门吊销营业执照
   B. 由安全生产监督管理部门吊销安全生产许可证
   C. 由安全生产监督管理部门吊销矿长安全资格证
   D. 由煤矿安全监察机构移送地质矿产主管部门依法吊销采矿许可证

36. 《建设工程安全生产管理条例》规定了建筑施工工期的内容,建设单位按照要求,应该做到 （ ）
   A. 可以压缩合同工期
   B. 可以适当地压缩合同工期
   C. 不得压缩合同工期
   D. 压缩工期最多不超过10天

37. 依据《建设工程安全生产管理条例》,_____在申请领取施工许可证时,应当提供建设工程有关安全施工的资料。 （ ）
   A. 建设单位
   B. 监理单位
   B. 施工单位
   D. 设计勘察单位

38. 建设工程安全生产管理中,勘察单位的_____是设计和施工的基础材料和重要依据。 （ ）
   A. 设计文件
   B. 环境资料
   C. 勘查文件
   D. 技术资料

39. 依据《危险化学品安全管理条例》的规定,_____应当建立危险化学品安全监督管理工作协调机制。 （ ）
   A. 市级以上人民政府
   B. 市级以上安全主管部门
   C. 县级以上人民政府
   D. 县级以上建设主管部门

40. 根据《危险化学品安全管理条例》,国务院质检部门应当将颁发危险化学品生产许可证的情况通报国务院 （ ）
   A. 同级工业和信息化主管部门、环境保护主管部门、公安机关
   B. 经济贸易综合管理部门、质检部门、公安部门
   C. 环境保护部门、质检部门、安全监察部门
   D. 质检部门、公安部门、安全监察部门

41. 依据《危险化学品安全管理条例》的规定,设区的市级人民政府安全生产监督管理部门或者县级人民政府安全生产监督管理部门应当依法进行审查,并对申请人的经营场所、储存设施进行现场核查,自收到证明材料之日起_____日内作出批准或者不予批准的决定。 （ ）
   A. 15
   B. 20
   C. 30
   D. 45

42. 依据《烟花爆竹安全管理条例》的规定,烟花爆竹生产企业在投入生产前办理《烟花爆竹安全生产许可证》的,由所在地_____对企业提交的申请材料提出安全审查的初步意见。 （ ）
   A. 县级人民政府公安部门
   B. 县级人民政府安监部门
   C. 设区的市级人民政府公安部门
   D. 设区的市级人民政府安全生产监督管理部门

43. 依据《烟花爆竹安全管理条例》的规定,对没收的非法烟花爆竹以及生产、经营企业弃置的废旧烟花爆竹,应当就地封存,并由_____组织销毁、处置。 （ ）
   A. 公安部门
   B. 地方人民政府
   C. 工商行政管理部门
   D. 安全生产监督管理部门

44. 申请从事民用爆炸物品生产的企业,应当向所在省、自治区、直辖市人民政府_____部门提交申请书、可行性研究报告以及能够证明其符合《民用爆炸物品安全管理条例》规定条件的有关材料。 （ ）
   A. 安全生产监督管理
   B. 国防科技工业主管
   C. 质量技术监督
   D. 公安

45. 依据《民用爆炸物品安全管理条例》,下列关于经由道路运输民用爆炸物品的行为的说法中,错误的是 （ ）
   A. 携带《民用爆炸物品运输许可证》
   B. 运送民用爆炸物品的车厢内不得载人
   C. 按照规定的路线行驶,途中经停应当由专人看守,并远离建筑设施和人口稠密的地方,不得在许可以外的地点经停
   D. 民用爆炸物品运达目的地,收货单位应当进行验收后在《民用爆炸物品运输许可证》上签注,并在10日内将《民用爆炸物品运输许可证》交回发证机关核销

46. 使用爆破器材必须建立严格的_____制度,严禁非爆破人员进行爆破作业。（　）

A. 安全操作

B. 安全生产

C. 安全使用

D. 领取、清退

47. 违反《民用爆炸物品安全管理条例》的规定,携带民用爆炸物品搭乘公共交通工具或者进入公共场所,邮寄或者在托运的货物、行李、包裹、邮件中夹带民用爆炸物品,尚不构成犯罪的,由公安机关依法给予治安管理处罚,没收非法的民用爆炸物品,处_____的罚款。（　）

A. 1 000元以上1万元以下

B. 1万元以上10万元以下

C. 2万元以上10万元以下

D. 2万元以上20万元以下

48. 《特种设备安全监察条例》规定,压力容器的设计单位应当经_____部门许可,方可从事压力容器的设计活动。（　）

A. 国家计量监督管理

B. 国务院特种设备安全监督管理

C. 国家安全生产监督管理

D. 县级以上特种设备安全监督管理

49. 根据《特种设备安全监察条例》的规定,关于特种设备维护保养和定期检验的表述,错误的是（　）

A. 特种设备使用单位对在用特种设备应当至少每周进行一次自行检查,并作出记录

B. 特种设备使用单位应当对在用特种设备进行经常性日常维护保养,并定期自行检查

C. 特种设备使用单位应当对在用特种设备的安全附件、安全保护装置、测量调控装置及有关附属仪器仪表进行定期校验、检修,并作出记录

D. 特种设备使用单位应当按照安全技术规范的定期检验要求,在安全检验合格有效期届满前1个月向特种设备检验检测机构提出定期检验要求

50. 依据《特种设备安全监察条例》的规定,特种设备作业人员在作业过程中发现事故隐患或者其他不安全因素,应当立即向_____报告。（　）

A. 所在地的人民政府

B. 国务院特种设备安全监督管理部门

C. 特种设备检验检测机构

D. 现场安全管理人员和单位有关负责人

51. 依据《使用有毒物品作业场所劳动保护条例》的规定,用人单位应当为从事使用有毒物品作业的劳动者提供符合_____的防护用品,并确保劳动者正确使用。（　）

A. 行业卫生标准

B. 地方职业卫生标准

C. 国家职业卫生标准

D. 世界职业卫生标准

52. 依据《使用有毒物品作业场所劳动保护条例》的规定,下列关于用人单位的建设项目违反"三同时"管理的法律责任的说法正确的是（　）

A. 提请有关人民政府按照国务院规定的权限责令停建、予以关闭

B. 由卫生行政部门给予警告,责令限期改正,处5万元以上20万元以下的罚款

C. 由卫生行政部门给予警告,责令限期改正,处10万元以上50万元以下的罚款

D. 对负有责任的主管人员和其他直接责任人员依照刑法关于重大责任事故罪或者其他罪的规定,依法追究刑事责任

53. 依据《国务院关于特大安全事故行政责任追究的规定》,市、县人民政府组织有关部门进行安全检查时,发现存在特大安全事故隐患的,应（　）

A. 严格检查

B. 责令立即排除

C. 责令停止使用

D. 广泛征求处理意见

54. 根据《生产安全事故报告和调查处理条例》的规定,将_____列为事故分级的第一要素。（　）

A. 社会影响

B. 直接经济损失的数额

C. 事故处理的结果

D. 人员伤亡的数量

55. 《生产安全事故报告和调查处理条例》明确规定,不论是哪一级地方人民政府的哪一个有关部门接到事故报告后,都要按照程序向_____报告。（　）

A. 本级人民政府

B. 上级人民政府

C. 上级安全生产监督管理部门

D. 国务院

56. _____的用人单位的职工和个体工商户的雇工,均有依照《工伤保险条例》的规定,享受工伤保险待遇的权利。（　）

A. 中华人民共和国境内

B. 中华人民共和国境外

C. 包括国外和国内

D. 外国人开办的公司以外的中华人民共和国境内企业

57. 依据《注册安全工程师执业资格制度暂行规定》,注册安全工程师在注册后,有_____情形的,由所在单位向注册管理机构办理注销注册。( )
   A. 脱离安全工作岗位连续满6个月
   B. 严重违反职业道德的
   C. 只在一个独立法人单位执业
   D. 继续教育不够课时的

58. 《注册安全工程师管理规定》规定,安全生产监督管理部门、煤矿安全监察机构或者有关主管部门发现申请人、聘用单位隐瞒有关情况或者提供虚假材料申请注册的,应当不予受理或者不予注册;申请人_____年内不得再次申请注册。( )
   A. 4
   B. 3
   C. 2
   D. 1

59. 依据《特种作业人员安全技术培训考核管理规定》,下列说法中正确的是( )
   A. 特种作业操作证有效期为3年
   B. 特种作业操作证在各省内有效
   C. 特种作业操作证由工信部统一式样、标准及编号
   D. 特种作业操作证由安全监管总局统一式样、标准及编号

60. 关于劳动防护用品经营单位应具有的经营条件和要求,下列表述不正确的是( )
   A. 不得经营假冒伪劣劳动防护用品
   B. 不得经营无安全标志的劳动防护用品
   C. 依法领取工商行政管理部门核发的营业执照
   D. 有满足经营需要的固定场所和了解相关防护用品知识的人员

61. 依据《劳动防护用品监督管理规定》,生产经营单位购买的特种劳动防护用品须经_____检查验收。( )
   A. 本单位的安全生产技术部门或者管理人员
   B. 县级以上劳动保障行政主管部门授权机构
   C. 县级以上安全生产监管部门授权机构
   D. 国家安全生产监管部门授权机构

62. 作业场所职业危害每_____申报一次。( )
   A. 月
   B. 半年
   C. 季度
   D. 年

63. 依据《建设工程消防监督管理规定》的规定,_____依法实施建设工程消防设计审核、消防验收和备案、抽查。( )
   A. 卫生行政部门
   B. 建设行政主管部门
   C. 公安机关消防机构
   D. 环境保护部门

64. 依据《建设工程消防监督管理规定》,公安机关消防机构自受理消防设计审核申请之日起_____日内出具书面审核意见。( )
   A. 15
   B. 20
   C. 30
   D. 60

65. 制定《生产安全事故应急预案管理办法》的目的是规范生产安全事故应急预案的管理,完善应急预案体系,增强应急预案的( )
   A. 科学性、针对性、宏观性
   B. 可行性、科学性、实效性
   C. 科学性、针对性、实效性
   D. 经济性、针对性、实效性

66. 依据《生产安全事故应急预案管理办法》,生产经营单位申请应急预案备案,无需提交的材料是( )
   A. 应急预案备案申请表
   B. 应急预案管理登记表
   C. 应急预案文本及电子文档
   D. 应急预案评审或者论证意见

67. 《生产安全事故信息报告和处置办法》规定的应当报告和处置的生产安全事故信息,是指已经发生的生产安全事故和_____的信息。( )
   A. 自然灾害
   B. 突发事件
   C. 社会事件
   D. 较大涉险事故

68. 依据《安全生产法》的规定,生产经营单位_____工程项目的安全设施,必须与主体工程同时设计、同时施工、同时投入生产或者使用。( )
   A. 新建、扩建、引进
   B. 新建、改建、装修
   C. 新建、改建、扩建
   D. 扩建、改建、翻修

69. _____负责化工、医药、冶金、有色、建材、机械、轻工、纺织、烟草、商贸等行业大型建设项目的设计审查和竣工验收。（   ）

A. 国家标准制定部门

B. 国家安全生产监督管理总局

C. 行业管理部门

D. 企业管理部门

70. 依据《建设项目安全设施"三同时"监督管理暂行办法》，高危建设项目和国家、省级重点建设项目竣工后，根据规定建设项目需试运行的，应当在正式投入生产或者使用前进行试运行。建设项目试运行时间应当不少于_____日，最长不得超过180日。（   ）

A. 15

B. 30

C. 60

D. 90

二、多项选择题（共15题，每题2分。每题的备选项中，有2个或2个以上符合题意，至少有1个错误选项。错选，本题不得分；少选，所选的每个选项得0.5分）

71. 具有中国特色的安全生产法律体系的特征包括（   ）

A. 法律规范的调整对象和阶级意志具有统一性

B. 法律规范的以人为本的人文关怀性

C. 法律规范的内容和形式具有多样性

D. 法律规范的相互关系具有系统性

E. 法律规范的任意性与系统性

72.《安全生产法》关于预防为主的规定，主要体现为"六先"，以下对"六先"的说法正确的是（   ）

A. 安全意识在先

B. 安全责任在先

C. 隐患预防在先

D. 隐患治理在先

E. 建章立制在先

73. 关于安全生产中介服务机构和安全专业人员的权利，下列说法正确的是（   ）

A. 合理地确定服务报酬和收费标准，不得非法牟利

B. 有权拒绝从事非法或者服务范围以外的安全生产中介服务

C. 依法从事的安全生产中介服务工作受法律保护，具有不受侵犯的权利

D. 有权依照法律、法规和规章、标准的规定，从事授权范围内的有关安全生产业务

E. 接受政府、部门的委托或生产经营单位的聘请，按照委托和约定的有关事项从事安全生产中介服务

74. 依据《安全生产法》的规定，依法设立的安全生产中介机构应当依照_____的要求为生产经营单位提供安全生产技术服务。（   ）

A. 法律

B. 行政法规

C. 企业规章制度

D. 执业准则

E. 委托合同约定

75. 公安消防机构的工作人员在消防工作中_____，有违反《消防法》有关规定的违法行为、尚不构成犯罪的，依法给予行政处分。（   ）

A. 玩忽职守

B. 徇私舞弊

C. 违规施救

D. 滥用职权

E. 没有建立防火档案

76. 依据《道路交通安全法》的规定，有权对交通事故损害赔偿争议进行处理的部门是（   ）

A. 道路主管部门

B. 人民法院

C. 公安机关督察部门

D. 公安机关交通管理部门

E. 安全生产监督管理部门

77. 为了规范行政许可的设定和实施,保护公民、法人和其他组织的合法权益,维护公共利益和社会秩序,保障和监督行政机关有效实施行政管理,根据宪法,制定《行政许可法》。行政许可的特征包括 (　　)
   A. 行政许可是一种行政行为
   B. 行政许可是要式行政行为
   C. 行政许可是授益性行政行为
   D. 行政许可是依据审核的行政行为
   E. 行政许可是有限设禁和解禁的行政行为

78. 下列各项属于行政许可监督检查的客体的有 (　　)
   A. 正在实施行政许可的行政机关
   B. 法律、法规授权的具有管理公共事务职能的组织
   C. 正在实施行政许可的法律、法规授权的具有管理公共事务职能的组织
   D. 行政机关在其法定职权范围内,依照法律、法规、规章的规定委托的其他行政机关
   E. 行政机关在其法定职权范围内,依照法律、法规、规章的规定委托的正在实施行政许可的行政机关

79. 依据《劳动合同法》的规定,三方机制要解决的有关劳动关系的重大问题包括 (　　)
   A. 劳动就业
   B. 就业标准
   C. 劳动争议
   D. 社会保险
   E. 工作时间和休息休假

80. 依照《建设工程安全生产管理条例》的规定,建设单位在申请领取施工许可证前,应当提供安全施工措施的资料有 (　　)
   A. 施工现场总平面布置图
   B. 施工单位资质等级证明
   C. 建设单位安全监督人员和工程监理人员的花名册
   D. 施工现场安全防护设施(防护网、棚)搭设(设置)计划
   E. 工程项目负责人、安全管理人员和特种作业人员持证上岗情况

81. 依据《民用爆炸物品安全管理条例》,民用爆炸物品包括 (　　)
   A. 雷管
   B. 导火索
   C. 烟花爆竹
   D. 各类火药
   E. 各类炸药

82. 特种设备检验检测机构应当具备的条件有 (　　)
   A. 有合格的检验检测人员
   B. 有专职技术管理人员
   C. 有必要的检验检测仪器和设备
   D. 有健全的管理制度和责任制度
   E. 有事故应急救援预案机制

83. 依据《使用有毒物品作业场所劳动保护条例》,需要进入存在高毒物品的设备、容器或者狭窄封闭场所作业时,用人单位应当事先采取的措施有 (　　)
   A. 保持作业场所良好的通风状态,确保作业场所职业中毒危害因素浓度符合国家职业卫生标准
   B. 为劳动者配备符合国家职业卫生标准的防护用品
   C. 安装有毒物质危险场所的监测系统
   D. 设置现场监护人员和现场救援设备
   E. 设置相应的警示标识

84. 在事故报告和调查处理工作中长期存在的主要问题包括 (　　)
   A. 组织事故调查的主体不统一,调查组职责没有法定化,事故调查批复的规定不明确
   B. 现行相关立法滞后,不适应事故报告和调查处理工作的需要
   C. 没有建立健全安全生产综合监督管理机构
   D. 事故报告和调查处理的程序不规范
   E. 事故责任追究的力度不够

85. 《劳动防护用品监督管理规定》对劳动防护用品的生产经营单位违法行为进行了界定,设定了_____的行政处罚。 (　　)
   A. 警告
   B. 责令限期改正
   C. 停产整顿
   D. 关闭
   E. 5万元以下的罚款

安全生产法及相关法律知识
考前冲刺密押试卷(一)参考答案及精解精析

一、单项选择题

1.【参考答案】 A （1P$_5$）
   【考查要点】 本题考查的是成文法的内容
   【精解精析】 成文法是指有权制定法律规范的国家机关依照法定程序所制定的规范性法律文件，如宪法、法律、行政规范、地方性法规等。

2.【参考答案】 B （1P$_9$）
   【考查要点】 本题考查的是社会主义法治基本要求的重要性
   【精解精析】 中共十一届三中全会提出，必须做到"有法可依，有法必依，执法必严，违法必究"。这是对社会主义法治基本内容的精辟概括，其核心是依法办事。其中，有法必依是社会主义法治的中心环节。

3.【参考答案】 B （1P$_{18}$）
   【考查要点】 本题考查的是地方性法规
   【精解精析】 经济特区安全生产法规和民族自治地方安全生产法规都属于地方性质的法规，因而在法律地位与法律效力上都与地方性人大及其常委会制定的安全生产法规相同。

4.【参考答案】 A （2P$_{40}$）
   【考查要点】 本题考查的是生产经营单位安全保障制度
   【精解精析】 各类生产经营单位是生产经营活动的主体和安全生产工作的重点。能否实现安全生产，关键是生产经营单位能否具备法定的安全生产条件，保障生产经营活动的安全。为了保证生产经营单位依法从事生产经营活动，防止和减少生产安全事故，《安全生产法》确立了生产经营单位安全保障制度，对生产经营活动安全实施全面的法律调整，其内容最为丰富。

5.【参考答案】 C （2P$_{44}$）
   【考查要点】 本题考查的是安全生产管理
   【精解精析】《安全生产法》把安全投入列为必备的保障安全生产的条件之一，要求"生产经营单位应当具备的安全生产条件所需的资金投入(安全投入)，由生产经营单位的决策机构、主要负责人或者个人经营的投资人予以保证，并对由于安全生产所必需的资金投入不足导致的后果承担责任"。不依法保障安全投入的，将承担相应的法律责任。

6.【参考答案】 D （2P$_{44}$）
   【考查要点】 本题考查的是安全投入的决策和保障
   【精解精析】《安全生产法》根据不同生产经营单位安全投入的决策主体的不同，分别规定：(1)按照公司法成立的公司制生产经营单位，由其决策机构董事会决定安全投入的资金；(2)非公司制生产经营单位，由其主要负责人决定安全投入的资金；(3)个人投资并由他人管理的生产经营单位，由其投资人即股东决定安全投入的资金。

7.【参考答案】 C （2P$_{47}$）
   【考查要点】 本题考查的是建设项目的安全条件论证和安全评价的规定
   【精解精析】《安全生产法》规定，矿山建设项目和用于生产、储存危险物品的建设项目，应当分别按照国家有关规定进行安全条件论证和安全评价。

8.【参考答案】 B （2P$_{50}$）
   【考查要点】 本题考查的是生产经营项目、场所、设备发包或者出租的安全管理
   【精解精析】《安全生产法》规定，生产经营项目、场所有多个承包单位、承租单位的，生产经营单位应当与承包单位、承租单位签订专门的安全生产管理协议，或者在承包合同、租赁合同中约定各自的安全生产管理职责；生产经营单位对承包单位、承租单位的安全生产工作统一协调、管理。

9.【参考答案】 A （2P$_{52}$~P$_{53}$）
   【考查要点】 本题考查的是从业人员获得安全保障、工伤保险和民事赔偿的权利
   【精解精析】 依据《安全生产法》的规定，因生产安全事故受到损害的人员，除依法享有工伤社会保险外，依照有关民事法律尚有获得赔偿的权利的，有权向本单位提出赔偿要求。

10.【参考答案】 B （2P$_{56}$）
   【考查要点】 本题考查的是安全生产监督管理体制
   【精解精析】 我国实行安全生产综合监督管理与专项监督管理相结合的安全生产监督管理体制。

11.【参考答案】 C （2P$_{60}$）
   【考查要点】 本题考查的是社会举报
   【精解精析】《安全生产法》规定，任何单位和个人对事故隐患或者安全生产违法行为，均有权向负有安全生产监督管理职责的部门报告或者举报。

12.【参考答案】 C （3P$_{78}$）
   【考查要点】 本题考查的是矿山企业安全技术措施专项经费
   【精解精析】《矿山安全法》规定，矿山企业必须按照国家规定的安全条件进行生产，并安排一部分资金，用于下列改善矿山安全产生条件的项目：(1)预防矿山事故的安全技术措施；(2)预防职业危害的劳动卫生技术措施；(3)职工的安全培训；(4)改善矿山安全生产条件的其他技术措施。上述项目所需资金，由矿山企业按矿山维简费的20%的比例据实列支；没有矿山维简费的矿山企业，按固定资产折旧费的20%的比例实列支。

13.【参考答案】 D （3P$_{82}$）
   【考查要点】 本题考查的是消防组织的规定
   【精解精析】《消防法》对地方人民政府建立消防队提出了具体要求，县级以上地方人民政府应当按照国家规定建立公安消防队、专职消防队，并按国家标准配备消防装备，承担火灾扑救工作。

14.【参考答案】 C （3P$_{83}$）
   【考查要点】 本题考查的是灭火救援的规定
   【精解精析】《消防法》明确了地方政府建立火灾应急预案和应急反应机制的要求，县级以上地方人民政府应当组织有关部门针对本行政区域内的火灾特点制定应急预案，建立应急反应和处置机制，为火灾扑救和应急救援工作提供人员、装备等保障。

15.【参考答案】 D （3P$_{86}$）
   【考查要点】 本题考查的是道路交通安全违法行为行政处罚的决定机关
   【精解精析】 依照《道路交通安全法》的规定，公安机关交通管理部门是道路交通安全违法行为行政处罚的决定机关。

16. 【参考答案】 B （3P$_{89}$～P$_{90}$）
【考查要点】 本题考查的是高危行业企业预防突发事件的义务
【精解精析】 依据《突发事件应对法》的规定，矿山、建筑施工单位和易燃易爆物品、危险化学品、放射性物品等危险物品的生产、经营、储运、使用单位，应当制定具体应急预案，并对生产经营场所、有危险物品的建筑物、构筑物及周边环境开展隐患排查，及时采取措施消除隐患，防止发生突发事件。

17. 【参考答案】 D （3P$_{90}$）
【考查要点】 本题考查的是预警级别划分标准的制定部门
【精解精析】 依据《突发事件应对法》的规定，国家应建立健全突发事件预警制度，预警级别的划分标准由国务院或者国务院规定的部门制定。

18. 【参考答案】 B （3P$_{93}$）
【考查要点】 本题考查的是有关单位的法律责任
【精解精析】 容易引发突发事件和容易受突发事件影响的生产经营单位和管理单位承担的法律责任主要包括：(1)未按照规定采取预防措施，导致发生严重突发事件的；(2)未及时消除已发现的可能引发突发事件的隐患，导致发生严重突发事件的；(3)未做好应急设备、设施日常维护、检测工作，导致发生严重突发事件或者突发事件危害扩大的；(4)突发事件发生后，不及时组织开展应急救援工作，造成严重后果的；(5)其他法律、行政法规规定的违法行为。

19. 【参考答案】 C （4P$_{97}$～P$_{98}$）
【考查要点】 本题考查的是重大责任事故罪
【精解精析】 《刑法》规定，在生产、作业中违反有关安全管理的规定，因而发生重大伤亡事故或者造成其他严重后果的，处3年以下有期徒刑或者拘役；情节特别恶劣的，处3年以上7年以下有期徒刑。

20. 【参考答案】 C （4P$_{98}$）
【考查要点】 本题考查的是生产经营单位强令违章冒险作业罪
【精解精析】 《刑法》规定，强令他人违章冒险作业，因而发生重大伤亡事故或造成其他严重后果的，处5年以下有期徒刑或拘役；情节特别恶劣的，处5年以上有期徒刑。

21. 【参考答案】 B （4P$_{108}$）
【考查要点】 本题考查的是行政处罚的实施主体
【精解精析】 《行政处罚法》规定，法律、法规授权的具有管理公共事务职能的组织可以在法定授权范围内实施行政处罚。

22. 【参考答案】 D （4P$_{110}$）
【考查要点】 本题考查的是对未成年人的行政处罚适用
【精解精析】 针对未成年人的特点，法律规定不满14周岁的人有违法行为的，不予行政处罚，责令监护人加以管教；已满14周岁不满18周岁的人有违法行为的，从轻或者减轻行政处罚。

23. 【参考答案】 B （4P$_{110}$）
【考查要点】 本题考查的是从轻减轻处罚的适用情形
【精解精析】 根据《行政处罚法》的规定，从轻或者减轻处罚适用以下情况：(1)已满14周岁不满18周岁的人有违法行为的；(2)主动消除或者减轻违法行为危害后果的；(3)受他人胁迫有违法行为的；(4)配合行政机关查处违法行为有立功表现的；(5)其他依法从轻或者减轻处罚的。

24. 【参考答案】 C （4P$_{111}$～P$_{112}$）
【考查要点】 本题考查的是行政处罚的简易程序
【精解精析】 依据《行政处罚法》的规定，违法事实确凿并有法定依据，对公民处以50元以下、对法人或者其他组织处以1 000元以下罚款或者警告的行政处罚的，可以当场作出行政处罚决定(属于简易程序)。

25. 【参考答案】 B （4P$_{118}$）
【考查要点】 本题考查的是核准
【精解精析】 核准是由行政机关对某些事项是否达到规定的技术标准、经济技术规范等进行核对、判断和审查确定，申请人符合要求，即允许其从事某项活动。核准主要适用于直接关系公共安全、人身健康、生命财产安全的重要设备、设施的设计、建造、安装和使用以及直接关系人身健康、生命财产安全的特定产品、物品的检验、检疫事项。

26. 【参考答案】 D （4P$_{125}$）
【考查要点】 本题考查的是劳动者的权利
【精解精析】 《劳动法》规定，在劳动卫生方面赋予劳动者享有以下权利：劳动者享有平等就业和选择职业的权利、取得劳动报酬的权利、休息休假的权利、获得劳动安全卫生保护的权利、接受职业技能培训的权利、享受社会保险和福利的权利、提请劳动争议处理的权利以及法律规定的其他劳动权利。

27. 【参考答案】 A （4P$_{126}$）
【考查要点】 本题考查的是用人单位的义务
【精解精析】 《劳动法》规定，用人单位必须建立、健全劳动安全卫生制度，严格执行国家劳动安全卫生规程和标准，对劳动者进行劳动安全卫生教育，防止劳动过程中的事故，减少职业危害。

28. 【参考答案】 B （4P$_{128}$）
【考查要点】 本题考查的是实行用人单位职业病防治责任
【精解精析】 依据《职业病防治法》规定，用人单位应当建立、健全职业病防治责任制，加强对职业病防治的管理，提高职业病防治水平，对本单位产生的职业病危害承担责任。

29. 【参考答案】 D （4P$_{133}$）
【考查要点】 本题考查的是职业病病人保障
【精解精析】 《职业病防治法》规定，用人单位对不适宜继续从事原工作的职业病病人，应当调离原岗位，并妥善安置。

30. 【参考答案】 B （4P$_{133}$）
【考查要点】 本题考查的是职业病防治费用
【精解精析】 《职业病防治法》规定，用人单位按照职业病防治要求，用于预防和治理职业危害、工作场所卫生检测、健康监护和职业卫生培训费用，按国家有关规定，在生产成本中据实列支。因此，职业病防治费用由用人单位承担。

31. 【参考答案】 A （4P$_{139}$）
【考查要点】 本题考查的是约定试用期和服务期的权利
【精解精析】 《劳动合同法》规定，劳动合同期限3个月以上不满1年的，试用期不得超过1个月；劳动合同期限1年以上不满3年的，试用期不得超过2个月；3年以上固定期限和无固定期限的劳动合同，试用期不得超过6个月。

32. 【参考答案】 C （4P$_{139}$～P$_{140}$）

【考查要点】 本题考查的是服务期和竞业限制的规定

【精解精析】 A项,《劳动合同法》规定,用人单位为劳动者提供专项培训费用,对其进行专业技术培训的,可以与该劳动者订立协议,约定服务期。劳动者违反服务期约定的,应当按照约定向用人单位支付违约金。违约金的数额不得超过用人单位提供的培训费用。B项,竞业限制的人员限于用人单位的高级管理人员、高级技术人员和其他负有保密义务的人员。D项,竞业限制的范围、地域、期限由用人单位与劳动者约定,竞业限制的约定不得违反法律、法规的规定。

33.【参考答案】 B (4P$_{142}$)

【考查要点】 本题考查的是劳动行政部门监督检查方式

【精解精析】 劳动行政部门开展监督检查的方式主要有三种:(1)经常性地进行监督检查;(2)集中力量,进行突击性的监督检查;(3)有针对性地对某些用人单位进行监督检查。

34.【参考答案】 D (5P$_{155}$)

【考查要点】 本题考查的是安全生产许可违法行为的法律责任追究的原则

【精解精析】 安全生产许可证颁发管理的原则是"谁发证、谁管理、谁处罚"。发证权、管理权和处罚权三位一体,不可分离。《安全生产许可证条例》规定的行政处罚,由安全生产许可证颁发管理机关决定。

35.【参考答案】 D (5P$_{163}$)

【考查要点】 本题考查的是煤矿建设工程安全设施违法的责任

【精解精析】 《煤矿安全监察条例》规定,煤矿建设工程安全设施设计未经煤矿安全监察机构审查同意,擅自施工的,由煤矿安全监察机构责令停止施工;拒不执行的,由煤矿安全监察机构移送地质矿产主管部门依法吊销采矿许可证。

36.【参考答案】 C (5P$_{175}$)

【考查要点】 本题考查的是建设单位的安全责任

【精解精析】 《建设工程安全生产管理条例》第七条规定,建设单位不得对勘察、设计、施工、工程监理等单位提出不符合建设工程安全生产法律、法规和强制性标准规定的要求,不得要求压缩合同的工期。

37.【参考答案】 A (5P$_{176}$)

【考查要点】 本题考查的是开工前报送有关安全施工措施的资料

【精解精析】 依据《建设工程安全生产管理条例》的规定,建设单位在申请领取施工许可证时,应当提供建设工程有关安全施工措施的资料。依法批准开工报告的建设工程,建设单位应当自开工报告批准之日起15日内,将保证安全施工的措施报送建设工程所在地的县级以上人民政府建设行政主管部门或者其他有关部门备案。

38.【参考答案】 C (5P$_{178}$)

【考查要点】 本题考查的是勘查文件

【精解精析】 勘察单位的勘查文件是设计和施工的基础材料和重要依据,勘查文件的质量又直接关系到设计工程质量和安全性能。

39.【参考答案】 C (5P$_{188}$)

【考查要点】 本题考查的是危险化学品安全监管的协调机制

【精解精析】 《危险化学品安全管理条例》规定,县级以上人民政府应当建立危险化学品安全监督管理工作协调机制,支持、督促负有危险化学品安全监督管理职责的部门依法履行职责,协调、解决危险化学品安全监督管理工作中的重大问题。

40.【参考答案】 A (5P$_{189}$)

【考查要点】 本题考查的是生产危险化学品单位依法取得相应许可证

【精解精析】 《危险化学品安全管理条例》规定,负责颁发危险化学品安全生产许可证、工业产品生产许可证的部门,应当将其颁发许可证的情况及时向同级工业和信息化主管部门、环境保护主管部门和公安机关通报。

41.【参考答案】 C (5P$_{193}$)

【考查要点】 本题考查的是申办危险化学品经营许可证的申办程序

【精解精析】 设区的市级人民政府安全生产监督管理部门或者县级人民政府安全生产监督管理部门应当依法进行审查,并对申请人的经营场所、储存设施进行现场核查,自收到证明材料之日起30日内作出批准或者不予批准的决定。予以批准的,颁发危险化学品经营许可证;不予批准的,书面通知申请人并说明理由。

42.【参考答案】 D (5P$_{206}$)

【考查要点】 本题考查的是烟花爆竹安全生产许可证

【精解精析】 《烟花爆竹安全管理条例》规定,生产烟花爆竹的企业,应当在投入生产前向所在地设区的市人民政府安全生产监督管理部门提出安全审查申请,并提交相关材料。设区的市人民政府安全生产监督管理部门应当自收到材料之日起20日内提出安全审查初步意见,报省、自治区、直辖市人民政府安全生产监督管理部门审查。

43.【参考答案】 A (5P$_{211}$)

【考查要点】 本题考查的是对没收非法烟花爆竹产品的处置

【精解精析】 《烟花爆竹安全管理条例》规定,对没收的非法烟花爆竹以及生产、经营企业弃置的废旧烟花爆竹,应当就地封存,并由公安部门组织销毁、处置。

44.【参考答案】 B (5P$_{213}$)

【考查要点】 本题考查的是民用爆炸物品的销售许可

【精解精析】 申请从事民用爆炸物品生产的企业,应当向所在地省、自治区、直辖市人民政府国防科技工业主管部门提交申请书、可行性研究报告以及能够证明其符合《民用爆炸物品安全管理条例》规定条件的有关材料。

45.【参考答案】 D (5P$_{215}$)

【考查要点】 本题考查的是经由道路运输民用爆炸物品的特别规定

【精解精析】 依据《民用爆炸物品安全管理条例》的规定,经由道路运输民用爆炸物品的,应当遵守的规定包括:(1)携带《民用爆炸物品运输许可证》,故A项正确;(2)民用爆炸物品的装载符合国家有关标准和规范,车厢内不得载人,故B项正确;(3)运输车辆安全技术状况应当符合国家有关安全技术标准的要求,并按照规定悬挂或者安装符合国家标准的易燃易爆危险物品警示标志;(4)运输民用爆炸物品的车辆应当保持安全车速,故C项正确;(5)按照规定的路线行驶,途中经停应当由专人看守,并远离建筑设施和人口稠密的地方,不得在许可以外的地点经停;(6)按照安全操作规程装卸民用爆炸物品,并在装卸现场设置警戒,禁止无关人员进入;(7)出现危险情况立即采取必要的应急处置措施,并报告当地公安机关。民用爆炸物品运达目的地,收货单位应当进行验收后在《民用爆炸物品运输许可证》上签注,并在3日内将《民用爆炸物品运输许可证》交回发证机关核销,故D项错误。

46.【参考答案】 D (5P$_{216}$)

【考查要点】 本题考查的是爆破作业的安全管理

【精解精析】 《民用爆炸物品安全管理条例》规定,爆破作业单位应当如实记载领取、发放民用爆炸物品的品种、数量、编号以及领取、发放人员姓名。领取民用爆炸物品的数量不得超过当班用量,作业后剩余的民用爆炸物品必须当班清退回库。

47.【参考答案】 A （5P₂₁₉）

【考查要点】 本题考查的是违法携带民用爆炸物品搭乘公共交通的法律责任

【精解精析】 《民用爆炸物品安全管理条例》规定,携带民用爆炸物品搭乘公共交通工具或者进入公共场所,邮寄或者在托运的货物、行李、包裹、邮件中夹带民用爆炸物品,构成犯罪的,依法追究刑事责任;尚不构成犯罪的,由公安机关依法给予治安管理处罚,没收非法的民用爆炸物品,处1 000元以上1万元以下的罚款。

48.【参考答案】 B （5P₂₂₂）

【考查要点】 本题考查的是压力容器设计单位的条件

【精解精析】 根据《特种设备安全监察条例》的规定,压力容器的设计单位应当经国务院特种设备安全监督管理部门许可,方可从事压力容器的设计活动。

49.【参考答案】 A （5P₂₂₅）

【考查要点】 本题考查的是特种设备维护保养和定期检验

【精解精析】 依据《特种设备安全监察条例》的规定,特种设备使用单位应当对在用特种设备进行经常性日常维护保养,并定期自行检查。特种设备使用单位对在用特种设备应当至少每月进行一次自行检查,并作出记录。特种设备使用单位在对在用特种设备进行自行检查和日常维护保养时发现异常情况的,应当及时处理。特种设备使用单位应当对在用特种设备的安全附件、安全保护装置、测量调控装置及有关附属仪器仪表进行定期校验、检修,并作出记录。特种设备使用单位应当按照安全技术规范的定期检验要求,在安全检验合格有效期届满前1个月向特种设备检验检测机构提出定期检验要求。

50.【参考答案】 D （5P₂₂₆~P₂₂₇）

【考查要点】 本题考查的是事故隐患报告

【精解精析】 依据《特种设备安全监察条例》的规定,特种设备作业人员在作业过程中发现事故隐患或者其他不安全因素,应当立即向现场安全管理人员和单位有关负责人报告。

51.【参考答案】 C （5P₂₃₉）

【考查要点】 本题考查的是劳动防护用品配备

【精解精析】 《使用有毒物品作业场所劳动保护条例》规定,用人单位应当为从事使用有毒物品作业的劳动者提供符合国家职业卫生标准的防护用品,并确保劳动者正确使用。

52.【参考答案】 C （5P₂₄₃）

【考查要点】 本题考查的是建设项目违反"三同时"管理的法律责任

【精解精析】 《使用有毒物品作业场所劳动保护条例》规定,用人单位的建设项目违反"三同时"管理的,由卫生行政部门给予警告,责令限期改正,处10万元以上50万元以下的罚款;逾期不改正的,提请有关人民政府按照国务院规定的权限责令停建、予以关闭;造成严重职业中毒危害或者导致职业中毒事故发生的,对负有责任的主管人员和其他直接责任人员依照刑法关于重大劳动安全事故罪或者其他罪的规定,依法追究刑事责任。

53.【参考答案】 B （5P₂₅₀）

【考查要点】 本题考查的是地方各级人民政府的安全职责

【精解精析】 市(地、州)、县(市、区)人民政府应当组织有关部门对《国务院关于特大安全事故行政责任追究的规定》中所列各类特大安全事故的隐患进行查处。发现特大安全事故隐患的,责令立即排除;特大安全事故隐患排除前或排除过程中,无法保证安全的,责令暂时停产、停业或停止使用。

54.【参考答案】 D （5P₂₅₅）

【考查要点】 本题考查的是事故定级的人身要素

【精解精析】 安全生产和事故调查处理都要以人为本,最大限度地保护从业人员的生命安全。事故危害的最严重后果,就是造成人员死亡、重伤(中毒)。因此,《生产安全事故报告和调查处理条例》将人员伤亡的数量列为事故分级的第一要素。

55.【参考答案】 A （5P₂₅₇）

【考查要点】 本题考查的是事故报告主体

【精解精析】 《生产安全事故报告和调查处理条例》明确规定,不论是哪一级地方人民政府的哪一个有关部门接到事故报告后,都要按照程序向本级人民政府报告。有关地方人民政府负有向上级人民政府报告事故情况的义务。

56.【参考答案】 A （5P₂₇₄）

【考查要点】 本题考查的是工伤保险的适用范围

【精解精析】 《工伤保险条例》规定,中华人民共和国境内的企业、事业单位、社会团体、民办非企业单位、基金会、律师事务所、会计师事务所等组织的职工和个体工商户的雇工,均有依照本条例的规定享受工伤保险待遇的权利。

57.【参考答案】 B （6P₂₈₆）

【考查要点】 本题考查的是注册安全工程注册的注销

【精解精析】 依据《注册安全工程师执业资格制度暂行规定》,注册安全工程师在注册后,有下列情形之一的,由所在单位向注册管理机构办理注销注册:(1)脱离安全工作岗位连续满1年的;(2)不具有安全民事行为能力的;(3)受刑事处罚的;(4)严重违反职业道德的;(5)同时在两个以上独立法人单位执业的。

58.【参考答案】 D （6P₂₉₃）

【考查要点】 本题考查的是弄虚作假申请注册的处理

【精解精析】 《注册安全工程师管理规定》规定,安全生产监督管理部门、煤矿安全监察机构或者有关主管部门发现申请人、聘用单位隐瞒有关情况或者提供虚假材料申请注册的,应当不予受理或者不予注册;申请人1年内不得再次申请注册。

59.【参考答案】 D （6P₃₀₆）

【考查要点】 本题考查的是特种作业操作证的有效期

【精解精析】 依据《特种作业人员安全技术培训考核管理规定》,特种作业操作证有效期为6年,在全国范围内有效,故A、B两项错误;特种作业操作证由安全监管总局统一式样、标准及编号,故D项正确,C项错误。

60.【参考答案】 B （6P₃₁₂）

【考查要点】 本题考查的是劳动防护用品的经营

【精解精析】 《劳动防护用品监督管理规定》规定,劳动防护用品经营单位必须依法领取工商行政管理部门核发的营业执照,必须有满足经营需要的固定场所和了解相关防护用品知识的人员。劳动防护用品经营单位不得经营假冒伪劣劳动防护用品和无安全标志的特种劳动防护用品。

61.【参考答案】 A （6P₃₁₂）
【考查要点】 本题考查的是特种劳动防护用品的采购
【精解精析】 依据《劳动防护用品监督管理规定》,生产经营单位购买的特种劳动防护用品须经本单位的安全生产技术部门或者管理人员检查验收。

62.【参考答案】 D （6P₃₁₆）
【考查要点】 本题考查的是职业危害申报时限
【精解精析】 作业场所职业危害每年申报一次。

63.【参考答案】 C （6P₃₁₇）
【考查要点】 本题考查的是公安机关消防机构的职责
【精解精析】 依据《建设工程消防监督管理规定》的规定,公安机关消防机构依法实施建设工程消防设计审核、消防验收和备案、抽查。

64.【参考答案】 B （6P₃₂₀）
【考查要点】 本题考查的是消防设计审核程序
【精解精析】 依据《建设工程消防监督管理规定》,消防设计审核一般遵循下列程序:(1)建设单位向公安机关消防机构提交申请消防设计审核的有关材料;(2)公安机关消防机构依照消防法规和国家工程建设消防技术标准强制性要求对申报的消防设计文件进行审核;(3)公安机关消防机构自受理消防设计审核申请之日起20日内出具书面审核意见。

65.【参考答案】 C （6P₃₂₇）
【考查要点】 本题考查的是制定《生产安全事故应急预案管理办法》的目的
【精解精析】 制定《生产安全事故应急预案管理办法》的目的是:规范生产安全事故应急预案的管理,完善应急预案体系,增强应急预案的科学性、针对性、实效性。

66.【参考答案】 B （6P₃₃₀）
【考查要点】 本题考查的是生产经营单位申请应急预案备案的材料
【精解精析】 依据《生产安全事故应急预案管理办法》的规定,生产经营单位申请应急预案备案,应当提交的材料包括:(1)应急预案备案申请表;(2)应急预案评审或者论证意见;(3)应急预案文本及电子文档。

67.【参考答案】 D （6P₃₃₂）
【考查要点】 本题考查的是《生产安全事故信息报告和处置办法》的适用范围
【精解精析】 依据《生产安全事故信息报告和处置办法》的规定,本办法规定的应当报告和处置的生产安全事故信息,是指已经发生的生产安全事故和较大涉险事故的信息。

68.【参考答案】 C （6P₃₄₃～P₃₄₄）
【考查要点】 本题考查的是建设项目安全设施"三同时"管理原则
【精解精析】 《安全生产法》对矿山建设项目和生产、储存危险物品的建设项目安全设施设计审查和竣工验收做出了较为明确的规定,而对其他建设项目"三同时"管理仅做了原则性规定:生产经营单位新建、改建、扩建工程项目的安全设施,必须与主体工程同时设计、同时施工、同时投入生产和使用。

69.【参考答案】 B （6P₃₄₅）
【考查要点】 本题考查的是需要安全论证和安全预评价建设项目的范围

考虑到化工、冶金、有色、建材、机械、轻工、纺织、烟草、商贸、军工、公路、水运、轨道交通、电力等行业的国家和省级重点建设项目是政府安全监管的重点。国家将化工(含石油化工)、医药、冶金、有色、建材、机械、轻工、纺织、烟草、商贸等行业大型建设项目的设计审查和竣工验收职责赋予了国家安全生产监督管理总局。

70.【参考答案】 B （6P₃₄₉）
【考查要点】 本题考查的是建设项目试运行
【精解精析】 《建设项目安全设施"三同时"监督管理暂行办法》规定,高危建设项目和国家、省级重点建设项目竣工后,根据规定建设项目需要试运行(包括生产、使用)的,应当在正式投入生产或使用前进行试运行。试运行时间应当不少于30日,最长不得超过180日,国家有关部门另有规定或特殊要求的行业除外。

二、多项选择题

71.【参考答案】 ACD （1P₁₆～P₁₇）
【考查要点】 本题考查的是安全生产法律体系的特征
【精解精析】 具有中国特色的安全生产法律体系正在构建之中,这个体系具有3个特点:(1)法律规范的调整对象和阶级意志具有统一性;(2)法律规范的内容和形式具有多样性;(3)法律规范的相互关系具有系统性。

72.【参考答案】 ABCE （2P₂₈～P₂₉）
【考查要点】 本题考查的是安全生产管理
【精解精析】 《安全生产法》关于预防为主的规定,主要体现为"六先",即(1)安全意识在先;(2)安全投入在先;(3)安全责任在先;(4)建章立制在先;(5)隐患预防在先;(6)监督执法在先。

73.【参考答案】 BCDE （2P₃₆～P₃₇）
【考查要点】 本题考查的是安全生产中介服务机构和安全专业人员的权利
【精解精析】 安全生产中介服务机构和安全专业人员的权利:(1)依法从事的安全生产中介服务工作受法律保护,具有不受侵犯的权利,任何单位和个人均无权干预、剥夺、阻碍其合法活动的权利;(2)有权依照法律、法规和规章、标准的规定,从事授权范围内的有关安全生产业务;(3)接受政府、部门的委托或生产经营单位的聘请,按委托和约定的有关事项从事安全生产中介服务;(4)有权拒绝从事非法或者服务范围以外的安全生产中介服务;(5)有依法收取中介服务报酬和费用的权利。

74.【参考答案】 ABD （2P₆₆）
【考查要点】 本题考查的是安全生产中介服务机构
【精解精析】 《安全生产法》规定,依法设立的为安全生产提供技术服务的中介机构,按照法律、行政法规和执业准则,接受生产经营单位的委托为其安全生产工作提供技术服务。

75.【参考答案】 ABD （3P₈₄）
【考查要点】 本题考查的是公安消防机构工作人员的法律责任
【精解精析】 公安机关消防机构的工作人员在消防工作中滥用职权、玩忽职守、徇私舞弊,有违反《消防法》规定的违法行为、尚不构成犯罪的,依法给予处分;构成犯罪的,依法追究刑事责任。

76.【参考答案】 BD （3P₈₅）
【考查要点】 本题考查的是交通事故损害赔偿
【精解精析】 《道路交通安全法》规定,对交通事故损害赔偿的争议,当事人可以请求公安机关交通管理部门调解,也可以直接向人民法院提起民事诉讼。

77.【参考答案】 ABCE （4P₁₁₅~P₁₁₇）
【考查要点】 本题考查的是行政许可的特征
【精解精析】 行政许可具有以下特征：(1)行政许可是一种行政行为；(2)行政许可是依据申请的行政行为；(3)行政许可是有限设禁和解禁的行政行为；(4)行政许可是授益性行政行为；(5)行政许可是要式行政行为。

78.【参考答案】 ACE （4P₁₂₄）
【考查要点】 本题考查的是行政许可监督检查的客体
【精解精析】 根据《行政许可法》的规定，我国检查监督的客体包括正在实施行政许可的行政机关，正在实施行政许可的法律、法规授权的具有管理公共事务职能的组织；行政机关在其法定职权范围内，依照法律、法规、规章的规定委托的正在实施行政许可的行政机关；被授予行政许可权的公民、法人或者其他组织。CE两项属于监督检查的主体。

79.【参考答案】 ACDE （4P₁₃₇）
【考查要点】 本题考查的是三方机制针对的问题
【精解精析】 根据《工会法》和《劳动合同法》的规定，三方机制要解决的是有关劳动关系的重大问题，如劳动就业、劳动报酬、社会保险、职业培训、劳动争议、劳动安全卫生、工作时间和休息休假、集体合同和劳动合同等。

80.【参考答案】 ACDE （5P₁₇₆~P₁₇₇）
【考查要点】 本题考查的是开工前报送有关安全施工措施的资料
【精解精析】 建设单位在申请领取施工许可证前，应当提供安全施工措施的资料：(1)施工现场总平面布置图；(2)临时设施规划方案及已搭建情况；(3)施工现场安全防护设施(防护网、棚)搭设(设置)计划；(4)施工进度计划，安全措施费用计划；(5)施工组织设计(方案、措施)；(6)拟进入现场使用的起重机械设备(塔式起重机、物料提升机、外用电梯)的型号、数量；(7)工程项目负责人、安全管理人员和特种作业人员持证上岗情况；(8)建设单位安全监督人员和工程监理人员的花名册。

81.【参考答案】 ABDE （5P₂₁₂）
【考查要点】 本题考查的是《民用爆炸物品安全管理条例》的适用范围
【精解精析】 依据《民用爆炸物品安全管理条例》的规定，民用爆炸物品是指用于非军事目的、列入民用爆炸物品品名表的各类火药、炸药及其制品和雷管、导火索等点火、起爆器材。

82.【参考答案】 ACD （5P₂₂₇）
【考查要点】 本题考查的是特种设备检验检测机构资质认可
【精解精析】 《特种设备安全监察条例》规定，特种设备检验检测机构，应当具备下列条件：(1)有与所从事的检验检测工作相适应的检验检测人员；(2)有与所从事的检验检测工作相适应的检验检测仪器和设备；(3)有健全的检验检测管理制度、检验检测责任制度。

83.【参考答案】 ABD （5P₂₃₉）
【考查要点】 本题考查的是进入设备、容器或者狭窄封闭场所的特殊防护
【精解精析】 《使用有毒物品作业场所劳动保护条例》规定，需要进入存在高毒物品的设备、容器或者狭窄封闭场所作业时，用人单位应当事先采取下列措施：(1)保持作业场所良好的通风状态，确保作业场所职业中毒危害因素浓度符合国家职业卫生标准；(2)为劳动者配备符合国家职业卫生标准的防护用品；(3)设置现场监护人员和现场救援设备。

84.【参考答案】 ABDE （5P₂₅₂）
【考查要点】 本题考查的是在事故报告和调查处理工作中长期存在的主要问题
【精解精析】 在事故报告和调查处理工作中长期存在的主要问题包括：(1)现行相关立法滞后，不适应事故报告和调查处理工作的需要；(2)事故报告和调查处理的程序不规范；(3)组织事故调查的主体不统一，调查组职责没有法定化，事故调查报批的规定不明确；(4)事故责任追究的力度不够；(5)没有建立行政机关与司法机关共同参加事故调查的机制。

85.【参考答案】 BCE （6P₃₁₄）
【考查要点】 本题考查的是劳动防护用品生产经营单位的法律责任
【精解精析】 《劳动防护用品监督管理规定》对劳动防护用品的生产经营单位违法行为进行了界定，设定了责令限期改正、停产整顿、5万元以下的罚款的行政处罚。

全国注册安全工程师执业资格考试
《安全生产法及相关法律知识》
考前冲刺密押试卷（二）

（考试时间150分钟）

题 号	一	二	总分	
题 分	70	30	核分人	
得 分			复查人	

一、单项选择题（共70题，每题1分。每题的备选项中，只有一个最符合题意）

1. 法律规范由假定、处理和_____三个要素构成。　　（　）
   A. 结果
   B. 制裁
   C. 纠正
   D. 措施

2. 法律生效时间的情形不包括　　（　）
   A. 自通过之日起生效
   B. 自法律公布之日开始生效
   C. 法律另行规定生效时间
   D. 自法律公布后到达一定期限时生效

3. 《安全生产法》的立法宗旨是为了加强安全生产监督管理，防止和减少生产安全事故，_____，促进经济发展，制定本法。　　（　）
   A. 维护社会秩序
   B. 保障社会主义现代化建设
   C. 维护公共安全
   D. 保障人民群众生命和财产安全

4. 国务院有关部门不仅要及时制定相应的国家标准或者行业标准，还应当根据经济发展和_____的实际需要，对有关标准适时进行修订、完善。　　（　）
   A. 实际需要
   B. 社会现状
   C. 科技进步
   D. 行业状况

5. 依照《安全生产法》和有关法律、行政法规的规定，行政处分不包括　　（　）
   A. 警告
   B. 记过
   C. 罚款
   D. 降级

6. 依照《安全生产法》和《标准化法》的规定，涉及安全生产方面的标准主要有国家标准和行业标准，其中多数是　　（　）
   A. 强制性标准
   B. 自愿性标准
   C. 示范性标准
   D. 推荐性标准

7. 《安全生产法》规定，矿山、建筑施工单位和危险物品的_____单位，应当设置安全生产管理机构或者配备专职安全生产管理人员。　　（　）
   A. 生产、运输、储存
   B. 生产、运输、使用
   C. 生产、经营、储存
   D. 生产、储存、使用

8. 《安全生产法》规定，生产经营单位的主要负责人和安全生产管理人员必须具备与本单位所从事的生产经营活动相应的　　（　）
   A. 安全作业培训和管理能力
   B. 安全生产知识和处罚能力
   C. 安全生产教育和业务培训
   D. 安全生产知识和管理能力

9. 依据《安全生产法》，生产经营单位对从业人员进行安全生产培训教育的费用由_____承担。　　（　）
   A. 从业人员
   B. 生产经营单位
   C. 安全培训机构
   D. 政府主管部门

10. 《安全生产法》中所规定的负有安全生产监督管理职责的部门是指_____的统称。　　（　）
    A. 县级以上人民政府负责安全生产监督管理的各有关部门
    B. 县级以上各级负责安全生产监督管理部门
    C. 省级以上安全生产监督管理部门，包括煤矿安全监察机构
    D. 国务院和地方各级安全生产监督管理部门

11. 依据《安全生产法》,安全生产监督检查人员应当将检查的时间、地点、内容、发现的问题及其处理情况 （　　）
   A. 口头告知被检查单位,责令立即整改
   B. 作出书面记录,并由安全管理部门负责人签字
   C. 作出书面记录,并由检查人员和被检查单位的负责人签字
   D. 作出书面记录,并由负有安全生产监督管理职责的部门负责人签字

12. 安全生产违法行为的责任主体不包括 （　　）
   A. 生产经营单位的特种作业人员
   B. 生产经营单位及其负责人、有关主管人员
   C. 安全生产中介服务机构和安全生产中介服务人员
   D. 有关人民政府和负有安全生产监督管理职责的部门及其领导人、负责人

13. 《矿山安全法》规定,＿＿＿＿必须全部用于改善矿山安全生产条件,不得挪作他用。 （　　）
   A. 安全投入资金
   B. 安全设备维护资金
   C. 安全保障费用
   D. 安全技术措施专项费用

14. 矿山企业必须按照国家规定的安全条件进行生产,并安排一部分资金用于改善矿山安全生产条件的项目,此类项目不包括 （　　）
   A. 职工的安全培训
   B. 预防矿山事故的安全技术措施
   C. 预防职业危害的劳动卫生技术措施
   D. 改善矿山安全生产条件的其他技术措施

15. 《消防法》规定,国务院公安部门规定的大型的人员密集场所和其他特殊建设工程,＿＿＿＿应当将消防设计文件报送公安机关消防机构审核。 （　　）
   A. 设计单位
   B. 监理单位
   C. 施工单位
   D. 建设单位

16. 依照《消防法》的规定,关于机关、团体、企业、事业单位的消防安全职责,下列说法错误的是 （　　）
   A. 组织防火检查,及时消除火灾隐患
   B. 制定灭火和应急疏散预案,建立消防档案
   C. 制定本单位的消防安全制度、消防安全操作规程
   D. 设置消防安全标志,并定期组织检验、维修,确保完好有效

17. 依据《道路交通安全法》的规定,某车辆参加了机动车第三者责任强制保险,在发生交通事故后,由＿＿＿＿支付抢救费用。 （　　）
   A. 肇事车辆车主
   B. 车辆司机及所有搭乘人
   C. 保险公司在机动车第三者责任强制保险责任限额范围内
   C. 保险公司视情况支付抢救费用

18. 依据《突发事件应对法》,三级、四级警报后,县级以上地方各级人民政府应当采取的措施不包括 （　　）
   A. 启动应急预案
   B. 随时对突发事件信息进行分析评估
   C. 及时按照有关规定向社会发布可能受到突发事件危害的警告
   D. 转移、疏散或者撤离易受突发事件危害的人员并予以妥善安置

19. 下列关于应急处置措施的说法,正确的是 （　　）
   A. 在性质上不属于行政行为
   B. 法定条件是突发事件发生
   C. 实施的主体是政府或者慈善团体
   D. 是一种劝导性行政应急措施

20. 1997年修订的《刑法》结合我国同犯罪作斗争的具体经验和实际情况,在总则的相关条款中分别规定了＿＿＿＿原则。 （　　）
   A. 适用刑法平等、罪刑法定和罪刑相适应
   B. 罪刑法定、适用刑法平等和罪刑相适应
   C. 罪刑相适应、适用刑法平等和罪刑法定
   D. 适用刑法平等、罪刑相适应和罪刑法定

21. 依据《刑法》的规定,在生产、作业中违反有关安全管理的规定,因而发生重大伤亡事故或造成其他严重后果的,处以＿＿＿＿或拘役。 （　　）
   A. 五年以上有期徒刑
   B. 五年以下有期徒刑
   C. 三年以上有期徒刑
   D. 三年以下有期徒刑

22. 对于行政相对人的陈述权,行政处罚实施机关 （　　）
   A. 在一定情况下可以剥夺
   B. 可以告知
   C. 应当告知并保证行政相对人能够行使
   D. 无须告知

23. 依据《行政处罚法》的规定,下列不属于行政处罚的法定实施主体的是（　　）
   A. 受行政机关依法委托的组织
   B. 具有法定处罚权的国家行政机关
   C. 法律、法规授权的组织
   D. 行政规章授权的组织

24. 对管辖权发生争议的,报请_____指定管辖。（　　）
   A. 省级政府
   B. 法院
   C. 共同的上一级行政机关
   D. 所有政府机关

25. 依据《行政处罚法》的规定,行政机关根据当事人的申请,决定举行听证的,听证的费用不能由_____承担。（　　）
   A. 司法机关
   B. 当事人
   C. 行政机关
   D. 当事人与行政机关

26. 根据《行政许可法》的规定,_____的功能是确立申请人的市场主体资格。（　　）
   A. 特许
   B. 核准
   C. 认可
   D. 登记

27. 制定职业病防治法的前提是（　　）
   A. 预防为主、防治结合的方针
   B. 劳动者依法享有职业卫生保护的权利
   C. 依法参加工伤社会保险
   D. 实行用人单位职业病防治责任制

28. 根据《职业病防治法》的规定,职业病危害预评价、职业病危害控制效果评价由依法设立的取得_____以上人民政府卫生行政部门资质认证的职业卫生技术服务机构进行。（　　）
   A. 省级
   B. 市级
   C. 县级
   D. 乡镇级

29. 依据《职业病防治法》的规定,对遭受或者可能遭受急性职业病危害的劳动者,用人单位应当及时组织救治、进行健康检查和医学观察,所需费用由_____承担。（　　）
   A. 劳动者个人
   B. 劳动者个人或者用人单位
   C. 用人单位
   D. 劳动者个人和用人单位共同

30. 依据《劳动合同法》,下列不属于劳动合同类型的是（　　）
   A. 协商劳动合同
   B. 固定期限劳动合同
   C. 无固定期限劳动合同
   D. 以完成一定工作任务为期限的劳动合同

31. _____应当保障职业病病人依法享受国家规定的职业病待遇。（　　）
   A. 人民政府
   B. 用人单位
   C. 人民法院
   D. 安全生产监管部门

32. 在取得安全生产许可证的程序中,安全生产许可证颁发管理机关进行实质性审查的方式不包括（　　）
   A. 委托其他行政机关代为进行审查或者核实
   B. 委托申请机关内部人员直接进行审查或者核实
   C. 委派本机关的工作人员直接进行审查或者核实
   D. 委托安全中介机构对一些专业技术性很强的设施、设备和工艺进行专门的检测、检验

33. 关于安全生产许可证的颁发和管理,下列说法正确的是（　　）
   A. 中央管理的煤矿企业由国务院安全生产监督管理部门负责
   B. 属于某市的建筑施工企业由设区的市人民政府建设主管部门负责
   C. 某县的雷管生产企业由国务院国防科技工业主管部门负责
   D. 非中央管理的烟花爆竹生产企业由省级人民政府公安部门负责

34. 根据《煤矿安全监察条例》的规定,煤矿安全监察实行_____、教育与惩处相结合的方法。（　　）
   A. 安全监察与综合治理相结合
   B. 安全监察与促进安全管理相结合
   C. 安全监察与行业监督相结合
   D. 安全监察与联合执法相结合

35. 根据《煤矿安全监察条例》的规定,关于安全设施验收和安全条件的审查,下列表述有误的是（　　）
   A. 验收不合格的,不得投入生产
   B. 未经验收,经负责人同意后可以投入生产
   C. 煤矿建设工程竣工后或者投产前,应当经煤矿安全监察机构对其安全设施和条件进行验收
   D. 煤矿安全监察机构对煤矿建设工程安全设施和条件进行验收,应当自收到申请验收文件之日起30日内验收完毕,签署合格或者不合格的意见,并书面答复

36. 依据《煤矿安全监察条例》，煤矿作业场所未使用专用防爆电器设备、专用放炮器、人员专用升降容器或者使用明火明电照明，经煤矿安全监察机构责令限期改正，逾期不改正的，由煤矿安全监察机构责令停产整顿，可以处_____以下的罚款。（　　）
   A. 1 万元
   B. 2 万元
   C. 3 万元
   D. 5 万元

37. 下列不属于《国务院关于预防煤矿生产安全事故的特别规定》中规定的应当实施行政处罚的煤矿预防生产安全事故违法行为的是（　　）
   A. 无证照非法生产的
   B. 在停产整顿期间擅自生产的
   C. 未依法对安全隐患进行排查和报告的
   D. 2 个月内 3 次以上发现未依法对井下作业人员进行安全教育和培训的

38. 下列不属于建筑法律、行政法规关于人身意外伤害保险规定的是（　　）
   A. 意外伤害保险是法定的强制性保险
   B. 意外伤害保险的投保人是施工单位
   C. 意外伤害保险期限晚于建设工程工期
   D. 意外伤害保险的被保险人或者受益人是从事危险作业的职工

39. 依据《建设工程安全生产管理条例》的规定，实行施工总承包的，由_____支付意外伤害保险费。（　　）
   A. 总承包单位
   B. 总承包单位和分包单位共同
   C. 分包单位
   D. 总承包单位和分包单位根据合同约定分别

40. 依据《危险化学品安全管理条例》，从事剧毒化学品、易制爆危险化学品经营的企业，应当向所在地_____提出申请。（　　）
   A. 省级人民政府安全生产监督管理部门
   B. 设区的市级人民政府安全生产监督管理部门
   C. 县级人民政府安全生产监督管理部门
   D. 县级人民政府劳动行政管理部门

41. 根据《危险化学品安全管理条例》规定，运输危险化学品的车辆，必须配备必要的_____和防护用品。（　　）
   A. 医疗救护人员
   B. 技术指导人员
   C. 应急救援器材
   D. 车辆动态稳定装置

42. 依据《危险化学品安全管理条例》的规定，危险化学品生产企业、进口企业，应当向_____办理危险化学品登记。（　　）
   A. 公安机关
   B. 县级以上人民政府
   C. 卫生行政管理部门
   D. 国务院安全生产监督管理部门

43. 依据《烟花爆竹安全管理条例》的规定，安全生产监督管理部门应当自受理申请之日起_____内对提交的有关材料和经营场所进行审查，符合条件的，核发《烟花爆竹（批发）经营许可证》。（　　）
   A. 15 日
   B. 20 日
   C. 30 日
   D. 45 日

44. 根据《烟花爆竹安全管理条例》，从事烟花爆竹零售的经营者销售非法生产、经营的烟花爆竹，或者销售按照国家标准规定应由专业燃放人员燃放的烟花爆竹的，由_____责令停止违法行为，处_____的罚款，并没收非法经营的物品及违法所得；情节严重的，吊销烟花爆竹经营许可证。（　　）
   A. 安全生产监督管理部门；1 000 元以上 5 000 元以下
   B. 安全生产监督管理部门；5 000 元以上 1 万元以下
   C. 公安部门；1 000 元以上 5 000 元以下
   D. 公安部门；5 000 元以上 1 万元以下

45. 《烟花爆竹安全管理条例》规定，生产、经营、使用黑火药、烟火药、引火线的企业，丢失黑火药、烟火药、引火线未及时向当地安全生产监督管理部门和公安部门报告的，由公安部门对企业主要负责人处_____的罚款，对丢失的物品予以追缴。（　　）
   A. 5 000 元以上 1 万元以下
   B. 5 000 元以上 2 万元以下
   C. 1 万元以上 2 万元以下
   D. 2 元以上 5 万元以下

46. 依据《民用爆炸物品安全管理条例》的规定，储存的民用爆炸物品数量不得超过（　　）
   A. 仓库最小储存量
   B. 储存容量上限
   C. 仓库最大储存量
   D. 储存设计容量

47. 依据《特种设备安全监察条例》的规定,压力管道设计、安装、使用的安全监督管理办法由_____另行制定。( )
   A. 国务院
   C. 特种设备检验检测机构
   B. 有关地方人民政府
   D. 特种设备安全监督管理部门

48. 民用爆炸物品从业单位的主要负责人未履行《民用爆炸物品安全管理条例》规定的安全管理责任,导致发生重大伤亡事故,构成犯罪的,依法追究刑事责任;尚不构成犯罪的,对主要负责人给予撤职处分,对个人经营的投资人处_____的罚款。( )
   A. 5 000 元以上 1 万元以下
   B. 1 万元以上 2 万元以下
   C. 2 万元以上 20 万元以下
   D. 5 万元以上 10 万元以下

49. 下列情形不属于特别重大事故的是( )
   A. 特种设备事故造成直接经济损失 8 000 万元
   B. 特种设备事故造成 720 兆瓦的锅炉爆炸
   C. 特种设备事故造成 150 人重伤
   D. 特种设备事故造成 35 人死亡

50. 依据《国务院关于特大安全事故行政责任追究的规定》,本地区特大安全事故应急处理预案报上一级人民政府备案前,应经_____签署。( )
   A. 安全生产监督管理部门主要负责人
   B. 安全监察机构主要负责人
   C. 安全生产委员会主要负责人
   D. 政府主要领导人

51. 依据《国务院关于特大安全事故行政责任追究的规定》,特大安全事故发生后,国务院有权对负有领导责任的相关人员进行_____,任何单位均有_____。( )
   A. 行政处分;监督权
   B. 刑事处罚;监督权
   C. 行政处分;举报权
   D. 刑事处罚;举报权

52. 依据《生产安全事故报告和调查处理条例》,单位负责人接到报告后,应当于 1 小时内向事故发生地_____以上人民政府安全生产监督管理部门和负有安全生产监督管理职责的有关部门报告。( )
   A. 乡级
   B. 县级
   C. 市级
   D. 省级

53. 关于缴纳工伤保险费规定的表述中,不正确的是( )
   A. 用人单位缴纳工伤保险费的数额为本单位职工个人工资乘以单位缴费费率之积
   B. 工伤保险费根据以支定收、收支平衡的原则,确定费率
   C. 工伤保险实行用人单位缴纳保险费的方式
   D. 用人单位应当按时缴纳工伤保险费

54. 《工伤保险条例》规定,工伤认定申请人提供材料不完整的,_____应当一次性书面告知工伤认定申请人需要补正的全部材料。( )
   A. 用人单位及工会组织
   B. 社会保险行政部门
   C. 医疗机构以及有关部门
   D. 国务院卫生行政部门

55. 国家注册管理机构应将_____的注册安全工程师名单向社会公布。( )
   A. 准予注册
   B. 准予续期注册
   C. 申请注册
   D. 等待核准注册

56. 依据《注册安全工程师管理规定》,注册安全工程师可以从事的执业范围不包括( )
   A. 安全生产检查
   B. 安全生产管理
   C. 安全生产督查
   D. 安全生产教育和培训

57. 依据《特种作业人员安全技术培训考核管理规定》,高处作业是指专门或经常在坠落高度基准面_____及以上有可能坠落的高处进行的作业。( )
   A. 2 m
   B. 4 m
   C. 6 m
   D. 8 m

58. 依据《特种作业人员安全技术培训考核管理规定》,下列关于特种作业人员考试程序的说法中正确的是( )
   A. 考试结束后 10 个工作日内应当公布考试成绩
   B. 考核发证机关或其委托的单位收到申请后,应当在 45 日内组织考试
   C. 特种作业操作资格考试包括安全技术理论考试和实际操作考试两部分。考试不及格的,重新参加相应的安全技术培训
   D. 参加特种作业操作资格考试的人员,应当填写考试申请表,由申请人或者申请人的用人单位向申请人户籍所在地或者从业所在地的考核发证机关或其委托的单位提交申请表提出考试申请

59. 依据《特种作业人员安全技术培训考核管理规定》的规定,收到申请的考核发证机关应当在_____个工作日内完成对特种作业人员所提交申请材料的审查,作出受理或者不予受理的决定。（ ）
   A. 14
   B. 10
   C. 7
   D. 5

60. 根据《劳动防护用品监督管理规定》,特种劳动防护用品实行_____管理。（ ）
   A. 质量认证
   B. 产品评级
   C. 安全标志
   D. 行业自律

61. 生产经营单位未按照有关规定进行申报变更的,由安全生产监督管理部门责令限期改正,可以并处_____的罚款。（ ）
   A. 1 000元以上1万元以下
   B. 2 000元以上2万元以下
   C. 1万元以上3万元以下
   D. 3万元以上5万元以下

62. 防爆电机厂翻砂工小李发现钢包裂缝,将此事向车间主任王某进行了汇报,王某即向主管生产厂长李某进行了汇报,李某即向厂长赵某报告事故隐患。依据《安全生产事故隐患排查治理暂行规定》,此事故隐患的整改应为（ ）
   A. 由车间主任王某负责
   B. 由厂长赵某负责
   C. 由翻砂工小李负责
   D. 由主管生产厂长李某负责

63. 《安全生产事故隐患排查治理暂行规定》规定,对于不具备安全生产条件的生产经营单位,安全监管监察部门应依法提请_____按照国务院规定的权限予以关闭。（ ）
   A. 县级以上人民政府
   B. 市级以上人民政府
   C. 省级以上人民政府
   D. 国务院

64. 依据《安全生产事故隐患排查治理暂行规定》,生产经营单位未制定事故隐患治理方案的,可对其处_____万元以下的罚款。（ ）
   A. 1
   B. 2
   C. 3
   D. 5

65. 依据《安全生产事故隐患排查治理暂行规定》,生产经营单位存在重大事故隐患不报或者未及时报告的,由安全监管监察部门给予警告,并处_____万元以下的罚款。（ ）
   A. 10
   B. 5
   C. 3
   D. 2

66. 《生产安全事故信息报告和处置办法》规定省级安全生产监督管理部门、省级煤矿安全监察机构接到事故报告后,应当在_____小时内先用电话快报国家安全生产监督管理总局、国家煤矿安全监察局,随后补报文字报告。（ ）
   A. 1
   B. 2
   C. 3
   D. 4

67. 依据《建设项目安全设施"三同时"监督管理暂行办法》,建设项目安全设施未与主体工程同时设计、同时施工或者同时投入使用的,安全生产监督管理部门对与此有关的_____一律不予审批。（ ）
   A. 行政审查
   B. 行政审批
   C. 行政许可
   D. 行政强制

68. 国家标准、行业标准又可分为（ ）
   A. 强制性标准和特殊性标准
   B. 强制性标准和推荐性标准
   C. 普通性标准和特殊性标准
   D. 基础标准和特殊标准

69. 安全生产（行业）标准的代码是（ ）
   A. LD
   B. MT
   C. JB
   D. AQ

70. _____自安全生产标准化技术委员会或其他标委会收到新工作项目建议提案,起到新工作项目建议上报国务院标准化行政主管部门或者国家安全生产监督管理总局止。( )

A. 立项
B. 预阶段
C. 起草阶段
D. 审查阶段

二、多项选择题(共15题,每题2分。每题的备选项中,有2个或2个以上符合题意,至少有1个错误选项。错选,本题不得分;少选,所选的每个选项得0.5分)

71. 社会主义法的适用的原则主要有 ( )

A. 权责统一
B. 社会监督,综合治理
C. 公民在适用法律上一律平等
D. 以事实为依据,以法律为准绳
E. 法律适用机关依法独立行使职权

72.《安全生产法》规定,生产经营单位的主要负责人不依照本法规定保证安全生产所必需的资金投入,致使生产经营单位不具备安全生产条件的,其处罚措施有 ( )

A. 责令限期改正,提供必需的资金
B. 逾期未改正的,责令生产经营单位停产停业整顿
C. 尚不够刑事处罚的,对生产经营单位的主要负责人给予撤职处分
D. 导致发生生产安全事故,构成犯罪的,依照刑法有关规定追究刑事责任
E. 尚不够刑事处罚的,对个人经营的投资人处5万元以上30万元以下的罚款

73. 国家对改善安全生产条件、防止生产安全事故、参加抢险救护等方面取得显著成绩的单位和个人,给予奖励。奖励的形式主要包括 ( )

A. 晋升职务
B. 增加休息日
C. 给予其子女高考加20分的优惠
D. 给予荣誉奖励,授予荣誉称号
E. 物质奖励,颁发奖金或者奖给实物

74. 依据《安全生产法》,生产经营单位加强安全生产管理,应有必要的 ( )

A. 安全领导小组
B. 安全管理制度
C. 安全生产管理人员
D. 安全生产管理机构
E. 安全后勤服务

75. 企事业单位违反《消防法》的下列情形中,应当给予责令改正,处5 000元以上5万元以下罚款的有 ( )

A. 埋压、圈占、遮挡消火栓或者占用防火间距的
B. 损坏、挪用或者擅自拆除、停用消防设施、器材的
C. 消防设计经公安机关消防机构依法抽查不合格,不停止施工的
D. 占用、堵塞、封闭疏散通道、安全出口或者有其他妨碍安全疏散行为的
E. 建筑施工企业不按照消防设计文件和消防技术标准施工,降低消防施工质量的

76. 突发事件预防与应急准备的基础性工作主要包括 ( )

A. 制定应急预案
B. 建设应急避难场所
C. 封锁危险场所
D. 建立健全监测预警制度
E. 开展应急培训

77.《刑法》有关安全生产犯罪的规定主要有_____、危险物品肇事罪、提供虚假证明文件罪以及国家工作人员职务犯罪等。 ( )

A. 重大责任事故罪
B. 重大劳动安全事故罪
C. 大型群众性活动重大事故罪
D. 不报或者谎报事故罪
E. 妨害公务罪

78. 依据《最高人民法院、最高人民检察院关于办理危害矿山生产安全刑事案件具体应用法律若干问题的解释》,下列情形中应当认定为"重大伤亡事故或者其他严重后果"的有 ( )

A. 造成死亡1人以上
B. 造成死亡3人以上
C. 其他特别恶劣的情节
D. 造成直接经济损失100万元以上的
E. 重伤3人以上的

79. 用人单位有_____情形的,依法给予行政处罚;构成犯罪的,依法追究刑事责任;给劳动者造成损害的,应当承担赔偿责任。( )
   A. 强迫劳动者订立或解除劳动合同的
   B. 侮辱、体罚、殴打、非法搜查或者拘禁劳动者的
   C. 违章指挥或者强令冒险作业危及劳动者人身安全的
   D. 以暴力、威胁或者非法限制人身自由的手段强迫劳动的
   E. 劳动条件恶劣、环境污染严重,给劳动者身心健康造成严重损害的

80. 根据《安全生产法》有关生产经营单位主要负责人安全责任的规定,结合建设施工的实际,《建设工程安全生产管理条例》规定,施工单位主要负责人依法对本单位的安全生产工作全面负责,其主要职责包括 ( )
   A. 制定安全生产规章制度和操作规程
   B. 建立健全安全生产管理制度
   C. 保证本单位安全生产条件所需资金的投入
   D. 建立健全安全教育培训制度
   E. 对所承担的建设工程进行定期和专项安全检查,并做好安全检查记录

81. 依据《危险化学品安全管理条例》,危险化学品道路运输企业的_____,必须掌握危险化学品运输的安全知识,并经所在地设区的市级人民政府交通部门考核合格,取得上岗资格证,方可上岗作业。( )
   A. 驾驶员
   B. 押运人员
   C. 装卸管理人员
   D. 车辆维修人员
   E. 主要负责人

82. 从事烟花爆竹批发的企业,应当具备的条件有 ( )
   A. 依法进行了安全评价
   B. 不需要具有企业法人条件
   C. 有符合国家标准的经营场所和储存设施
   D. 经营场所与周边建筑、设施保持必要的安全距离
   E. 有事故应急救援预案、应急救援组织和人员,并配备必要的器材、设备

83. 依据《生产经营单位安全培训规定》的规定,生产经营单位安全生产管理人员是指生产经营单位的 ( )
   A. 分管安全生产的负责人
   B. 安全生产管理机构负责人及其管理人员

   C. 有限责任公司或者股份有限公司的董事长
   D. 未设安全生产管理机构的生产经营单位专职安全生产管理人员
   E. 未设安全生产管理机构的生产经营单位兼职安全生产管理人员

84. 考核发证机关应当注销特种作业操作证的情形包括 ( )
   A. 特种作业人员死亡的
   B. 特种作业人员提出注销申请的
   C. 特种作业操作证被依法撤销的
   D. 对发生生产安全事故负有责任的
   E. 特种作业操作证记载虚假信息的

85. 依据《安全生产事故隐患排查治理暂行规定》,重大事故隐患报告内容应当包括 ( )
   A. 隐患的治理方案
   B. 隐患排查所需资金
   C. 事故隐患责任主体
   D. 隐患的现状及其产生原因
   E. 隐患的危害程度和整改难易程度分析

安全生产法及相关法律知识
考前冲刺密押试卷（二）参考答案及精解精析

一、单项选择题

1.【参考答案】 B （1P₂）
【考查要点】 本题考查的是法律规范的构成要素
【精解精析】 法律规范由假定、处理和制裁三个要素构成。处理是法律规范的中心部分，是法律规范的主要内容。

2.【参考答案】 A （1P₃）
【考查要点】 本题考查的是法律的时间效力
【精解精析】 法律的时间效力是指法律何时生效和何时终止效力。其中，法律何时生效主要有三种情况：(1)自法律公布之日起开始生效；(2)法律另行规定生效时间；(3)规定法律公布后到达一定期限时生效。

3.【参考答案】 D （1P₁₉）
【考查要点】 本题考查的是《安全生产法》的立法宗旨
【精解精析】《安全生产法》明文规定，为了加强安全生产监督管理，防止和减少生产安全事故，保障人民群众生命和财产安全，促进经济发展，制定本法。

4.【参考答案】 C （2P₃₈）
【考查要点】 本题考查的是安全生产标准
【精解精析】《安全生产法》规定，国务院有关部门应当按照保障安全生产的要求，依法及时制定有关的国家标准或者行业标准，并根据科技进步和经济发展适时修订。生产经营单位必须执行依法制定的保障安全生产的国家标准或者行业标准。

5.【参考答案】 C （2P₃₈）
【考查要点】 本题考查的是生产安全事故的行政处分
【精解精析】 行政处分包括警告、记过、降级、降职、撤职、开除等。

6.【参考答案】 A （2P₃₈）
【考查要点】 本题考查的是安全生产标准
【精解精析】 依照《安全生产法》和《标准化法》的规定，涉及安全生产方面的标准主要有国家标准和行业标准，其中多数是强制性标准。

7.【参考答案】 C （2P₄₅）
【考查要点】 本题考查的是安全生产管理机构和安全生产管理人员的配置
【精解精析】《安全生产法》规定，矿山、建筑施工单位和危险物品的生产、经营、储存单位，应当设置安全生产管理机构或者配备专职安全生产管理人员。

8.【参考答案】 D （2P₄₅）
【考查要点】 本题考查的是生产经营单位有关人员必须具备法定的安全资质条件
【精解精析】《安全生产法》从3个方面对生产经营单位有关人员必须具备法定的安全资质条件作出了规定：(1)生产经营单位的主要负责人和安全生产管理人员必须具备与本单位所从事的生产经营活动相应的安全生产知识和管理能力；(2)危险物品的生产、经营、储存单位以及矿山、建筑施工单位的主要负责人和安全生产管理人员，应当由有关主管部门对其安全生产知识和管理能力考核，合格后方可任职；(3)生产经营单位的特种作业人员必须按照国家有关规定经专门的安全作业培训，取得特种作业操作资格证书，方可上岗作业。

9.【参考答案】 B （2P₅₀）
【考查要点】 本题考查的是对从业人员安全生产培训的规定
【精解精析】 依据《安全生产法》的规定，生产经营单位应当安排用于配备劳动防护用品、进行安全生产培训的经费。

10.【参考答案】 A （2P₅₆）
【考查要点】 本题考查的是负有安全生产监督管理职责的部门
【精解精析】 负有安全生产监督管理职责的部门是对县级以上人民政府负责安全生产监督管理的各有关部门的统称

11.【参考答案】 C （2P₅₉）
【考查要点】 本题考查的是安全生产监督检查人员依法履行职责的要求
【精解精析】 依据《安全生产法》的规定，安全生产监督检查人员应当将检查的时间、地点、内容、发现的问题及其处理情况，作出书面记录，并由检查人员和被检查单位的负责人签字；被检查单位的负责人拒绝签字的，检查人员应当将情况记录在案，并向负有安全生产监督管理职责的部门报告。

12.【参考答案】 A （2P₆₅~P₆₆）
【考查要点】 本题考查的是安全生产违法行为的责任主体
【精解精析】 安全生产违法行为的责任主体，是指依照《安全生产法》的规定享有安全生产权利、负有安全生产义务和承担法律责任的社会组织和公民。责任主体主要包括4种：(1)有关人民政府和负有安全生产监督管理职责的部门及其领导人、负责人；(2)生产经营单位及其负责人、有关主管人员；(3)生产经营单位的从业人员；(4)安全生产中介服务机构和安全生产中介服务人员。

13.【参考答案】 D （3P₇₇）
【考查要点】 本题考查的是安全技术措施专项费用
【精解精析】《矿山安全法》规定，矿山企业必须从矿产品销售额中按照国家规定提取安全技术措施专项费用。安全技术措施专项费用必须全部用于改善矿山安全生产条件，不得挪作他用。

14.【参考答案】 B （3P₇₈）
【考查要点】 本题考查的是安全技术措施专项费用
【精解精析】《矿山安全法实施条例》规定，矿山企业必须按照国家规定的安全条件进行生产，并安排一部分资金，用于下列改善矿山安全生产条件的项目有：(1)预防矿山事故的安全技术措施；(2)预防职业危害的劳动卫生技术措施；(3)职工的安全培训；(4)改善矿山安全生产条件的其他技术措施。

15.【参考答案】 D （3P₈₁）
【考查要点】 本题考查的是建设工程的消防安全
【精解精析】 国务院公安部门规定的大型的人员密集场所和其他特殊建设工程，建设单位应当将消防设计文件报送公安机关消防机构审核。公安机关消防机构依法对审核的结果负责。

16.【参考答案】 B （3P₈₁~P₈₂）

【考查要点】 本题考查的是有关单位的消防安全职责。

【精解精析】 《消防法》规定了机关、团体、企业、事业等单位的消防安全职责,主要包括:(1)落实消防安全责任制,制定本单位的消防安全制度、消防安全操作规程,制定灭火和应急疏散预案;(2)按照国家标准、行业标准配置消防设施、器材,设置消防安全标志,并定期组织检验、维修,确保完好有效;(3)对建筑消防设施每年至少进行一次全面检测,确保完好有效,检测记录应当完整准确,存档备查;(4)保障疏散通道、安全出口、消防车通道畅通,保证防火防烟分区、防火间距符合消防技术标准;(5)组织防火检查,及时消除火灾隐患;(6)组织进行有针对性的消防演练;(7)法律、法规规定的其他消防安全职责。

17.【参考答案】 C （3P₈₅）

【考查要点】 本题考查的是受伤人员救治。

【精解精析】 肇事车辆参加机动车第三者责任强制保险的,由保险公司在责任限额范围内支付抢救费用;抢救费用超过责任限额的,未参加机动车第三者责任强制保险或者肇事后逃逸的,由道路交通事故社会救助基金先行垫付部分或者全部抢救费用,道路交通事故社会救助基金管理机构有权向交通事故责任人追偿。

18.【参考答案】 D （3P₉₁）

【考查要点】 本题考查的是三级、四级警报后的措施。

【精解精析】 三级、四级警报是预警中级别相对较低的,三级、四级警报后,县级以上地方各级人民政府应当采取如下五种措施:(1)启动应急预案;(2)责令有关部门、专业机构、监测网点和负有特定职责的人员收集、报告有关信息,向社会公布反映突发事件信息的渠道,加强监测、预报和预警;(3)组织对突发事件信息进行分析评估,预测事件的可能性及影响范围和强度,以及可能发生的突发事件的级别;(4)向社会公布预测的信息和分析评估的结果,并对信息的报道进行管理;(5)及时发布警告、宣传减灾常识和公布咨询电话。

19.【参考答案】 B （3P₉₁）

【考查要点】 本题考查的是应急处置措施的法定条件、主体和要求。

【精解精析】 A项,应急处置措施是一种行政行为;C项,应急处置措施实施的主体是履行统一领导职责或者组织处置突发事件的人民政府;D项,应急处置措施是一种暂时的强制性行政应急措施。

20.【参考答案】 B （4P₉₄）

【考查要点】 本题考查的是刑法的基本原则。

【精解精析】 刑法的基本原则,是指体现刑法的性质和任务,贯穿于刑法始终的指导刑事立法和刑事司法的基本准则。1997年修订的《刑法》结合我国同犯罪作斗争的具体经验和实际情况,在总则的相关条款中分别规定了罪刑法定原则、适用刑法平等原则和罪刑相适应原则。

21.【参考答案】 D （4P₉₇~P₉₈）

【考查要点】 本题考查的是重大责任事故罪。

【精解精析】 《刑法》规定,在生产、作业中违反有关安全管理的规定,因而发生重大伤亡事故或者造成其他严重后果的,处三年以下有期徒刑或拘役;情节特别恶劣的,处三年以上七年以下有期徒刑。

22.【参考答案】 C （4P₁₀₅）

【考查要点】 本题考查的是行政相对人的陈述权。

【精解精析】 当行政处罚实施机关对行政相对人实施行政处罚时,行政相对人有权如实陈述与行政处罚相关的事实、情节。行政处罚实施机关应当告知并保证行政相对人行使陈述权,不得以任何理由和借口剥夺、阻止行政相对人行使陈述权。

23.【参考答案】 D （4P₁₀₈）

【考查要点】 本题考查的是行政处罚的实施主体。

【精解精析】 行政处罚的法定实施主体包括以下三种:(1)具有法定处罚权的国家行政机关;(2)法律、法规授权的组织;(3)受行政机关依法委托的组织。

24.【参考答案】 C （4P₁₀₉）

【考查要点】 本题考查的是指定管辖。

【精解精析】 指定管辖主要是由共同管辖的存在而产生的,两个以上行政机关对同一违法行为均享有行政处罚权时,为共同管辖,而共同管辖的处理规则一般是由行政机关相互协商或按惯例等方式解决,但当异议无法消除,行政机关管辖权发生争议时,应当报请他们共同的上一级行政机关,由上一级行政机关来确定由谁管辖。《行政处罚法》规定,对管辖发生争议的,报请共同的上一级行政机关指定管辖。

25.【参考答案】 B （4P₁₁₃）

【考查要点】 本题考查的是听证程序。

【精解精析】 《行政处罚法》规定,当事人要求听证的,行政机关应当组织听证。当事人不承担行政机关组织听证的费用。

26.【参考答案】 D （4P₁₁₇~P₁₁₈）

【考查要点】 本题考查的是登记的功能。

【精解精析】 核准是由行政机关对某些事项是否达到规定的技术标准、经济技术规范等进行核实、判断和审查确定。申请人符合要求,即允许其从事某项活动。认可是由行政机关对申请人是否具备特定技能的认定,主要适用于为公众提供服务、直接关系公共利益的职业、行业,需要确定具备特殊信誉、特殊条件或者特殊技能等资格、资质的事项。特许是指直接为相对人设定权利能力、行为能力、特定的权利或者总括性法律关系的行为,又称为设权行为。登记是指行政机关通过形式审查确定个人、企业或者其他组织符合规定的条件,确立个人、企业或其他组织的特定主体资格。登记的功能是确认申请人的市场主体资格。

27.【参考答案】 B （4P₁₂₈）

【考查要点】 本题考查的是职业病防治法的前提。

【精解精析】 劳动者依法享有职业卫生保护的权利是劳动者的基本权利,也是制定职业病防治法的前提,或者说是这部法律产生的基础和最充足的理由。

28.【参考答案】 A （4P₁₃₀）

【考查要点】 本题考查的是职业卫生技术服务机构。

【精解精析】 《职业病防治法》规定,职业病危害预评价、职业病危害控制效果评价由依法设立的取得省级以上人民政府卫生行政部门资质认证的职业卫生技术服务机构进行。

29.【参考答案】 C （4P₁₃₂）

【考查要点】 本题考查的是急性职业危害事故。

【精解精析】 《职业病防治法》规定,对遭受或者可能遭受急性职业病危害的劳动者,用人单位应当及时组织救治、进行健康检查和医学观察,所需费用由用人单位承担。

30.【参考答案】 A （4P₁₃₉）

【考查要点】 本题考查的是劳动合同的种类。

【精解精析】 依据《劳动合同法》的规定,劳动合同分为固定期限劳动合同、无固定期限劳动合同和以完成一定工作任务为期限的劳动合同。

31.【参考答案】 B (4P₁₃₃)
【考查要点】 本题考查的是职业病病人保障
【精解精析】 《职业病防治法》规定,用人单位应当保障职业病病人依法享受国家规定的职业病待遇。用人单位应当按照国家有关规定,安排职业病病人进行治疗、康复和定期检查。用人单位对不适宜继续从事原工作的职业病病人,应当调离原岗位,并妥善安置。用人单位对从事接触职业病危害的作业的劳动者,应当给予适当岗位津贴。

32.【参考答案】 B (5P₁₄₉)
【考查要点】 本题考查的是安全生产许可证颁发管理机关进行实质性审查的方式
【精解精析】 安全生产许可证颁发管理机关进行实质性审查的方式主要有3种:(1)委派本机关的工作人员直接进行审查或者核实;(2)委托其他行政机关代为进行审查或者核实;(3)委托安全中介机构对一些专业技术性很强的设施、设备和工艺进行专门的检测、检验。

33.【参考答案】 C (5P₁₅₁~P₁₅₃)
【考查要点】 本题考查的是不同行业安全生产许可证的颁发机关
【精解精析】 C项,根据《安全生产许可证条例》规定,民用爆破器材生产企业由国务院国防科技工业主管部门负责;A项,国家煤矿安全监察机构负责中央管理的煤矿企业安全生产许可证的颁发和管理;B项,非中央管理的建筑施工企业由省、自治区、直辖市人民政府建设主管部门负责,并接受国务院建设主管部门的指导和监督;D项,非中央管理的烟花爆竹生产企业由省、自治区、直辖市人民政府安全生产监督管理部门负责,并接受国务院安全生产监督管理部门的指导和监督。

34.【参考答案】 B (5P₁₅₉)
【考查要点】 本题考查的是煤矿安全监察机构的法律地位
【精解精析】 《煤矿安全监察条例》规定,煤矿安全监察应当以预防为主,及时发现和消除事故隐患,有效纠正影响煤矿安全的违法行为,实行安全监察与促进安全管理相结合、教育与惩处相结合的方法。

35.【参考答案】 B (5P₁₆₁)
【考查要点】 本题考查的是安全设施验收和安全条件审查
【精解精析】 煤矿建设工程竣工后或者投产前,应当经煤矿安全监察机构对其安全设施和条件进行验收;未经验收或者验收不合格的,不得投入生产。煤矿安全监察机构对煤矿建设工程安全设施和条件进行验收,应当自收到申请验收文件之日起30日内验收完毕,签署合格或者不合格的意见,并书面答复。

36.【参考答案】 C (5P₁₆₃)
【考查要点】 本题考查的是煤矿安全设施、条件违法的责任
【精解精析】 依据《煤矿安全监察条例》的规定,煤矿作业场所未使用专用防爆电器设备、专用放炮器、人员专用升降容器或者使用明火明电照明,经煤矿安全监察机构责令限期改正,逾期不改正的,由煤矿安全监察机构责令停产整顿,可以处3万元以下的罚款。

37.【参考答案】 D (5P₁₇₃)
【考查要点】 本题考查的是煤矿企业及其从业人员的违法行为
【精解精析】 《国务院关于预防煤矿生产安全事故的特别规定》中规定的实施行政处罚的煤矿预防生产安全事故违法行为包括10种,除A、B、D三项外还包括:(1)有重大安全生产隐患和违法行为仍然进行生产的;(2)关闭的煤矿擅自恢复生产的;(3)未依法对井下作业人员进行安全生产教育和培训的;(4)1个月内3次以上发现未依法对井下作业人员进行安全生产教育和培训的;(5)拒不执行有关执法指令的;(6)未按国家规定带班下井或者下井登记虚假档案的;(7)未依法向每位矿工发放煤矿矿工安全手册的。

38.【参考答案】 C (5P₁₈₄)
【考查要点】 本题考查的是意外伤害保险
【精解精析】 建筑法律、行政法规关于人身意外伤害保险的规定,包括4个方面的内容:(1)意外伤害保险是法定的强制性保险;(2)意外伤害保险的投保人是施工单位;(3)意外伤害保险的被保险人或者受益人是从事危险作业的职工;(4)意外伤害保险期限与建设工程工期相同。

39.【参考答案】 A (5P₁₈₃)
【考查要点】 本题考查的是人身意外伤害保险的支付
【精解精析】 《建设工程安全生产管理条例》规定,施工单位应当为施工现场从事危险作业的人员办理意外伤害保险。意外伤害保险费由施工单位支付。实行施工总承包的,由总承包单位支付意外伤害保险费。

40.【参考答案】 B (5P₁₉₃)
【考查要点】 本题考查的是危险化学品经营的申办程序
【精解精析】 依据《危险化学品安全管理条例》的规定,从事剧毒化学品、易制爆危险化学品经营的企业,应当向所在地设区的市级人民政府安全生产监督管理部门提出申请,从事其他危险化学品经营的企业,应当向所在地县级人民政府安全生产监督管理部门提出申请(有储存设施的,应当向所在地设区的市级人民政府安全生产监督管理部门提出申请)。

41.【参考答案】 C (5P₁₉₅)
【考查要点】 本题考查的是危险化学品在道路运输途中的安全管理
【精解精析】 《危险化学品安全管理条例》规定,运输危险化学品,应当根据危险化学品的危险特性采取相应的安全防护措施,并配备必要的防护用品和应急救援器材。

42.【参考答案】 D (5P₁₉₈)
【考查要点】 本题考查的是危险化学品登记管理
【精解精析】 《危险化学品安全管理条例》规定,危险化学品生产企业、进口企业,应当向国务院安全生产监督管理部门负责危险化学品登记的机构办理危险化学品登记。

43.【参考答案】 C (5P₂₀₈)
【考查要点】 本题考查的是烟花爆竹经营安全许可证
【精解精析】 依据《烟花爆竹安全管理条例》的规定,申请从事烟花爆竹批发的企业,应当向所在地省、自治区、直辖市人民政府安全生产监督管理部门或者其委托的设区的市人民政府安全生产监督管理部门提出申请,并提供能够证明符合本条例规定条件的有关材料。受理申请的安全生产监督管理部门应当自受理申请之日起30日内对提交的有关材料和经营场所进行审查,对符合条件的,核发《烟花爆竹经营(批发)许可证》;对不符合条件的,应当说明理由。

44.【参考答案】 A (5P₂₁₀)
【考查要点】 本题考查的是对违反规定销售烟花爆竹活动的处罚
【精解精析】 《烟花爆竹安全管理条例》规定,从事烟花爆竹零售的经营者销售非法生产、经营的烟花

爆竹，或者销售按照国家标准规定应由专业燃放人员燃放的烟花爆竹的，由安全生产监督管理部门责令停止违法行为，处1 000元以上5 000元以下的罚款，并没收非法经营的物品及违法所得；情节严重的，吊销烟花爆竹经营许可证。

45.【参考答案】 B （5P$_{210}$～P$_{211}$）

【考查要点】 本题考查的是对丢失主要烟花爆竹生产原料而不报告的行为的处罚

【精解精析】 《烟花爆竹安全管理条例》规定，生产、经营、使用黑火药、烟火药、引火线的企业，丢失黑火药、烟火药、引火线未及时向当地安全生产监督管理部门和公安部门报告的，由公安部门对企业主要负责人处5 000元以上2万元以下的罚款，对丢失的物品予以追缴。

46.【参考答案】 D （5P$_{217}$）

【考查要点】 本题考查的是储存民用爆炸物品的规定

【精解精析】 《民用爆炸物品安全管理条例》规定，储存的民用爆炸物品数量不得超过储存设计容量，对性质相抵触的民用爆炸物品必须分库储存，严禁在库房内存放其他物品。

47.【参考答案】 A （5P$_{221}$）

【考查要点】 本题考查的是特种设备排除适用的规定

【精解精析】 《特种设备安全监察条例》规定，压力管道设计、安装、使用的安全监督管理办法由国务院另行制定。

48.【参考答案】 C （5P$_{219}$）

【考查要点】 本题考查的是民用爆炸物品安全管理违法行为应负的法律责任

【精解精析】 民用爆炸物品从业单位的主要负责人未履行《民用爆炸物品安全管理条例》规定的安全管理责任，导致发生重大伤亡事故或者造成其他严重后果，构成犯罪的，依法追究刑事责任；尚不构成犯罪的，对主要负责人给予撤职处分，对个人经营的投资人处2万元以上20万元以下的罚款。

49.【参考答案】 A （5P$_{239}$）

【考查要点】 本题考查的是特种设备较大事故

【精解精析】 《特种设备安全监察条例》规定，有下列情形之一的，为特别重大事故：(1)特种设备事故造成30人以上死亡，或者100人以上重伤(包括急性工业中毒)，或者1亿元以上直接经济损失的；(2)600兆瓦以上锅炉爆炸的；(3)压力容器、压力管道有毒介质泄漏，造成15万人以上转移的；(4)客运索道、大型游乐设施高空滞留100人以上并且时间在48小时以上的。

50.【参考答案】 D （5P$_{250}$）

【考查要点】 本题考查的是地方各级人民政府的安全职责

【精解精析】 依据《国务院关于特大安全事故行政责任追究的规定》，本地区特大安全事故应急处理预案经政府主要领导人签署后，报上一级人民政府备案。

51.【参考答案】 C （5P$_{251}$）

【考查要点】 本题考查的是发生特大事故的责任追究规定

【精解精析】 《国务院关于特大安全事故行政责任追究的规定》规定，发生特大安全事故，社会影响特别恶劣或者性质特别严重的，由国务院对负有领导责任的省长、自治区主席、直辖市市长和国务院有关部门正职负责人给予行政处分。任何单位和个人均有权向有关地方人民政府或者政府部门报告特大安全事故隐患，有权向上级人民政府或者政府部门举报地方人民政府不履行安全监督管理职责或者不按照规定履行职责的情况。

52.【参考答案】 B （5P$_{257}$）

【考查要点】 本题考查的是安全生产事故报告的程序

【精解精析】 依据《生产安全事故报告和调查处理条例》的规定，单位负责人接到报告后，应当于1小时内向事故发生地县级以上人民政府安全生产监督管理部门和负有安全生产监督管理职责的有关部门报告。

53.【参考答案】 A （5P$_{275}$）

【考查要点】 本题考查的是缴纳工伤保险费的规定

【精解精析】 用人单位缴纳工伤保险费的数额为本单位职工工资总额乘以单位缴费费率之积。故A项不正确，其余三项均正确。

54.【参考答案】 B （5P$_{277}$）

【考查要点】 本题考查的是工伤认定申请材料

【精解精析】 工伤认定申请人提供材料不完整的，社会保险行政部门应当一次性书面告知工伤认定申请人需要补正的全部材料。申请人按照书面告知要求补正材料后，社会保险行政部门应当受理。

55.【参考答案】 A （6P$_{290}$）

【考查要点】 本题考查的是注册安全工程师初始注册的程序

【精解精析】 《注册安全工程师管理规定》规定，国家安全生产监督管理总局自收到部门、省级注册机构以及中央企业总公司(总厂、集团公司)报送的材料之日起20日内完成复审并作出书面决定。准予注册，自作出决定之日起10日内，颁发执业证，并在媒体上予以公告；不予注册，应当书面说明理由。

56.【参考答案】 C （6P$_{291}$）

【考查要点】 本题考查的是注册安全工程师的执业范围

【精解精析】 《注册安全工程师管理规定》规定，注册安全工程师的执业范围包括：(1)安全生产管理；(2)安全生产检查；(3)安全评价或者安全评估；(4)安全检测检验；(5)安全生产技术咨询、服务；(6)安全生产教育和培训；(7)法律、法规规定的其他安全生产技术服务。

57.【参考答案】 A （6P$_{302}$）

【考查要点】 本题考查的是高处作业

【精解精析】 高处作业是指专门或经常在坠落高度基准面2米以上有可能坠落的高处进行的作业。

58.【参考答案】 A （6P$_{306}$）

【考查要点】 本题考查的是特种作业人员的考试程序

【精解精析】 依据《特种作业人员安全技术培训考核管理规定》，特种作业人员的考试遵循以下程序：(1)参加特种作业操作资格考试的人员，应当填写考试申请表，由申请人或申请人的用人单位持学历证明或培训机构出具的培训证明向申请人户籍所在地或从业所在地的考核发证机关或其委托的单位提出申请。(2)考核发证机关或其委托的单位收到申请后，应当在60日内组织考试。(3)特种作业操作资格考试包括安全技术理论考试和实际操作考试两部分。考试不及格的，允许补考一次。经补考仍不及格的，重新参加相应的安全技术培训。(4)考核发证机关或其委托承担特种作业操作资格考试的单位，应当在考试结束后10个工作日内公布考试成绩。

59.【参考答案】 D （6P$_{306}$）

【考查要点】 本题考查的是特种作业人员的发证程序

【精解精析】 收到申请的考核发证机关应当在5个工作日内完成对特种作业人员所提交申请材料的

审查,作出受理或者不予受理的决定。

60. 【参考答案】 C （6P₃₁₀）
【考查要点】 本题考查的是特种劳动防护用品安全标志
【精解精析】 《劳动防护用品监督管理规定》规定,特种劳动防护用品实行安全标志管理。

61. 【参考答案】 C （6P₃₁₇）
【考查要点】 本题考查的是生产经营单位违反职业危害申报规定的处罚
【精解精析】 生产经营单位有关事项发生重大变化,未按有关规定申报变更的,由安全生产监督管理部门责令限期改正,可以并处1万元以上3万元以下的罚款。

62. 【参考答案】 B （6P₃₂₅）
【考查要点】 本题考查的是生产经营单位事故隐患排查治理职责
【精解精析】 依据《安全生产事故隐患排查治理暂行规定》,生产经营单位主要负责人(厂长赵某)对本单位事故隐患排查治理工作全面负责。

63. 【参考答案】 A （6P₃₂₇）
【考查要点】 本题考查的是重大事故隐患治理的监督检查
【精解精析】 《安全生产事故隐患排查治理暂行规定》规定,对不具备安全生产条件的生产经营单位,依法提请县级以上人民政府按照国务院规定的权限予以关闭。

64. 【参考答案】 C （6P₃₂₇）
【考查要点】 本题考查的是生产经营单位违反《安全生产事故隐患排查治理暂行规定》的处罚
【精解精析】 《安全生产事故隐患排查治理暂行规定》规定,生产经营单位违反本规定,有下列行为之一的,由安全监管监察部门给予警告,并处3万元以下的罚款:(1)未建立安全生产事故隐患排查治理等各项制度的;(2)未按规定上报事故隐患排查治理统计分析表的;(3)未制定事故隐患治理方案的;(4)重大事故隐患不报或未及时报告的;(5)未对事故隐患进行排查治理擅自生产经营的;(6)整改不合格或未经安全监管监察部门审查同意擅自恢复生产经营的。

65. 【参考答案】 C （6P₃₂₇）
【考查要点】 本题考查的是生产经营单位违反《安全生产事故隐患排查治理暂行规定》的处罚
【精解精析】 《安全生产事故隐患排查治理暂行规定》规定,生产经营单位违反本规定,有下列行为之一的,由安全监管监察部门给予警告,并处3万元以下的罚款:(1)未建立安全生产事故隐患排查治理等各项制度的;(2)未按规定上报事故隐患排查治理统计分析表的;(3)未制定事故隐患治理方案的;(4)重大事故隐患不报或未及时报告的;(5)未对事故隐患进行排查治理擅自生产经营的;(6)整改不合格或者未经安全监管监察部门审查同意擅自恢复生产经营的。

66. 【参考答案】 A （6P₃₃₃）
【考查要点】 本题考查的是重大、特别重大生产安全事故或者社会影响恶劣的事故的快报
【精解精析】 为了加快重大、特别重大生产安全事故或者社会影响恶劣事故的报告,要求安全生产监督管理部门、煤矿安全监察机构按照《生产安全事故报告和调查处理条例》的规定逐级报告外,增加了电话快报。省级安全生产监督管理部门、省级煤矿安全监察机构接到事故报告后,应当在1小时内先用电话快报国家安全生产监督管理总局、国家煤矿安全监察局,随后补报文字报告。

67. 【参考答案】 C （6P₃₅₁）
【考查要点】 本题考查的是建设项目违反"三同时"管理的处罚

【精解精析】 依据《建设项目安全设施"三同时"监督管理暂行办法》的规定,建设项目安全设施未与主体工程同时设计、同时施工或者同时投入使用的,安全生产监督管理部门对与此有关的行政许可一律不予审批。

68. 【参考答案】 B （7P₃₅₄）
【考查要点】 本题考查的是有关安全标准的分类
【精解精析】 根据《标准化法》的规定,标准有国家标准、行业标准、地方标准和企业标准。国家标准、行业标准又分为强制性标准和推荐性标准。

69. 【参考答案】 D （7P₃₅₆）
【考查要点】 本题考查的是标准类型代码
【精解精析】 标准的类型包括国家标准(GB)和行业标准(如 AQ、MT、LD、JB等)。依据《安全生产行业标准管理规定》,安全生产(行业)标准的代码是 AQ。

70. 【参考答案】 B （7P₃₆₀）
【考查要点】 本题考查的是安全生产标准制定的预阶段
【精解精析】 预阶段是标准计划项目建议的提出阶段,这一阶段自安全生产标准化技术委员会或者其他标委会收到新工作项目建议提案起,到新工作项目建议上报国务院标准化行政主管部门或者国家安全生产监督管理总局止。

二、多项选择题

71. 【参考答案】 CDE （1P₁₀）
【考查要点】 本题考查的是社会主义法的适用原则
【精解精析】 社会主义法的适用原则主要有3个:(1)法律适用机关依法独立行使职权;(2)以事实为根据,以法律为准绳;(3)公民在法律上一律平等。

72. 【参考答案】 ABCD （2P₃₁）
【考查要点】 本题考查的是生产经营单位主要负责人的法律责任
【精解精析】 《安全生产法》规定,生产经营单位的主要负责人不依照本法规定保证安全生产所必需的资金投入,致使生产经营单位不具备安全生产条件的,责令限期改正,提供必需的资金;逾期未改正的,责令生产经营单位停产停业整顿。有前款违法行为,导致发生生产安全事故,构成犯罪的,依照刑法有关规定追究刑事责任;尚不够刑事处罚的,对生产经营单位的主要负责人给予撤职处分,对个人经营的投资人处2万元以上20万元以下的罚款。

73. 【参考答案】 ADE （2P₄₀）
【考查要点】 本题考查的是安全生产奖励
【精解精析】 《安全生产法》规定,国家对在改善安全生产条件、防止生产安全事故、参加抢险救护等方面取得显著成绩的单位和个人,给予奖励。奖励的形式主要包括三种,可以单独采用或者同时采用:(1)给予荣誉奖励,授予荣誉称号;(2)物质奖励,颁发奖金或者奖给实物;(3)晋升职务。

74. 【参考答案】 CD （2P₄₅）
【考查要点】 本题考查的是安全生产管理机构和安全生产管理人员的配置
【精解精析】 依据《安全生产法》的规定,矿山、建筑施工单位和危险物品的生产、经营、储存单位,应当设置安全生产管理机构或者配备专职安全生产管理人员。前款规定以外的其他生产经营单位,从业人员超过300人的,应当设置安全生产管理机构或者配备专职安全生产管理人员;从业人员在300人以下

的,应当配备专职或者兼职的安全生产管理人员,或者委托具有国家规定的相关专业技术资格的工程技术人员提供安全生产管理服务。生产经营单位依照前款规定委托工程技术人员提供安全生产管理服务的,保证安全生产的责任仍由本单位负责。

75.【参考答案】 ABD (3P₈₄)
【考查要点】 本题考查的是单位与个人消防安全违法行为的法律责任
【精解精析】 单位违反《消防法》的规定,有下列行为之一的,责令改正,处5 000元以上5万元以下的罚款:(1)消防设施、器材或消防安全标志的配置、设置不符合国家标准、行业标准,或未保持完好有效的;(2)损坏、挪用或擅自拆除、停用消防设施、器材的;(3)占用、堵塞、封闭疏散通道、安全出口或有其他妨碍安全疏散行为的;(4)埋压、圈占、遮挡消火栓或占用防火间距的;(5)占用、堵塞、封闭消防车通道,妨碍消防车通行的;(6)人员密集场所在门窗上设置影响逃生和灭火救援的障碍物的;(7)对火灾隐患经公安机关消防机构通知后不及时采取措施消除的。

76.【参考答案】 ABDE (3P₈₉)
【考查要点】 本题考查的是突发事件的预防与应急准备
【精解精析】 《突发事件应对法》全面规定了突发事件预防与应急准备的基础性工作,主要包括:制定应急预案,开展应急培训、宣传及应急演练,各类救援队伍组建、物资储备、经费保障、通信保障,建设应急避难场所,建立健全监测预警制度,开展危险源调查、登记、风险评估,调处和化解易引发突发事件的基层矛盾纠纷等。C项属于应急处置和救援的内容。

77.【参考答案】 ABCD (4P₉₇)
【考查要点】 本题考查的是安全生产犯罪
【精解精析】 《刑法》有关安全生产犯罪的规定主要有重大责任事故罪、重大劳动安全事故罪、大型群众性活动重大事故罪、不报或者谎报事故罪、危险物品肇事罪、提供虚假证明文件罪以及国家工作人员职务犯罪等。

78.【参考答案】 ADE (4P₁₀₁~P₁₀₂)
【考查要点】 本题考查的是对"重大伤亡事故或者其他严重后果"情形的量刑
【精解精析】 依据《关于办理危害矿山生产安全刑事案件具体应用法律若干问题的解释》的规定,发生矿山生产安全事故,应当认定为刑法规定的"重大伤亡事故或者其他严重后果"的情形有:(1)造成死亡1人以上,或者重伤3人以上的;(2)造成直接经济损失100万元以上的;(3)造成其他严重后果的情形。应当认定为刑法规定的"情节特别恶劣"的情形有:(1)造成死亡3人以上,或者重伤10人以上的;(2)造成直接经济损失300万元以上的;(3)其他特别恶劣的情节。故题中A、D、E三项应当认定为"重大伤亡事故或者其他严重后果"的情形;B、C两项应当认定为"情节特别恶劣"的情形。

79.【参考答案】 BCDE (4P₁₄₃)
【考查要点】 本题考查的是用人单位侵害劳动者人身权益的法律责任
【精解精析】 《劳动合同法》规定,用人单位有下列情形之一的,依法给予行政处罚;构成犯罪的,依法追究刑事责任;给劳动者造成损害的,应当承担赔偿责任:(1)以暴力、威胁或者非法限制人身自由的手段强迫劳动的;(2)违章指挥或者强令冒险作业危及劳动者人身安全的;(3)侮辱、体罚、殴打、非法搜查或者拘禁劳动者的;(4)劳动条件恶劣、环境污染严重,给劳动者身心健康造成严重损害的。

80.【参考答案】 ACDE (5P₁₈₁)
【考查要点】 本题考查的是施工单位主要负责人的安全责任
【精解精析】《建设工程安全生产管理条例》规定,施工单位主要负责人依法对本单位的安全生产工作全面负责。其主要职责包括:(1)建立健全安全生产责任制;(2)建立健全安全教育培训制度;(3)制定安全生产规章制度和操作规程;(4)保证本单位安全生产条件所需资金的投入;(5)对所承担的建设工程进行定期和专项安全检查,并做好安全检查记录。

81.【参考答案】 ABC (5P₁₉₅)
【考查要点】 本题考查的是危险化学品运输的人员资格
【精解精析】 依据《危险化学品安全管理条例》的规定,危险化学品道路运输企业、水路运输企业的驾驶人员、船员、装卸管理人员、押运人员、申报人员、集装箱装箱现场检查员应当经交通运输主管部门考核合格,取得从业资格。

82.【参考答案】 ACDE (5P₂₀₇~P₂₀₈)
【考查要点】 本题考查的是烟花爆竹批发企业的条件
【精解精析】《烟花爆竹安全管理条例》规定,从事烟花爆竹批发的企业,应当具备下列条件:(1)具有企业法人条件;(2)经营场所与周边建筑、设施保持必要的安全距离;(3)有符合国家标准的经营场所和储存仓库;(4)有保管员、仓库守护员;(5)依法进行了安全评价;(6)有事故应急救援预案、应急救援组织和人员,并配备必要的应急救援器材、设备;(7)法律、法规规定的其他条件。

83.【参考答案】 ABDE (6P₂₉₅)
【考查要点】 本题考查的是生产经营单位安全生产管理人员的范围
【精解精析】 生产经营单位安全生产管理人员是指生产经营单位分管安全生产的负责人、安全生产管理机构负责人及其管理人员,以及未设安全生产管理机构的生产经营单位专、兼职安全生产管理人员等。

84.【参考答案】 ABC (6P₃₀₈)
【考查要点】 本题考查的是注销特种作业操作证的情形
【精解精析】《特种作业人员安全技术培训考核管理规定》规定,有下列情形之一的,考核发证机关应当注销特种作业操作证:(1)特种作业人员死亡的;(2)特种作业人员提出注销申请的;(3)特种作业操作证被依法撤销的。DE两项应当由考核发证机关撤销特种作业操作证。

85.【参考答案】 ADE (6P₃₂₅)
【考查要点】 本题考查的是安全生产重大事故隐患报告内容
【精解精析】《安全生产事故隐患排查治理暂行规定》规定,对于重大事故隐患,生产经营单位除依照前款规定报送外,还应当及时向安全监管监察部门和有关部门报告。重大事故隐患报告内容应当包括:(1)隐患的现状及其产生原因;(2)隐患的危害程度和整改难易程度分析;(3)隐患的治理方案。

2011年全国注册安全工程师执业资格考试

《安全生产法及相关法律知识》

(考试时间150分钟)

题 号	一	二	总分	
题 分	70	30	核分人	
得 分			复查人	

一、单项选择题(共70题,每题1分。每题的备选项中,只有一个最符合题意)

1. 法的层级不同,其法律地位和效力也不相同,下列对安全生产立法按照法律地位和效力由高到低的排序中,正确的是 ( )
   A. 法律、行政法规、部门规章
   B. 法律、地方性法规、行政法规
   C. 行政法规、部门规章、地方性法规
   D. 地方性法规、地方政府规章、部门规章

2. 2011年4月25日,某服装公司发生火灾,造成18人死亡,34人受伤。该公司董事长王某年龄比较大,因患病常年在医院接受治疗,不能主持该公司的日常工作。公司总经理李某于2010年6月出国参加学习一直未归。总经理出国期间,由公司常务副总经理张某全面主持工作。公司由综合管理部负责安全生产管理工作,综合管理部主任是刘某,另外还配备一名专职的安全员负责现场安全监督管理工作。依据《安全生产法》,针对该事故,该公司应当被追究法律责任的主要负责人是 ( )
   A. 董事长王某
   B. 总经理李某
   C. 常务副总经理张某
   D. 综合管理部主任刘某

3. 为保证生产设施、作业场所与周边建筑物、设施保持安全合理的空间,依据《安全生产法》,某烟花爆竹厂的下列做法中,违反法律规定的是 ( )
   A. 生产车间南面200 m处单独设置员工宿舍
   B. 将成品仓库设置在生产车间隔壁
   C. 在单身职工公寓底层设烟花爆竹商店
   D. 在生产车间设置视频监控设施

4. 甲化工厂年产5万t40%乙二醛、2万t蓄电池硫酸、2万t发烟硫酸,甲厂计划明年调整部分生产业务,将硫酸生产线外包给其他单位。依据《安全生产法》,甲厂的下列调整计划中,符合规定的是 ( )
   A. 将蓄电池硫酸生产线外包给乙蓄电池装配厂,由乙厂全面负责安全管理
   B. 将发烟硫酸生产线外包给丙磷肥厂,由甲厂全面负责安全管理
   C. 与承包方签订协议,约定外包生产线的安全责任由承包单位全部承担
   D. 外包的同时,该工厂还负责统一协调、管理外包生产线的安全生产工作

5. 甲电厂将发电机组中的发电机检修工程外包给乙检修公司,将发电机组中的汽轮机检修工程分包给丙检修公司。依据《安全生产法》,乙、丙公司应当 ( )
   A. 执行甲公司的安全生产责任制
   B. 签订安全生产管理协议
   C. 执行乙公司的安全生产责任制
   D. 互不干涉作业活动

6. 依据《安全生产法》,生产经营单位应当依法为从业人员办理的保险是 ( )
   A. 养老保险   B. 工伤社会保险
   C. 人身意外伤害保险 D. 医疗保险

7. 某机械股份有限公司因未及时整改事故隐患发生3人死亡、5人受伤的生产安全事故,该公司总经理张某因此受到刑事处罚。依据《安全生产法》,张某自刑罚执行完毕之日起_____不得担任任何生产经营单位的主要负责人。 ( )
   A. 1年内   B. 3年内
   C. 5年内   D. 终生

8. 依据《安全生产法》,生产经营单位应当具备的安全生产条件所必需的资金投入,由生产经营单位的决策机构、_____或者个人经营的投资人予以保证,并对由于安全生产所必需的资金投入不足导致的后果承担责任。 ( )
   A. 总会计师   B. 主要负责人
   C. 主管安全生产的副职 D. 项目负责人

9. 《矿山安全法》规定,每个矿井的两个安全出口之间的_____必须符合矿山安全规程和行业技术规范。 ( )
   A. 垂直高度   B. 标高差
   C. 相互连接通道   D. 直线水平距离

10. 依据《消防法》,企业销售不合格或者国家明令淘汰的消防产品,可由_____从重处罚。 ( )
    A. 公安消防机构   B. 工商行政管理部门
    C. 安全生产监管部门   D. 消费者协会

11. 依据《消防法》,餐馆的火灾自动报警、消火栓等设施应当每_____全面检测一次。 ( )
    A. 半年   B. 1年
    C. 2年   D. 3年

12. 依据《道路交通安全法》，电动自行车在非机动车道内行驶时，其最高时速不得超过_____km。（ ）
   A. 10　　　　　　　　　　B. 15
   C. 20　　　　　　　　　　D. 25

13. 依据《突发事件应对法》，突发事件发生后，履行统一领导职责的人民政府不可以采取的应急处置措施是（ ）
   A. 要求生产、供应生活必需品的企业组织生产，保证供给
   B. 要求提供医疗、交通等公共服务的组织提供相应的服务
   C. 向有关单位收取全部应急救援费用
   D. 向个人征用应急救援设备、设施、场地、交通工具

14. 《突发事件应对法》规定，国家应当建立健全突发事件应急预案体系，突发事件应急预案的制定、修订程序由_____规定。
   A. 地方政府　　　　　　　B. 国家应急中心
   C. 安全生产监督管理总局　D. 国务院

15. 某煤矿井下施工过程中，发现有透水征兆，因抢救进度，违反煤矿防治水规定，没有进行探放水，导致发生11人死亡的重大事故。依据《刑法》，应以_____的罪名追究该煤矿主要负责人的责任。
   A. 重大施工事故罪　　　　B. 重大劳动安全事故罪
   C. 重大责任事故罪　　　　D. 强令违章冒险作业罪

16. 某矿山现场指挥作业的负责人赵某在未采取足够安全保障措施的情况下，不顾工人的反对意见，强令工人从事爆破作业，造成1人死亡、3人重伤的事故。依据《刑法》的有关规定，不列关于赵某应负刑事责任的说法中，正确的是（ ）
   A. 处3年以下有期徒刑或者拘役
   B. 处3年以上7年以下有期徒刑
   C. 处5年以下有期徒刑或者拘役
   D. 处5年以上有期徒刑

17. 依据《行政处罚法》，应当给予行政处罚的违法行为，在_____内没有被发现的，不再给予处罚。（ ）
   A. 半年　　　　　　　　　B. 1年
   C. 2年　　　　　　　　　 D. 3年

18. 依据《行政处罚法》，行政处罚决定书应当在宣告后当场交付当事人；当事人不在场的，行政机关应当依照《民事诉讼法》的有关规定将行政处罚决定书送达当事人，送达期限为_____日。（ ）
   A. 5　　　　　　　　　　 B. 7
   C. 10　　　　　　　　　　D. 30

19. 依据《行政许可法》，下列关于省、自治区、直辖市人民政府规章的行政许可设定权的说法中，正确的是（ ）
   A. 无权设定行政许可
   B. 有权依据行政管理的需要，设定临时性的行政许可
   C. 提请本级人民代表大会及其常务委员会批准，可设定限制其他地区企业到本地从事经营的许可
   D. 有权设定企业设立登记及前置许可

20. 依据《行政许可法》，除法律、行政法规另有规定外，行政机关应当通过招标、拍卖等公平竞争的方式作出决定来实施行政许可的事项是（ ）
   A. 直接涉及国家安全、公共安全、经济宏观调控、生态环境保护以及直接关系人身健康、生命财产安全等特定活动，需要按照法定条件予以批准的事项
   B. 有限自然资源开发利用、公共资源配置以及直接关系公共利益的特定行业的市场准入等，需要赋予特定权利的事项
   C. 提供公众服务并且直接关系公共利益的职业、行业，需要确定具备特殊信誉、特殊条件或者特殊技能等资格、资质的事项
   D. 直接关系公共安全、人身健康、生命财产安全的重要设备、设施、产品、物品，需要按照技术标准、技术规范，通过检验、检测、检疫等方式进行审定的事项

21. 女职工李某正在哺乳10个月大的婴儿，依据《劳动法》，李某所在单位可以安排她从事的劳动是（ ）
   A. 夜班劳动
   B. 延长工作时间的劳动
   C. 国家规定的第二级体力劳动强度的劳动
   D. 国家规定的第三级体力劳动强度的劳动

22. 依据《职业病防治法》第五十条的规定，用人单位应当按照规定对从事接触职业病危害作业的劳动者给予岗位津贴，安排职业病病人进行（ ）
   A. 自费诊疗　　　　　　　B. 定期教育培训
   C. 疗养休假　　　　　　　D. 治疗、康复和定期检查

23. 依据《职业病防治法》，职业病危害控制效果评价由依法取得资质认可的_____进行。（ ）
   A. 卫生保健机构　　　　　B. 卫生医疗机构
   C. 职业病医疗诊断机构　　D. 职业卫生技术服务机构

24. 依据《职业病防治法》，对从事接触职业病危害作业的劳动者，用人单位应当按照国务院卫生行政部门的规定，组织_____前的职业健康检查，并将检查结果如实告知劳动者。（ ）
   A. 招工　　　　　　　　　B. 上岗
   C. 休假　　　　　　　　　D. 进厂

25. 依据《劳动合同法》，下列内容中，不属于用人单位与劳动者签订的劳动合同中必备条款的是 （　　）
   A. 劳动保护　　　　　　　　　　B. 劳动条件
   C. 职业危害防护　　　　　　　　D. 职业晋升条件

26. 依据《劳动合同法》，劳动者拒绝用人单位管理人员违章指挥的，应当视为 （　　）
   A. 违反劳动合同，但不违反法律
   B. 违反劳动合同，也违反法律
   C. 不违反劳动合同，也不违反法律
   D. 不违反劳动合同，但违反法律

27. 某煤矿安全监察分局按照定期监察计划，对某煤矿进行全面安全检查，已检查了该煤矿安全规章制度制定及落实、煤矿负责人及员工安全培训考核、安全技措费用提取及使用、安全设施审查及验收、现场作业执行安全规程和专用设备使用管理情况。依据《煤矿安全监察条例》，还应重点检查该煤矿的 （　　）
   A. 矿产资源回收计划　　　　　　B. 环境污染及治理情况
   C. 事故预防和应急计划　　　　　D. 员工工伤保险方案

28. 依据《国务院关于预防煤矿生产安全事故的特别规定》，煤矿安全生产监督管理部门或者煤矿安全监察机构发现煤矿企业在生产过程中，其负责人或者生产经营管理人员_____内没有按照国家规定带班下井，责令改正，并对该煤矿企业处 3 万元以上 15 万元以下的罚款。 （　　）
   A. 1 周　　　　　　　　　　　　B. 15 日
   C. 1 个月　　　　　　　　　　　D. 3 个月

29. 依据《国务院关于预防煤矿生产安全事故的特别规定》，被责令停产整顿的煤矿经_____签字，并经有关煤矿安全监察机构审核同意，报请有关地方人民政府主要负责人签字批准，方可恢复生产。 （　　）
   A. 煤矿企业主要负责人
   B. 组织验收的地方人民政府负责煤矿安全监管的部门的主要负责人
   C. 当地县级或者设区的市级安全生产监管部门主要负责人
   D. 当地县级或者设区的市级煤炭行业管理部门主要负责人

30. 某施工单位在开挖基坑时因无地下管线资料不慎挖断天然气管道，导致天然气泄漏并发生爆炸，造成人员伤亡和财产损失。依据《建设工程安全生产管理条例》，施工现场及毗邻区域内的管线资料应由_____提供给施工单位。 （　　）
   A. 工程建设单位　　　　　　　　B. 工程勘察单位
   C. 工程设计单位　　　　　　　　D. 工程监理单位

31. 依据《建设工程安全生产管理条例》，下列关于建设工程承包中施工总承包单位和分包单位安全责任的说法中，正确的是 （　　）
   A. 建设工程实行施工总承包的，由建设单位和总承包单位对施工现场的安全生产负总责
   B. 分包单位应当服从总承包单位的安全管理，分包单位不服从管理导致生产安全事故的，由分包单位承担主要责任
   C. 总承包单位依法将建设工程分包给其他单位的，分包单位对分包工程的安全生产承担主要责任
   D. 分包单位不服从管理导致生产安全事故的，分包单位和总承包单位对分包工程的安全生产承担连带责任

32. 2011 年国务院修订公布的《危险化学品安全管理条例》，下列关于危险化学品经营许可的说法中，正确的是 （　　）
   A. 依法设立的危险化学品生产企业在其厂区范围内销售本企业生产的危险化学品，不需要取得危险化学品经营许可
   B. 依据《港口法》的规定取得港口经营许可证的港口经营人，不需要取得危险化学品经营许可
   C. 从事危险化学品经营的企业，应当向所在地设区的市级人民政府安全生产监督管理部门提出申请
   D. 安全生产监督管理部门应对提出办理危险化学品经营许可证申请的企业进行审查，予以批准的，颁发危险化学品经营许可证；不予批准的，应当面通知申请人并说明理由

33. 2011 年国务院修订公布的《危险化学品安全管理条例》规定，生产、储存危险化学品的企业，应当委托具备国家规定的资质条件的机构，对本企业的安全生产条件每_____年进行一次安全评价，提出安全评价报告。 （　　）
   A. 3　　　　　　　　　　　　　　B. 2
   C. 1　　　　　　　　　　　　　　D. 4

34. 2011 年国务院修订公布的《危险化学品安全管理条例》所称危险化学品，是指具有毒害、腐蚀、爆炸、燃烧、助燃等性质，对_____具有危害的剧毒化学品和其他化学品。 （　　）
   A. 人体、环境、产品　　　　　　B. 设施、场所、产品
   C. 人体、设施、环境　　　　　　D. 人体、设施、设备

35. 2011 年国务院修订公布的《危险化学品安全管理条例》规定，禁止通过内河运输的剧毒化学品及其他危险化学品的范围，由国务院交通运输主管部门会同国务院环境保护主管部门、安全生产监督管理部门以及_____规定并公布。 （　　）
   A. 公安部门
   B. 工商行政主管部门
   C. 工业和信息化主管部门
   D. 质量监督检验检疫主管部门

36. 依据《烟花爆竹安全管理条例》，举办焰火晚会以及其他大型焰火燃放活动，应当按照举办的时间、地点、_____、活动性质、规模以及燃放烟花爆竹的种类、规模及数量确定危险等级，实行分级管理。 （　　）
   A. 单位　　　　　　　　　　　　B. 人员
   C. 天气　　　　　　　　　　　　D. 环境

37. 甲县某烟花爆竹批发企业委托乙县一家具有资质的汽车运输公司,前往丙县某烟花爆竹生产企业运回一批烟花爆竹,途经丁县,依据《烟花爆竹安全管理条例》,这次运输应当向_____公安部门申请办理《烟花爆竹道路运输许可证》。（ ）
   A. 甲县 B. 乙县
   C. 丙县 D. 丁县

38. 《民用爆炸物品安全管理条例》第三十三条规定,爆破作业单位应当对本单位_____进行专业技术培训。（ ）
   A. 安全管理人员、爆破作业人员、现场监护人员
   B. 现场监护人员、警戒保卫人员、爆破作业人员
   C. 消防人员、现场监护人员、爆破作业人员
   D. 爆破作业人员、安全管理人员、仓库管理人员

39. 《民用爆炸物品安全管理条例》第六条规定,无民事行为能力人、_____或者曾因犯罪受过刑事处罚的人,不得从事民用爆炸物品的生产、销售、购买、运输和爆破作业。（ ）
   A. 曾因违法受过行政处罚的人 B. 限制民事行为能力人
   C. 未受过专项安全培训的人 D. 受过行政处分的人

40. 《安全生产许可证条例》第七条规定,安全生产许可证颁发管理机关应当自收到申请之日起_____日内审查完毕,经审查符合规定的安全生产条件的,颁发安全生产许可证。（ ）
   A. 7   B. 15
   C. 45 D. 60

41. 《安全生产许可证条例》规定,企业在安全生产许可证有效期内,严格遵守有关安全生产的法律法规,未发生死亡事故的,安全生产许可证有效期届满时,经原安全生产许可证颁发机关同意,不再审查,安全生产许可证有效期延期_____年。（ ）
   A. 1 B. 2
   C. 3 D. 4

42. 依据《特种设备安全监察条例》,下列关于特种设备使用的表述中,正确的是（ ）
   A. 特种设备在投入使用前或者投入使用后 15 日内,特种设备使用单位应当向直辖市或者设区的市的特种设备安全监督管理部门登记
   B. 特种设备使用单位对在用特种设备应当至少每月进行一次自行检查,并作出记录
   C. 电梯应当至少每 30 日进行一次清洁、润滑、调整和检查
   D. 客运索道、大型游乐设施的运营使用单位在客运索道、大型游乐设施每周投入使用前,应当进行试运行和例行安全检查,并对安全装置进行检查确认

43. 某省 F 市下设的 G 区有一风景名胜区,最近景区经营管理单位建设了一条观光客运索道。依据《特种设备安全监察条例》,该索道使用单位应当在索道投入使用前或者投入使用后规定的日期内,向_____登记。（ ）
   A. F 市安全生产监督管理部门
   B. G 区安全生产监督管理部门
   C. F 市特种设备安全监督管理部门
   D. G 区特种设备安全监督管理部门

44. 依据《使用有毒物品作业场所劳动保护条例》,从事有毒作业的劳动者享有紧急撤离权、职业卫生保护权、查阅索取职业健康监护档案权、享受工伤保险待遇权,以及_____的权利。（ ）
   A. 获得资料 B. 提前退休
   C. 支配劳动保护基金 D. 拒绝加班

45. 依据《使用有毒物品作业场所劳动保护条例》,下列使用高毒物品作业的用人单位对高毒物品作业场所所采取的劳动过程防护措施中,不正确的是（ ）
   A. 配备专职的或者兼职的职业卫生医师和护士
   B. 设置淋浴间和更衣间
   C. 至少每三个月对高毒作业场所进行一次职业中毒危害因素检测
   D. 至少每半年进行一次职业中毒危害因素控制效果评价

46. 依据《工伤保险条例》,职工因工死亡,其近亲属可按照规定从工伤保险基金领取丧葬补助金、供养亲属抚恤金和一次性工亡补助金。其中一次性工亡补助金标准为上一年度_____的 20 倍。（ ）
   A. 所在企业员工人均可支配收入
   B. 所在地全市城镇居民人均可支配收入
   C. 所在地全省城镇居民人均可支配收入
   D. 全国城镇居民人均可支配收入

47. 依据《工伤保险条例》,工伤职工生活护理费按照生活完全不能自理、生活大部分不能自理或者生活部分不能自理 3 个不同等级支付,生活完全不能自理的生活护理费标准为统筹地区上年度职工月平均工资的（ ）
   A. 100% B. 50%
   C. 40%   D. 30%

48. 依据《生产安全事故报告和调查处理条例》,事故造成的伤亡人数发生变化的,应当及时补报。其中道路交通事故、火灾事故补报的时限为自事故发生之日起_____日内。（ ）
   A. 3   B. 7
   C. 15 D. 30

49. 依据《生产安全事故报告和调查处理条例》，生产安全事故造成的伤亡人数发生变化时，应当及时补报。补报的时限为自事故发生之日起_____日内。 （ ）
   A. 10   B. 20
   C. 30   D. 60

50. 依据《注册安全工程师管理规定》，为了保证注册安全工程师的执业水平，注册安全工程师在每个注册周期内应当参加由具备资质的安全生产培训机构实施的继续教育，培训时间累计不得少于_____学时。 （ ）
   A. 24   B. 36
   C. 40   D. 48

51. 许某于2009年9月4日参加注册安全工程师执业资格考试，考试成绩合格取得资格证书并于2010年7月23日完成初始注册。后来，许某由安徽调动到四川工作，并于2011年5月4日完成了变更注册。依据《注册安全工程师管理规定》，许某申请办理延续注册的最后截止日期是 （ ）
   A. 2012年9月3日   B. 2012年6月22日
   C. 2013年6月22日   D. 2014年5月3日

52. 依据《生产经营单位安全培训规定》，生产经营单位主要负责人和安全生产管理人员应当接受安全培训，使其具备与所从事的生产经营活动相适应的安全生产知识和管理能力。其中，部分生产经营单位的主要负责人必须经过培训并且经过能力考核合格，取得安全资格证书后方可任职。下列各类企业中，主要负责人需要取得安全资格证书方可任职的是 （ ）
   A. 煤矿、非煤矿山、危险化学品、烟花爆竹
   B. 煤矿、建筑施工、大型娱乐场所、危险化学品
   C. 危险化学品、烟花爆竹、大型游乐场所、大型商场
   D. 危险化学品、大型车站、中小学校、大型商场

53. 依据《生产经营单位安全培训规定》，针对危险化学品生产企业厂长的安全培训内容应当包括国家安全生产方针、政策和有关安全生产的法律、法规、规章及标准，安全生产管理基本知识，典型事故和应急救援案例及 （ ）
   A. 职业危害及其预防措施   B. 主要危险岗位安全操作规程
   C. 伤亡事故统计知识   D. 应急医疗急救知识

54. 电焊工张某连续从事电焊作业12年，2010年经过复审合格换证。依据《特种作业人员安全技术培训考核管理规定》，张某特种作业证下次复审换证时间为_____年。 （ ）
   A. 2012   B. 2013
   C. 2015   D. 2016

55. 王某高中毕业后到四川宜宾市一家化工厂工作。2010年3月，王某参加市安全生产监督管理部门委托的安全培训机构组织的压力焊作业培训，考试合格。2010年10月，王某应聘到广东省深圳市一家造船厂，并向深圳市安全生产监督管理部门申请办理了特种作业操作证。2011年2月，王某的特种作业操作证遗失。依据《特种作业人员安全技术培训考核管理规定》，王某应向_____申请补发特种作业操作证。 （ ）
   A. 宜宾市安全生产监督管理部门
   B. 四川省安全生产监督管理部门
   C. 深圳市安全生产监督管理部门
   D. 广东省安全生产监督管理部门

56. 甲公司是一家化工生产企业，为加强职工的劳动保护，2010年3月，该公司专门从乙劳动防护服厂采购了一批化学品防护服，并送当地具有劳动防护用品检测检验资质的丙检测中心进行了检测，产品符合国家标准。依据《劳动防护用品监督管理规定》，督促、教育工作人员正确佩带和使用化学防护服的单位是 （ ）
   A. 乙劳动防护服厂   B. 丙检测中心
   C. 甲公司   D. 甲公司所在地安监部门

57. B公司是一家专门从事箱包制造的企业。2010年8月15日，公司进行了股份制改革，公司名称更改为C股份有限公司。依据《作业场所职业危害申报管理办法》，C公司应当在_____前进行变更申报。 （ ）
   A. 8月30日   B. 9月15日
   C. 9月30日   D. 10月15日

58. 依据《建设工程消防监督管理规定》，对除人员密集场所建设工程和特殊建设工程外的其他建设工程，建设单位应当在取得施工许可、工程竣工验收合格之日起7日内，通过_____公安机关消防机构网站的消防设计和竣工验收备案受理系统进行消防设计、竣工验收备案，或者报送纸质备案表由公安机关消防机构录入消防设计和竣工验收备案受理系统。 （ ）
   A. 国家   B. 省级
   C. 市级   D. 县级

59. Y公司开发的一商务楼于2010年6月20日完成竣工验收，该公司随后向公安机关消防机构申请消防设计、竣工验收备案。6月30日，Y公司被确定为抽查对象并收到公安机关消防机构出具的备案凭证。依据《建设工程消防监督管理规定》，Y公司应当在_____前按照备案项目向公安机关消防机构提供有关申请消防设计审核和竣工验收的材料。 （ ）
   A. 7月5日   B. 7月7日
   C. 7月10日   D. 7月15日

60. 依据《安全生产事故隐患排查治理暂行规定》，生产经营单位应当履行事故隐患排查治理职责，生产经营单位_____对本单位事故隐患排查治理工作全面负责。（ ）
   A. 主要负责人   B. 安全管理部门
   C. 安全生产委员会   D. 工程技术部门

61. 依据《安全生产事故隐患排查治理暂行规定》，安全生产监管监察部门在对生产经营单位进行安全生产检查时，发现生产经营场所或者相关设施存在重大事故隐患，应当_____，并建立信息管理台账。（ ）
   A. 责令停产停业整顿   B. 责令立即停止作业
   C. 下达整改指令   D. 提请政府挂牌督办

62. 依据《生产安全事故应急预案管理办法》，生产经营单位应急预案应根据不同情况变化及时修订。生产经营单位的下列变化情况中，其应急预案不需修订的是（ ）
   A. 生产经营单位生产线停产检修的
   B. 生产经营单位生产工艺和技术发生变化的
   C. 生产经营单位周围环境发生变化，形成新的重大危险源的
   D. 生产经营单位应急组织指挥体系或者职责已经调整的

63. 某化工厂针对本企业存在的危险较大的岗位制定了现场处置方案。依据《生产安全事故应急预案管理办法》，该处置方案至少每_____个月应组织一次演练。（ ）
   A. 12   B. 6
   C. 3   D. 1

64. 依据《生产安全事故信息报告和处理方法》，下一级安全生产监督管理部门接到上级安全生产监督管理部门的事故信息举报核查通知后，应当立即组织查证核实，并在_____内向上一级安全生产监督管理部门报告核实结果。（ ）
   A. 5日   B. 7日
   C. 2个月   D. 3个月

65. 某在建商业大厦的楼板浇筑施工中，突然发生大面积模板垮塌事故，致使16名现场作业人员受伤，其中13人重伤。依据《生产安全事故信息报告和处理方法》，施工单位负责人应当在接到事故报告后1小时内报告事故发生地县级安全生产监督管理部门，同时应当在_____小时内报告事故发生地省级安全生产监管部门。（ ）
   A. 1   B. 2
   C. 4   D. 8

66. 依据《安全评价机构管理规定》，必须由取得甲级资质的安全评价机构承担安全评价活动的建设项目或者企业是（ ）
   A. 由省、自治区、直辖市及其投资主管部门审批的建设项目
   B. 生产危险化学品的建设项目
   C. 生产烟花爆竹的企业
   D. 生产剧毒化学品的企业和其他大型生产企业

67. A省一具有甲级资质的安全评价机构（评价业务范围为金属、非金属矿及其他采选业）拟到B省H市G县开展安全评价活动。依据《安全评价机构管理规定》，该评价机构应当填写甲级资质安全评价机构跨省（自治区、直辖市）开展评价工作报告表，报送_____备案，并接受其监督检查。（ ）
   A. B省安全生产监督管理局   B. B省煤矿安全监察机构
   C. H市安全生产监督管理局   D. G县安全生产监督管理局

68. 依据《建设项目安全设施"三同时"监督管理暂行办法》，对生产、储存危险化学品的建设项目未进行安全生产条件论证和安全预评价的，给予建设单位_____的处罚，并处以罚款。（ ）
   A. 责令限期改正   B. 警告
   C. 停产停业   D. 暂扣建设资质

69. 某省拟建建炼钢、化工、水泥和汽车制造4个重点生产项目，依据《建设项目安全设施"三同时"监督管理暂行办法》，这些建设项目在初步设计阶段都必须编制安全设施设计专篇，其中_____建设项目的安全设施设计须经安全生产监管部门审查批准后才能开工建设。（ ）
   A. 炼钢厂   B. 化工厂
   C. 水泥厂   D. 汽车厂

70. 为规范安全生产教育、培训和考核工作，安全生产监管部门发布了一系列有关安全生产教育、培训和考核方面的标准。根据安全生产标准分类原则，上述标准属于（ ）
   A. 基础标准   B. 管理标准
   C. 方法标准   D. 技术标准

得 分	评卷人

二、多项选择题（共15题，每题2分。每题的备选项中，有2个或2个以上符合题意，至少有1个错误选项。错选，本题不得分；少选，所选的每个选项得0.5分）

71. 下列关于我国安全生产法体系的表述中，正确的有（ ）
   A. 《安全生产法》《消防法》《道路交通安全法》《矿山安全法》是我国安全生产法律体系中有关安全生产的单行法律
   B. 《安全生产法》是安全生产领域的普通法，普遍适用于生产经营活动的各个领域
   C. 《矿山安全法》既是我国安全生产法律体系中有关矿山安全生产的单行法律，又是矿山安全生产的综合性法律
   D. 《消防法》《道路交通安全法》的规定不同于《安全生产法》的，应该适用《安全生产法》
   E. 地方政府安全生产规章是最有针对性的安全生产立法，其法律效力高于其他法

72. 依据《安全生产法》，下列关于生产经营单位的安全生产管理机构和人员配置要求的说法中，正确的有（　　）

A. 化工厂应当设置安全生产管理机构或者配备专职的安全生产管理人员

B. 从业人员在300人以下的造纸厂，应当配备专职或者兼职的安全生产管理人员

C. 从业人员在300人以下的机械加工厂，可以委托具有国家规定的相关专业技术资格的工程技术人员提供安全生产管理服务

D. 从业人员超过300人的冶炼厂，由本单位的工程技术人员兼职负责本单位的安全生产管理

E. 从业人员超过300人的纺织厂，应当设置安全生产管理机构或者配备专职安全生产管理人员

73. 依据2011年国务院修订公布的《危险化学品安全管理条例》，申请取得剧毒化学品购买许可证，申请人应当向有关机关提交的申请材料有（　　）

A. 营业执照或者法人证书的复印件

B. 拟购买的剧毒化学品品种、数量的说明

C. 购买剧毒化学品用途的说明

D. 办理工伤保险的证明

E. 经办人的身份证明

74. 某县安全生产监督管理局安全监察人员在对某煤气厂进行检查时，发现煤气发生炉存在煤气泄漏重大事故隐患，且现场煤气监测报警仪已完全失效。依据《安全生产法》，安全监察人员应当（　　）

A. 责令煤气厂立即排除该重大事故隐患

B. 责令撤出煤气厂工作人员

C. 责令煤气厂暂时停产

D. 当场给予煤气厂行政处罚5 000元

E. 当场给予煤气厂厂长行政处罚2 000元

75. 为加强日常监督管理、加大执法工作力度，《安全生产法》赋予了负有安全生产监督管理职责的部门_____等职权。（　　）

A. 现场检查权　　　　　　　　B. 紧急处置权

C. 当场处理权　　　　　　　　D. 查封扣押权

E. 实施关闭权

76. 依据《消防法》，下列单位中，应当设定专职消防队，承担本单位火灾扑救工作的有（　　）

A. 民用机场　　　　　　　　B. 大学

C. 核电站　　　　　　　　　D. 主要港口

E. 国家重点文物保护单位

77. 依据《最高人民法院、最高人民检察院关于办理危害矿山生产安全事故刑事案件具体应用法律若干问题的解释》，煤矿生产安全事故发生后，可能被判处三年以下有期徒刑的情形有（　　）

A. 贻误事故抢救，导致事故后果扩大，增加死亡2人

B. 贻误事故抢救，导致事故后果扩大，增加间接经济损失100万元以上

C. 毁灭、伪造、隐匿与事故有关的计算机数据，致使不能及时有效开展事故抢救

D. 指使、串通有关人员不报、谎报事故情况，致使不能及时有效开展事故抢救

E. 采用命令方式阻止他人报告事故情况导致事故后果扩大，增加重伤1人

78. 为了保证行政处罚活动的合法、适当，规范行政处罚实施机关及其工作人员的行政执法活动，防止行政违法和滥用行政处罚权，《行政处罚法》赋予行政相对人的权利有（　　）

A. 陈述申辩权　　　　　　　B. 仲裁权

C. 复议权　　　　　　　　　D. 诉讼权

E. 索赔权

79. 《职业病防治法》规定，产生职业病危害的用人单位工作场所的职业卫生要求有（　　）

A. 有与职业病危害防护相适应的设施

B. 生产布局合理，有害与无害作业分开

C. 配备专业职业卫生医师的体检设备

D. 设备、工具、用具等设施符合保护劳动者生理、心理健康的要求

E. 有配套的更衣间、洗浴间、孕妇休息间等卫生设施

80.依据《使用有毒物品作业场所劳动保护条例》,用人单位使用有毒物品的作业场所,应当采取的预防措施有（　　）

A.高毒作业场所与其他作业场所隔离

B.作业场所不得住人

C.禁止女工进入作业场所

D.高毒作业场所设置应急撤离通道和必要的泄险区

E.可能突然泄露大量有毒物品的作业场所设置自动报警装置

81.依据《工伤保险条例》,下列用人单位职工伤亡的情形中,可认定为工伤的有（　　）

A.在工作时间和工作岗位因本人违章作业而造成伤害的

B.在工作岗位突发心脏病三天后死亡的

C.在工作时间之外参加本单位事故应急救援受到伤害的

D.在上下班途中受到非本人主要责任的电动车事故伤害的

E.在工作场所内从事作业前安全检查确认时发生伤亡的

82.依据《特种设备安全监察条例》,下列关于特种设备设计、生产、使用、维修、检验的说法中,正确的有（　　）

A.压力容器的设计单位应当经国务院特种设备安全监督管理部门许可,方可从事压力容器的设计活动

B.氧舱和客运索道、大型游乐设施的设计文件,应当经国务院特种设备安全监督管理部门核准的检验检测机构鉴定,方可用于制造

C.客运索道、大型游乐设施的维修单位,应当有与特种设备维修相适应的专业技术人员和技术工人以及必要的检测手段,并经省、自治区、直辖市特种设备安全监督管理部门许可方可从事相应的维修活动

D.锅炉、压力容器、压力管道元件、起重机械的安装、改造、重大维修过程,必须经国务院特种设备安全监督管理部门按照安全技术规范的要求进行检验检测方可出厂或者交付使用

E.气瓶充装单位应当经省、自治区、直辖市特种设备安全监督管理部门许可,方可从事充装活动

83.依据《国务院关于预防煤矿生产安全事故的特别规定》和有关法律、法规的规定,煤矿企业,除要取得采矿许可证和矿长资格证外,还应当取得（　　）

A.煤炭生产许可证

B.煤炭经营许可证

C.安全生产许可证

D.矿长安全资格证

E.企业营业执照

84.《生产安全事故报告和调查处理条例》对生产安全事故进行分级的依据有（　　）

A.人员死亡数量

B.直接经济损失的数额

C.事故责任人

D.间接经济损失的数额

E.人员重伤数量

85.依据2011年国务院修订公布的《危险化学品安全管理条例》第七条规定,负有危险化学品安全监督管理职责的部门依法进行监督检查时,可以采取的措施包括（　　）

A.发现危险化学品事故隐患,责令立即消除并处以罚款

B.进入危险化学品作业场所实施现场检查,了解情况并查阅、复制有关文件

C.扣押违法生产、储存、使用、经营、运输的危险化学品

D.查封违法生产、储存、使用、经营化学品的场所

E.对未依法整改重大事故隐患的危险化学品生产企业实施关闭

2011年全国注册安全工程师执业资格考试
《安全生产法及相关法律知识》参考答案及精解精析

一、单项选择题

1.【参考答案】 A （1P₁₇~P₁₈）
【考查要点】 本题考查的是安全生产法律体系的基本框架
【精解精析】 法律是安全生产法律体系中的上位法，居于整个体系的最高层级，其法律地位和效力高于行政法规、地方性法规、部门规章、地方政府规章等下位法；行政法规的法律地位和效力低于法律，高于部门规章、地方性法规、地方政府规章等下位法；地方性法规的法律地位和效力低于法律、行政法规，高于地方政府规章；部门规章的法律地位和效力低于法律、行政法规，高于地方政府规章；地方政府规章是最低层级的安全生产立法，其法律地位和效力低于其他上位法，不得与上位法相抵触。

2.【参考答案】 C （2P₃₁）
【考查要点】 本题考查的是生产经营单位主要负责人
【精解精析】 生产经营单位主要负责人必须是能够承担生产经营单位安全生产工作全面领导责任的决策人。当董事长或者总经理长期缺位（因生病、学习等情况不能主持全面领导工作）时，将由其授权或者委托的副职或者其他人主持生产经营单位的全面工作。如果在这种情况下发生安全生产违法行为或者生产安全事故需要追究责任时，将长期缺位的董事长或者总经理作为责任人既不合情理又难以执行，只能追究其授权或者委托主持全面工作的实际负责人的法律责任。

3.【参考答案】 C （2P₄₉）
【考查要点】 本题考查的是生产设施、场所安全距离和紧急疏散的规定
【精解精析】 为保证生产设施、作业场所与周边建筑物、设施保持安全合理的空间，确保紧急疏散人员时畅通无阻，《安全生产法》规定，生产、经营、储存、使用危险物品的车间、商店、仓库不得与员工宿舍在同一座建筑物内，并应当与员工宿舍保持安全距离。生产经营场所与员工宿舍应当设有符合紧急疏散要求、标志明显、保持畅通的出口。禁止封闭、堵塞生产经营场所或者员工宿舍的出口。

4.【参考答案】 D （2P₅₀）
【考查要点】 本题考查的是生产经营项目、场所、设备发包或者出租的安全管理
【精解精析】 为依法规范承包、租赁各方的安全管理，《安全生产法》规定，生产经营单位不得将生产经营项目、场所、设备发包或者出租给不具备安全生产条件或者相应资质的单位或者个人。生产经营项目、场所有多个承包单位、承租单位的，生产经营单位应当与承包单位、承租单位签订专门的安全生产管理协议，或者在承包合同、租赁合同中约定各自的安全生产管理职责；生产经营单位对承包单位、承租单位的安全生产工作统一协调、管理。

5.【参考答案】 B （2P₅₀）
【考查要点】 本题考查的是交叉作业的安全管理
【精解精析】 《安全生产法》规定，两个以上生产经营单位在同一作业区域内进行生产经营活动，可能危及对方生产安全的，应当签订安全生产管理协议，明确各自的安全生产管理职责和应当采取的安全措施，并指定专职安全生产管理人员进行安全检查与协调。

6.【参考答案】 B （2P₅₁）
【考查要点】 本题考查的是工伤保险的规定
【精解精析】 《安全生产法》规定，生产经营单位必须依法参加工伤社会保险，为从业人员缴纳保险费。

7.【参考答案】 C （2P₃₁）
【考查要点】 本题考查的是生产经营单位主要负责人的法律责任
【精解精析】 生产经营单位的主要负责人未履行本法规定的安全生产管理职责的，责令限期改正；逾期未改正的，责令生产经营单位停产停业整顿。生产经营单位的主要负责人有前款违法行为，导致发生生产安全事故，构成犯罪的，依照刑法有关规定追究刑事责任；尚不够刑事处罚的，给予撤职处分或者处2万元以上20万元以下的罚款。生产经营单位的主要负责人依照前款规定受刑事处罚或者撤职处分的，自刑罚执行完毕或者受处分之日起，5年内不得担任任何生产经营单位的主要负责人。

8.【参考答案】 B （2P₄₄）
【考查要点】 本题考查的是安全生产资金投入的规定
【精解精析】 《安全生产法》规定，生产经营单位应当具备的安全生产条件所必需的资金投入，由生产经营单位的决策机构、主要负责人或者个人经营的投资人予以保证，并对由于安全生产所必需的资金投入不足导致的后果承担责任。

9.【参考答案】 D （2P₇₄）
【考查要点】 本题考查的是矿井安全出口和运输通讯设施
【精解精析】 《矿山安全法》规定，每个矿井必须有两个以上能行人的安全出口，出口之间的直线水平距离必须符合矿山安全规程和行业技术规范。

10.【参考答案】 B （3P₈₂）
【考查要点】 本题考查的是消防产品的管理
【精解精析】 《消防法》规定，违反《消防法》的规定，生产、销售不合格的消防产品或者国家明令淘汰的消防产品的，由产品质量监督部门或者工商行政管理部门依照《产品质量法》的规定从重处罚。

11.【参考答案】 B （3P₈₁）
【考查要点】 本题考查的是有关单位的消防安全职责
【精解精析】 《消防法》规定了机关、团体、企业、事业等单位对建筑消防设施每年至少进行1次全面检测，确保完好有效，检测记录应当完整准确，存档备查。

12.【参考答案】 B （3P₈₆）
【考查要点】 本题考查的是非机动车通行规定
【精解精析】 驾驶非机动车在道路上行驶，应当遵守有关交通安全的规定。非机动车应当在非机动车道内行驶；在没有非机动车道的道路上，应当靠车行道的右侧行驶。残疾人机动轮椅车、电动自行车在非机动车道内行驶时，最高时速不得超过15 km。

13.【参考答案】 C （3P₉₁）
【考查要点】 本题考查的是突发事件的应急处置措施
【精解精析】 《突发事件应对法》规定，自然灾害、事故灾难或者公共卫生事件发生后，履行统一领导职责的人民政府可以采取下列一项或者多项应急处置措施：（1）组织营救和救治受害人员，疏散、撤离并妥善安置受到威胁的人员以及采取其他救助措施；（2）迅速控制危险源，标明危险区域，封锁危险场所，划定警戒区，实行交通管制以及其他控制措施；（3）立即抢修被损坏的交通、通信、供水、排水、供电、供气、供热等公共设施，向受到危害的人员提供避难场所和生活必需品，实施医疗救护和卫生防疫以及其他保障措施；（4）禁止或者限制使用有关设备、设施，关闭或者限制使用有关场所，中止人员密集的活动或者可能导致危害扩大的生产经营活动以及采取其他保护措施；（5）启用本级人民政府设置的财政预备费和储备的应急救援物资，必要时调用其他急需物资、设备、设施、工具；（6）组织公民参加应急救援和处置工作，要求具有特定专长的人员提供服务；（7）保障食品、饮用水、燃料等基本生活必需品的供应；（8）依法从严惩处囤积居奇、哄抬物价、制假售假等扰乱市场秩序的行为，稳定市场价格，维护市场秩序；（9）依法从严惩处抢劫财物、干扰破坏应急处置工作等扰乱社会秩序的行为，维护社会治安；（10）采取防止发生次生、衍生事件的必要措施。

14.【参考答案】 D （3P₈₉）
【考查要点】 本题考查的是建立健全应急预案体系

【精解精析】 根据《突发事件应对法》的规定,国家应当建立健全突发事件应急预案体系。突发事件应急预案的制定、修订程序由国务院规定。

15.【参考答案】 C (4P$_{98}$)
【考查要点】 本题考查的是重大责任事故罪
【精解精析】 重大责任事故罪,是指在生产、作业中违反有关安全管理的规定,因而发生重大伤亡事故或者造成其他严重后果的行为。本案中,煤矿主要负责人构成重大责任事故罪。

16.【参考答案】 C (4P$_{98}$)
【考查要点】 本题考查的是强令违章冒险作业罪
【精解精析】《刑法》规定,强令他人违章冒险作业,因而发生重大伤亡事故或者造成其他严重后果的,处五年以下有期徒刑或者拘役;情节特别恶劣的,处五年以上有期徒刑。本题中造成1人死亡、3人重伤未达到情节特别恶劣的标准。

17.【参考答案】 C (4P$_{110}$)
【考查要点】 本题考查的是行政处罚的追诉时效
【精解精析】 行政处罚的追诉时效是指对违法行为人追究责任,给予行政处罚的有效期限。如果超出这个期限,则不再实施行政处罚。《行政处罚法》规定,违法行为在2年内未被发现的,不再给予行政处罚。

18.【参考答案】 B (4P$_{113}$)
【考查要点】 本题考查的是行政处罚决定书的交付
【精解精析】 根据《行政处罚法》的规定,行政处罚决定书应当在宣告后当场交付当事人;当事人不在场的,行政机关应当在7日内依照《民事诉讼法》的有关规定,将行政处罚决定书送达当事人。

19.【参考答案】 B (4P$_{120}$)
【考查要点】 本题考查的是行政许可的设定
【精解精析】《行政许可法》规定,尚未制定法律、行政法规的,地方性法规可以设定行政许可;尚未制定法律、行政法规和地方性法规的,因行政管理的需要,确需立即实施行政许可的,省、自治区、直辖市人民政府规章可以设定临时性的行政许可。临时性的行政许可实施满1年需要继续实施的,应当提请本级人民代表大会及其常务委员会制定地方性法规。地方性法规和省、自治区、直辖市人民政府规章,不得设定应当由国家统一确定的公民、法人或者其他组织的资格、资质的行政许可;不得设定企业或者其他组织的设立登记及其前置性行政许可。其设定的行政许可,不得限制其他地区的个人或者企业到本地区从事生产经营和提供服务,不得限制其他地区的商品进入本地区市场。故应选B项。

20.【参考答案】 B (4P$_{117}$)
【考查要点】 本题考查的是行政许可中的一般分类
【精解精析】 特许是指直接为相对人设定权利能力、行为能力、特定的权利或者总括性法律关系的行为,又称为设权行为。特许适用的范围主要包括有限自然资源开发利用、有限公共资源的配置、直接关系公共利益的特定垄断性行业的市场准入等,需要赋予特定权利的事项。对特许事项,除法律、行政法规另有规定外,行政机关原则上应通过招标、拍卖等公开、公平竞争的方式作出许可规定。

21.【参考答案】 C (4P$_{126}$)
【考查要点】 本题考查的是女工保护
【精解精析】《劳动法》明确规定,禁止用人单位安排女职工在哺乳未满1周岁婴儿期间从事国家规定的第三级体力劳动强度的劳动和哺乳期禁忌从事的其他劳动,不得安排其延长工作时间和夜班劳动。

22.【参考答案】 D (4P$_{133}$)
【考查要点】 本题考查的是职业病人保障
【精解精析】 职业病病人依法享受国家规定的职业病待遇。用人单位应当按照国家有关规定,安排职业病病人进行治疗、康复和定期检查。用人单位对不适宜继续从事原工作的职业病病人,应当调离岗位,并妥善安置。用人单位对从事接触职业病危害作业的劳动者,应当给予岗位津贴。

23.【参考答案】 D (4P$_{130}$)
【考查要点】 本题考查的是职业卫生技术服务机构
【精解精析】《职业病防治法》规定,职业病危害评价、职业病危害控制效果评价由依法设立的取得省级以上人民政府卫生行政部门资质认证的职业卫生技术服务机构进行。职业卫生技术服务机构所作的评价应当客观、真实。

24.【参考答案】 B (4P$_{132}$)
【考查要点】 本题考查的是职业健康检查制度
【精解精析】《职业病防治法》规定,对从事接触职业病危害作业的劳动者,用人单位应当按照国务院卫生行政部门的规定组织上岗前、在岗期间和离岗时的职业健康检查,并将检查结果如实告知劳动者。

25.【参考答案】 D (4P$_{138}$)
【考查要点】 本题考查的是劳动合同的内容
【精解精析】《劳动合同法》规定,劳动合同应当具备以下条款:(1)用人单位的名称、住所和法定代表人或者主要负责人;(2)劳动者的姓名、住址和居民身份证或者其他有效身份证件号码;(3)劳动合同期限;(4)工作内容和工作地点;(5)工作时间和休息休假;(6)劳动报酬;(7)社会保险;(8)劳动保护、劳动条件和职业危害防护;(9)法律、法规规定应当纳入劳动合同的其他事项。

26.【参考答案】 C (4P$_{138}$)
【考查要点】 本题考查的是劳动者的权利与义务
【精解精析】《劳动合同法》规定,劳动者拒绝用人单位管理人员违章指挥、强令冒险作业的,不视为违反劳动合同。劳动者对危害生命安全和身体健康的劳动条件,有权对用人单位提出批评、检举和控告。

27.【参考答案】 C (5P$_{160}$~P$_{161}$)
【考查要点】 本题考查的是煤矿安全监察的主要内容
【精解精析】 煤矿安全监察的主要内容包括:(1)煤矿安全生产责任制;(2)煤矿安全生产组织保障;(3)安全技措费的提取和使用;(4)安全设施设计审查;(5)安全设施验收和安全条件审查;(6)作业现场检查和复查;(7)专用设备监督检查;(8)事故预防和应急计划。

28.【参考答案】 A (5P$_{173}$)
【考查要点】 本题考查的是预防煤矿事故违法行为所应负的法律责任
【精解精析】《国务院关于预防煤矿生产安全事故的特别规定》规定,煤矿企业负责人和生产经营管理人员应当按照国家规定轮流带班下井,并建立下井登记档案。县级以上地方人民政府负责煤矿安全生产监督管理的部门或者煤矿安全监察机构发现煤矿企业在生产过程中,1周内其负责人或者生产经营管理人员没有按国家规定带班下井,或者下井登记档案虚假的,责令改正,并对该煤矿企业处3万元以上15万元以下的罚款。

29.【参考答案】 B (5P$_{170}$)
【考查要点】 本题考查的是停产整顿后的整改复查
【精解精析】《国务院关于预防煤矿生产安全事故的特别规定》规定,验收合格的,经组织验收的地方人民政府负责煤矿安全监督管理的部门的主要负责人签字,并经有关煤矿安全监察机构主要负责人审核同意,报请有关地方人民政府主要负责人签字批准,煤矿方可恢复生产。

30.【参考答案】 A (5P$_{175}$)
【考查要点】 本题考查的是建设单位的安全责任
【精解精析】《建设工程安全生产管理条例》规定,建设单位应当向施工单位提供施工现场及毗邻区域内供水、排水、供电、供气、供热、通信、广播电视等地下管线资料,相邻建筑物和构筑物、地下工程的有关资料,并保证资料的真实、准确、完整。

31.【参考答案】 B (5P$_{183}$)
【考查要点】 本题考查的是总承包单位与分包单位的安全管理

【精解精析】 实行施工总承包的,施工现场由总承包单位全面统一负责。实行施工总承包的,建筑工程主体结构的施工必须由总承包单位自行完成。总承包单位依法将建设工程分包给其他单位的,分包合同中应当明确各自的安全生产方面的权利、义务。总承包单位和分包单位对分包工程的安全生产承担连带责任。分包单位应当服从总承包单位的安全生产管理,分包单位不服从管理导致生产安全事故的,由分包单位承担主要责任。

32.【参考答案】 A （5P$_{193}$）
【考查要点】 本题考查的是经营许可证
【精解精析】 依据《危险化学品安全管理条例》的规定,国家对危险化学品经营(包括仓储经营,下同)实行许可制度。未经许可,任何单位和个人不得经营危险化学品。依法设立的危险化学品生产企业在其厂区范围内销售本企业生产的危险化学品,不需要取得危险化学品经营许可。依照《港口法》的规定取得港口经营许可证的港口经营人,在港区内从事危险化学品仓储经营,不需要取得危险化学品经营许可。从事剧毒化学品、易制爆危险化学品经营的企业,应当向所在地设区的市级人民政府安全生产监督管理部门提出申请,从事其他危险化学品经营的企业,应当向所在地县级人民政府安全生产监督管理部门提出申请。经审查,可以批准的,颁发危险化学品经营许可证;不予批准的,书面通知申请人并说明理由。

33.【参考答案】 A （5P$_{191}$）
【考查要点】 本题考查的是生产、储存危险化学品的安全评价
【精解精析】 依据《危险化学品安全管理条例》的规定,生产、储存危险化学品的企业,应当委托具备国家规定的资质条件的机构,对本企业的安全生产条件每3年进行1次安全评价,提出安全评价报告。

34.【参考答案】 C （5P$_{186}$）
【考查要点】 本题考查的是危险化学品的范围
【精解精析】 《危险化学品安全管理条例》规定,本条例所称危险化学品,是指具有毒害、腐蚀、爆炸、燃烧、助燃等性质,对人体、设施、环境具有危害的剧毒化学品和其他化学品。

35.【参考答案】 C （5P$_{197}$）
【考查要点】 本题考查的是内河运输剧毒化学品和其他危险化学品的禁止规定
【精解精析】 依据《危险化学品安全管理条例》的规定,禁止通过内河运输的剧毒化学品以及其他危险化学品的范围,由国务院交通运输主管部门会同国务院环境保护主管部门、工业和信息化主管部门、安全生产监督管理部门,根据危险化学品的危险特性、危险化学品对人体和水环境的危害程度以及消除危害后果的难易程度等因素规定并公布。

36.【参考答案】 D （5P$_{209}$）
【考查要点】 本题考查的是焰火晚会等大型焰火燃放活动的许可
【精解精析】 依据《烟花爆竹安全管理条例》的规定,举办焰火晚会以及其他大型焰火燃放活动,应当按照举办的时间、地点、环境、活动性质、规模以及燃放烟花爆竹的种类、规格和数量,确定危险等级,实行分级管理。

37.【参考答案】 A （5P$_{208}$）
【考查要点】 本题考查的是烟花爆竹道路运输许可证
【精解精析】 依据《烟花爆竹安全管理条例》的规定,从事道路运输烟花爆竹的,托运人应当向运达地县级人民政府公安部门提出申请。公安部门自受理申请之日起3日内对托运人提交的有关材料进行审查,对符合条件的,核发《烟花爆竹道路运输许可证》。

38.【参考答案】 D （5P$_{216}$）
【考查要点】 本题考查的是爆破作业的安全管理
【精解精析】 爆破作业单位应当对本单位爆破作业人员、安全管理人员、仓库管理人员进行专业技术培训。爆破作业人员应当经设区的市级人民政府公安机关考核合格,取得《爆破作业人员许可证》后,方可从事爆破作业。

39.【参考答案】 B （5P$_{212}$）
【考查要点】 本题考查的是民用爆炸物品从业人员的资格
【精解精析】 依据《民用爆炸物品安全管理条例》的规定,无民事行为能力人、限制民事行为能力人或者曾因犯罪受过刑事处罚的人,不得从事民用爆炸物品的生产、销售、购买、运输和爆破作业。

40.【参考答案】 C （5P$_{149}$）
【考查要点】 本题考查的是安全生产许可证审查发证的法定时限
【精解精析】 关于审查发证的法定时限,《安全生产许可证条例》规定,安全生产许可证颁发管理机关完成审查和发证工作的时限是自收到申请之日起45日之内。

41.【参考答案】 C （5P$_{150}$）
【考查要点】 本题考查的是安全生产许可证有效期满的免审延续
【精解精析】 《安全生产许可证条例》规定,对安全生产状况良好、没有发生死亡生产安全事故的企业予以免审延期的特殊规定,目的是要鼓励企业自觉做好安全生产工作,不出生产安全事故。符合该规定的企业虽然不需经过审查即可延续3年,但不是自动延期,应当在有效期满前向原安全生产许可证颁发管理机关提出延期的申请,经其同意后方可免审延续3年。

42.【参考答案】 B （5P$_{224}$～P$_{226}$）
【考查要点】 本题考查的是特种设备使用的安全规定
【精解精析】 特种设备在投入使用前或者投入使用后30日内,特种设备使用单位应当向直辖市或者设区的市的特种设备安全监督管理部门登记。登记标志应当置于或者附着于该特种设备的显著位置。特种设备使用单位对在用特种设备应当至少每月进行一次自行检查,并作出记录。电梯应当至少每15日进行一次清洁、润滑、调整和检查。客运索道、大型游乐设施的运营使用单位应当在客运索道、大型游乐设施每日投入使用前,应当进行试运行和例行安全检查,并对安全装置进行检查确认。

43.【参考答案】 C （5P$_{224}$）
【考查要点】 本题考查的是特种设备使用单位的登记
【精解精析】 依据《特种设备安全监察条例》的规定,特种设备在投入使用前或者投入使用后30日内,特种设备使用单位应当向直辖市或者设区的市的特种设备安全监督管理部门登记。登记标志应当置于或者附着于该特种设备的显著位置。

44.【参考答案】 A （5P$_{241}$～P$_{242}$）
【考查要点】 本题考查的是劳动者的权利
【精解精析】 依据《使用有毒物品作业场所劳动保护条例》的规定,从事有毒物品作业的劳动者享有紧急撤离权、职业卫生保护权、获得资料的权利、查阅索取职业健康监护档案的权利,以及享受工伤保险待遇的权利。

45.【参考答案】 C （5P$_{238}$～P$_{240}$）
【考查要点】 本题考查的是劳动过程的防护
【精解精析】 根据《使用有毒物品作业场所劳动保护条例》的规定,从事使用高毒物品作业的用人单位,应当配备专职的或者兼职的职业卫生医师和护士;不具备配备专职的或者兼职的职业卫生医师和护士条件的,应当与依法取得资质认证的职业卫生技术服务机构签订合同,由其提供职业卫生服务。从事使用高毒物品作业的用人单位应当设置淋浴间和更衣室,并设置清洗、存放或者处理从事使用高毒物品作业劳动者的工作服、工作鞋帽等物品的专用间。从事使用高毒物品作业的用人单位应当至少每月对高毒作业场所进行一次职业中毒危害因素检测;至少每半年进行一次职业中毒危害控制效果评价。C项内容违法,故应选C项。

46.【参考答案】 D （5P$_{280}$）
【考查要点】 本题考查的是职工死亡的待遇
【精解精析】 依据《工伤保险条例》的规定,职工因工死亡,其近亲属按照下列规定从工伤保险基金领

取丧葬补助金、供养亲属抚恤金和一次性工亡补助金:(1)丧葬补助金为6个月的统筹地区上年度职工月平均工资;(2)供养亲属抚恤金按照职工本人工资的一定比例发给因工死亡职工生前提供主要生活来源、无劳动能力的亲属;(3)一次性工亡补助金标准为上一年度全国城镇居民人均可支配收入的20倍。

47.【参考答案】 B （5P₂₇₉）
【考查要点】 本题考查的是工伤保险的护理费
【精解精析】 依据《工伤保险条例》的规定,工伤职工已经评定伤残等级并经劳动能力鉴定委员会确认需要生活护理的,从工伤保险基金按月支付生活护理费。生活护理费按照生活完全不能自理、生活大部分不能自理或者生活部分不能自理3个不同等级支付,其标准分别为统筹地区上年度职工月平均工资的50%、40%或者30%。

48.【参考答案】 B （6P₃₃₄）
【考查要点】 本题考查的是事故信息的续报
【精解精析】 《生产安全事故报告和调查处理条例》规定,道路交通事故、火灾事故自发生之日起7日内,事故造成的伤亡人数发生变化的,应当及时补报。

49.【参考答案】 C （5P₂₅₈）
【考查要点】 本题考查的是事故续报、补报
【精解精析】 《生产安全事故报告和调查处理条例》规定,自事故发生之日起30日内,事故造成的伤亡人数发生变化的,事故发生单位和安全生产监督管理部门和负有安全生产监督管理的有关部门应当及时补报。

50.【参考答案】 D （6P₂₉₂）
【考查要点】 本题考查的是注册安全工程师的继续教育的时间
【精解精析】 《注册安全工程师管理规定》规定,继续教育按照注册类别分类进行。注册安全工程师在每个注册周期内应当参加继续教育,时间累计不得少于48学时。注册安全工程师在3年内,必须参加累计不少于48学时的继续教育。

51.【参考答案】 C （6P₂₉₀）
【考查要点】 本题考查的是注册安全工程师延续注册的规定
【精解精析】 依据《注册安全工程师管理规定》,初始注册的有效期为3年,自准予注册之日起计算。注册有效期满需要延续注册的,申请人应当在有效期满30日前,按照本规定第十条规定的程序提出申请。注册审批机关应当在有效期满前作出是否准予延续注册的决定;逾期未作决定,视为准予延续。

52.【参考答案】 A （6P₂₉₆）
【考查要点】 本题考查的是主要负责人的安全培训要求及资质
【精解精析】 《生产经营单位安全培训规定》规定,生产经营单位主要负责人和安全生产管理人员应当接受安全培训,具备与所从事的生产经营活动相应的安全生产知识和管理能力。煤矿、非煤矿山、危险化学品、烟花爆竹等生产经营单位主要负责人和安全生产管理人员,必须接受专门的安全培训,经安全生产监管监察部门对其安全生产知识和管理能力考核合格,取得安全资格证书后,方可任职。

53.【参考答案】 A （6P₂₉₆）
【考查要点】 本题考查的是主要负责人安全培训内容
【精解精析】 依据《生产经营单位安全培训规定》,生产经营单位主要负责人的安全培训包括下列内容:(1)国家安全生产方针、政策和有关安全生产的法律、法规、规章及标准;(2)安全生产管理基本知识、安全生产技术、安全生产专业知识;(3)重大危险源管理、重大事故防范、应急管理和救援组织以及事故调查处理的有关规定;(4)职业危害及其预防措施;(5)国内外先进的安全生产管理经验;(6)典型事故和应急救援案例分析;(7)其他需要培训的内容。

54.【参考答案】 D （6P₃₀₇）

【考查要点】 本题考查的是特种作业操作证的复审期限
【精解精析】 《特种作业人员安全技术培训考核管理规定》规定,特种作业操作证每3年复审1次。特种作业人员在特种作业操作证有效期内,连续从事本工种10年以上,严格遵守有关安全生产法律法规的,经原考核发证机关或者从业所在地考核发证机关同意,特种作业操作证的复审时间可以延长至每6年1次。

55.【参考答案】 C （6P₃₀₆）
【考查要点】 本题考查的是特种作业操作证的补发
【精解精析】 《特种作业人员安全技术培训考核管理规定》规定,特种作业操作证遗失的,应当向原考核发证机关提出书面申请,经原考核发证机关审查同意后,予以补发。

56.【参考答案】 C （6P₃₁₃）
【考查要点】 本题考查的是劳动防护用品管理
【精解精析】 生产经营单位应当督促、教育从业人员正确地佩戴和使用劳动防护用品。故本题中应由甲公司督促、教育工人正确佩戴和使用化学防护服。

57.【参考答案】 A （6P₃₁₆）
【考查要点】 本题考查的是职业危害申报变更
【精解精析】 生产经营单位名称、法定代表人或者主要负责人发生变化的,在发生变化之日起15日内进行申报。

58.【参考答案】 B （6P₃₂₂）
【考查要点】 本题考查的是消防设计、竣工验收的申报备案
【精解精析】 依据《建设工程消防监督管理规定》,对除人员密集场所建设工程和特殊建设工程以外的其他建设工程,建设单位应当在取得施工许可、工程竣工验收合格之日起7日内,通过省级公安机关消防机构网站的消防设计和竣工验收备案受理系统进行消防设计、竣工验收备案,或者报送纸质备案表,由公安机关消防机构录入消防设计和竣工验收备案受理系统。

59.【参考答案】 A （6P₃₂₂）
【考查要点】 本题考查的是消防设计、竣工验收的备案抽查
【精解精析】 依据《建设工程消防监督管理规定》,公安机关消防机构收到消防设计、竣工验收备案后,应当出具备案凭证,并通过消防设计和竣工验收备案受理系统中预设的抽查程序,随机确定抽查对象;被抽查到的建设单位应当在收到备案凭证之日起5日内按照备案项目向公安机关消防机构提供本规定有关申请消防设计审核和竣工验收的材料。

60.【参考答案】 A （6P₃₂₅）
【考查要点】 本题考查的是生产经营单位事故隐患排查治理职责
【精解精析】 依据《安全生产事故隐患排查治理暂行规定》,生产经营单位是事故隐患排查、治理和防控的责任主体。生产经营单位应当建立健全事故隐患排查治理和建档监控等制度,逐级建立并落实从主要负责人到每个从业人员的隐患排查治理和监控责任制。生产经营单位主要负责人对本单位事故隐患排查治理工作全面负责。

61.【参考答案】 C （6P₃₂₇）
【考查要点】 本题考查的是重大事故隐患治理的监督检查
【精解精析】 依据《安全生产事故隐患排查治理暂行规定》,安全监管监察部门应当建立事故隐患排查治理监督检查制度,定期组织对生产经营单位事故隐患排查治理情况开展监督检查,应当加强对重点单位的事故隐患排查治理情况的监督检查。对检查过程中发现的重大事故隐患,应当下达整改指令书,并建立信息管理台账。必要时,报告同级人民政府并对重大事故隐患实行挂牌督办。

62.【参考答案】 A （6P₃₃₁）
【考查要点】 本题考查的是应急预案的修订

【精解精析】 《生产安全事故应急预案管理办法》规定,有下列情形之一的,应急预案应当及时修订:(1)生产经营单位因兼并、重组、转制等导致隶属关系、经营方式、法定代表人发生变化的;(2)生产经营单位生产工艺和技术发生变化的;(3)周围环境发生变化,形成新的重大危险源的;(4)应急组织指挥体系或者职责已经调整的;(5)依据的法律、法规、规章和标准发生变化的;(6)应急预案演练评估报告要求修订的;(7)应急预案管理部门要求修订的。

63.【参考答案】 B (6P331)
【考查要点】 本题考查的是应急预案的演练
【精解精析】 《生产安全事故应急预案管理办法》规定,生产经营单位应当制订本单位的应急预案演练计划,根据本单位的事故预防重点,每年至少组织一次综合应急预案演练或者专项应急预案演练,每半年至少组织一次现场处置方案演练。

64.【参考答案】 C (6P334)
【考查要点】 本题考查的是举报事故信息的处置
【精解精析】 《生产安全事故信息报告和处置办法》规定,下一级安全生产监督管理部门、煤矿安全监察机构接到上级安全生产监督管理部门、煤矿安全监察机构的事故信息举报核查通知后,应立即组织查证核实,并在2个月内向上一级安全生产监督管理部门、煤矿安全监察机构报告核实结果。

65.【参考答案】 A (6P332)
【考查要点】 本题考查的是生产经营单位事故信息的报告
【精解精析】 生产经营单位发生生产安全事故或者较大涉险事故,其单位负责人接到事故信息报告后应当于1小时内报告事故发生地县级安全生产监督管理部门、煤矿安全监察分局。发生较大以上生产安全事故的,事故发生单位还应当在1小时内报告省级安全生产监督管理部门、省级煤矿安全监察机构。即生产经营单位发生死亡3人以上,或者重伤10人以上(包括急性工业中毒),或者经济损失1 000万元以上的生产安全事故,除正常向县级安全生产监督管理部门报告事故外,还应当在1小时内直接报告省级安全生产监督管理部门;涉及煤矿的事故,同时报告给省级煤矿安全监察机构。

66.【参考答案】 D (6P337)
【考查要点】 本题考查的是甲、乙资质评价机构业务分工
【精解精析】 必须由取得甲级资质的安全评价机构承担的建设项目或者企业有:(1)国务院及其投资主管部门审批(核准、备案)的建设项目;(2)跨省、自治区、直辖市的建设项目;(3)生产剧毒化学品的建设项目;(4)生产剧毒化学品的企业和其他大型生产企业。故本题选D项。

67.【参考答案】 A (6P341)
【考查要点】 本题考查的是跨省业务管理
【精解精析】 依据《安全评价机构管理规定》,取得甲级资质的安全评价机构跨省开展安全评价活动,应当填写甲级资质安全评价机构跨省开展评价工作报告表,报送评价项目所在地的省级安全生产监管部门、省级煤矿安全监察机构备案,并接受其监督检查。

68.【参考答案】 B (6P351)
【考查要点】 本题考查的是建设项目违反安全条件论证和安全预评价的处罚
【精解精析】 依据《建设项目安全设施"三同时"监督管理暂行办法》,生产经营单位违反本办法的规定,对非煤矿矿山建设项目;生产、储存危险化学品(包括使用长输管道输送危险化学品)的建设项目;生产、储存烟花爆竹的建设项目等高危建设项目和国家、省级重点建设项目未进行安全生产条件论证和安全预评价的,给予警告,可以并处1万元以上3万元以下的罚款。

69.【参考答案】 B (6P347)
【考查要点】 本题考查的是高危建设项目安全设施设计审查
【精解精析】 根据《建设项目安全设施"三同时"监督管理暂行办法》的规定,非煤矿矿山建设项目;生产、储存危险化学品(包括使用长输管道输送危险化学品)的建设项目;生产、储存烟花爆竹的建设项目等高危建设项

目,安全设施设计完成后,生产经营单位应当依法报经安全生产监督管理部门审查批准。

70.【参考答案】 B (7P357)
【考查要点】 本题考查的是安全生产的管理标准
【精解精析】 安全生产方面的管理标准主要包括安全教育、培训和考核等标准,重大事故隐患评价方法及分级等标准,事故统计、分析等标准,安全系统工程标准,人机工程学标准,以及有关激励与惩处标准等。

二、多项选择题

71.【参考答案】 BC (1P17~P19)
【考查要点】 本题考查的是我国安全生产法律体系的基本框架
【精解精析】 法的层级不同,其法律地位和效力也不同。上位法是指法律地位、法律效力高于其他相关法的立法;《安全生产法》是安全生产领域的普通法,它所确定的安全生产基本方针原则和基本法律制度普遍适用于生产经营活动的各个领域。但对于消防安全和道路交通安全、铁路交通安全、水上交通安全和民用航空安全领域存在的特殊问题,其他有关专门法律另有规定的,则应适用《消防法》《道路交通安全法》等特殊法。据此,在同一层级的安全生产立法对同一类问题的法律适用上,应当适用特殊法优于普通法的原则。在一定条件下,综合性法与单行法的区分是相对的、可分的。《安全生产法》就属于安全生产领域的综合性法律,其内涵盖了安全生产领域的主要方面和基本问题。与其相对,《矿山安全法》就是单独适用于矿山开采安全生产的单行法律。但就矿山开采安全生产的整体而言,《矿山安全法》又是综合性法,各个矿种开采安全生产的立法则是矿山安全立法的单行法。如《煤炭法》既是煤炭工业的综合性法,又是安全生产和矿山安全的单行法。再如《煤矿安全监察条例》既是煤矿安全监察的综合性法,又是《安全生产法》和《矿山安全法》的单行法和配套法。地方政府安全生产规章是最低级的安全生产立法,其法律效力和法律地位低于其他上位法。

72.【参考答案】 ABCE (2P45)
【考查要点】 本题考查的是安全生产管理机构和安全生产管理人员的配置
【精解精析】 《安全生产法》规定,矿山、建筑施工单位和危险物品生产、经营、储存单位,应当设置安全生产管理机构或者配备专职安全生产管理人员。按照从业人员的数量,配置安全生产管理机构或者安全生产管理人员,《安全生产法》对此又分两种情况,一是强制性规定必须配置机构或者专门人员,即除矿山、建筑施工和危险物品生产、经营、储存单位以外的其他生产经营单位,其从业人员超过300人的,应当设置安全生产管理机构或者配备专职安全生产管理人员。二是选择性规定,即从业人员在300人以下的,可以不设专门机构,但应当配备专职或者兼职的安全生产管理人员,或者委托具有国家规定的相关专业技术资格的工程技术人员提供安全生产管理服务。

73.【参考答案】 ABCE (5P194)
【考查要点】 本题考查的是剧毒化学品购买许可证的申办条件
【精解精析】 《危险化学品安全管理条例》规定,申请取得剧毒化学品购买许可证,申请人应当向所在地县级人民政府公安机关提交下列材料:(1)营业执照或者法人证书(登记证书)的复印件;(2)拟购买的剧毒化学品品种、数量的说明;(3)购买剧毒化学品用途的说明;(4)经办人的身份证明。

74.【参考答案】 ABC (2P58)
【考查要点】 本题考查的是紧急处置权
【精解精析】 依据《安全生产法》,在安全检查中除了发现一般的安全生产违法行为以外,有时还会发现事故隐患,特别是重大事故隐患。此时必须采取紧急处置措施,排除隐患或者撤出作业人员,必要时需暂时停止生产经营活动。为了避免发生重大、特大生产安全事故,法律授权安全生产检查人员对检查中发现的事故隐患应责令立即排除;重大事故隐患排除前或者排除过程中无法保证安全的,应当责令从危险区域撒出作业人员,责令暂时停产停业或者停止使用;重大事故隐患排除后,经审查同意,方可恢复生产经营或者使用。

75.【参考答案】 ABCD （2P₅₈）
【考查要点】 本题考查的是负有安全生产监督管理职责的部门依法监督检查时行使的职权
【精解精析】 《安全生产法》对负有安全生产监督管理职责的部门依法对生产经营单位执行有关安全生产的法律、法规和国家标准或者行业标准的情况进行监督检查，赋予了4项职权：(1)现场检查权；(2)当场处理权；(3)紧急处置权；(4)查封扣押权。

76.【参考答案】 ACD （3P₈₂~P₈₃）
【考查要点】 本题考查的是消防组织的规定
【精解精析】 《消防法》明确规定了需要设立专职消防队的单位及其职责，下列单位应当建立单位专职消防队，承担本单位的火灾扑救工作：(1)大型核设施单位、大型发电厂、民用机场、主要港口；(2)生产、储存易燃易爆危险品的大型企业；(3)储备可燃的重要物资的大型仓库、基地；(4)前三项规定以外的火灾危险性较大、距离公安消防队较远的其他大型企业；(5)距离公安消防队较远、被列为全国重点文物保护单位的古建筑群的管理单位。

77.【参考答案】 ACD （4P₁₀₀）
【考查要点】 本题考查的是不报或者谎报事故罪的量刑情节
【精解精析】 《关于办理危害矿山生产安全事故刑事案件具体应用法律若干问题的解释》（以下简称《解释》）规定，在矿山生产安全事故发生后，负有报告职责的人员不报或者谎报事故情况，贻误事故抢救，具有下列情形之一的，应当认定为《刑法》规定的"情节严重"：(1)导致事故后果扩大，增加死亡1人以上，或者增加重伤3人以上，或者增加直接经济损失100万元以上的。(2)实施下列行为之一，致使不能及时有效开展事故抢救的：①决定不报、谎报事故情况或者指使、串通有关人员不报、谎报事故情况的；②在事故抢救期间擅离职守或者逃匿的；③伪造、破坏事故现场，或者转移、藏匿、毁灭遇难人员尸体，或者转移、藏匿受伤人员的；④毁灭、伪造、隐匿与事故有关的图纸、记录、计算机数据等资料以及其他证据的。(3)其他严重的情节。
《解释》规定，具有下列情形之一的，应当认定为《刑法》规定的"情节特别严重"：(1)导致事故后果扩大，增加死亡3人以上，或者增加重伤10人以上，或者增加直接经济损失300万元以上的；(2)采用暴力、胁迫、命令等方式阻止他人报告事故情况导致事故后果扩大的；(3)其他特别严重的情节。

78.【参考答案】 ACDE （4P₁₀₅~P₁₀₆）
【考查要点】 本题考查的是行政相对人的权利
【精解精析】 为了保证行政处罚活动的合法、适当，规范行政处罚实施机关及其工作人员的行政执法活动，防止行政违法和滥施行政处罚权，切实保障行政相对人的合法权利，《行政处罚法》赋予行政相对人5项权利，分别是陈述权、申辩权、复议权、诉讼权、索赔权。

79.【参考答案】 ABDE （4P₁₂₉）
【考查要点】 本题考查的是工作场所的职业卫生要求
【精解精析】 产生职业病危害的用人单位的设立除应当符合法律、行政法规规定的设立条件外，其工作场所还应当符合下列职业卫生要求：(1)职业病危害因素的强度或者浓度符合国家职业卫生标准；(2)有与职业病危害防护相适应的设施；(3)生产布局合理，符合有害与无害作业分开的原则；(4)有配套的更衣间、洗浴间、孕妇休息间等卫生设施；(5)设备、工具、用具等设施符合保护劳动者生理、心理健康的要求；(6)法律、行政法规和国务院卫生行政部门关于保护劳动者健康的其他要求。

80.【参考答案】 ABDE （5P₂₃₇）
【考查要点】 本题考查的是职业卫生安全许可
【精解精析】 依据《使用有毒物品作业场所劳动保护条例》的规定，用人单位的设立，应当符合有关法律、行政法规规定的设立条件，并依法办理有关手续，取得营业执照。用人单位的使用有毒物品作业场所，除应当符合《职业病防治法》规定的职业卫生要求外，还必须符合下列要求：(1)作业场所与生活场所分开，作业场所不得住人；(2)有害作业与无害作业分开，高毒作业场所与其他作业场所隔离；(3)设置有效的通风装置；可能突然泄漏大量有毒物品或者易造成急性中毒的作业场所，设置自动报警装置和事故通风设施；(4)高毒作业场所应设置应急撤离通道和必要的泄险区。

81.【参考答案】 ACDE （5P₂₇₆）
【考查要点】 本题考查的是工伤范围
【精解精析】 《工伤保险条例》第14条规定，职工有下列情形之一的，应当认定为工伤：(1)在工作时间和工作场所内，因工作原因受到事故伤害的；(2)工作时间前后在工作场所内，从事与工作有关的预备性或者收尾性工作受到事故伤害的；(3)在工作时间和工作场所内，因履行工作职责受到暴力等意外伤害的；(4)患职业病的；(5)因工外出期间，由于工作原因受到伤害或者发生事故下落不明的；(6)在上下班途中，受到非本人主要责任的交通事故或者城市轨道交通、客运轮渡、火车事故伤害的；(7)法律、行政法规规定应当认定为工伤的其他情形。

82.【参考答案】 ABCE （5P₂₂₂~P₂₂₄）
【考查要点】 本题考查的是特种设备生产的安全规定
【精解精析】 依据《特种设备安全监察条例》的规定，压力容器的设计单位应当经国务院特种设备安全监督管理部门许可，方可从事压力容器的设计活动。锅炉、压力容器中的气瓶（以下简称气瓶）、氧舱和客运索道、大型游乐设施以及高耗能特种设备的设计文件，应当经国务院特种设备安全监督管理部门核准的检验检测机构鉴定，方可用于制造。锅炉、压力容器、电梯、起重机械、客运索道、大型游乐设施、场（厂）内专用机动车辆的维修单位，应当有与特种设备维修相适应的专业技术人员和技术工人以及必要的检测手段，并经省、自治区、直辖市特种设备安全监督管理部门许可，方可从事相应的维修活动。锅炉、压力容器、压力管道元件、起重机械、大型游乐设施的制造过程和锅炉、压力容器、电梯、起重机械、客运索道、大型游乐设施的安装、改造、重大维修过程，必须经国务院特种设备安全监督管理部门核准的检验检测机构按照安全技术规范的要求进行监督检验；未经监督检验合格的不得出厂或者交付使用。移动式压力容器、气瓶充装单位应当经省、自治区、直辖市的特种设备安全监督管理部门许可，方可从事充装活动。

83.【参考答案】 ACDE （5P₁₆₈）
【考查要点】 本题考查的是煤矿行政许可的规定
【精解精析】 《国务院关于预防煤矿生产安全事故的特别规定》规定，煤矿未依法取得采矿许可证、安全生产许可证、煤炭生产许可证、营业执照和矿长未依法取得矿长资格证、矿长安全资格证的，煤矿不得从事生产。擅自从事生产的，属非法煤矿。

84.【参考答案】 ABE （5P₂₅₅）
【考查要点】 本题考查的是生产安全事故分级
【精解精析】 在《生产安全事故报告和调查处理条例》制定过程中对事故名称、事故等级如何确定的问题反复研究，并根据国务院公布的国家突发公共事件总体应急预案、国家安全生产事故专项应急预案关于突发公共事件和安全生产事故分级的规定，最终确定了以人员伤亡（集体工业中毒）、直接经济损失和社会影响等三个要素对生产安全事故分级，以前颁布实施的行政法规的相关规定应当以此为准。

85.【参考答案】 BCD （5P₁₈₇~P₁₈₈）
【考查要点】 本题考查的是危险化学品安全监督管理部门的监督检查权
【精解精析】 依据《危险化学品安全管理条例》的规定，负有危险化学品安全监督管理职责的部门依法进行监督检查，可以采取下列5项措施：(1)进入危险化学品作业场所实施现场检查，向有关单位和人员了解情况，查阅、复制有关文件、资料；(2)发现危险化学品事故隐患，责令立即消除或者限期消除；(3)对不符合法律、行政法规、规章规定或者国家标准、行业标准要求的设施、设备、装置、器材、运输工具，责令立即停止使用；(4)经本部门主要负责人批准，查封违法生产、储存、使用、经营危险化学品的场所，扣押违法生产、储存、使用、经营、运输的危险化学品以及用于违法生产、使用、运输危险化学品的原材料、设备、运输工具；(5)发现影响危险化学品安全的违法行为，当场予以纠正或者责令限期改正。

2012年全国注册安全工程师执业资格考试

《安全生产法及相关法律知识》

(考试时间150分钟)

题 号	一	二	总分	
题 分	70	30	核分人	
得 分			复查人	

一、单项选择题(共70题,每题1分。每题的备选项中,只有一个最符合题意)

1. 下列关于法的效力的说法中,正确的是 ( )
   A. 《安全生产法》作为安全生产领域的综合性立法,法律效力高于其他专门法律
   B. 安全生产行政法规的法律效力低于有关安全生产法律
   C. 地方性法规和地方政府规章具有同等法律效力
   D. 部门规章的法律效力高于地方性法规

2. 下列关于《安全生产法》适用范围的说法中,正确的是 ( )
   A. 个体生产经营企业不适用《安全生产法》
   B. 民营企业安全生产不适用《安全生产法》
   C. 外商独资企业安全另有规定的,适用其规定
   D. 铁路交通安全另有规定的,适用其规定

3. 某股份公司董事长由上一级单位的总经理担任,长期在外地。该公司的总经理在党校脱产学习一年,期间日常工作由常务副总经理负责,分管安全生产的副总经理协助其工作。根据《安全生产法》,此期间对该公司安全生产工作全面负责的主要负责人是 ( )
   A. 董事长
   B. 总经理
   C. 常务副总经理
   D. 分管安全生产的副总经理

4. 张某为某国营粮库的法定代表人,负责粮库的生产经营活动,根据《安全生产法》,下列关于该粮库安全生产的职责中,不属于张某基本职责的是 ( )
   A. 组织制定粮库安全生产规章制度
   B. 保证粮库安全生产投入的有效实施
   C. 组织制定粮库事故应急救援预案
   D. 为职工讲授安全生产培训课程

5. 根据《安全生产法》,下列生产经营单位应当设置安全生产管理机构或者配备专职安全生产管理人员的是 ( )
   A. 从业人员280人的危险化学品使用单位
   B. 从业人员220人的机械制造单位
   C. 从业人员110人的食品加工单位
   D. 从业人员50人的建筑施工单位

6. 某水泥厂实施爆破拆除,根据《安全生产法》,该厂应当采取的措施是 ( )
   A. 申请公安机关实施警戒
   B. 通知环境保护部门实施监测
   C. 安排专门人员进行现场安全管理
   D. 报告安全监管部门实施监控

7. 甲公司在50 m高立筒仓现场施工作业中,委托乙公司承担仓顶防水材料吊装作业;委托丙公司承担仓内设备安装作业;委托丁监理公司负责施工监理。三家公司同时开展相关作业,根据《安全生产法》,对上述作业活动进行相应安全管理的做法中,正确的是 ( )
   A. 甲公司与乙公司、丙公司签订安全生产管理协议,约定各自安全生产管理职责
   B. 甲公司与乙公司、丙公司签订安全生产管理协议,约定由乙公司、丙公司承担安全生产管理职责
   C. 甲公司与丁公司签订安全生产管理协议,约定由丁公司承担安全生产管理职责
   D. 甲公司指定丁公司监理人员对乙公司、丙公司的安全生产工作进行统一协调管理

8. 某生产车间进行吊装作业,为防止吊装物料失衡滑落,班长要求工人站在吊装的物料上。根据《安全生产法》,工人正确的做法是 ( )
   A. 执行班长的工作指令
   B. 系上安全带进行作业
   C. 拒绝班长的工作指令
   D. 穿上防滑鞋进行作业

9. 根据《矿山安全法》对矿山建设的安全保障规定,下列对矿井安全出口和运输通讯设施的安全保障要求中,不属于强制要求的是 ( )
   A. 每个矿井必须有三个以上能行人的安全出口
   B. 矿井通讯设施可以有所不同但必须与外界相通
   C. 安全出口之间的距离必须符合相关的技术规范
   D. 矿山运输设施必须能够保证正常运行并预防事故

10. 根据《消防法》,下列单位中应组建专职消防队的是 ( )
    A. 位于市区的学生人数达到2万名的高校
    B. 位于市郊的大型水泥厂
    C. 某小型危险化学品生产企业
    D. 某大型发电厂

11. 根据《消防法》，生产经营单位发生火灾后，负责统一组织和指挥火灾现场扑救的单位是（ ）
   A. 火灾发生单位上级部门　　　　B. 火灾发生单位消防部门
   C. 公安机关消防机构　　　　　　D. 人民政府安全监管部门

12. 根据《道路交通安全法》，高速公路限速标志标明的最高时速不得超过（ ）
   A. 110 km　　　　　　　　　　　B. 120 km
   C. 130 km　　　　　　　　　　　D. 150 km

13. 某矿区由于长期私挖滥采，为现生产煤矿遗留下重大水害隐患。近日该地区局部有雷雨天气，地方政府为防范矿井水害事故发生，发布了三级警报。根据《突发事件应对法》，警报发布后，地方政府应当采取的措施是（ ）
   A. 责令有关部门、专业机构和负有特定职责的人员收集、报告有关信息
   B. 责令矿山应急救援队伍、负有特定职责的人员进入待命状态
   C. 加强对重点煤矿、重要部位和重要基础设施的安全保卫
   D. 转移、疏散或者搬离易受雷雨危害的煤矿人员并予以妥善安置

14. 某施工单位在承接一校舍加工工程时，发生脚手架坍塌，造成2名工人死亡。后经查明，该施工单位没有配置安全员，现场施工安全管理混乱。根据《刑法》，该施工单位负责人的行为涉嫌构成的罪名是（ ）
   A. 强令违章冒险作业罪　　　　　B. 重大责任事故罪
   C. 重大劳动安全事故罪　　　　　D. 重大伤亡事故罪

15. 某市属化工生产企业因违规向个人销售剧毒化学品，有关机构对其作出了行政处罚。根据《行政处罚法》，有权吊销其危险化学品安全生产许可证的行政机关是（ ）
   A. 省级公安机关　　　　　　　　B. 省级安全监管部门
   C. 市级公安机关　　　　　　　　D. 市级安全监管部门

16. 根据《行政处罚法》，下列关于行政处罚适用的说法中，正确的是（ ）
   A. 精神病人在不能辨认或者不能控制自己行为时有违法行为的，应当从轻行政处罚
   B. 对当事人的同一个违法行为，可以给予两次以上罚款的行政处罚
   C. 不满十四周岁的人有违法行为的，不予行政处罚
   D. 受他人胁迫有违法行为的，不予行政处罚

17. 某市安全监管部门对一安全生产许可证过期但仍组织生产的企业实施行政处罚，该企业不服行政处罚决定，申请行政复议，根据《行政处罚法》，在行政复议期间，该项行政处罚（ ）
   A. 暂停执行　　　　　　　　　　B. 不停止执行
   C. 延期执行　　　　　　　　　　D. 中止执行

18. 根据《行政许可法》，下列关于行政许可设定的说法中，正确的是（ ）
   A. 行政机关采用事后监督等其他行政管理方式能够解决的，不得设定行政许可
   B. 尚未制定法律的，行政法规不得设定行政许可
   C. 直接关系人身健康、生命财产安全等特定活动，需要按照法定条件予以批准的事项，地方性法规不得设定行政许可
   D. 省、自治区、直辖市人民政府规章设定的行政许可，不得限制其他地区的个人或企业到本地区从事生产经营和提供服务

19. 某烟花爆竹生产企业向安全管理部门申请安全生产许可证时，提供的材料虚假不实，安全管理部门审查不予行政许可，并给予警告。根据《行政许可法》，该企业不得再次申请行政许可的期限是（ ）
   A. 1 年　　　　　　　　　　　　B. 2 年
   C. 3 年　　　　　　　　　　　　D. 5 年

20. 根据《职业病防治法》，建设项目竣工验收时，其职业病防护设施经安全监管部门验收合格后，方可投入生产和使用，在建设项目竣工验收前，建设单位应当进行（ ）
   A. 职业病危害预评价　　　　　　B. 职业病危害现状评价
   C. 职业病危害控制效果评价　　　D. 职业病危害条件论证

21. 根据《职业病防治法》，我国向用人单位提供可能产生职业病危害的设备的，应当在设备醒目位置设置警示标识、中文警示说明，并提供（ ）
   A. 卫生许可证书　　　　　　　　B. 环境影响检测证书
   C. 安全使用证书　　　　　　　　D. 中文说明书

22. 李某户籍在A市，居住在B市，在C市某水泥厂工作，因长期接触粉尘，需要进行职业诊断。根据《职业病防治法》，下列关于职业病诊断的说法中，正确的是（ ）
   A. 李某可以在A市依法承担职业病诊断的卫生医疗机构进行职业病诊断
   B. 李某到B市的医疗卫生机构进行职业病诊断时，该机构应组织2名取得职业病诊断资格的执业医师联合诊断
   C. 李某必须在C市的职业病诊断机构进行职业病诊断
   D. A、B、C三市的职业病诊断机构应由所在地设区的市人民政府卫生行政部门批准

23. 王某在某选矿厂一线工作了3年，经诊断患有尘肺病，但该选矿厂一直未给王某缴纳工伤保险费。根据《职业病防治法》，下列关于职业病患者相关权益的说法中，正确的是（ ）
   A. 王某应该向单位所在地民政部门申请医疗救助和生活等方面的救助
   B. 该选矿厂应继续留王某在原岗位工作并增加岗位津贴
   C. 该选矿厂可以单方面与王某解除劳动合同并给予一定的补偿
   D. 王某的医疗和生活保障由该选矿厂承担

24. 根据《劳动法》,下列关于女职工特殊保护的说法中,正确的是（　　）
   A. 禁止安排女职工从事矿山井下、国家规定的第三级体力劳动强度的劳动和其他禁忌从事的劳动
   B. 不得安排女职工在经期从事高处、低温、冷水作业和国家规定的第二级体力劳动强度的劳动
   C. 不得安排女职工在怀孕期间从事国家规定的第三级体力劳动强度的劳动和孕期禁忌从事的劳动
   D. 不得安排女职工在哺乳未满1周岁的婴儿期间从事国家规定的第二级体力劳动强度的劳动和哺乳期禁忌从事的其他劳动

25. 根据《劳动合同法》,下列关于劳动合同解除的说法中,正确的是（　　）
   A. 用人单位未按照劳动合同约定提供劳动保护或劳动条件的,劳动者提前3日以书面形式通知用人单位,可以解除劳动合同
   B. 用人单位的规章制度违反法律、法规的规定,损害劳动者权益的,劳动者在试用期内提前30日通知用人单位,可以解除劳动合同
   C. 用人单位以暴力、威胁手段强迫劳动者劳动的,或者用人单位违章指挥,强令冒险作业危及劳动者人身安全的,劳动者可以立即解除劳动合同,不必事先告知用人单位
   D. 劳动者非因工伤,在规定的医疗期满后不能从事原工作,也不能从事由用人单位另行安排的工作的,用人单位提前3日以书面形式通知劳动者本人后,可以解除劳动合同

26. 根据《劳动合同法》,用人单位自用工之日起超过1个月不满1年未与劳动者订立书面劳动合同的,应当向劳动者每月支付（　　）
   A. 1倍工资　　　　　　　　　B. 2倍工资
   C. 3倍工资　　　　　　　　　D. 4倍工资

27. 根据《安全生产许可证条例》,安全生产许可证有效期满需要延期的,企业应当于期满前_____向原安全生产许可证颁发管理机关办理延期手续。（　　）
   A. 1个月　　　　　　　　　　B. 2个月
   C. 3个月　　　　　　　　　　D. 6个月

28. 某省一家从事民用爆破器材的生产企业拟申请安全生产许可证,根据《安全生产许可证条例》,负责该企业安全生产许可证颁发和管理的部门是（　　）
   A. 国务院安全监管部门
   B. 省级安全监管部门
   C. 国务院国防科技工业主管部门
   D. 省级国防科技工业主管部门

29. 根据《煤矿安全监察条例》,下列关于煤矿安全监察内容的说法中,正确的是（　　）
   A. 煤矿安全监察机构发现煤矿进行独眼井开采的,应当责令立即停止作业或者责令限期整改正
   B. 煤矿安全监察机构对煤矿建设工程安全设施和条件进行验收,应当自收到申请验收文件之日起60日内验收完毕
   C. 煤矿安全监察机构依照本条例的规定责令煤矿限期解决事故隐患、限期改正影响煤矿安全的违法行为,并使安全设施和条件达到要求,不得在限期内进行复查和签署复查意见
   D. 煤矿安全监察机构及其煤矿安全监察人员履行安全监察职责,发出安全监察指令,应当采用书面通知的形式,紧急情况下需要采取紧急处理措施,来不及书面通知的,应当随后补充书面通知

30. 根据《国务院关于预防煤矿生产安全事故的特别规定》,在短期内多次发现存在重大安全隐患仍然进行生产的煤矿,应依法予以关闭,并由颁发证照的部门立即吊销矿长资格证和矿长安全资格证,该煤矿的法定代表人和矿长不得再担任任何煤矿的法定代表人和矿长的期限是（　　）
   A. 2年　　　　　　　　　　　B. 3年
   C. 5年　　　　　　　　　　　D. 终身

31. 根据《国务院关于预防煤矿生产安全事故的特别规定》,县级以上地方人民政府负责煤矿安全生产监督管理的部门或者煤矿安全监察机构发现煤矿企业在生产过程中,1周内其负责人或者生产经营管理人员没有按照国家规定带班下井,或者下井登记档案虚假的,责令改正,对该煤矿企业的罚款数额是（　　）
   A. 1万元以下　　　　　　　　B. 1万元以上3万元以下
   C. 3万元以上15万元以下　　　D. 15万元以上50万元以下

32. 根据《建设工程安全生产管理条例》,对施工组织设计中的安全技术措施或者专项施工方案是否符合工程建设强制性标准进行审查的单位是（　　）
   A. 建设单位　　　　　　　　B. 施工单位
   C. 监理单位　　　　　　　　D. 设计单位

33. 根据《建设工程安全生产管理条例》,建设工程施工前,施工单位的_____应对有关安全施工的技术要求向施工作业班组、作业人员作出详细说明,并双方签字确认。（　　）
   A. 项目负责人　　　　　　　B. 负责项目管理的技术人员
   C. 专职安全生产管理人员　　D. 负责各项作业的班组长

34. 《危险化学品安全管理条例》规定的危险化学品安全管理环节是（　）
   A. 生产、储存、经营、运输、废弃
   B. 生产、储存、使用、经营、运输
   C. 生产、使用、经营、运输、废弃
   D. 生产、储存、使用、运输、废弃

35. 根据《危险化学品安全管理条例》，下列关于危险化学品运输规定的说法中，正确的是（　）
   A. 危险化学品禁止通过内河水域运输
   B. 载运危险化学品的船舶在内河航行，必须申请引航
   C. 通过道路运输危险化学品，应当配备押运人员，并保证所运输的危险化学品处于押运人员的监控之下
   D. 危险化学品道路运输企业、水路运输企业应当配备专职或兼职安全管理人员

36. 根据《危险化学品安全管理条例》，从事剧毒化学品经营的企业，应取得危险化学品经营许可证，负责接受剧毒化学品经营企业申请，并颁发危险化学品经营许可证的行政机关是（　）
   A. 县级安全监管部门
   B. 县级公安机关
   C. 设区的市级安全监管部门
   D. 设区的市级公安机关

37. 甲市下辖四区三县，其中的乙县有一炼油厂，该厂根据自身的特点制定了火灾爆炸事故应急预案。根据《危险化学品安全管理条例》，该炼油厂火灾爆炸事故应急预案的上报备案单位是（　）
   A. 乙县安全监管部门
   B. 乙县公安消防机构
   C. 甲市安全监管部门
   D. 甲市公安消防机构

38. 根据《烟花爆竹安全管理条例》，从事烟花爆竹零售的经营者，应当取得《烟花爆竹经营（零售）许可证》。许可证应当载明经营负责人、经营场所地址、经营期限、烟花爆竹种类和（　）
   A. 限制销售量
   B. 限制存放量
   C. 限制销售对象
   D. 限制购买量

39. 根据《烟花爆竹安全管理条例》，经由道路运输烟花爆竹的，负责受理并核发《烟花爆竹道路运输许可证》的行政机关是（　）
   A. 托运地县级公安机关
   B. 托运地设区的市级公安机关
   C. 运达地县级公安机关
   D. 运达地设区的市级公安机关

40. L省甲县某施工企业由于施工原因，需要到J省乙县取得《民用爆炸物品销售许可证》的一企业购买2,4,6-三硝基甲苯100 kg。根据《民用爆炸物品安全管理条例》，该施工企业提出购买申请的审批行政机关是（　）
   A. L省甲县安全监管部门
   B. L省甲县公安机关
   C. J省乙县安全监管部门
   D. J省乙县公安机关

41. 某企业仓库内储存的工业火雷管已过期失效，准备予以销毁，该仓库负责人对要销毁的工业火雷管进行登记造册，并提出了销毁实施方案，根据《民用爆炸物品安全管理条例》，负责组织监督本次工业火雷管销毁工作的部门除本省国防科技工业主管部门外，还有（　）
   A. 省级安全监管部门
   B. 省级公安机关
   C. 县级安全监管部门
   D. 县级公安机关

42. 某爆破物品贸易公司具有进口民用爆炸物品的资质，其中一批民用爆炸物品未按规定进行登记标识就销售给用户，根据《民用爆炸物品安全管理条例》，对该贸易公司应处罚款的数额是（　）
   A. 1万元以下
   B. 1万元以上5万元以下
   C. 5万元以上20万元以下
   D. 20万元以上50万元以下

43. 为配合以光气为原料制备光气化工产品的工艺，在某化工企业的生产过程中使用到锅炉、压力容器、压力管道以及起重机械等设备。根据《特种设备安全监察条例》，下列设备中，属于特种设备的是（　）
   A. 容积为35 L的承压蒸汽锅炉
   B. 压力为0.15 MPa（表压）、容积为10 L的气体压力容器
   C. 工作压力为0.1 MPa（表压）、公称直径小于25 mm的压力管道
   D. 额定起重量小于0.5 t的升降机

44. 根据《使用有毒物品作业场所劳动保护条例》，高毒作业场所应当设置警示标识和中文警示说明、设置通讯报警设备，并设置区域警示线，警示线的颜色是（　）
   A. 黄色
   B. 红色
   C. 黄黑相间色
   D. 红白相间色

45. 根据《国务院关于特大安全事故行政责任追究的规定》，市、县级人民政府未依照规定履行职责，本地区发生特大安全事故的，对政府主要领导人，根据情节轻重，给予（　）
   A. 警告或记过处分
   B. 记过或记大过处分
   C. 降级或撤职处分
   D. 开除公职处分

46. 某化工企业发生爆炸事件,造成2人死亡、11人重伤。根据《生产安全事故报告和调查处理条例》,该事故的等级属于 ( )

　　A. 一般事故　　　　　　　　　B. 较大事故
　　C. 重大事故　　　　　　　　　D. 特别重大事故

47. 某矿井发生了罐笼坠落重大事故,在事故调查过程中,调查组现场勘查用了5日时间。根据《生产安全事故报告和调查处理条例》,该事故从事故发生之日起到提交事故调查报告,特殊情况下经批准,最长不能超过 ( )

　　A. 60日　　　　　　　　　　　B. 65日
　　C. 120日　　　　　　　　　　D. 125日

48. 根据《工伤保险条例》,下列关于劳动能力鉴定的说法中,正确的是 ( )

　　A. 劳动功能障碍分为十个等级,最轻的为一级,最重的为十级
　　B. 生活自理障碍分为四个等级
　　C. 劳动能力鉴定专家组至少由2名专家组成
　　D. 省、自治区、直辖市劳动能力鉴定委员会作出的鉴定结论为最终结论

49. 根据《工伤保险条例》,下列费用中,不应由工伤保险基金支付的是 ( )

　　A. 职工工伤住院治疗期间的伙食补助费
　　B. 工伤职工到签订服务协议的医疗机构进行康复的费用
　　C. 工伤职工因生活或就业需要,经劳动能力鉴定委员会确认,安装假肢的费用
　　D. 生活不能自理的工伤职工在停工留薪期间的护理人工费

50. 某建筑施工企业有从业人员2 000人,成立了安全生产管理部,配备了40名安全生产管理人员。根据《注册安全工程师管理规定》,该企业配备的安全生产管理人员中,注册安全工程师的数量最低为 ( )

　　A. 4名　　　　　　　　　　　B. 6名
　　C. 8名　　　　　　　　　　　D. 10名

51. 根据《注册安全工程师管理规定》,注册安全工程师必须参加继续教育以保证执业水平。下列关于注册安全工程师继续教育学时的说法中,正确的是 ( )

　　A. 注册周期内不低于16学时　　B. 注册周期内不低于24学时
　　C. 注册周期内不低于36学时　　D. 注册周期内不低于48学时

52. 某煤矿生产企业的主要负责人及安全生产管理人员依法参加安全生产培训考核。根据《生产经营单位安全培训规定》,下列关于该企业安全生产培训管理的说法中,正确的是 ( )

　　A. 主要负责人安全培训由安全监管部门组织考核
　　B. 安全生产管理人员的培训依照培训机构制定的培训大纲组织实施
　　C. 主要负责人经培训考核合格,由培训机构发给证书
　　D. 安全生产管理人员经培训考核合格,由培训机构发给证书

53. 根据《生产经营单位安全培训规定》,煤矿、非煤矿山、危险化学品、烟花爆竹等生产经营单位要上岗的从业人员安全培训时间最低为 ( )

　　A. 32学时　　　　　　　　　　B. 48学时
　　C. 60学时　　　　　　　　　　D. 72学时

54. 某工人在其特种作业操作证有效期内,连续在起重机吊装岗位工作11年,从未发生过违章。根据《特种作业人员安全技术培训考核管理规定》,该工人的特种作业操作证经考核发证机关同意,复审时间可以延长至 ( )

　　A. 每3年1次　　　　　　　　 B. 每5年1次
　　C. 每6年1次　　　　　　　　 D. 每10年1次

55. 某工人为特种作业人员,因岗位调整转岗到仓库工作,在此期间未进行相关的特种作业,3个月后,公司将该工人调整回原岗位继续从事特种作业。该工人特种作业操作证尚在有效期内。根据《特种作业人员安全技术培训考核管理规定》,该工人 ( )

　　A. 应当重新进行实际操作考试,经确认合格后上岗作业
　　B. 应当进行特种作业理论知识考试,经确认合格后上岗作业
　　C. 无需进行理论知识及实际操作考试,可以直接上岗作业
　　D. 应当重新参加特种作业培训考试,取得特种作业操作证后上岗作业

56. 劳动防护用品的配备和使用,是加强和规范劳动防护用品监督管理、保障从业人员安全与健康的重要内容。根据《劳动防护用品监督管理规定》,下列关于劳动防护用品配备和使用的说法中,错误的是 ( )

　　A. 生产经营单位应当安排用于配备劳动防护用品的专项经费
　　B. 生产经营单位不得以发奖金替代配备劳动防护用品
　　C. 国家对劳动防护用品实行安全标志管理
　　D. 正确配备和使用劳动防护用品是从业人员的法定义务

57. 某石英砂加工企业为提升生产效率,公司董事会通过技术改造项目议案。该项目于2012年3月1日开始施工,6月1日项目竣工验收并投产。根据《职业病危害项目申报办法》,该企业进行职业病危害申报变更的最迟日期是 ( )

　　A. 2012年3月31日　　　　　　B. 2012年4月30日
　　C. 2012年6月30日　　　　　　D. 2012年7月30日

58. 根据《建设工程消防监督管理规定》,对于为降低工程造价使用不合格的消防产品、不能满足防火性能要求的建筑构件、建筑材料及室内装饰装修材料应承担责任的是（　　）
   A. 建设单位　　　　　　　　　B. 设计单位
   C. 施工单位　　　　　　　　　D. 监理单位

59. 根据《建设工程消防监督管理规定》,下列建设工程中,需要向公安机关消防机构申请消防设计审核,并在建设工程竣工后向出具消防设计审核意见的公安机关消防机构申请消防验收的是（　　）
   A. 建筑总面积 1 500 m² 的托儿所
   B. 建筑总面积 400 m² 的酒吧
   C. 建筑总面积 1 000 m² 的商场
   D. 建筑总面积 5 000 m² 的体育馆

60. 某公司危险化学品生产储罐区防火设施存在重大事故隐患。根据《安全生产事故隐患排查治理暂行规定》,下列关于重大事故隐患管理工作的说法中,正确的是（　　）
   A. 公司对发现的重大事故隐患在整改完成后方才向当地安全检查部门报告
   B. 该重大事故的隐患报告含隐患的危害程度及整改难易程度分析
   C. 由公司安全管理部门组织并实施该事故隐患的治理方案
   D. 该事故隐患的治理方案应包括停产治理影响公司产量的分析

61. 根据《安全生产事故隐患排查治理暂行规定》,生产经营单位应加强事故隐患治理,下列关于实施事故隐患治理安全防范措施中,错误的是（　　）
   A. 事故隐患排除前无法保证安全的,应当从危险区域内撤出作业人员,并疏散可能危及的其他人员
   B. 事故隐患排除过程中无法保证安全的,应当设置警戒标志,暂时停业或者停止使用
   C. 对可能产生生命危害的隐患,合理时间内无法治理的,可暂时采取相应的安全防范措施,防止事故发生
   D. 对暂时难以停产或者停止使用的相关生产储存装置、设施、设备,应当加强维护和保养

62. 根据《生产安全事故应急预案管理办法》,对于某一种类的风险,生产经营单位应当根据存在的重大危险源和可能发生的事故类型,制定相应的（　　）
   A. 综合应急预案　　　　　　　B. 专项应急预案
   C. 现场处置方案　　　　　　　D. 风险评估方案

63. 应急预案的实施包括应急预案的宣传教育培训,应急预案的演练和应急预案的修订。根据《生产安全事故应急预案管理办法》,下列关于应急预案实施的说法中,正确的是（　　）
   A. 生产经营单位应当每年至少组织一次现场处置方案演练
   B. 生产经营单位制定的应急预案应当至少每三年修订一次
   C. 应急预案的要点和程序应当张贴在应急地点和应急培训场所
   D. 生产经营单位的产量发生变化时,应急预案应当及时修订

64. 根据《生产安全事故信息报告和处置办法》,下列情形可以认定为较大涉险事故的是（　　）
   A. 造成 1 人被困的
   B. 需紧急疏散人员 300 人的
   C. 造成 2 人下落不明的
   D. 因生产安全事故导致环境严重污染的

65. 根据《生产安全事故信息报告和处置办法》,生产经营单位发生较大涉险事故,其单位负责人接到事故信息报告后,应当向事故发生地县级安全生产监督管理部门报告的时限是（　　）
   A. 1 小时　　　　　　　　　　B. 2 小时
   C. 3 小时　　　　　　　　　　D. 24 小时

66. 某机构申请安全评价乙级资质,申请范围是金属、非金属及其他矿采选业、烟花爆竹以及民用爆破器材制造业等。根据《安全评价机构管理规定》,负责对该机构的资质申请表及相关证明材料进行审核的行政机关是（　　）
   A. 国务院安全监管部门　　　　B. 省安全监管部门
   C. 设区的市级安全监管部门　　D. 县级安全监管部门

67. 某机构申请安全评价乙级资质,根据《安全评价机构管理规定》,在下列提供的申请材料中,不符合申请资质条件的事项是（　　）
   A. 注册资金 400 万元,固定资产 300 万元,有固定办公场地 800 m²
   B. 有一级、二级、三级安全评价师各 6 名,其中有注册安全工程师 5 名
   C. 法定代表人通过二级资质培训机构组织的相关培训,并考试合格
   D. 专职技术负责人具高级技术职称和注册安全工程师资格,无安全评价师资格

68. 根据《建设项目安全设施"三同时"监督管理暂行办法》,在建设项目进行可行性研究阶段,下列建设项目中,不需要分别进行安全生产条件论证和安全预评价的建设项目是（　　）
   A. 省级建材重点建设项目　　　B. 国家冶金重点建设项目
   C. 省级烟草重点建设项目　　　D. 国家体育场馆建设项目

69. 根据《建设项目安全设施"三同时"监督管理暂行办法》，对高危建设项目和国家、省级重点建设项目竣工后作出试运行规定，其试运行的时间应当不少于30日，最长不超过（ ）
   A. 180日
   B. 200日
   C. 250日
   D. 360日

70. 根据我国有关法律的规定，安全生产国家标准和行业标准的制定修订必须遵循一定的程序，其中属于行业标准特有的必经阶段是（ ）
   A. 预阶段
   B. 征求意见阶段
   C. 复审阶段
   D. 备案阶段

二、多项选择题（共15题，每题2分。每题的备选项中，有2个或2个以上符合题意，至少有1个错误选项。错选，本题不得分；少选，所选的每个选项得0.5分）

71. 同一层级的法律文件在同一问题有不同规定时，在法律适用上应为（ ）
   A. 上位法优于下位法
   B. 成文法优于判例法
   C. 单行法优于综合法
   D. 特殊法优于普通法
   E. 普通法优于特殊法

72. 某化工企业存在一重大危险源，根据《安全生产法》，针对该重大危险源，企业必须采取的措施有（ ）
   A. 对重大危险源进行登记建档
   B. 对重大危险源进行定期检测、评估、监控
   C. 委托安全评价机构对重大危险源进行安全评价
   D. 制定重大危险源应急预案，并告知从业人员和相关人员在紧急情况下应当采取的应急措施
   E. 将重大危险源及有关安全措施、应急措施等情况报所在地安全监管部门备案

73. 根据《安全生产法》，生产经营单位主要负责人在本单位发生重大生产安全事故时，不立即组织抢救或者在事故调查处理期间擅离职守或者逃匿的，可追究的责任有（ ）
   A. 降职处分
   B. 记大过处分
   C. 撤职处分
   D. 开除公职处分
   E. 对逃匿的处15日以下拘留

74. 某安全评价机构为帮助某危险化学品企业取得安全生产许可证，出具了虚假评价报告，共获得5万元收入，由于该企业存在重大隐患，导致发生了1人死亡的中毒窒息事故。根据《安全生产法》，安全监管部门可对该安全评价机构及其有关人员实施的处罚有（ ）
   A. 没收其违法所得5万元，并处以2倍以上5倍以下的罚款
   B. 对负责此次评价的主管人员处5 000元以上5万元以下的罚款
   C. 吊销其营业执照
   D. 追究其与该企业承担事故的连带赔偿责任
   E. 撤销其安全评价资格

75. 某栋写字楼由甲、乙两个单位共同使用，根据《消防法》，甲、乙两单位应明确各自的消防安全责任，并确定责任人对共用的_____进行统一管理。（ ）
   A. 安全出口
   B. 消防车通道
   C. 建筑消防设施
   D. 大堂
   E. 疏散通道

76. 《刑法》规定，安全生产设施不符合国家规定，因而发生重大伤亡事故或者造成其他严重后果，情节特别恶劣的，处三年以上七年以下有期徒刑。根据矿山生产安全犯罪适用《刑法》的司法解释，下列应该认定为《刑法》规定的"情节特别恶劣"的情形的有（ ）
   A. 造成轻伤20人以上的
   B. 造成重伤10人以上的
   C. 造成死亡3人以上的
   D. 造成直接经济损失200万元以上的
   E. 造成间接经济损失300万元以上的

77. 根据《职业病防治法》，产生职业病危害的用人单位，应当在醒目位置设置公告栏，公布的有关内容包括（ ）
   A. 有关职业病防治的规章制度
   B. 有关职业病防治的操作规程
   C. 职业病危害的事故后果
   D. 职业病危害事故应急救援措施
   E. 工作场所职业病危害因素检测结果

78. 根据《国务院关于预防煤矿生产安全事故的特别规定》，关闭煤矿应当达到的要求有（ ）
   A. 吊销相关证照，停止供应并处理火工用品
   B. 销毁煤矿的生产设计图纸及水文地质资料
   C. 停止供电，拆除矿井生产设备、供电、通信线路
   D. 封闭、填实矿井井筒，平整井口场地，恢复地貌
   E. 妥善遣散从业人员

79. 某石化厂因经营不善决定停业，根据《危险化学品安全管理条例》，该石化厂应当采取有效措施，及时、妥善处理其危险化学品生产装置、储存设施以及库存的危险化学品，处置方案应报所在地县级人民政府有关部门备案，备案的单位有（ ）
   A. 工业和信息化主管部门
   B. 安全监管部门
   C. 环境保护主管部门
   D. 卫生行政主管部门
   E. 公安机关

80. 某化学品仓储运输有限公司，从事危险化学品的仓储和道路运输业务，根据《危险化学品安全管理条例》，该公司应当经交通运输主管部门考核合格，取得从业资格的人员有（ ）
   A. 装卸管理人员
   B. 押运人员
   C. 驾驶人员
   D. 现场检查员
   E. 主要负责人

81. 根据《烟花爆竹安全管理条例》，烟花爆竹生产企业内从事危险工序的作业人员应当经设区的市人民政府安全生产监管部门考核合格方可上岗作业。这些危险工序包括（ ）
   A. 药物混合
   B. 造粒
   C. 装药
   D. 卷筒
   E. 搬运

82. 根据《特种设备安全监察条例》，电梯使用单位未按规定对电梯进行定期检查和维护的，特种设备安全监管部门可对使用单位进行处罚，处罚的种类有（ ）
   A. 责令限期改正
   B. 责令停止使用
   C. 责令停产停业整顿
   D. 处 2 万元以上 5 万元以下罚款
   E. 吊销电梯使用许可证

83. 王某是一家烧碱生产企业电解车间的操作工，根据《使用有毒物品作业场所劳动保护条例》，该企业为王某建立的职业健康档案的内容应有（ ）
   A. 王某的工作经历
   B. 王某的乙肝疫苗接种记录
   C. 王某的职业健康检查记录
   D. 电解车间的职业中毒危害因素监测记录
   E. 王某的职业中毒危害接触经历

84. 根据《生产安全事故报告和调查处理条例》，事故发生单位主要负责人、直接负责的主管人员和其他直接责任人的某些行为，可处上一年年收入 60% 至 100% 的罚款，构成犯罪的，依法追究刑事责任。这些行为有（ ）
   A. 谎报或瞒报事故的
   B. 伪造或者故意破坏事故现场的
   C. 在事故调查处理期间擅离职守的
   D. 拒绝接受调查或拒绝提供有关情况和资料的
   E. 事故发生后逃匿的

85. 根据《工伤保险条例》，工伤申请和认定应当符合有关规定，这些规定有（ ）
   A. 所在单位应在自事故伤害发生之日或者被诊断、鉴定为职业病之日起 60 日内，向社会保险行政部门提出工伤认定申请
   B. 社会保险行政部门应当自受理工伤认定申请之日起 60 日内作出工伤认定决定
   C. 社会保险行政部门对受理的事实清楚、权利义务明确的工伤认定申请，应当在 15 日内作出工伤认定决定
   D. 职工认为是工伤，用人单位不认为是工伤的，由职工承担举证责任
   E. 对依法取得职业病诊断证明或者职业病诊断鉴定证书的，社会保险行政部门不再进行调查核实

2012年全国注册安全工程师执业资格考试
《安全生产法及相关法律知识》参考答案及精解精析

一、单项选择题

1. 【参考答案】 B （1P$_{17}$～P$_{18}$）
【考查要点】 本题考查的是安全生产法律体系的基本框架
【精解精析】 法律是安全生产法律体系中的上位法，居于整个体系的最高层级，其法律地位和效力高于行政法规、地方性法规、部门规章、地方政府规章等下位法。安全生产行政法规的法律地位和法律效力低于有关安全生产的法律，高于地方性安全生产法规、地方政府安全生产规章等下位法。地方性安全生产法规的法律地位和法律效力低于有关安全生产的法律、行政法规，高于地方政府安全生产规章。国务院有关部门依照安全生产法律、行政法规的规定或者国务院的授权制定发布的安全生产规章的法律地位和法律效力低于法律、行政法规，高于地方政府规章。地方政府安全生产规章是最低层级的安全生产立法，其法律地位和法律效力低于其他上位法，不得与上位法相抵触。

2. 【参考答案】 D （2P$_{17}$～P$_{18}$）
【考查要点】 本题考查的是《安全生产法》的适用范围
【精解精析】 《安全生产法》是安全生产领域的普通法，它所确定的安全生产基本方针原则和基本法律制度普遍适用于生产经营活动的各个领域。但对于消防安全和道路交通安全、铁路交通安全、水上交通安全和民用航空安全领域存在的特殊问题，其他有关专门法律另有规定，则应适用《消防法》《道路交通安全法》等特殊法。

3. 【参考答案】 C （2P$_{30}$～P$_{31}$）
【考查要点】 本题考查的是生产经营单位主要负责人
【精解精析】 生产经营单位主要负责人可以理解为：(1)必须是生产经营单位生产经营活动的主要决策人；(2)必须是实际领导、指挥生产经营单位日常生产经营活动的决策人；(3)必须是能够承担生产经营单位安全生产工作全面领导责任的决策人。当董事长或者总经理长期缺位(因生病、学习等情况不能主持全面领导工作)时，将由其授权或者委托的副职或者其他人主持生产经营单位的全面工作。如果在这种情况下发生安全生产违法行为或者生产安全事故需要追究责任时，只能追究其授权或者委托主持全面工作的实际负责人的法律责任。法律所称的生产经营单位主要负责人应当是直接领导、指挥生产经营单位日常生产经营活动、能够承担生产经营单位安全生产工作主要领导责任的决策人。

4. 【参考答案】 D （2P$_{31}$）
【考查要点】 本题考查的是生产经营单位主要负责人的安全生产基本职责
【精解精析】 《安全生产法》针对生产经营单位主要负责人的安全责任不明确的问题，规定了生产经营单位主要负责人依法应当负有的建立、健全本单位安全生产责任制，组织制定本单位安全生产规章制度和操作规程，保证本单位安全生产投入的有效实施，督促、检查本单位的安全生产工作、及时消除生产安全事故隐患，组织制定并实施本单位的生产安全事故应急预案和及时、如实报告生产安全事故等6项基本职责。

5. 【参考答案】 D （2P$_{45}$）
【考查要点】 本题考查的是安全生产管理机构和安全生产管理人员的配置
【精解精析】 《安全生产法》对按照从业人员的数量，配置安全生产管理机构或者安全生产管理人员又分两种情况分别作出规定，一是强制性规定必须配置机构或者专门人员的，即除矿山、建筑施工和危险物品生产、经营、储存单位以外的其他生产经营单位，其从业人员超过300人的，应当设置安全生产管理机构或者配备专职安全生产管理人员。二是选择性规定，即从业人员在300人以下的，可以不设专门机构，但应当配备专职或者兼职的安全生产管理人员，或者委托具有国家规定的相关专业技术资格的工程技术人员提供安全生产管理服务。

6. 【参考答案】 C （2P$_{50}$）
【考查要点】 本题考查的是爆破、吊装等作业现场安全管理的规定

【精解精析】 爆破、吊装作业属于危险作业，对其作业现场必须进行严格的安全管理。《安全生产法》对此提出两方面要求：(1)生产经营单位进行爆破、吊装等危险作业，应当安排专门人员进行现场安全管理。(2)确保操作规程的遵守和安全措施的落实。要制定严格的操作规程和周密的保安措施，禁止违反规程操作和无关人员擅入现场。现场人员要明确各自的分工和安全责任，各司其职，密切协同，保证万无一失。

7. 【参考答案】 A （2P$_{50}$）
【考查要点】 本题考查的是生产经营项目、场所、设备发包或者出租的安全管理
【精解精析】 生产经营项目、场所有多个承包单位、承租单位的，生产经营单位应当与承包单位、承租单位签订专门的安全生产管理协议，或者在承包合同、租赁合同中约定各自的安全生产管理职责；生产经营单位对承包单位、承租单位的安全生产工作统一协调、管理。

8. 【参考答案】 C （2P$_{54}$）
【考查要点】 本题考查的是从业人员拒绝违章指挥和强令冒险作业的权利
【精解精析】 《安全生产法》规定，在生产经营活动中，从业人员有拒绝违章指挥和强令冒险作业的权利。生产经营单位不得因从业人员对本单位安全生产工作提出批评、检举、控告或者拒绝违章指挥、强令冒险作业而降低其工资、福利等待遇或者解除与其订立的劳动合同。

9. 【参考答案】 A （3P$_{74}$）
【考查要点】 本题考查的是矿井安全出口和运输通讯设施
【精解精析】 《矿山安全法》规定，每个矿井必须有两个以上能行人的安全出口，出口之间的直线水平距离必须符合矿山安全规程和行业技术规范。矿山运输设施是保证矿山开采的运送传输设施，保证其正常运行对于正常生产和预防事故必不可少。由于各类矿山的运输通信设施有所不同，法律对此的最低要求是矿山必须有与外界相通的、符合安全要求的运输和通讯设施。

10. 【参考答案】 D （3P$_{82}$）
【考查要点】 本题考查的是需要设立专职消防队的单位
【精解精析】 《消防法》明确规定了需要设立专职消防队的单位及其职责，下列单位应当建立单位专职消防队，承担本单位的火灾扑救工作：(1)大型核设施单位、大型发电厂、民用机场、主要港口；(2)生产、储存易燃易爆危险品的大型企业；(3)储备可燃的重要物资的大型仓库、基地；(4)前3项规定以外的火灾危险性较大、距离公安消防队较远的其他大型企业；(5)距离公安消防队较远、被列为全国重点文物保护单位的古建筑群的管理单位。

11. 【参考答案】 C （3P$_{83}$）
【考查要点】 本题考查的是火灾现场扑救的组织指挥部门
【精解精析】 《消防法》明确了火灾现场扑救的组织指挥，规定公安机关消防机构统一组织和指挥火灾现场扑救，应当优先保障遇险人员的生命安全。

12. 【参考答案】 B （3P$_{86}$）
【考查要点】 本题考查的是高速公路的特别规定
【精解精析】 根据《道路交通安全法》规定，行人、非机动车、拖拉机、轮式专用机械车、铰接式客车、全挂拖斗车以及其他设计最高时速低于70 km的机动车，不得进入高速公路。高速公路限速标志标明的最高时速不得超过120 km。任何单位、个人不得在高速公路上拦截检查行驶的车辆，公安机关的人民警察依法执行紧急公务除外。

13. 【参考答案】 A （3P$_{91}$）
【考查要点】 本题考查的是三级、四级警报后的措施
【精解精析】 三级、四级警报是预警中级别相对较低的，三级、四级警报后，县级以上地方各级人民政府应当采取如下五种措施：一是启动应急预案；二是责令有关部门、专业机构、监测网点和负有特定职责的人员收集、报告有关信息，向社会公布反映突发事件信息的渠道，加强监测、预报和预警；三是组织对突发事件信息进行分析评估，预测事件的可能性与影响范围和强度，以及可能发生的突发事件的级别；四是向社会公布预测的信息和分析评估的结果，并对信息的报道进行管理；五是及时发布警告、宣传减灾常识和公布咨询电话。

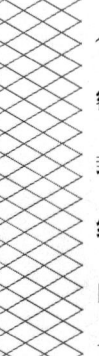

14. 【参考答案】 B (4P₉₈)
   【考查要点】 本题考查的是重大责任事故罪的犯罪主体
   【精解精析】《关于办理危害矿山生产安全刑事案件具体应用法律若干问题的解释》《刑法》规定的犯罪主体，包括对矿山生产、作业负有组织、指挥或者管理职责的负责人、管理人员、实际控制人、投资人等人员，以及直接从事矿山生产、作业的人员。

15. 【参考答案】 B (5P₁₅₆)
   【考查要点】 本题考查的是行政处罚的决定机关
   【精解精析】 国务院和省级人民政府的安全生产监督管理部门，是对非煤矿矿山企业和危险化学品、烟花爆竹生产企业安全生产许可证违法行为实施行政处罚的决定机关。

16. 【参考答案】 C (4P₁₁₀～P₁₁₁)
   【考查要点】 本题考查的是行政处罚的适用
   【精解精析】《行政处罚法》规定，对当事人的同一个违法行为，不得给予两次以上罚款的行政处罚。不满十四周岁的人有违法行为的，不予行政处罚，责令监护人加以管教；已满十四周岁不满十八周岁的人有违法行为的，从轻或者减轻行政处罚。精神病人在不能辨认或者不能控制自己行为时有违法行为的，不予行政处罚，但应当责令其监护人严加看管和治疗。间歇性精神病人在精神正常时有违法行为的，应当给予行政处罚。当事人有下列情形之一的，应当依法从轻或者减轻行政处罚：(1)主动消除或者减轻违法行为危害后果的；(2)受他人胁迫有违法行为的；(3)配合行政机关查处违法行为有立功表现的；(4)其他依法从轻或者减轻行政处罚的。违法行为轻微并及时纠正，没有造成危害后果的，不予行政处罚。

17. 【参考答案】 B (4P₁₁₄)
   【考查要点】 本题考查的是行政处罚的强制执行
   【精解精析】《行政处罚法》规定，行政处罚依法作出后，当事人应当在行政处罚决定的期限内，予以履行。当事人对行政处罚决定不服申请行政复议或者提起行政诉讼的，行政处罚不停止执行，法律另有规定的除外。

18. 【参考答案】 D (4P₁₂₀～P₁₂₁)
   【考查要点】 本题考查的是行政许可的设定
   【精解精析】 采用事后监督等其他行政管理方式能够解决的，可以不设立行政许可。行政法规除对法律设定的许可作具体规定外，还可以根据需要，在不违反法律、不侵害公民法人合法权益情况下设定其他许可。直接涉及国家安全、公共安全、经济宏观调控、生态环境保护以及直接关系人身健康、生命财产安全等特定活动，需要按照法定条件予以批准后设定行政许可。规章有权根据需要就法定事项定许可标准、许可条件、许可程序和其他内容，但不得与法律法规相抵触。

19. 【参考答案】 A (4P₁₂₅)
   【考查要点】 本题考查的是行政相对人的法律责任
   【精解精析】《行政许可法》规定，行政许可申请人隐瞒有关情况或者提供虚假材料申请行政许可的，行政机关不予受理或者不予行政许可，并给予警告；行政许可申请属于直接关系公共安全、人身健康、生命财产安全事项的，申请人在1年内不得再次申请该行政许可。

20. 【参考答案】 C (4P₁₃₀)
   【考查要点】 本题考查的是职业病危害防护设施
   【精解精析】 建设项目的职业病防护设施所需经费应当纳入建设工程预算，并与主体工程同时设计、同时施工、同时投入生产和使用。职业病危害严重的建设项目的防护设施设计，应当经卫生行政部门进行卫生审查，符合国家职业卫生标准和卫生要求的，方可施工。建设项目在竣工验收前，建设单位应当进行职业病危害控制效果评价。建设项目竣工验收时，其职业病防护设施经卫生行政部门验收合格后，方可投入正式生产和使用。

21. 【参考答案】 D (4P₁₃₁)
   【考查要点】 本题考查的是向用人单位提供可能产生职业危害的设备的规定要求
   【精解精析】《职业病防治法》规定，向用人单位提供可能产生职业危害的设备的，应当提供中文说明书，并在设备的醒目位置设置警示标识和中文警示说明。警示说明应当载明设备性能、可能产生的职业病危害、安全操作和维护注意事项、职业病防护以及应急救治措施等内容。

22. 【参考答案】 A (4P₁₃₃)
   【考查要点】 本题考查的是职业病诊断
   【精解精析】 职业病诊断应当由省级以上人民政府卫生行政部门批准的医疗卫生机构承担。劳动者可以在用人单位所在地、本人户籍所在地或者经常居住地依法承担职业病诊断的卫生医疗机构进行职业病诊断。

23. 【参考答案】 D (4P₁₃₃)
   【考查要点】 本题考查的是职业病病人保障
   【精解精析】 职业病病人依法享有国家规定的职业病待遇。用人单位应当按照国家有关规定，安排职业病病人进行治疗、康复和定期检查。用人单位对不适宜继续从事原工作的职业病病人，应当调离岗位，并妥善安置。用人单位对从事接触职业病危害的作业的劳动者，应当给予岗位津贴。职业病病人的诊疗、康复费用，伤残以及丧失劳动能力的职业病病人的社会保障，按照国家有关工伤社会保险的规定执行。职业病病人除依法享有工伤社会保险外，依照有关民事法律尚有获得赔偿的权利的，有权向用人单位提出赔偿要求。用人单位已经不存在或者无法确认劳动关系的职业病病人，可以向地方人民政府民政部门申请医疗救助和生活等方面的救助。

24. 【参考答案】 C (4P₁₂₆)
   【考查要点】 本题考查的是女职工保护
   【精解精析】《劳动法》规定：(1)禁止用人单位安排女职工从事矿山井下、国家规定的第四级体力劳动强度的劳动和其他禁忌从事的劳动。(2)禁止用人单位安排女职工在经期从事高处、低温、冷水作业和国家规定的第三级体力劳动强度的劳动。(3)禁止用人单位安排女职工在怀孕期间从事国家规定的第三级体力劳动强度的劳动和孕期禁忌从事的活动。对怀孕7个月以上的职工，不得安排其延长工作时间和夜班劳动。(4)禁止用人单位安排女职工在哺乳未满1周岁婴儿期间从事国家规定的第三级体力劳动强度的劳动和哺乳期禁忌从事的其他劳动，不得安排其延长工作时间和夜班劳动。

25. 【参考答案】 C (4P₁₃₈～P₁₃₉)
   【考查要点】 本题考查的是劳动者解除劳动合同的权利
   【精解精析】《劳动合同法》规定，用人单位有下列情形之一的，劳动者可以解除劳动合同：(1)未按照劳动合同约定提供劳动保护或者劳动条件的；(2)未及时足额支付劳动报酬的；(3)未依法为劳动者缴纳社会保险费的；(4)用人单位的规章制度违反法律、法规的规定，损害劳动者权益的；(5)因本法有关条款规定的情形致使劳动合同无效的；(6)法律、行政法规规定劳动者可以解除劳动合同的其他情形。用人单位以暴力、威胁或者非法限制人身自由的手段强迫劳动者劳动的，或者用人单位违章指挥、强令冒险作业危及劳动者人身安全的，劳动者可以立即解除劳动合同，不需事先告知用人单位。

26. 【参考答案】 B (4P₁₄₂)
   【考查要点】 本题考查的是用人单位订立劳动合同违法的法律责任
   【精解精析】《劳动合同法》规定，用人单位自用工之日起超过1个月不满1年未与劳动者订立书面劳动合同的，应当向劳动者每月支付2倍的工资。

27. 【参考答案】 C (5P₁₄₉～P₁₅₀)
   【考查要点】 本题考查的是安全生产许可证的期限与延续
   【精解精析】《安全生产许可证条例》规定，安全生产许可证的有效期为3年。安全生产许可证有效期满需要延期的，企业应当于期满前3个月内向原安全生产许可证颁发管理机关办理延期手续。

28. 【参考答案】 C (5P₁₅₃)
   【考查要点】 本题考查的是生产企业安全生产许可证的颁发和管理
   【精解精析】《安全生产许可证条例》规定，国务院国防科技工业主管部门负责民用爆破器材生产企业安全生产许可证的颁发和管理。

29. 【参考答案】 D (5P₁₆₁)
   【考查要点】 本题考查的是煤矿安全监察的内容

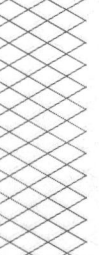

【精解精析】 煤矿安全监察机构发现煤矿进行独眼井开采的,应当责令关闭。煤矿安全监察机构对煤矿建设工程安全设施和条件进行验收,应当自收到申请验收文件之日起30日内验收完毕,签署合格或者不合格的意见,并书面答复。煤矿安全监察机构依照《煤矿安全监察条例》的规定责令煤矿限期解决事故隐患、限期改正影响煤矿安全的违法行为或者限期使安全设施和条件达到要求的,应当在限期届满时及时对煤矿执行情况进行复查并签署复查意见。故D项正确。

30.【参考答案】 C (5P$_{170}$~P$_{171}$)
【考查要点】 本题考查的是停产整顿后的整改复查
【精解精析】 《国务院关于预防煤矿生产安全事故的特别规定》规定,对3个月内2次或者2次以上发现有重大安全生产隐患,仍然进行生产的煤矿,县级以上人民政府负责煤矿安全生产监督管理的部门、煤矿安全监察机构应当提请有关人民政府关闭该煤矿,并由颁发证照的部门立即吊销矿长资格证和矿长安全资格证,该煤矿的法定代表人和矿长5年内不得再担任任何煤矿的法定代表人或者矿长。

31.【参考答案】 C (5P$_{173}$)
【考查要点】 本题考查的是预防煤矿事故违法行为所应负的法律责任
【精解精析】 《国务院关于预防煤矿生产安全事故的特别规定》规定,县级以上地方人民政府负责煤矿安全生产监督管理的部门或者煤矿安全监察机构发现煤矿企业在生产过程中,1周内其负责人或者生产经营管理人员没有按照国家规定带班下井,或者下井登记档案虚假的,责令改正,并对该煤矿企业处3万元以上15万元以下的罚款。

32.【参考答案】 C (5P$_{179}$~P$_{180}$)
【考查要点】 本题考查的是工程监理单位的安全责任
【精解精析】 工程监理单位应当审查施工组织设计中的安全技术措施或者专项施工方案是否符合工程建设强制性标准。

33.【参考答案】 B (5P$_{181}$)
【考查要点】 本题考查的是项目负责人的安全生产责任
【精解精析】 《建设工程安全生产管理条例》规定,建设工程施工前,施工单位负责项目管理的技术人员应当对有关安全施工的技术要求向施工作业班组、作业人员作出详细说明,并由双方签字确认。

34.【参考答案】 B (5P$_{186}$)
【考查要点】 本题考查的是《危险化学品安全管理条例》的适用范围
【精解精析】 《危险化学品安全管理条例》规定,危险化学品生产、储存、使用、经营和运输的安全管理,适用本条例。

35.【参考答案】 C (5P$_{195}$~P$_{197}$)
【考查要点】 本题考查的是危险化学品运输的安全管理规定
【精解精析】 危险化学品道路运输企业、水路运输企业应当配备专职安全管理人员。通过道路运输危险化学品的,应当配备押运人员,并保证所运输的危险化学品处于押运人员的监控之下。通过内河运输危险化学品的,应当由依法取得危险货物水路运输许可的水路运输企业承运,其他单位和个人不得承运。托运人应当委托依法取得危险货物水路运输许可的水路运输企业承运,不得委托其他单位或个人承运。

36.【参考答案】 C (5P$_{193}$)
【考查要点】 本题考查的是危险化学品经营的申办程序
【精解精析】 根据《危险化学品安全管理条例》的规定,从事剧毒化学品、易制爆危险化学品经营的企业,应当向所在地设区的市级人民政府安全生产监督管理部门提出申请,从事其他危险化学品经营的企业,应当向所在地县级人民政府安全生产监督管理部门提出申请(有储存设施的,应当向所在地设区的市级人民政府安全生产监督管理部门提出申请)。设区的市级人民政府安全生产监督管理部门或者县级人民政府安全生产监督管理部门应当依法进行审查,并对申请人的经营场所、储存设施进行现场核查,自收到证明材料之日起30日内作出批准或者不予批准的决定。予以批准的,颁发危险化学品经营许可证。

37.【参考答案】 C (5P$_{199}$)
【考查要点】 本题考查的是危险化学品事故应急预案

【精解精析】 根据《危险化学品安全管理条例》的规定,危险化学品单位应当制定本单位危险化学品事故应急预案,配备应急救援人员和必要的应急救援器材、设备,并定期组织应急救援演练。危险化学品单位应当将其危险化学品事故应急预案报所在地设区的市级人民政府安全生产监督管理部门备案。

38.【参考答案】 B (5P$_{208}$)
【考查要点】 本题考查的是《烟花爆竹经营(零售)许可证》的内容
【精解精析】 根据《烟花爆竹安全管理条例》的规定,烟花爆竹经营(零售)许可证应当载明经营负责人、经营场所地址、经营期限、烟花爆竹种类和限制存放量。

39.【参考答案】 C (5P$_{208}$)
【考查要点】 本题考查的是烟花爆竹道路运输许可证的核发
【精解精析】 根据《烟花爆竹安全管理条例》的规定,从事道路运输烟花爆竹的,托运人应当向运达地县级人民政府公安部门提出申请,并提交证明材料。受理道路运输烟花爆竹申请的公安部门应当自受理申请之日起3日内对托运人提交的有关材料进行审查,对符合条件的,核发《烟花爆竹道路运输许可证》。

40.【参考答案】 B (5P$_{214}$)
【考查要点】 本题考查的是民用爆炸物品的购买许可
【精解精析】 依据《民用爆炸物品安全管理条例》的规定,民用爆炸物品使用单位购买民用爆炸物品的,应当向所在地县级人民政府公安机关提出购买申请。

41.【参考答案】 D (5P$_{217}$)
【考查要点】 本题考查的是现场临时存放民用爆炸物品的安全管理规定
【精解精析】 根据《民用爆炸物品安全管理条例》的规定,民用爆炸物品变质和过期失效的,应当及时清理出库,并予以销毁。销毁前应当登记造册,提出销毁方案,报省、自治区、直辖市人民政府国防科技工业主管部门、所在地县级人民政府公安机关组织监督销毁。

42.【参考答案】 C (5P$_{218}$)
【考查要点】 本题考查的是民用爆炸物品安全管理违法行为应负的法律责任
【精解精析】 根据《民用爆炸物品安全管理条例》的规定,违反本条例规定,有下列情形之一的,由公安机关责令限期改正,处5万元以上20万元以下的罚款;逾期不改正的,责令停产停业整顿:(1)未按照规定对民用爆炸物品做出警示标志、登记标识或者未对雷管编码打号的;(2)超出购买许可的品种、数量购买民用爆炸物品的;(3)使用现金或者实物进行民用爆炸物品交易的;(4)未按照规定保存购买单位的许可证、银行账户转账凭证、经办人的身份证明复印件的;(5)销售、购买、进出口民用爆炸物品,未按照规定向公安机关备案的;(6)未按照规定建立民用爆炸物品登记制度,如实将本单位生产、销售、购买、运输、储存、使用民用爆炸物品的品种、数量和流向信息输入计算机系统的;(7)未按照规定将《民用爆炸物品运输许可证》交回发证机关核销的。

43.【参考答案】 A (5P$_{220}$)
【考查要点】 本题考查的是特种设备的概念
【精解精析】 特种设备包括锅炉、压力容器、压力管道、电梯、起重机械、客运索道、大型游乐设施、场(厂)内专用机动车辆。锅炉,是指利用各种燃料、电或者其他能源,将所盛装的液体加热到一定的参数,并对外输出热能的设备,其范围规定为容积大于或者等于30 L的承压蒸汽锅炉。压力容器,是指盛装气体或者液体,承载一定压力的密闭设备,其范围规定为最高工作压力大于或者等于0.1 MPa(表压),且压力与容积的乘积大于或者等于2.5 MPa·L的气体、液化气体和最高工作温度高于或等于标准沸点的液体的固定式容器和移动式容器。压力管道,是指利用一定的压力,用于输送气体或者液体的管状设备,其范围规定为最高工作压力大于或者等于0.1 MPa(表压)的气体、液化气体、蒸汽介质或可燃、易爆、有毒、有腐蚀性、最高工作温度高于或等于标准沸点的液体介质,且公称直径大于25 mm的管道。起重机械,是指用于垂直升降或者垂直升降并水平移动重物的机电设备,其范围规定为额定起重量大于或等于0.5 t的升降机。

44.【参考答案】 B (5P$_{237}$)
【考查要点】 本题考查的是警示标识的规定
【精解精析】 根据《使用有毒物品作业场所劳动保护条例》的规定,使用有毒物品作业场所应当设置黄色区域警示线、警示标识和中文警示说明。警示说明应当载明产生职业中毒危害的种类、后果、预防以及应急救治措施等内容。高毒作业场所应当设置红色区域警示线、警示标识和中文警示说明,并设置通迅报警设备。

45.【参考答案】 C （5P₂₅₁）
【考查要点】 本题考查的是发生特大事故的责任追究规定
【精解精析】 根据《国务院关于特大安全事故行政责任追究的规定》的规定,市(地、州)、县(市、区)人民政府依照本规定应当履行职责而未履行,或者未按照规定的职责和程序履行,本地区发生特大安全事故的,对政府主要领导人,根据情节轻重,给予降级或者撤职的行政处分;构成玩忽职守罪的,依法追究刑事责任。

46.【参考答案】 B （5P₂₅₆）
【考查要点】 本题考查的是安全事故的等级
【精解精析】 《生产安全事故报告和调查处理条例》规定,较大事故,是指一次造成3人以上10人以下死亡,或者10人以上50人以下重伤,或者1 000万元以上5 000万元以下直接经济损失的事故。

47.【参考答案】 C （5P₂₆₆）
【考查要点】 本题考查的是事故调查时限
【精解精析】 《生产安全事故报告和调查处理条例》规定,事故调查组应当自事故发生之日起60日内提交事故调查报告;特殊情况下,经负责事故调查的人民政府批准,提交事故调查报告的期限可以适当延长,但延长的期限最长不超过60日。

48.【参考答案】 D （5P₂₇₇~P₂₇₈）
【考查要点】 本题考查的是劳动能力鉴定
【精解精析】 劳动能力鉴定是指劳动功能障碍程度和生活自理障碍程度的等级鉴定。劳动功能障碍分为10个伤残等级,最重的为一级,最轻的为十级。生活自理障碍分为3个等级:生活完全不能自理、生活大部分不能自理和生活部分不能自理。设区的市级劳动能力鉴定委员会收到劳动能力鉴定申请后,应当从其建立的医疗卫生专家库中随机抽取3名或者5名相关专家组成专家组,由专家组提出鉴定意见。省、自治区、直辖市劳动能力鉴定委员会作出的劳动能力鉴定结论为最终结论。

49.【参考答案】 D （5P₂₇₈~P₂₇₉）
【考查要点】 本题考查的是工伤保险待遇的规定
【精解精析】 职工住院治疗工伤的伙食补助费,以及经医疗机构出具证明,报经办机构同意,工伤职工到统筹地区以外就医所需的交通、食宿费用从工伤保险基金支付,基金支付的具体标准由统筹地区人民政府规定。工伤职工到签订服务协议的医疗机构进行工伤康复的费用,符合规定的,从工伤保险基金支付。工伤职工因日常生活或者就业需要,经劳动能力鉴定委员会确认,可以安装假肢、矫形器、假眼、假牙和配置轮椅等辅助器具,所需费用按照国家规定的标准从工伤保险基金支付。生活不能自理的工伤职工在停工留薪期需要护理的,由所在单位负责。

50.【参考答案】 B （6P₂₈₈）
【考查要点】 本题考查的是高危生产经营单位注册安全工程师的配备
【精解精析】 从业人员300人以上的煤矿、非煤矿山、建筑施工单位和危险物品生产经营单位,应当按照不少于安全生产管理人员15%的比例配备注册安全工程师,安全生产管理人员在7人以下的,至少配备1名。

51.【参考答案】 D （6P₂₉₂）
【考查要点】 本题考查的是注册安全工程师的继续教育
【精解精析】 《注册安全工程师管理规定》规定,继续教育按照注册类别分类进行。注册安全工程师在每个注册周期内应当参加继续教育,时间累计不得少于48学时。

52.【参考答案】 A （6P₂₉₆~P₂₉₇）
【考查要点】 本题考查的是安全生产培训管理
【精解精析】 煤矿的主要负责人、安全生产管理人员由煤矿安全监察机构负责考核。非煤矿山、危险化学品、烟花爆竹的主要负责人、安全生产管理人员由安全生产监管部门负责考核。建筑等行业的主要负责人、安全生产管理人员由建设行政主管部门负责考核。煤矿主要负责人和安全生产管理人员的安全培训大纲及考核标准由国家煤矿安全监察局制定。非煤矿山、危险化学品、烟花爆竹等生产经营单位主要负责人和安全生产管理人员的安全培训大纲及考核标准由国家安全生产监督管理总局统一制定。煤矿、非煤矿山、危险化学品、烟花爆竹等生产经营单位主要负责人和安全生产管理人员,经安全资格培训考核合格,由安全生产监管监察部门发给安全资格证书。其他生产经营单位主要负责人和安全生产管理人员经安全生产监管监察部门认定的具备相应资质的培训机构培训合格后,由培训机构发给相应的培训合格证书。

53.【参考答案】 D （6P₂₉₈）
【考查要点】 本题考查的是安全培训时间
【精解精析】 《生产经营单位安全培训规定》规定,生产经营单位新上岗的从业人员,岗前培训时间不得少于24学时。煤矿、非煤矿山、危险化学品、烟花爆竹等生产经营单位新上岗的从业人员安全培训时间不得少于72学时,每年接受再培训的时间不得少于20学时。

54.【参考答案】 C （6P₃₀₇）
【考查要点】 本题考查的是特种作业操作证的复审期限
【精解精析】 《特种作业人员安全技术培训考核管理规定》规定,特种作业操作证每3年复审1次。特种作业人员在特种作业操作证有效期内,连续从事本工种10年以上,严格遵守有关安全生产法律法规的,经原考核发证机关或者从业所在地考核发证机关同意,特种作业操作证的复审时间可以延长至每6年1次。

55.【参考答案】 C （6P₃₀₈）
【考查要点】 本题考查的是特种作业操作证的监督管理
【精解精析】 持有特种作业操作证书,离开特种作业岗位6个月以上的特种作业人员,重新回到原工作过的岗位上岗前,必须到考核发证机关或者委托的单位进行实际操作考试,经确认合格后方可上岗作业。

56.【参考答案】 C （6P₃₁₂~P₃₁₃）
【考查要点】 本题考查的是劳动防护用品配备与使用的规定
【精解精析】 《劳动防护用品监督管理规定》规定,生产经营单位应当安排用于配备劳动防护用品的专项经费。生产经营单位不得以货币或者其他物品替代应当按规定配备的劳动防护用品。国家对特种劳动防护用品实行安全标志管理,要求生产经营单位必须购买有安全标志的特种劳动防护用品。获得符合标准的劳动防护用品是从业人员的权利。同时,正确地佩戴和使用劳动防护用品又是从业人员的法定义务。

57.【参考答案】 C （6P₃₁₆）
【考查要点】 本题考查的是职业危害申报时限及变更
【精解精析】 《作业场所职业危害申报管理办法》规定,作业场所职业危害每年申报1次。生产经营单位下列事项发生重大变化的,应当按照本条规定向原申报机关申报变更:(1)进行新建、改建、扩建、技术改造或者技术引进的,在建设项目竣工验收之日起30日内进行申报;(2)因技术、工艺或者材料发生变化导致原申报的职业危害因素及其相关内容发生重大变化的,在技术、工艺或者材料变化之日起15日内进行申报;(3)生产经营单位名称、法定代表人或者主要负责人发生变化的,在发生变化之日起15日内进行申报。

58.【参考答案】 A （6P₃₁₈）
【考查要点】 本题考查的是消防设计和施工中建设单位的责任
【精解精析】 根据《建设工程消防监督管理规定》,建设单位不得要求设计、施工、工程监理等有关单位和人员违反消防法规和国家工程建设消防技术标准,降低建设工程消防设计、施工质量。建设单位在消防设计、施工的质量方面承担选用合格的消防产品和满足防火性能要求的建筑构件、建筑材料及室内装修装饰材料的责任。

59.【参考答案】 A （6P₃₁₉）
【考查要点】 本题考查的是人员密集场所消防设计的审核和验收
【精解精析】 根据《建设工程消防监督管理规定》,对具有下列情形之一的人员密集场所,建设单位应当向公安机关消防机构申请消防设计审核,并在建设工程竣工后向出具消防设计审核意见的公安机关消防机构申请消防验收:(1)建筑总面积大于2万 m² 的体育场馆、会堂、公共展览馆、博物馆的展示厅;(2)建筑总面积大于1.5万 m² 的民用机场航站楼、客运车站候车室、客运码头候船厅;(3)建筑总面积大于1万 m² 的宾馆、饭店、商场、市场;(4)建筑总面积大于2 500 m² 的影剧院,公共图书馆的阅览室,营业性室内健身、休闲场馆,医院的门诊楼,大学的教学楼、图书馆、食堂,劳动密集型企业的生产加工车间,寺庙、教堂;(5)建筑总面积大于1 000 m² 的托儿所、幼儿园的儿童用房,儿童游乐厅等室内儿童活动场所,养老院、福利院,医院、疗养院的病房楼,中小学校的教学楼、图书馆、食堂,学校的集体宿舍,劳动密集型企业的员工集体宿舍;(6)建筑总面积大于500 m² 的歌舞厅、录像厅、放映厅、卡拉 OK 厅、夜总会、游艺厅,桑拿浴室、网吧、酒吧,具有娱乐功能的餐馆、茶馆、咖啡厅。

60.【参考答案】 B (6P₃₂₅~P₃₂₆)
【考查要点】 本题考查的是重大事故隐患的报告和治理
【精解精析】 根据《安全生产事故隐患排查治理暂行规定》的规定,对于重大事故隐患,生产经营单位除依照有关规定报送外,应当及时向安全监管监察部门和有关部门报告。重大事故隐患报告内容应当包括:隐患的现状及其产生原因;隐患的危害程度和整改难易程度分析;隐患的治理方案。对于重大事故隐患,由生产经营单位主要负责人组织制定并实施事故隐患治理方案。重大事故隐患治理方案应当包括的内容:治理的目标和任务;采取的方法和措施;经费和物资的落实;负责治理的机构和人员;治理的时限和要求;安全措施和应急预案。

61.【参考答案】 C (6P₃₂₆)
【考查要点】 本题考查的是事故隐患排查治理中的紧急处置
【精解精析】《安全生产事故隐患排查治理暂行规定》规定,生产经营单位在事故隐患治理过程中,应当采取相应的安全防范措施,防止事故发生。事故隐患排除前或者排除过程中无法保证安全的,应当从危险区域内撤出作业人员,并疏散可能危及的其他人员,设置警戒标志,暂时停产停业或者停止使用;对暂时难以停产或者停止使用的相关生产储存装置、设施、设备,应当加强维护和保养,防止事故发生。

62.【参考答案】 B (6P₃₂₈)
【考查要点】 本题考查的是生产经营单位应急预案的种类
【精解精析】 根据《生产安全事故应急预案管理办法》的规定,对于某一种类的风险,生产经营单位应当根据存在的重大危险源和可能发生的事故类型,制定相应的专项应急预案。专项应急预案应当包括危险性分析、可能发生的事故特征、应急组织机构与职责、预防措施、应急处置程序和应急保障等内容。

63.【参考答案】 B (6P₃₃₁)
【考查要点】 本题考查的是应急预案的实施
【精解精析】 生产经营单位应当制定本单位的应急预案演练计划,根据本单位的事故预防重点,每年至少组织1次综合应急预案演练或者专项应急预案演练,每半年至少组织1次现场处置方案演练。地方各级安全生产监督管理部门制定的应急预案,应当根据预案演练、机构变化等情况适时修订。生产经营单位制定的应急预案应当至少每3年修订1次,预案修订情况应记录并归档。应急预案的要点和程序应当张贴在应急地点和应急指挥场所,并有明显的标志。

64.【参考答案】 D (6P₃₃₂)
【考查要点】 本题考查的是较大涉险事故的范围
【精解精析】《生产安全事故信息报告和处置办法》规定,较大涉险事故是指:(1)涉险10人以上的事故;(2)造成3人以上被困或者下落不明的事故;(3)紧急疏散人员500人以上的事故;(4)因生产安全事故对环境造成严重污染(人员密集场所、生活水源、农田、河流、水库、湖泊等)的事故;(5)危及重要场所和设施安全(电站、重要水利设施、危化品库、油气站和车站、码头、港口、机场及其他人员密集场所等)的事故;(6)其他较大涉险事故。

65.【参考答案】 A (6P₃₃₂)
【考查要点】 本题考查的是事故信息的报告
【精解精析】 生产经营单位发生生产安全事故或者较大涉险事故,其单位负责人接到事故信息报告后应当于1小时内报告事故发生地县级安全生产监督管理部门、煤矿安全监察分局。

66.【参考答案】 C (6P₃₃₉)

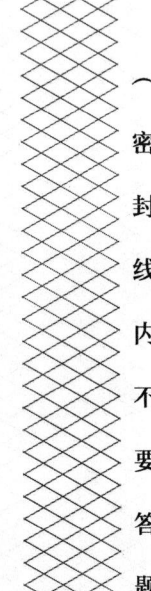

67.【参考答案】 D (6P₃₃₈)
【考查要点】 本题考查的是申办乙级资质程序
【精解精析】 根据《安全评价机构管理规定》的规定,乙级资质的申请人将安全评价机构资质申请表及相关证明材料,报所在地设区的市级安全生产监督管理部门、煤矿安全监察分局审核。由省级安全生产监督管理部门、省级煤矿安全监察机构进行审批、颁发证书。

67.【参考答案】 D (6P₃₃₈)
【考查要点】 本题考查的是安全评价机构申请乙级资质应当具备的条件
【精解精析】 根据《安全评价机构管理规定》的规定,安全评价机构申请乙级资质,应当具备下列条件:(1)具有法人资格,注册资金300万元以上,固定资产200万元以上。(2)有与其开展工作相适应的固定工作场所和设施设备,具有必要的技术支撑条件。(3)有健全的内部管理制度和安全评价过程控制体系。(4)有16名以上专职安全评价师,其中一级安全评价师20%以上、二级安全评价师30%以上。按照不少于专职安全评价师30%的比例配备注册安全工程师。安全评价师、注册安全工程师有与其申报业务相适应的专业能力。(5)法定代表人通过二级资质以上培训机构组织的相关安全生产和安全评价知识培训,并考试合格。(6)设有专职技术负责人和过程控制负责人。专职技术负责人有二级以上安全评价师和注册安全工程师资格,并具有与所申报业务相适应的高级专业技术职称。(7)法律、行政法规、规章规定的其他条件。

68.【参考答案】 D (6P₃₄₅)
【考查要点】 本题考查的是需要安全论证和安全预评价建设项目的范围
【精解精析】 根据《建设项目安全设施"三同时"监督管理暂行办法》,下列建设项目在进行可行性研究时,生产经营单位应当分别对其安全生产条件进行论证和安全预评价:(1)非煤矿矿山建设项目;(2)生产、储存危险化学品(包括使用长输管道输送危险化学品)的建设项目;(3)生产、储存烟花爆竹的建设项目;(4)化工、冶金、有色、建材、机械、轻工、纺织、烟草、商贸、军工、公路、水运、轨道交通、电力等行业的国家和省级重点建设项目;(5)法律、行政法规和国务院规定的其他建设项目。

69.【参考答案】 A (6P₃₄₉)
【考查要点】 本题考查的是省级重点建设项目试运行的规定
【精解精析】《建设项目安全设施"三同时"监督管理暂行办法》从三个方面对高危建设项目和国家、省级重点建设项目试运行作出规定:(1)高危建设项目和国家、省级重点建设项目竣工后,根据规定建设项目需要试运行(包括生产、使用,下同)的,应当在正式投入生产或者使用前进行试运行;(2)试运行时间应当不少于30日,最长不得超过180日,国家有关部门有规定或者特殊要求的行业除外;(3)生产、储存危险化学品的建设项目,应当在建设项目试运行前将试运行方案报负责建设项目安全许可的安全生产监督管理部门备案。

70.【参考答案】 D (7P₃₆₀)
【考查要点】 本题考查的是安全生产标准制定、修订程序
【精解精析】 根据国家有关规定,国家标准制定程序分9个阶段,即预阶段、立项阶段、起草阶段、征求意见阶段、审查阶段、批准阶段、出版阶段、复审阶段、废止阶段。修订程序和制定程序基本一样,但没有预阶段,起草阶段改为修订阶段。行业标准的制定、修订程序与国家标准的制定、修订程序一样,不同之处是,行业标准有一个备案阶段,需向国务院标准化行政主管部门备案。

二、多项选择题

71.【参考答案】 BD (1P₁₇~P₁₈)
【考查要点】 本题考查的是安全生产法律的基本框架
【精解精析】 从法的不同层级上,可以分为上位法与下位法,所以A项是错误的;从同一层级的法的效力上,可以分为普通法与特殊法,在同一层级的安全生产立法对同一类问题的法律适用上,应当适用特殊法优于普通法的原则,所以D项是正确的,E项是错误的;从法的内容上,可以分为综合性法与单行法,所以C项不符合题意,B、D项即为排除后的正确选项。

72.【参考答案】 ABDE (2P₄₉)
【考查要点】 本题考查的是重大危险源管理的规定
【精解精析】 生产经营单位对重大危险源实施及时、有效的监控,是《安全生产法》设定的法律义务。

2012年全国注册安全工程师执业资格考试·《安全生产法及相关法律知识》参考答案及精解精析

要使这项工作制度化,必须加强日常监控工作:一是应对本单位的重大危险源登记建档,摸清底数;二是要定期进行检测检验、评估、监控,发现安全问题及时采取措施;三是制定应急预案和紧急情况下应当采取的应急措施,并告知从业人员和有关人员。如果生产经营单位违反上述规定,对重大危险源未登记建档,或者未进行评估、监控,或者未制定应急预案的,将受到行政处罚或者刑事处罚。法律规定,生产经营单位应当按照国家有关规定,将本单位重大危险源及有关安全措施、应急措施报有关地方人民政府负责安全生产监督管理的部门和有关部门备案。

73.【参考答案】 ACE （2P₆₇）
【考查要点】 本题考查的是生产经营单位主要负责人的法律责任
【精解精析】 《安全生产法》规定,生产经营单位主要负责人在本单位发生重大生产安全事故时,不立即组织抢救或者在事故调查处理期间擅离职守或者逃匿的,给予降职、撤职的处分,对逃匿的处15日以下的拘留;构成犯罪的,依照刑法有关规定追究刑事责任。生产经营单位主要负责人对生产安全事故隐瞒不报、谎报或者拖延不报的,依照前款规定处罚。

74.【参考答案】 ABDE （6P₃₄₃）
【考查要点】 本题考查的是安全评价机构出具虚假报告的处罚
【精解精析】 根据《安全生产法》的规定,承担安全评价、认证、检测、检验工作的机构,出具虚假证明或者虚假评价报告,构成犯罪的,依照刑法有关规定追究刑事责任;尚不够刑事处罚的,没收违法所得,违法所得在5 000元以上的,并处违法所得2倍以上5倍以下的罚款,没有违法所得或者违法所得不足5 000元的,单处或者并处5 000元以上2万元以下的罚款,对其直接负责的主管人员和其他责任人员处5 000元以上5万元以下的罚款;给他人造成损害的,与被评价对象承担连带赔偿责任。对有前款违法行为的,撤销其相应的资质。

75.【参考答案】 ABCE （3P₈₁）
【考查要点】 本题考查的是共同管理人的消防安全责任
【精解精析】 根据《消防法》的规定,同一建筑物由两个以上单位管理或者使用的,应当明确各方的消防安全责任,并确定责任人对共用的疏散通道、安全出口、建筑消防设施和消防车通道进行统一管理。

76.【参考答案】 BC （4P₁₀₂）
【考查要点】 本题考查的是量刑情节的规定
【精解精析】 《关于办理危害矿山生产安全刑事案件具体应用法律若干问题的解释》规定,具有下列情形之一的,应当认定为《刑法》第一百三十四条、第一百三十五条规定的"情节特别恶劣":(1)造成死亡3人以上,或者重伤10人以上的;(2)造成直接经济损失300万元以上的;(3)其他特别恶劣的情节。

77.【参考答案】 ABDE （4P₁₃₀）
【考查要点】 本题考查的是职业危害公告
【精解精析】 《职业病防治法》规定,产生职业病危害的用人单位,应当在醒目位置设置公告栏,公布有关职业病防治的规章制度、操作规程、职业病危害事故应急救援措施和工作场所职业病危害因素检测结果。对产生严重职业病危害的作业岗位,应当在其醒目位置,设置警示标识和中文警示说明。警示说明应当载明产生职业病危害的种类、后果、预防以及应急救治措施等内容。

78.【参考答案】 ACDE （5P₁₇₁）
【考查要点】 本题考查的是关闭矿煤的具体要求
【精解精析】 《国务院关于预防煤矿生产安全事故的特别规定》提出了关闭煤矿应当达到的5项要求:
(1)吊销相关证照;(2)停止供应并处理火工用品;(3)停止供电,拆除矿井生产设备、供电、通信线路;
(4)封闭、填实矿井井筒,平整井口场地,恢复地貌;(5)妥善遣散从业人员。

79.【参考答案】 ABCE （5P₁₉₁~P₁₉₂）
【考查要点】 本题考查的是危险化学品单位转产、停产、停业或者解散的安全管理
【精解精析】 根据《危险化学品安全管理条例》的规定,生产、储存危险化学品的单位转产、停产、停业或者解散的,应当采取有效措施,及时、妥善处置其危险化学品生产装置、储存设施以及库存的危险化学品,不得丢弃危险化学品;处置方案应当报所在地县级人民政府安全生产监督管理部门、工业和信息化主管部门、环境保护主管部门和公安机关备案。

80.【参考答案】 ABCD （5P₁₉₅）
【考查要点】 本题考查的是危险化学品运输的安全管理规定
【精解精析】 根据《危险化学品安全管理条例》的规定,危险化学品道路运输企业、水路运输企业的驾驶人员、船员、装卸管理人员、押运人员、申报人员、集装箱装箱现场检查员应当经交通运输主管部门考核合格,取得从业资格。具体办法由国务院交通运输主管部门制定。

81.【参考答案】 ABCE （5P₂₀₇）
【考查要点】 本题考查的是烟花爆竹从业人员的安全资格
【精解精析】 根据《烟花爆竹安全管理条例》的规定,生产烟花爆竹的企业,应当对生产作业人员进行安全生产知识教育,对从事药物混合、造粒、筛选、装药、筑药、压药、切引、搬运等危险工序的作业人员进行专业技术培训。从事危险工序的作业人员经设区的市人民政府安全生产监督管理部门考核合格,方可上岗作业。

82.【参考答案】 ABC （5P₂₃₃）
【考查要点】 本题考查的是特种设备使用单位的法律责任
【精解精析】 根据《特种设备安全监察条例》的规定,特种设备使用单位有下列情形之一的,由特种设备安全监督管理部门责令限期改正;逾期未改正的,处2 000元以上2万元以下罚款;情节严重的,责令停止使用或者停产停业整顿:(1)特种设备投入使用前或者投入使用后30日内,未向特种设备安全监督管理部门登记,擅自将其投入使用的;(2)未依照规定建立特种设备安全技术档案的;(3)未依照规定对在用特种设备进行经常性日常维护保养和定期自行检查的,或者对在用特种设备的安全附件、安全保护装置、测量调控装置及有关附属仪器仪表进行定期校验、检修,并作出记录的;(4)未按照安全技术规范的定期检验要求,在安全检验合格有效期届满前1个月向特种设备检验检测机构提出定期检验要求的;(5)使用未经定期检验或者检验不合格的特种设备的;(6)特种设备出现故障或者发生异常情况,未对其进行全面检查、消除事故隐患,继续投入使用的;(7)未制定特种设备事故应急专项预案的;(8)未依照规定对电梯进行清洁、润滑、调整和检查的;(9)未按安全技术规范要求进行锅炉水(介)质处理的;(10)特种设备不符合能效指标,未及时采取相应措施进行整改的。

83.【参考答案】 ACDE （5P₂₄₁）
【考查要点】 本题考查的是职业健康监护档案
【精解精析】 根据《使用有毒物品作业场所劳动保护条例》的规定,用人单位应当建立职业健康监护档案。职业健康监护档案应当包括下列内容:(1)劳动者的职业史和职业中毒危害接触史;(2)相应作业场所职业中毒危害因素监测结果;(3)职业健康检查结果及处理情况;(4)职业病诊疗等劳动者健康资料。

84.【参考答案】 ABDE （5P₂₇₂）
【考查要点】 本题考查的是事故发生单位及有关人员违反事故报告和调查规定的法律责任
【精解精析】 根据《生产安全事故报告和调查处理条例》的规定,事故发生单位及其有关人员有下列行为之一的,对主要负责人、直接负责的主管人员和其他直接责任人员处上一年年收入60%至100%的罚款:(1)谎报或者瞒报事故的;(2)伪造或者故意破坏事故现场的;(3)转移、隐匿资金、财产,或者销毁有关证据、资料的;(4)拒绝接受调查或者拒绝提供有关情况和资料的;(5)在事故调查中作伪证或者指使他人作伪证的;(6)事故发生后逃匿的。

85.【参考答案】 BCE （5P₂₇₆~P₂₇₇）
【考查要点】 本题考查的是工伤认定程序
【精解精析】 根据《工伤保险条例》的规定,职工发生事故伤害或者按照职业病防治法规定被诊断、鉴定为职业病,所在单位应当自事故伤害发生之日起或者被诊断、鉴定为职业病之日起30日内,向统筹地区社会保险行政部门提出工伤认定申请。社会保险行政部门应当自受理工伤认定申请之日起60日内作出工伤认定的决定,并书面通知申请工伤认定的职工或者其近亲属和该职工所在单位。职工或者其近亲属认为是工伤,用人单位不认为是工伤的,由用人单位承担举证责任。社会保险行政部门对受理事实清楚、权利义务明确的工伤认定申请,应当在15日内作出工伤认定的决定。对依法取得职业病诊断证明书或者职业病诊断鉴定书的,社会保险行政部门不再进行调查核实。

2013年全国注册安全工程师执业资格考试

《安全生产法及相关法律知识》

(考试时间150分钟)

题 号	一	二	总分	
题 分	70	30	核分人	
得 分			复查人	

一、单项选择题(共70题,每题1分。每题的备选项中,只有一个最符合题意)

1. 某省人大常务委员会公布实施了《某省安全生产条例》,随后省政府公布实施了《某省生产经营单位安全生产主体责任规定》。下列关于两者法律地位和效力的说法,正确的是 ( )
   A. 《某省安全生产条例》属于行政法规
   B. 《某省生产经营单位安全生产主体责任规定》属于地方性法规
   C. 《某省安全生产条例》和《某省生产经营单位安全生产主体责任规定》具有同等法律效力
   D. 《某省生产经营单位安全生产主体责任规定》可以对《某省安全生产条例》没有规定的内容作出规定

2. 根据《职业病防治法》的规定,下列关于职业病病人享受国家规定的职业病待遇的说法,正确的是 ( )
   A. 职业病病人变动工作岗位的,其依法享受的职业病待遇随工作岗位改变
   B. 职业病病人变动工作岗位的,其依法享受的职业病待遇不变
   C. 职业病病人退休后,不再享受职业病待遇
   D. 职业病病人单位分立为两个单位的,其依法享受的职业病待遇由社会承担

3. 某贸易公司、煤业公司、当地投资公司分4:3:3的比例共同出资成立一家化工公司。该化工公司的董事长由常驻海外的贸易公司张某担任;总经理由贸易公司王某担任,全面负责生产经营活动;副总经理由煤业公司孙某担任,负责日常生产管理;安全总监由投资公司赵某担任,负责安全管理。依据《安全生产法》的规定,负责组织制定并实施该化工公司安全生产应急预案的是 ( )
   A. 张某
   B. 王某
   C. 孙某
   D. 赵某

4. 某企业有基层员工146人,管理人员10人,主要经营环氧乙烷,并提供运输服务。依据《安全生产法》的规定,下列关于该企业安全生产管理机构设置和人员配备的说法中,正确的是 ( )
   A. 应委托某注册安全工程师事务所提供安全生产管理服务
   B. 应委托某注册安全工程师提供安全生产管理服务
   C. 应配备专职的安全生产管理人员
   D. 应配备兼职安全生产管理人员

5. 依据《安全生产法》的规定,企业与职工订立合同,免除或者减轻其职工因生产安全事故伤亡依法应承担的责任的,该合同无效。对该违法行为应当实施的处罚是 ( )
   A. 责令停产整顿
   B. 提请所在地人民政府关闭企业
   C. 对企业主要负责人给予治安处罚
   D. 对企业主要责任负责人给予罚款

6. 烟花爆竹生产企业危险工序的作业人员应当接受专业技术培训,并经该区的市人民政府安全监管部门考核合格,方可上岗作业。依据《烟花爆竹安全管理条例》的规定,下列各组烟花爆竹生产工序中,各工序都属于危险工序的是 ( )
   A. 卷筒、切筒、装药、造粒
   B. 搬运、造粒、切引、装药
   C. 造粒、切引、包装、检验
   D. 切引、包装、检验、运输

7. 甲公司将其施工项目发包给乙公司,乙公司将其中部分业务分包给丙公司,丙公司又转包给挂靠在丁公司的蔡某。依据《安全生产法》的规定,负责统一协调、管理各方的安全生产工作的责任主体是 ( )
   A. 蔡某
   B. 丙公司
   C. 乙公司
   D. 甲公司

8. 某厂焊工张某因生产安全事故受到伤害,依据《安全生产法》的规定,下列关于张某获取赔偿的说法中,正确的是 ( )
   A. 只能依法获得工伤社会保险赔偿
   B. 只能依照有关民事法律提出赔偿要求
   C. 工伤社会保险赔偿不足的,应当向民政部门提出赔偿要求
   D. 除依法享有工伤保险赔偿外,可以依照有关民事法律提出赔偿要求

9. 某生产经营单位一职工周日加班时发现危化品仓库存在事故隐患,可能引发重大事故。依据《安全生产法》的规定,下列关于该职工隐患报告的说法中,正确的是 ( )
   A. 应次日向负责人报告
   B. 应立即向负责人报告
   C. 应立即向媒体报告
   D. 不应报告

10. 依据《安全生产法》的规定,安全生产监管部门可依法对生产经营单位执行安全生产法律、法规和国家标准或者行业标准的情况进行监督检查,并行使现场检查权、现场处置权、紧急处置权和 ( )
   A. 查封扣押权 B. 强制执行权
   C. 行政拘留权 D. 行政处分权

11. 某省建设行政管理部门在对一个大型施工工地进行安全检查时发现,有两个施工单位在一个作业区域进行可能危及对本安全生产的施工作业,这两个施工单位未签订安全生产管理协议,而且未确定专职安全生产管理人员进行安全检查与协调。该省建设行政管理部门当即下达逾期整改通知书,但这两个施工单位逾期仍未改正。依据《安全生产法》的规定,该省建设行政管理部门应当 ( )
   A. 对两个施工单位处以罚款
   B. 责令两个施工单位停业整顿
   C. 吊销两个单位的安全生产许可证
   D. 吊销两个单位的施工许可证

12. 某安全检测中介机构在对某钢铁厂新安装的设备进行检测验收时,未按规定进行检验,便出具了检测验收证明,致使设备投入使用后不久因其存在的重大隐患引发事故,造成多人死亡。依据《安全生产法》的规定,安全监管部门对该安全检测中介机构除处以罚款、对相关责任者追究行政责任外,还应给予的行政处罚是 ( )
   A. 吊销营业执照 B. 责令停业整顿
   C. 撤销检测机构资格 D. 撤销监测机构负责人资格

13. 依据《消防法》的规定,商场营业期间发生严重火灾时,下列关于灭火救援的做法,错误的是 ( )
   A. 商场组织火灾现场扑救时,优先抢救贵重物品
   B. 商场员工立即组织、引导在场人员疏散撤离
   C. 消防队接到报警后立即赶赴现场,救援遇险人员,实施扑救
   D. 医疗单位及时赶赴现场,实施伤员救治

14. 甲企业与乙企业相邻,甲企业发生火灾后乙企业立即给予支援,最终在公安消防队的带领下成功扑灭大火。依据《消防法》的规定,乙企业损耗的灭火剂、器材及装备等应由_____给予补偿。 ( )
   A. 甲企业 B. 保险公司
   C. 当地人民政府 D. 公安消防队

15. 依据《道路交通安全法》的规定,下列关于车辆通行的说法,正确的是 ( )
   A. 机动车通过没有交通信号灯的交叉路口时,应当减速慢行,并让行人先行
   B. 机动车载运爆炸物品应当按照最短路线、指定的时间和速度行驶
   C. 电动自行车在非机动车道内行驶时,最高时度不能超过30 km
   D. 铰接式客车驶入高速公路后,最高时速不得超过120 km

16. 依据《道路交通安全法》的规定,下列关于道路通行条件的说法中,正确的是 ( )
   A. 工程建设挖掘道路,施工作业完毕无须经过验收即可恢复通行
   B. 在城市道路施划停车泊位必须经公安交通管理部门批准
   C. 无行人过街设施的城市医院门前的道路应施划人行横道线并设置提示标志
   D. 道路出现坍塌,公安交通管理部门和安全监管部门应当及时修复

17. 依据《突发事件应对法》的规定,下列关于突发事件预警级别的说法中,正确的是 ( )
   A. 分为一、二和三级,分别用红、橙和黄色标示,一级为最高等级
   B. 分为一、二和三级,分别用黄、橙和红色标示,三级为最高等级
   C. 分为一、二、三和四级,分别用红、橙、黄和蓝色标示,一级为最高等级
   D. 分为一、二、三和四级,分别用蓝、黄、橙和红色标示,四级为最高等级

18. 依据《突发事件应对法》的规定,下列关于应急监测与预警的说法中,正确的是 ( )
   A. 乡级人民政府应当在村民委员会建立专职信息报告员制度
   B. 县级人民政府应当通过多种途径收集突发事件信息
   C. 对即将发生的社会安全事件,市级人民政府不得越级上报
   D. 预警级别的划分标准由省级人民政府负责制定

19. 陈某承包经营电镀厂,未按照国家标准为电镀设备安装漏电保护装置,导致两名工人作业时触电死亡。根据《刑法》的规定,陈某的行为构成 ( )
   A. 失职渎职罪 B. 重大劳动安全事故罪
   C. 强令违章冒险作业罪 D. 玩忽职守罪

20. 某煤矿发生透水事故,当场死亡5人,主管安全生产的副总经理李某未向有关部门报告,贻误了事故抢险救援的时机,又导致3人死亡。依据《刑法》及相关规定,对李某的处罚,下列说法正确的是 ( )
   A. 应处三年以下有期徒刑
   B. 应处七年以上有期徒刑
   C. 应处三年以上七年以下有期徒刑
   D. 应处拘役

21. 依据《行政处罚法》的规定,下列关于行政处罚规定的说法,正确的是 ( )
   A. 行政法规可以设定限制人身自由、吊销企业营业执照之外的行政处罚
   B. 地方性法规可以设定限制人身自由、吊销企业营业执照之外的行政处罚
   C. 国务院部委可以设定限制人身自由、吊销企业营业执照之外的行政处罚
   D. 国务院批准的较大的市人民政府可以设定限制人身自由、吊销企业营业执照之外的行政处罚

22. 依据《行政处罚法》的规定，当事人逾期不缴纳行政处罚决定的，下列执行措施中，处罚机关可以采取的是（   ）
   A. 到期不缴罚款的，每日按罚款数额的3%加处罚款
   B. 将查封的财物作价充抵罚款
   C. 自行将扣押的财物拍卖抵缴罚款
   D. 自行或申请人民法院强制执行

23. 依据《行政许可法》的规定，被许可人以欺诈、贿赂等不正当手段取得行政许可的，行政机关除依法给予行政处罚外，如取得的行政许可属于直接关系公共安全、人身健康、生命财产安全事项的，则申请人_____年内不得再次申请该行政许可。（   ）
   A. 3   B. 5
   C. 7   D. 10

24. 企业拟建设一个危险化学品仓库。根据《职业病防治法》的规定，受理其职业病危害项目申报的部门是（   ）
   A. 卫生部门   B. 安全监管部门
   C. 劳动部门   D. 公安部门

25. 依据《职业病防治法》的规定，国内首次进口与职业病危害有关的化学材料，进口单位应当向有关部门报送该化学材料的毒性鉴定以及登记注册或者批准进口的文件等资料。受理上述文件资料的有关部门是（   ）
   A. 国务院卫生行政部门和公安部门
   B. 国务院安全监管部门和工业和信息化管理部门
   C. 国务院卫生行政部门和安全监管部门
   D. 国务院公安部门和安全监管部门

26. 依据《职业病防治法》的规定，下列关于职业病病人保障的说法中，正确的是（   ）
   A. 用人单位未参加工伤保险，劳动者患职业病的，其医疗和生活保障由地方民政部门承担
   B. 职业病病人的诊疗、康复费用，按照国家有关工伤保险的规定执行
   C. 各级政府民政部门应当保障职业病病人依法享受国家规定的职业病待遇
   D. 职业病病人依法已享有工伤保险的，无权向用人单位提出民事赔偿要求

27. 依据《职业病防治法》的规定，职业病诊断除应当综合分析病人的临床表现、辅助检查结果外，还应当分析的因素包括（   ）
   A. 身体条件、遗传病史和现场危害检测
   B. 遗传病史、职业史和现场危害调查与评价
   C. 职业史、职业病危害接触史和参加工作年限
   D. 职业史、职业病危害接触史和工作场所职业病危害因素情况

28. 依据《劳动法》的规定，下列企业对女职工的工作安排中，符合女职工特殊保护规定的是（   ）
   A. 某矿山企业临时安排女职工到井下工作一天
   B. 某翻译公司安排已怀孕3个月的女职工本周每天加班一小时
   C. 某医院安排女护士（孩子5个月大）值夜班
   D. 某食品公司安排女职工在例假期间从事冷库搬运作业

29. 依据《劳动合同法》的规定，劳动者与用人单位签订劳动合同后，如果劳动者不能从事或者胜任工作，致使劳动合同无法履行的，用人单位额外支付劳动者最低_____个月工资后，可以解除劳动合同。（   ）
   A. 5   B. 3   C. 2   D. 1

30. 依据《劳动合同法》的规定，对于从事接触职业病危害作业的劳动者，下列情形中，用人单位不得解除或终止劳动合同的是（   ）
   A. 上岗前未进行职业健康检查
   B. 在上岗期间未进行职业健康检查
   C. 离岗前未进行职业健康检查
   D. 未进行身体健康综合评估检查

31. 某危险化学品生产经营企业于2010年6月10日向省安全监督部门申请办理安全生产许可证，省安全监管部门于2010年7月15日向该企业颁发了安全生产许可证。依据《安全生产许可证条例》的规定，该企业申请办理安全生产许可证延期手续合适的日期是（   ）
   A. 2013年3月10日   B. 2015年3月10日
   C. 2013年4月15日   D. 2015年4月15日

32. 依据《国务院关于预防煤矿发生安全事故的特别规定》，被责令停产整顿的煤矿应当制定整改方案，落实整改措施和安全技术规定；整改结束后要求恢复生产的，应向县级以上地方人民政府负责煤矿安全监管部门提出申请，受理申请的部门应当自收到恢复生产申请之日起_____日内组织验收完毕。（   ）
   A. 15   B. 30   C. 60   D. 90

33. 依据《国务院关于预防煤矿生产安全事故的特别规定》的规定，被责令停产整顿的煤矿经整改合格后，最终经_____签字批准可恢复生产。（   ）
   A. 煤矿企业主要负责人
   B. 地方政府主要负责人
   C. 地方负责煤矿安全监管部门主要负责人
   D. 地方煤矿安全监察机构主要负责人

34. 依据《建设工程安全生产管理条例》的规定,施工组织设计中的安全技术或者专项施工方案应当符合工程建设强制性标准,负责符合性审查的单位是（   ）
   A. 建设单位　　　　　　　　B. 设计单位
   C. 监理单位　　　　　　　　D. 施工单位

35. 依据《建设工程安全生产管理条例》的规定,建设工程施工前应进行交底,施工单位的相关人员应对有关安全施工的技术要求向施工作业班组、作业人员做出详细说明,并由双方签字确认。进行交底的人员是（   ）
   A. 项目负责人
   B. 负责各项作业的班组长
   C. 专职安全生产管理人员
   D. 负责项目管理的技术人员

36. 依据《危险化学品安全管理条例》的规定,剧毒化学品经营企业销售剧毒化学品时应当登记,销售记录至少应当保存_____年。
   A. 1　　　　　　　　　　　　B. 2
   C. 3　　　　　　　　　　　　D. 5

37. 依据《危险化学品安全管理条例》的规定,企业通过道路运输剧毒化学品,应该申请剧毒化学品道路运输通行证。受理通行证申请的部门是（   ）
   A. 运输始发地的县级安全监管部门
   B. 运输始发地的县级公安部门
   C. 运输目的地的设区的市级安全监管部门
   D. 运输目的地的设区的市级公安部门

38. 依据《危险化学品安全管理条例》的规定,下列关于危险化学品安全使用许可的说法,正确的是（   ）
   A. 危险化学品生产企业使用危险化学品不需要取得安全使用许可证
   B. 化工企业危险化学品使用量达到规定的数量均需取得安全使用许可证
   C. 危险化学品安全使用许可证应当向所在地省级安全监管部门申请办理
   D. 安全监管部门自收到申请之日起60日内作出是否批准安全使用许可的决定

39. 依据《烟花爆竹安全管理条例》的规定,从事道路运输烟花爆竹的托运人将烟花爆竹运达目的地后,收货人应于_____日内将《烟花爆竹道路运输许可证》交回发证机关核销。（   ）
   A. 2　　　B. 3　　　C. 5　　　D. 10

40. 某爆破公司购买一批雷管。依据《民用爆炸物品安全管理条例》的规定,该公司应自购买雷管之日起_____日内,将所购雷管的品种、数量向所在地县级人民政府公安机关备案。（   ）
   A. 3　　　　　　　　　　　　B. 5
   C. 7　　　　　　　　　　　　D. 10

41. 依据《民用爆炸物品安全管理条例》的规定,爆破作业人员应当经考核取得爆破作业人员许可证,负责考核的部门是（   ）
   A. 县级安全监管部门
   B. 设区的市级国防科技工业主管部门
   C. 设区的市级公安部门
   D. 设区的市级安全监管部门

42. 依据《民用爆炸物品安全管理条例》的规定,销售民用爆炸物品的企业,应将购买单位的许可证、银行账户转账凭证、经办人身份证明复印件保存备查,保存期是（   ）
   A. 3个月　　　　　　　　　　B. 6个月
   C. 1年　　　　　　　　　　　D. 2年

43. 依据《使用有毒物品作业场所劳动保护条例》的规定,使用高毒物品的用人单位,应定期对高毒作业场所进行职业中毒危害检测,检测频率至少_____一次。（   ）
   A. 每月　　　　　　　　　　　B. 每季度
   C. 每半年　　　　　　　　　　D. 每年

44. 2012年7月4日18时20分,某省煤业集团一新井发生一起死亡4人的生产安全事故。由于通信故障,15分钟后矿长崔某接到井下带班人员的报告。依据《生产安全事故报告和调查处理条例》的规定,崔某应于_____前向地方政府及有关部门报告。（   ）
   A. 19时20分　　　　　　　　B. 19时35分
   C. 20时20分　　　　　　　　D. 20时35分

45. 一辆油罐车在A省境内的高速公路上与一辆大客车追尾,引发油罐车爆燃,造成20人死亡。该油罐车中所载溶剂油是自B省往C省某企业的货物。依据《生产安全事故报告和调查处理条例》的规定,负责该起事故调查的主体是（   ）
   A. A省人民政府　　　　　　　B. B省人民政府
   C. C省人民政府　　　　　　　D. 国务院安全监管部门

46. 某企业新员工李某在作业过程中因工负伤,经鉴定为六级劳动功能障碍。李某尚在试用期内,企业未为其缴纳工伤保险。依据《工伤保险条例》的规定,下列关于李某工伤保险待遇的说法中,正确的是（   ）
   A. 该企业应从工伤保险基金中一次性支付李某伤残补助金
   B. 该企业可单方解除与李某的劳动关系,但应该按月发给李某伤残津贴
   C. 李某主动提出与企业解除劳动关系,该企业不得同意解除
   D. 李某主动提出与企业解除劳动关系,企业应按标准支付伤残就业补助金和工伤医疗补助金

47. 在甲县某个体采石场工作的小郝作业时突然摔伤,经医院诊断为旧伤复发所致,小郝自行支付了住院医药费。后小郝与采石场就工伤认定产生纠纷,小郝提出劳动能力鉴定申请。依据《工伤保险条例》的规定,下列有关小郝劳动能力鉴定的说法,正确的是(   )

A. 小郝应向甲县劳动能力鉴定委员会提出劳动能力鉴定申请

B. 甲县所在市的劳动能力鉴定委员会作出的劳动能力鉴定结论为最终结论

C. 小郝的父亲不能代小郝提出劳动能力鉴定申请

D. 如小郝不服有关部门的鉴定结论,可以再次申请鉴定

48. 依据《工伤保险条例》的规定,职工因工伤致残影响生活自理能力的,应当进行生活自理障碍等级鉴定。生活自理障碍分为_____个等级。(   )

A. 十 B. 八
C. 五 D. 三

49. 依据《注册安全工程师管理规定》,注册安全工程师在每个注册期内参加继续教育的时间累计不少于_____学时。(   )

A. 72 B. 48
C. 36 D. 24

50. 依据《注册安全工程师管理规定》,下列关于注册安全工程师注册期限的说法中,正确的是(   )

A. 注册有效期为3年,自申请注册之日起计算

B. 注册有效期满需要延续注册的,申请人应当在有效期满30日前提出申请

C. 注册审批机关逾期未作出准予延续注册决定的,视为不准予延续

D. 如需办理变更注册,有效期自变更之日起重新计算

51. 依据《生产经营单位安全培训规定》,生产经营单位安全管理人员初次安全培训时间不少于_____学时。(   )

A. 32 B. 40
C. 48 D. 56

52. 依据《生产经营单位安全培训规定》,主要负责人需要接受专门的安全培训,经安全监管部门考核合格,取得安全资格证书后方可任职的生产经营单位是(   )

A. 煤矿、非煤矿山及危险化学品企业

B. 烟花爆竹、建筑施工及重型机械企业

C. 大型游乐场所、大型商场及大型娱乐场所

D. 建材、纺织及冶金企业

53. 余某于2009年4月在甲市经安全技术培训并考核合格,取得特种作业操作证。次年九月,余某来到乙市打工,工作期间余某有违章作业,但未受到行政处罚。依据《特种作业人员安全技术培训考核管理规定》,下列关于余某的特种作业操作证复审的说法,正确的是(   )

A. 余某应在2012年9月前提出复审申请

B. 余某可以向乙市考核发证机关提出复审申请

C. 考核发证机关应当在收到余某复审申请之日起30个工作日内完成复审

D. 考核发证机关对余某的复审不予通过

54. 生产经营单位应当按照相关规定和标准,为从业人员配备符合标准的劳动防护用品。依据《劳动防护用品监督管理规定》,下列关于劳动防护用品的配备与使用的说法中,正确的是(   )

A. 煤矿企业对应发劳动防护用品的不足部分,必须按照标准发放补贴

B. 生产经营单位购买的安全标志的特种劳动防护用品后,即可发放使用

C. 特殊情况下,从业人员在作业过程中,可以不使用劳动防护用品

D. 生产经营单位在任何情况下均不得以货币替代应当按规定配备的劳动防护用品

55. 依据《职业病危害项目申报办法》的规定,当生产经营单位重要事项发生重大变化时,应当按照规定向原申报机关申报变更。下列事项变化情形中,需要申报变更的是(   )

A. 生产经营单位主要负责人发生变化的

B. 接触职业病危害因素的从业人员发生变化的

C. 作业人员职业病危害因素暴露时间变化的

D. 作业场所职业病危害因素浓度或强度发生变化的

56. 甲公司为某建设工程的施工单位。依据《建设工程消防监督管理规定》,下列关于甲公司在该建设工程中消防施工质量和安全责任的说法,正确的是(   )

A. 申请建设工程消防设计审核

B. 参加建设单位组织的建设工程竣工验收,对建设工程消防施工质量签字确认

C. 保证在建工程竣工验收前消防通道、消防水源、消防设施和器材等完好有效

D. 组织建设工程消防验收

57. 依据《建设工程消防监督管理规定》,下列人员密集场所建设工程中,应当向公安机关消防机构申请消防设计审核和消防验收的是(   )

A. 建设总面积10 000 m²的体育场馆、会堂、公共展览馆

B. 建筑总面积8 000 m²的宾馆、饭店、商场、市场

C. 建筑总面积1 000 m²的托儿所、幼儿园的儿童用房

D. 建设总面积300 m²的歌舞厅、录像厅、放映厅

58. 某县安全监管部门在执法检查中发现某非煤矿山企业存在重大事故隐患,遂依法责令该企业局部停产治理。该企业对隐患治理后,向县安全监管部门提出恢复生产的书面申请。依据《安全生产事故隐患排查治理暂行规定》,县安全监管部门在收到申请报告后 （　　）
   A. 在7日内进行现场审查,经审查认定为仍不合格,提请县人民政府关闭该企业
   B. 在10日内进行现场审查,经审查认定为仍不合格,对该企业下达停产整改指令
   C. 在15日内进行现场审查,经审查判定合格后,对该企业的事故隐患进行核销,同意其恢复生产经营
   D. 在30日内进行现场审查,经审查判定合格后,对该企业的事故隐患不需进行核销,立即同意该企业恢复生产经营

59. 某炼钢厂针对企业一危险较大的岗位制定了现场处置方案。依据《生产安全事故应急预案管理办法》的规定,对该处置方案,该厂应至少每_____个月组织一次演练 （　　）
   A. 12   B. 6
   C. 3   D. 1

60. 依据《生产安全事故应急预案管理办法》的规定,生产经营单位应结合本单位的危险源危险性分析情况和可能发生的事故的特点,制定相应的应急预案。下列关于应急预案编制的说法中,正确的是 （　　）
   A. 对于危险性较大的重点岗位,应当制定专项应急预案
   B. 对于危险性较大的某一类风险,应当制定现场处置方案
   C. 编制的应急预案应当与所涉及的其他单位的应急预案相互衔接
   D. 应急预案编制完成后不需要组织专家评审

61. 依据《生产安全事故信息报告和处置办法》的规定,下列事故中,属于较大涉险事故的是 （　　）
   A. 造成1人被困的事故
   B. 造成3人下落不明的事故
   C. 造成7人涉险的事故
   D. 造成198人紧急疏散的事故

62. 某安全技术服务机构现有专职安全评价师20名,拟申请乙级安全评价资质。依据《安全评价机构管理规定》,该评价机构至少应配备一级安全评价师_____名。 （　　）
   A. 2   B. 3
   C. 4   D. 5

63. 依据《安全评价机构管理规定》,下列建设项目中,可以由乙级资质安全评价机构承接其安全评价的是 （　　）
   A. 国家发改委核准的水电项目
   B. 某剧毒化学品生产企业建设项目
   C. 某省医药制造企业建设项目
   D. 天然气跨省输送建设项目

64. 某单位新建一条大型化工产品生产线,该项目被列为省级重点建设项目。依据《建设项目安全设施"三同时"监督管理暂行办法》的规定,下列关于该建设项目安全生产"三同时"工作的说法中,正确的是 （　　）
   A. 应实施项目安全生产条件和设施综合分析,形成书面报告并报相关部门备案
   B. 应组织本单位专业人员编制项目的安全条件论证报告并报相关部门备案
   C. 应编制项目安全条件论证报告并委托有资质的中介机构编制安全预评价报告
   D. 应组织本单位专业人员编制项目的安全评价报告,无需备案

65. 某农机综合市场扩建项目是县重点建设项目。依据《建设项目安全设施"三同时"监督管理暂行方法》的规定,下列关于该项目在可行性研究阶段安全生产工作要求的说法,正确的是 （　　）
   A. 应对其安全生产条件进行综合分析,形成书面报告并报有关部门备案
   B. 必须对安全生产条件进行论证,并报有关部门审查
   C. 应对该项目进行安全现状评价,并报有关部门审查
   D. 必须分别对安全生产条件进行论证和安全预评价,并报有关部门备案

66. 依据《建设项目安全设施"三同时"监督管理暂行方法》的规定,下列关于建设项目安全设施施工管理等的说法中,正确的是 （　　）
   A. 高危建设项目中的安全设施应当由具有甲级建筑施工资质的单位承建
   B. 监理单位发现施工现场存在事故隐患应当要求施工单位整改
   C. 对危险性较大的分部分项工程,设计单位应当编制专项施工方案
   D. 监理单位对建设项目中的安全设施施工进行监理,并对工程质量和安全负责

67. 某采石场在与从业人员订立的劳动合同中明确约定从业人员患有职业病由本人负责,该采石场未参加工伤保险,两年后有从业人员被确诊为尘肺病。依据《职业病防治法》的规定,被确诊为尘肺病的从业人员的医疗和生活保障费用应当由_____承担。 （　　）
   A. 从业人员   B. 采石场
   C. 从业人员和采石场   D. 工伤保险基金管理机构

68. 依据《安全生产许可证条例》的规定,下列企业中,只能由国务院有关部门颁发安全生产许可证的是 （　　）
   A. 煤矿企业   B. 危险化学品生产企业
   C. 民用爆破器材生产企业   D. 建筑施工单位

69. 甲公司采取施工总承包方式将一建设工程发包给乙公司,乙公司又将该工程中的液氨罐区安装工程分包给丙公司,将供水工程分包给丁公司。依据《建设工程安全生产管理条例》的规定,对该建设工程施工现场安全生产负总责的单位是 ( )

A. 甲公司　　　　　　　　B. 乙公司

C. 丙公司　　　　　　　　D. 丁公司

70. 依据《危险化学品安全管理条例》的规定,下列化学品中,禁止向个人销售的是 ( )

A. 易自燃化学品　　　　　B. 强腐蚀性化学品

C. 属于剧毒化学品的农药　D. 易制爆化学品

二、多项选择题(共15题,每题2分。每题的备选项中,有2个或2个以上符合题意,至少有1个错误选项。错选,本题不得分;少选,所选的每个选项得0.5分)

71. 下列关于安全生产法律效力的说法中,正确的有 ( )

A. 《安全生产法》在安全生产领域具有普遍适用的法律效力

B. 《消防法》的法律效力高于《消防监督检查规定》(公安部第107号)

C. 国家安全监管总局制定的规范性文件的效力高于地方政府的规章

D. 同一层次的安全生产立法对同一问题规定不一致时,特殊法优于普遍法

E. 地方政府规章的效力高于行政法规

72. 某安全评价机构对一项目进行安全评价,出具虚假评价报告,尚不够承担刑事责任。依据《安全生产法》的规定,对该安全评价机构及其相关人员可以实施的处罚有 ( )

A. 对该机构处5 000元以上2万元以下罚款

B. 对直接负责的主管人员处5 000元以上5万元以下罚款

C. 撤销该机构安全评价资质

D. 没收违法所得

E. 对直接负责人员实施行政拘留

73. 依据《消防法》的规定,下列单位中,应当建立专职消防队的有 ( )

A. 大型核设施单位　　　　B. 大型体育场所

C. 主要港口　　　　　　　D. 储备可燃的重要物资的大型仓库

E. 生产、储存易燃易爆危险品的大型企业

74. 依据《道路交通安全法》的规定,伪造、变造或者使用伪造、变造的驾驶证的,由公安机关交通管理部门予以_____的处罚。 ( )

A. 收缴驾驶证　　　　　　B. 扣留机动车

C. 处15日以下拘留　　　　D. 没收机动车

E. 并处2 000元以上5 000元以下罚款

75. 依据《最高人民法院、最高人民检察机关办理危害矿山生产安全刑事案件具体应用法律若干问题的解释》,下列矿山生产安全事故中,应当认定为《刑法》第一百三十四条、第一百三十五条规定的"重大伤亡事故或者其他严重后果"的有 ( )

A. 造成2人死亡的事故

B. 造成8人重伤的事故

C. 造成50万元直接经济损失的事故

D. 造成15人重伤的事故

E. 造成120万元直接经济损失的事故

76. 依据《行政处罚法》的规定,下列关于行政处罚适用的说法中,正确的是 ( )

A. 15周岁的张某有违法行为,不予行政处罚,责令监护人严加管教

B. 16周岁的王某有违法行为,应当在法定行政处罚幅度的最低限以下给予处罚

C. 间歇性精神病人李某在不能控制自己行为时的违法行为,不予行政处罚

D. 赵某实施违法行为后主动消除了危害后果,应当依法从轻或者减轻行政处罚

E. 钱某的违法行为构成犯罪,人民法院对其判处罚金,行政罚款应当折抵罚金

77. 甲公司是一家有色金属冶炼企业,存在严重的职业病危害。依据《职业病防治法》的规定,该公司的下列职业健康管理做法中,正确的有 ( )

A. 将工作工程中可能产生的职业病危害及其后果、职业病防护措施和待遇等如实告知了劳动者,未在劳动合同中明确存在的职业病危害

B. 在醒目位置设置了公告栏,公布有关职业病防治的规章制度、操作规程、职业病危害事故应急救援措施和工作场所职业病危害因素检测结果

C. 为劳动者建立了包含相关信息的职业健康监护档案

D. 对职业病防护设备设施等进行经常性的维护、检修,定期检测其性能和效果,确保其处于正常状态

E. 在协商解除劳动合同时,为职工提供盖章的职业健康监护档案复印件并收取管理费

78. 依据《危险化学品安全管理条例》的规定,下列单位中,应当设置治安保卫机构、设备专职治安保卫人员的是 ( )

A. 危险化学品生产单位

B. 危险化学品储存单位

C. 剧毒化学品生产单位

D. 易制爆化学品生产单位

E. 易制爆化学品储存单位

79. 依据《危险化学品安全管理条例》的规定,危险化学品的生产企业、经营企业销售剧毒化学品、易制爆危险化学品,应当如实记录购买单位的名称、地址、经办人姓名、身份证号码以及所购买剧毒化学品、易制爆化学品的_____等相关信息。（　　）

A. 品种

B. 数量

C. 颜色

D. 形态

E. 用途

80. 依据《烟花爆竹安全管理条例》的规定,下列关于烟花爆竹燃放安全管理的说法,正确的有（　　）

A. 禁止未成年人燃放烟花爆竹

B. 主办大型焰火燃放活动的单位应当向当地公安部门申请批准

C. 主办大型焰火燃放活动的单位应当向当地安全监管部门申请批准

D. 在中小学校燃放烟花爆竹必须获得教育行政部门的批准

E. 大型焰火燃放活动应当按照经许可的燃放作业方案进行燃放作业

81. 依据《特种设备安全监察条例》的规定,下列设备中,由特种设备安全监督管理部门监察的有（　　）

A. 军事设备

B. 铁路机车

C. 矿山井下使用的特种设备

D. 电梯

E. 客运索道

82. 依据《生产安全事故报告和调查处理条例》的规定,下列事故中,属于重大事故的有（　　）

A. 某建筑施工企业发生的导致31人死亡的事故

B. 某危险化学品企业发生爆炸导致60人重伤的事故

C. 某煤矿企业瓦斯爆炸造成15人死亡的事故

D. 某烟花爆竹企业发生的造成直接经济损失200万元的事故

E. 某企业尾矿库溃坝造成直接经济损失6 000万元的事故

83. 某日9时,某建设工地发生事故,现场安全员立即将事故向施工企业负责人报告,企业负责人立即组织人员赶往现场营救。事故造成7人当场死亡,3人受伤送医院治疗。次日3时施工企业负责人向当地县安全监管局报告事故情况。3日后1人因营救无效死亡,依据《生产安全事故报告和调查处理条例》的规定,下列关于该起事故报告的说法,正确的有（　　）

A. 现场安全员能向企业负责人报告,未及时向当地安全监管局报告,属违法行为

B. 企业负责人在事故发生后22小时向当地安全监管局报告事故情况,属于迟报

C. 企业负责人还应该向建设主管部门报告

D. 因死亡人数增加1人,企业应当及时向当地县安全监管局和建设主管部门补报

E. 当地县安全监管局应当向上一级安全生产监管部门报告

84. 依据《工伤保险条例》的规定,下列情形中,应当被认定为工伤的有（　　）

A. 员工在工作时间和工作场所内,因工作原因受到事故伤害

B. 员工在上班途中,受到因他人负主要责任的交通事故伤害

C. 员工在工作时间和工作岗位,突发心脏病死亡

D. 员工因公外出期间,由于工作原因受到伤害

E. 员工在工作时间和工作场所内,因饮酒导致操作不当而受伤

85. 依据《注册安全工程师管理规定》,下列生产经营单位和安全生产中介机构配备注册安全工程师的情形中,符合规定的有（　　）

A. 职工总数达1 000人的某煤矿,有安全生产管理人员20人,其中注册安全工程师2人

B. 职工总数达2 000人的某金矿,有安全生产管理人员20人,其中注册安全工程师3人

C. 某安全评价机构,有评价人员30人,其中注册安全工程师8人

D. 某安全评价机构,有评价人员20人,其中注册安全工程师6人

E. 职工总数100人的某鞋厂,配备1名注册安全工程师

2013年全国注册安全工程师执业资格考试
《安全生产法及相关法律知识》参考答案及精解精析

一、单项选择题

1.【参考答案】 D （1P$_{17}$~P$_{18}$）
【考查要点】 本题考查的是法规和规章的法律地位和效力
【精解精析】 安全生产法规分为行政法规和地方性法规，《某省安全生产条例》属于地方性法规。安全生产行政规章分为部门规章和地方政府规章两种，《某省生产经营单位安全生产主体责任规定》属于地方政府规章，故选项A、B均错误。安全生产行政法规的法律地位和法律效力低于有关安全生产的法律，高于地方性安全生产法规、地方政府安全生产规章等下位法。地方性安全生产法规的法律地位和法律效力低于有关安全生产的法律、行政法规，高于地方政府安全生产规章。故选项C错误。地方政府安全生产规章是最低层级的安全生产立法，其法律地位和法律效力低于其他上位法，不得与上位法相抵触。上位法没有规定的，可以适用下位法。

2.【参考答案】 B （4P$_{133}$）
【考查要点】 本题考查的是职业病病人保障
【精解精析】 职业病病人依法享受国家规定的职业病待遇。职业病病人变动工作单位，其依法享有的待遇不变。用人单位发生分立、合并、解散、破产等情形的，应当对从事接触职业病危害作业的劳动者进行健康检查，并按国家有关规定妥善安置职业病病人。职业病病人退休后，应依法享受职业待遇。

3.【参考答案】 B （2P$_{30}$~P$_{31}$）
【考查要点】 本题考查的是生产经营单位主要负责人的安全生产职责
【精解精析】 生产经营单位主要负责人的安全生产职责之一是组织制定并实施本单位的生产安全事故应急救援预案。生产经营单位主要负责人必须是实际领导、指挥生产经营单位日常生产经营活动的决策人。在一般情况下，生产经营单位主要负责人是其法定代表人。但是某些公司制企业特别是国内外一些特大集团公司的法定代表人，往往与其子公司的法定代表人（董事长）同为一人，他们不负责日常的生产经营活动和安全生产工作，通常是在异地或者国外。在这种情况下，那些真正全面组织、领导生产经营活动和安全生产工作的决策人就不一定是董事长，而是总经理(厂长)或者其他人。

4.【参考答案】 C （2P$_{45}$）
【考查要点】 本题考查的是安全生产管理机构和安全生产管理人员的配置
【精解精析】 按照从业人员的数量，配置安全生产管理机构或者安全生产管理人员，《安全生产法》对此又分两种情况分别作出规定，一是强制性规定必须配置机构或者专门人员，即除矿山、建筑施工和危险物品生产、经营、储存单位以外的其他生产经营单位，其从业人员超过300人的，应当设置安全生产管理机构或者配备专职安全生产管理人员。二是选择性规定，即从业人员在300人以下的，可以不设专门机构，但应当配备专职或者兼职的安全生产管理人员，或者委托具有国家规定的相关专业技术资格的工程技术人员提供安全生产管理服务。

5.【参考答案】 D （2P$_{31}$）
【考查要点】 本题考查的是生产经营单位主要负责人的法律责任
【精解精析】 生产经营单位与从业人员订立协议，免除或者减轻其对从业人员因生产安全事故伤亡依法应承担的责任的，该协议无效；对生产经营单位主要负责人、个人经营的投资人处2万元以上10万元以下的罚款。

6.【参考答案】 B （5P$_{207}$）
【考查要点】 本题考查的是烟花爆竹从业人员的安全资格
【精解精析】 依据《烟花爆竹安全管理条例》的要求，生产烟花爆竹的企业，应当对生产作业人员进行安全生产知识教育，对从事药物混合、造粒、筛选、装药、筑药、压药、切引、搬运等危险工序的作业人员进行专业技术培训。从事危险工序的作业人员经设区的市人民政府安全生产监督管理部门考核合格，方可上岗作业。

7.【参考答案】 D （2P$_{50}$）
【考查要点】 本题考查的是生产经营项目、场所、设备发包或者出租的安全管理
【精解精析】 生产经营项目、场所有多个承包单位、承租单位的，生产经营单位应当与承包单位、承租单位签订专门的安全生产管理协议，或者在承包合同、租赁合同中约定各自的安全生产管理职责；生产经营单位对承包单位、承租单位的安全生产工作统一协调、管理。

8.【参考答案】 D （2P$_{53}$）
【考查要点】 本题考查的是从业人员获得安全保障、工伤保险和民事赔偿的权利
【精解精析】 《安全生产法》规定，因生产安全事故受到损害的人员，除依法享有获得工伤社会保险外，依照有关民事法律尚有获得赔偿的权利的，有权向本单位提出赔偿要求。"

9.【参考答案】 B （2P$_{56}$）
【考查要点】 本题考查的是从业人员发现事故隐患或者其他不安全因素及时报告的义务
【精解精析】 《安全生产法》规定，从业人员发现事故隐患或者其他不安全因素，应当立即向现场安全生产管理人员或者本单位负责人报告；接到报告的人员应当及时予以处理。

10.【参考答案】 A （2P$_{58}$）
【考查要点】 本题考查的是负有安全生产监督管理职责的部门依法监督检查时行使的职权
【精解精析】 《安全生产法》对负有安全生产监督管理职责的部门依法对生产经营单位执行有关安全生产的法律、法规和国家标准或者行业标准的情况进行监督检查，赋予了4项职权。4项职权包括：现场检查权、当场处理权、紧急处置权、查封扣押权。

11.【参考答案】 B （2P$_{68}$~P$_{69}$）
【考查要点】 本题考查的是生产经营单位的安全生产违法行为
【精解精析】 《安全生产法》规定，两个以上生产经营单位在同一作业区域内进行可能危及对方安全生产的生产经营活动，未签订安全生产管理协议或者未指定专职安全生产管理人员进行安全检查与协调的，责令限期改正；逾期未改正的，责令停产停业。

12.【参考答案】 C （6P$_{343}$）
【考查要点】 本题考查的是安全生产中介服务违法行为应承担的法律责任
【精解精析】 《安全生产法》规定追究法律责任的安全生产中介服务违法行为，主要是承担安全评价、认证、检测、检验工作的机构，出具虚假证明的。承担安全评价、认证、检测、检验工作的机构，出具虚假证明或者虚假评价报告，尚不构成刑事处罚的，没收违法所得，违法所得在5 000元以上的，并处违法所得2倍以上5倍以下的罚款；没有违法所得或者违法所得不足5 000元的，单处或者并处5 000元以上2万元以下的罚款，对其直接负责的主管人员和其他责任人员处5 000元以上5万元以下的罚款；给他人造成损害的，与被评价对象承担连带赔偿责任。对有前款违法行为的机构，撤销其相应的资质。

13.【参考答案】 A （3P$_{83}$）
【考查要点】 本题考查的是灭火救援的规定
【精解精析】 人员密集场所发生火灾，该场所的现场工作人员应当立即组织、引导在场人员疏散。任何单位发生火灾，必须立即组织力量扑救。邻近单位应当给予支援。消防队接到火警，必须立即赶赴火灾现场，救助遇险人员，排除险情，扑灭火灾。《消防法》明确了火灾现场扑救的组织指挥，规定公安机关消防机构统一组织和指挥火灾现场扑救，应当优先保障遇险人员的生命安全。

14.【参考答案】 C （3P$_{82}$）
【考查要点】 本题考查的是消防组织的规定
【精解精析】 公安消防队、专职消防队扑救火灾、应急救援，不得收取任何费用。单位专职消防队、志愿消防队参加扑救外单位火灾所损耗的燃料、灭火剂和器材、装备等，由火灾发生地的人民政府给予补偿。

15.【参考答案】 A （3P$_{86}$）
【考查要点】 本题考查的是道路通行的规定

【精解精析】 机动车通过交叉路口,应当按照交通信号灯、交通标志、交通标线或者交通警察的指挥通过;通过没有交通信号灯、交通标志、交通标线或者交通警察指挥的交叉路口时,应当减速慢行,并让行人和优先通行的车辆先行。机动车载运爆炸物品、易燃易爆化学物品以及剧毒、放射性等危险物品,应当经公安机关批准后,按指定的时间、路线、速度行驶,悬挂警示标志并采取必要的安全措施。残疾人机动轮椅车、电动自行车在非机动车道内行驶时,最高时速不得超过 15 km。行人、非机动车、拖拉机、轮式专用机械车、铰接式客车、全挂拖斗车以及其他设计最高时速低于 70 km 的机动车,不得进入高速公路。高速公路限速标志标明的最高时速不得超过 120 km。

16.【参考答案】 C （3P₈₅）
【考查要点】 本题考查的是道路通行的条件
【精解精析】 学校、幼儿园、医院、养老院门前的道路没有行人过街设施的,应当施划人行横道线,设置提示标志。施工作业单位应当在经批准的路段和时间内施工作业,并在距离施工作业地点来车方向安全距离处设置明显的安全警示标志,采取防护措施;施工作业完毕,应当迅速清除道路上的障碍物,消除安全隐患,经道路主管部门和公安机关交通管理部门验收合格,符合通行要求后,方可恢复通行。道路出现坍塌、坑漕、水毁、隆起等损毁或者交通信号灯、交通标志、交通标线等交通设施损毁、灭失的,道路、交通设施的养护部门或者管理部门应当设置警示标志并及时修复。在城市道路范围内,不影响行人、车辆通行的情况下,政府有关部门可以施划停车泊位。

17.【参考答案】 C （3P₉₀）
【考查要点】 本题考查的是突发事件预警
【精解精析】 国家将自然灾害、事故灾难和公共卫生事件预警分为一级、二级、三级和四级,分别用红色、橙色、黄色和蓝色标示,一级为最高级别。

18.【参考答案】 B （3P₈₈~P₉₀）
【考查要点】 本题考查的是监测与预警
【精解精析】《突发事件应对法》规定了政府及有关部门、专业机构应当通过多种途径收集突发事件信息,县级人民政府应当由居民委员会、村民委员会和有关单位建立专职或者兼职信息报告员制度,公民、法人和其他组织也有报告突发事件信息的义务。突发事件发生之后,发生地县级人民政府应当立即采取措施控制事态发展,组织开展应急救援处置工作,并立即向上一级人民政府报告,必要时可以越级上报。《突发事件应对法》授权国务院或者国务院规定的部门制定预警级别划分标准。

19.【参考答案】 B （4P₉₉）
【考查要点】 本题考查的是重大劳动安全事故罪
【精解精析】 重大劳动安全事故罪,是指安全生产设施或者安全生产条件不符合国家规定,因而发生重大伤亡事故或者造成其他严重后果的行为。

20.【参考答案】 C （4P₁₀₀）
【考查要点】 本题考查的是不报、谎报事故罪
【精解精析】《刑法》规定,在安全事故发生后,负有报告职责的人员不报或者谎报事故情况,贻误事故抢救,情节严重的,处 3 年以下有期徒刑或者拘役;情节特别严重的,处 3 年以上 7 年以下有期徒刑。《关于办理危害矿山生产安全刑事案件具体应用法律若干问题的解释》规定,导致事故后果扩大,增加死亡 3 人以上,或者增加重伤 10 人以上,或者增加直接经济损失 300 万元以上的属于"情节特别严重"的情形。

21.【参考答案】 B （4P₁₀₇）
【考查要点】 本题考查的是处罚设定权的立法配置
【精解精析】《行政处罚法》规定,行政法规可以设定除限制人身自由以外的行政处罚。地方性法规可以设定除限制人身自由、吊销企业营业执照以外的行政处罚。国务院各部委制定的规章可以在法律、行政法规规定给予行政处罚的行为、种类和幅度的范围内作出具体规定。尚未制定法律、行政法规的,国务院各部委制定的规章对违反行政管理秩序的行为,可以设定警告和一定数量罚款的行政处罚。省、自治区、直辖市人民政府和省、自治区人民政府所在地的市人民政府以及国务院批准的较大的市人民政府制定的规章,可以在法律、法规规定的给予行政处罚的行为、种类和幅度的范围内作出具体规定。尚未制定法律、法规的,上述人民政府制定的规章对违反行政管理秩序的行为,可以设定警告或者一定数量罚款的行政处罚。

22.【参考答案】 A （4P₁₁₄）
【考查要点】 本题考查的是行政处罚的强制执行
【精解精析】《行政处罚法》规定,行政处罚依法作出后,当事人应当在行政处罚决定的期限内,予以履行。如果当事人没有正当理由逾期不履行,则导致强制执行。根据《行政处罚法》的规定实行强制执行有三种措施:(1)到期不缴纳罚款的,每日按罚款数额的3%加处罚款;(2)查封、扣押的财物拍卖或者将冻结的存款划拨抵缴罚款;(3)申请人民法院强制执行。

23.【参考答案】 A （4P₁₂₅）
【考查要点】 本题考查的是行政相对人的法律责任
【精解精析】 被许可人以欺骗、贿赂等不正当手段取得行政许可的,行政机关应当依法给予行政处罚;取得的行政许可属于直接关系公共安全、人身健康、生命财产安全事项的,申请人在 3 年内不得再次申请该行政许可;构成犯罪的,依法追究刑事责任。

24.【参考答案】 B （4P₁₂₉）
【考查要点】 本题考查的是职业危害项目申报
【精解精析】 根据《职业病防治法》规定,国家建立职业病危害项目申报制度。用人单位工作场所存在职业病目录所列职业病的危害因素的,应当及时、如实向所在地安全生产监督管理部门申报危害项目,接受监督。职业病危害因素分类目录由国务院卫生行政部门会同国务院安全生产监督管理部门制定。

25.【参考答案】 C （4P₁₃₁）
【考查要点】 本题考查的是向用人单位提供可能产生职业危害的化学原料及放射性物质的物品的规定要求
【精解精析】 国内首次使用或者首次进口与职业病危害有关的化学材料,使用单位或者进口单位按照国家规定经国务院有关部门批准后,应当国务院卫生行政部门、安全生产监督管理部门报送该化学材料的毒性鉴定以及经有关部门登记注册或者批准进口的文件等资料。

26.【参考答案】 B （4P₁₃₃）
【考查要点】 本题考查的是职业病病人保障
【精解精析】 职业病病人依法享受国家规定的职业病待遇。用人单位应当按照国家有关规定,安排职业病病人进行治疗、康复和定期检查。职业病病人的诊疗、康复费用,伤残以及丧失劳动能力的职业病病人的社会保障,按照国家有关工伤社会保险的规定执行。职业病病人依法享有工伤社会保险外,依照有关民事法律尚有获得赔偿的权利的,有权向用人单位提出赔偿要求。劳动者被诊断患有职业病,但用人单位没有依法参加工伤社会保险的,其医疗和生活保障由最后的用人单位承担;最后的用人单位有证据证明该职业病是先前用人单位的职业病危害造成的,由先前用人单位承担。

27.【参考答案】 D （4P₁₃₃）
【考查要点】 本题考查的是职业病诊断
【精解精析】 职业病诊断应当综合分析病人的职业史、职业病危害接触史和现场危害调查与评价、临床表现以及辅助检查结果等因素。

28.【参考答案】 B （4P₁₂₆）
【考查要点】 本题考查的是《劳动法》对女职工特殊保护的规定
【精解精析】《劳动法》对女职工特殊保护的规定包括:(1)禁止用人单位安排女职工从事矿山井下、国家规定的第四级体力劳动强度的劳动和其他禁忌从事的劳动。(2)禁止用人单位安排女职工在经期从事高处、低温、冷水作业和国家规定的第三级体力劳动强度的劳动。(3)禁止用人单位安排女职工在怀孕期间从事国家规定的第三级体力劳动强度的劳动和孕期禁忌从事的活动。对怀孕 7 个月以上的女职工,不得安排其延长工作时间和夜班劳动。(4)禁止用人单位安排女职工在哺乳未满 1 周岁婴儿期间从事国家规定的第三级体力劳动强度的劳动和哺乳期禁忌从事的其他劳动,不得延长其工作时间和夜班劳动。

29. 【参考答案】 D （4P140）
【考查要点】 本题考查的是用人单位依法解除劳动合同的权利
【精解精析】 劳动者不能从事或者胜任工作的，或者劳动合同订立时依据的客观情况发生重大变化，致使劳动合同无法履行的，用人单位提前30日以书面形式通知劳动者本人或者额外支付劳动者1个月工资后，可以解除劳动合同。

30. 【参考答案】 C （4P140）
【考查要点】 本题考查的是用人单位的义务
【精解精析】《劳动合同法》规定，劳动者有下列两种情形之一的，用人单位不得依照本法规定解除劳动合同，这两种情形均涉及职业病防治等方面的权利保护：(1)从事接触职业病危害作业的劳动者未进行离岗前职业健康检查，或者疑似职业病病人在诊断或者医学观察期间的；(2)在本单位患职业病或者因工负伤并被确认丧失或者部分丧失劳动能力的。

31. 【参考答案】 C （5P149）
【考查要点】 本题考查的是安全生产许可证的期限与延续
【精解精析】 安全生产许可证的有效期为3年。安全生产许可证有效期满需要延期的，企业应当于期满前3个月内向原安全生产许可证颁发管理机关办理延期手续。故C项正确。

32. 【参考答案】 C （5P170）
【考查要点】 本题考查的是复产验收
【精解精析】《国务院关于预防煤矿生产安全事故的特别规定》规定，被责令停产整顿的煤矿应当制定整改方案，落实整改措施和安全技术规定；整改结束后要求恢复生产的，应当由县级以上人民政府负责煤矿安全监督管理的部门自收到恢复生产申请之日起60日内组织验收完毕。

33. 【参考答案】 B （5P170）
【考查要点】 本题考查的是煤矿停产整顿后的整改复查
【精解精析】《国务院关于预防煤矿生产安全事故的特别规定》对停产整顿的煤矿企业规定了3种处理措施：一是验收合格的，经组织验收的地方人民政府负责煤矿安全监督管理的部门的主要负责人签字，并经有关煤矿安全监察机构主要负责人审核同意，报请有关地方人民政府主要负责人签字批准，煤矿方可恢复生产。二是经验收不合格的，由有关人民政府予以关闭。三是被责令停产整顿的煤矿擅自从事生产的，县级以上地方人民政府负责煤矿安全监督管理的部门、煤矿安全监察机构应当提请有关地方人民政府予以关闭，没收违法所得，并处违法所得1倍以上5倍以下的罚款；构成犯罪的，依法追究刑事责任。

34. 【参考答案】 C （5P179~P180）
【考查要点】 本题考查的是工程监理单位的安全责任
【精解精析】 工程监理单位应当审查施工组织设计中的安全技术措施或者专项施工方案是否符合工程建设强制性标准。

35. 【参考答案】 D （5P181）
【考查要点】 本题考查的是施工单位负责项目管理的技术人员的责任
【精解精析】 建设工程施工前，施工单位负责项目管理的技术人员应当对有关安全施工的技术要求向施工作业班组、作业人员作出详细说明，并由双方签字确认。

36. 【参考答案】 A （5P195）
【考查要点】 本题考查的是销售剧毒化学品、易制爆危险化学品的安全规定
【精解精析】 危险化学品生产企业、经营企业销售剧毒化学品、易制爆危险化学品，应当如实记录购买单位的名称、地址、经办人的姓名、身份证号码以及所购买的剧毒化学品、易制爆危险化学品的品种、数量、用途。销售记录以及经办人的身份证明复印件、相关许可证件复印件或者证明文件的保存期限不得少于1年。

37. 【参考答案】 B （5P196）
【考查要点】 本题考查的是剧毒化学品道路运输通行证的申请
【精解精析】 依据《危险化学品安全管理条例》的规定，通过道路运输剧毒化学品的，托运人应当向运输始发地或者目的地县级人民政府公安机关申请剧毒化学品道路运输通行证。

38. 【参考答案】 B （5P192~P193）
【考查要点】 本题考查的是危险化学品安全使用许可证
【精解精析】 依据《危险化学品安全管理条例》的规定，使用危险化学品从事生产并且使用量达到规定数量的化工企业（属于危险化学品生产企业的除外），应当依照本条例的规定取得危险化学品安全使用许可证。使用危险化学品的单位，申请危险化学品安全使用许可证的化工企业，应当向所在地设区的市级人民政府安全生产监督管理部门提出申请，并提交其符合申办规定条件的证明材料。设区的市级人民政府安全生产监督管理部门应当依法进行审查，自收到证明材料之日起45日内作出批准或者不予批准的决定。

39. 【参考答案】 B （5P209）
【考查要点】 本题考查的是道路运输烟花爆竹的要求
【精解精析】 托运人将烟花爆竹运达目的地后，收货人应当在3日内将《烟花爆竹道路运输许可证》交回发证机关核销。

40. 【参考答案】 A （5P214）
【考查要点】 本题考查的是民用爆炸物品购买的特别规定
【精解精析】 依据《民用爆炸物品安全管理条例》的规定，购买民用爆炸物品的单位，应当自民用爆炸物品买卖成交之日起3日内，将购买的品种、数量向所在地县级人民政府公安机关备案。

41. 【参考答案】 C （5P216）
【考查要点】 本题考查的是爆破作业的安全管理
【精解精析】 依据《民用爆炸物品安全管理条例》的规定，爆破作业单位应当对本单位爆破作业人员、安全管理人员、仓库管理人员进行专业技术培训。爆破作业人员应当经设区的市级人民政府公安机关考核合格，取得《爆破作业人员许可证》后，方可从事爆破作业。

42. 【参考答案】 D （5P214）
【考查要点】 本题考查的是民用爆炸物品销售的特别规定
【精解精析】 销售、购买民用爆炸物品，应当通过银行账户进行交易，不得使用现金或者实物进行交易。销售民用爆炸物品的企业，应当将购买单位的许可证、银行账户转帐凭证、经办人的身份证明复印件保存2年备查。

43. 【参考答案】 A （5P240）
【考查要点】 本题考查的是危害因素检测、评价
【精解精析】 从事使用高毒物品作业的用人单位应当至少每月对高毒作业场所进行一次职业中毒危害因素检测；至少每半年进行一次职业中毒危害控制效果评价。

44. 【参考答案】 B （5P258）
【考查要点】 本题考查的是事故发生单位事故报告的时限
【精解精析】 从事故发生单位负责人接到事故报告时起算，该单位向政府职能部门报告的时限是1小时。

45. 【参考答案】 A （5P263）
【考查要点】 本题考查的是跨行政区域的事故调查
【精解精析】 有些事故特别是流动作业事故（如交通运输事故）的发生地跨两个县级以上行政区域，需要确定事故调查主体。对于异地发生事故的调查，《生产安全事故报告和调查处理条例》规定，特别重大以外的事故，事故发生地与事故发生单位所在地不在同一个县级以上行政区域的，由事故发生地人民政府负责调查，事故发生单位所在地人民政府应当派员参加。也就是说，两地有关人民政府负有共同调查跨行政区域事故的职责，双方应当相互支持和配合，任何一方不得拒绝参加事故调查。

46. 【参考答案】 D （5P279）
【考查要点】 本题考查的是五级至六级伤残的待遇

【精解精析】 依据《工伤保险条例》的规定,职工因工致残被鉴定为五级、六级伤残的,享受以下待遇:(1)从工伤保险基金按伤残等级支付一次性伤残补助金,标准为:五级伤残为18个月的本人工资,六级伤残为16个月的本人工资。(2)保留与用人单位的劳动关系,由用人单位安排适当工作。难以安排工作的,由用人单位按月发给伤残津贴,标准为:五级伤残为本人工资的70%,六级伤残为本人工资的60%,并由用人单位按照规定为其缴纳应缴纳的各项社会保险费。伤残津贴实际金额低于当地最低工资标准的,由用人单位补足差额。经工伤职工本人提出,该职工可以与用人单位解除或者终止劳动关系,由工伤保险基金支付一次性工伤医疗补助金,由用人单位支付一次性伤残就业补助金。一次性工伤医疗补助金和一次性伤残就业补助金的具体标准由省、自治区、直辖市人民政府规定。

47.【参考答案】 D ($5P_{277} \sim P_{278}$)
【考查要点】 本题考查的是劳动能力的鉴定
【精解精析】 申请鉴定的单位或者个人对设区的市级劳动能力鉴定委员会作出的鉴定结论不服的,可以在收到该鉴定结论之日起15日内向省、自治区、直辖市劳动能力鉴定委员会提出再次鉴定申请。省、自治区、直辖市劳动能力鉴定委员会作出的劳动能力鉴定结论为最终结论。劳动能力鉴定由用人单位、工伤职工或者其近亲属向设区的市级劳动能力鉴定委员会提出申请,并提供工伤认定决定和职工工伤医疗的有关资料。

48.【参考答案】 D ($5P_{277}$)
【考查要点】 本题考查的是生活自理障碍的等级
【精解精析】 生活自理障碍分为三个等级:生活完全不能自理、生活大部分不能自理和生活部分不能自理。

49.【参考答案】 B ($6P_{292}$)
【考查要点】 本题考查的是注册安全工程师的继续教育时间
【精解精析】 注册安全工程师在每个注册周期内应当参加继续教育,时间累计不得少于48学时。注册安全工程师在3年内,必须参加累计不少于48学时的继续教育。

50.【参考答案】 B ($6P_{290}$)
【考查要点】 本题考查的是注册安全工程师注册的规定
【精解精析】 依据《注册安全工程师管理规定》,初始注册的有效期为3年,自准予注册之日起计算。注册有效期满需要延续注册的,申请人应当在有效期满30日前,按照《注册安全工程师管理规定》规定的程序提出申请。注册审批机关应当在有效期满前作出是否准予延续注册的决定;逾期未作决定的,视为准予延续。在注册有效期内,注册安全工程师变更执业单位的,应当按照本规定的程序提出申请,办理变更注册手续。变更注册后仍继续原注册有效期。

51.【参考答案】 A ($6P_{297}$)
【考查要点】 本题考查的是生产经营单位安全培训时间
【精解精析】《生产经营单位安全培训规定》规定,生产经营单位主要负责人和安全生产管理人员初次安全培训时间不得少于32学时。每年再培训时间不得少于12学时。

52.【参考答案】 A ($6P_{296}$)
【考查要点】 本题考查的是主要负责人、安全生产管理人员的安全培训要求及资质
【精解精析】 煤矿、非煤矿山、危险化学品、烟花爆竹等生产经营单位主要负责人和安全生产管理人员,必须接受专门的安全培训,经安全生产监管监察部门对其安全生产知识和管理能力考核合格,取得安全资格证书后,方可任职。

53.【参考答案】 B ($6P_{307}$)
【考查要点】 本题考查的是特种作业操作证的复审程序
【精解精析】 依据《特种作业人员安全技术培训考核管理规定的规定》,特种作业操作证复审遵循下列程序:(1)特种作业操作证需要复审的,应当在期满前60日内,由申请人或者申请人的用人单位向原考核发证机关或者从业所在地考核发证机关提出申请,并提交社区或者县级以上医疗机构出具的健康证明、从事特种作业的情况、安全培训考试合格记录;(2)申请复审的,考核发证机关应当在收到申请之日

起20个工作日内完成复审工作。有安全生产违法行为,并给予行政处罚的,复审不予通过。本案中,余某并未受到行政处罚。

54.【参考答案】 D ($6P_{312} \sim P_{313}$)
【考查要点】 本题考查的是劳动防护用品的配备与使用的规定
【精解精析】《劳动防护用品监督管理规定》规定,生产经营单位不得以货币或者其他物品替代应当按规定配备的劳动防护用品。从业人员在作业过程中,必须按照安全生产规章制度和劳动防护用品使用规则,正确佩戴和使用劳动防护用品;未按规定佩戴和使用劳动防护用品的,不得上岗作业。生产经营单位不得采购和使用无安全标志的特种劳动防护用品;购买的特种劳动防护用品须经本单位的安全生产技术部门或者管理人员检查验收。

55.【参考答案】 A ($6P_{316}$)
【考查要点】 本题考查的是职业危害申报时限及变更
【精解精析】《职业病危害项目申报办法》规定,作业场所职业危害每年申报一次。生产经营单位下列事项发生重大变化的,应当按照本条规定向原申报机关申报变更:(1)进行新建、改建、扩建、技术改造或者技术引进的,在建设项目竣工验收之日起30日内进行申报;(2)因技术、工艺或者材料发生变化导致原申报的职业危害因素及其相关内容发生重大变化的,在技术、工艺或者材料变化之日起15日内进行申报;(3)生产经营单位名称、法定代表人或者主要负责人发生变化的,在发生变化之日起15日内进行申报。

56.【参考答案】 C ($6P_{318}$)
【考查要点】 本题考查的是施工单位的责任
【精解精析】 施工单位应当承担下列消防施工的质量和安全责任:(1)按照国家工程建设消防技术标准和经消防设计审核合格或者备案的消防设计文件组织施工,不得擅自改变消防设计进行施工,降低消防施工质量;(2)查验消防产品和有防火性能要求的建筑构件、建筑材料及室内装修装饰材料的质量,使用合格产品,保证消防施工质量;(3)建立施工现场消防安全责任制度,确定消防安全负责人。加强对施工人员的消防教育培训,落实动火、用电、易燃可燃材料等消防管理制度和操作规程。保证在建工程竣工验收前消防通道、消防水源、消防设施和器材、消防安全标志等完好有效。

57.【参考答案】 C ($6P_{319}$)
【考查要点】 本题考查的是消防设计审核和消防验收
【精解精析】 依据《建设工程消防监督管理规定》,对具有下列情形之一的人员密集场所,建设单位应当向公安机关消防机构申请消防设计审核,并在建设工程竣工后向出具消防设计审核意见的公安机关消防机构申请消防验收:(1)建筑总面积大于2万m²的体育场馆、会堂,公共展览馆、博物馆的展示厅;(2)建筑总面积大于1.5万m²的民用机场航站楼、客运车站候车室、客运码头候船厅;(3)建筑总面积大于1万m²的宾馆、饭店、商场、市场;(4)建筑总面积大于2 500m²的影剧院,公共图书馆的阅览室、营业性室内健身、休闲场馆、医院的门诊楼、大学的教学楼、图书馆、食堂,劳动密集型企业的生产加工车间,寺庙、教堂;(5)建筑总面积大于1 000m²的托儿所、幼儿园的儿童用房,儿童游乐厅等室内儿童活动场所,养老院、福利院,医院、疗养院的病房楼,中小学校的教学楼、图书馆、食堂,学校的集体宿舍,劳动密集型企业的员工集体宿舍;(6)建筑总面积大于500m²的歌舞厅、录像厅、放映厅、卡拉OK厅、夜总会、游艺厅、桑拿浴室、网吧、酒吧,具有娱乐功能的餐馆、茶馆、咖啡厅。

58.【参考答案】 B ($6P_{326} \sim P_{327}$)
【考查要点】 本题考查的是重大事故隐患治理的监督检查
【精解精析】 安全监管监察部门收到生产经营单位恢复生产的申请报告后,应当在10日内进行现场审查。审查合格的,对事故隐患进行核销,同意恢复生产经营;审查不合格的,依法责令改正或者下达停产整改指令。对整改无望或者生产经营单位拒不执行整改指令的,依法实施行政处罚;不具备安全生产条件的,依法提请县级以上人民政府按照国务院规定的权限予以关闭。

59.【参考答案】 B ($6P_{331}$)
【考查要点】 本题考查的是应急预案的演练
【精解精析】 生产经营单位应当制订本单位的应急预案演练计划,根据本单位的事故预防重点,每年

至少组织一次综合应急预案演练或者专项应急预案演练,每半年至少组织一次现场处置方案演练。

60.【参考答案】 C （6P$_{329}$）
【考查要点】 本题考查的是应急预案的编制
【精解精析】 生产经营单位编制的综合应急预案、专项应急预案和现场处置方案之间应当相互衔接,并与所涉及的其他单位的应急预案相互衔接。

61.【参考答案】 B （6P$_{332}$）
【考查要点】 本题考查的是较大涉险事故的范围
【精解精析】 依据《生产安全事故信息报告和处置办法》的规定,较大涉险事故是指:(1)涉险10人以上的事故;(2)造成3人以上被困或者下落不明的事故;(3)紧急疏散人员500人以上的事故;(4)因生产安全事故对环境造成严重污染(人员密集场所、生活水源、农田、河流、水库、湖泊等)的事故;(5)危及重要场所和设施安全(电站、重要水利设施、危化品库、油气站和车站、码头、港口、机场及其他人员密集场所等)的事故;(6)其他较大涉险事故。

62.【参考答案】 C （6P$_{338}$）
【考查要点】 本题考查的是安全评价机构申请乙级资质的条件
【精解精析】 依据《安全评价机构管理规定》,安全评价机构申请乙级资质,应当具备下列条件:(1)具有法人资格,注册资金300万元以上,固定资产200万元以上。(2)有与其开展工作相适应的固定工作场所和设施设备,具有必要的技术支撑条件。(3)有健全的内部管理制度和安全评价过程控制体系。(4)有16名以上专职安全评价师,其中一级安全评价师20%以上、二级安全评价师30%以上,不少于专职安全评价师30%的比例配备注册安全工程师。安全评价师、注册安全工程师有与其申报业务相适应的专业能力。(5)法定代表人通过乙级资质以上培训机构组织的相关安全生产和安全评价知识培训,并考试合格。(6)设有专职技术负责人和过程控制负责人。专职技术负责人有二级以上安全评价师和注册安全工程师资格,并具有与所申报业务相适应的高级专业技术职称。(7)法律、行政法规、规章规定的其他条件。

63.【参考答案】 C （6P$_{337}$）
【考查要点】 本题考查的是甲、乙资质评价机构业务分工
【精解精析】 依据《安全评价机构管理规定》,取得甲级资质的安全评价机构,可以根据确定的业务范围在全国范围内从事安全评价活动;取得乙级资质的安全评价机构,可以根据确定的业务范围在其所在的省、自治区、直辖市内从事安全评价活动。必须由取得甲级资质的安全评价机构承担的建设项目或者企业:(1)国务院及其投资主管部门审批(核准、备案)的建设项目;(2)跨省、自治区、直辖市的建设项目;(3)生产剧毒化学品的建设项目;(4)生产剧毒化学品的企业和其他大型生产企业。

64.【参考答案】 C （6P$_{345}$～P$_{346}$）
【考查要点】 本题考查的是建设项目安全条件论证与安全预评价
【精解精析】 依据《建设项目安全设施"三同时"监督管理暂行办法》,对于化工、冶金、有色等行业的国家和省级重点建设项目,生产经营单位应当分别对其安全生产条件进行论证和安全预评价。生产经营单位在对建设项目进行安全条件论证时,应当编制安全条件论证报告。生产经营单位应委托具有相应资质的安全评价机构,对其建设项目进行安全预评价,并编制安全预评价报告。

65.【参考答案】 A （6P$_{346}$）
【考查要点】 本题考查的是其他建设项目的安全生产条件和设施综合分析
【精解精析】 《建设项目安全设施"三同时"监督管理暂行办法》规定,除高危建设项目和国家、省级重点建设项目外,对于其他建设项目,生产经营单位应当对其安全生产条件和设施进行综合分析,形成书面报告,并按照建设项目"三同时"监督权限的规定报安全生产监督管理部门备案。

66.【参考答案】 B （6P$_{348}$～P$_{349}$）
【考查要点】 本题考查的是建设项目安全设施的施工管理
【精解精析】 建设项目安全设施的施工应当由取得相应资质的施工单位进行,并与建设项目主体工程同时施工,并没有限定由甲级来承建。故A项错误。工程监理单位在实施监理过程中,发现存在事故隐患的,应当要求施工单位整改;情况严重的,应当要求施工单位暂时停止施工,并及时报告生产经营单位。施工单位应当对危险性较大的分部分项工程依法编制专项施工方案,并附具安全验算结果,经施工单位技术负责人、总监理工程师签字后实施,故C项错误。施工单位应当对安全设施的工程质量负责,故D项错误。

67.【参考答案】 B （4P$_{129}$）
【考查要点】 本题考查的是用人单位职业病管理
【精解精析】 劳动者被诊断患有职业病,但用人单位没有依法参加工伤社会保险的,其医疗和生活保障由该用人单位承担。

68.【参考答案】 C （5P$_{153}$）
【考查要点】 本题考查的是安全生产许可监督管理的规定
【精解精析】 《安全生产许可证条例》规定,国务院国防科技工业主管部门负责民用爆破器材生产企业安全生产许可证的颁发和管理。

69.【参考答案】 A （5P$_{183}$）
【考查要点】 本题考查的是总承包单位与分包单位的安全管理
【精解精析】 实行施工总承包的,施工现场由总承包单位全面统一负责,包括工程质量、建设工期、造价控制、施工组织等,由此,施工现场的安全生产也应当由施工总承包单位负责。根据《建筑法》的规定,施工总承包的,建筑工程主体结构的施工必须由总承包单位自行完成。

70.【参考答案】 D （5P$_{195}$）
【考查要点】 本题考查的是销售剧毒化学品的安全规定
【精解精析】 依据《危险化学品安全管理条例》的规定,禁止向个人销售剧毒化学品(属于剧毒化学品的农药除外)和易制爆危险化学品。

二、多项选择题

71.【参考答案】 ABCD （1P$_{14}$～P$_{19}$）
【考查要点】 本题考查的是安全生产法律效力
【精解精析】 《安全生产法》确立的基本法律制度,不仅对有关安全生产的单行法律、行政法规普遍适用,同时也对其作出了重要的、必要的补充完善,从而形成了母法与子法、普通法与特别法、专门法与相关法有机结合的中国安全生产法律体系的框架,为安全生产法制建设奠定了法律基础。《消防法》属于法律,法律是安全生产法律体系中的上位法,居于整个体系的最高层级,其法律地位和效力高于行政法规、地方性法规、部门规章、地方政府规章等下位法。国家安全监督管理总局制定的规范性文件属于部门规章,其法律效力高于地方政府规章。地方政府安全生产规章是最低层级的安全生产立法,其法律地位和法律效力低于其他上位法,不得与上位法相抵触。在同一层级的安全生产立法对同一类问题的法律适用上,应当适用特殊法优于普通法的原则。安全生产行政法规的法律地位和效力低于有关安全生产的法律,高于地方性安全生产法规、安全生产规章等下位法。

72.【参考答案】 ABCD （6P$_{343}$）
【考查要点】 本题考查的是安全评价出具虚假报告的处罚
【精解精析】 依据《安全生产法》《安全评价机构管理规定》,安全评价机构出具虚假证明或者虚假评价报告,尚不构成刑事处罚的,没收违法所得,违法所得在5 000元以上的,并处违法所得2倍以上5倍以下的罚款;没有违法所得或者违法所得不足5 000元的,单处或者处5 000元以上2万元以下的罚款,对其直接负责的主管人员和其他直接责任人员处5 000元以上5万元以下的罚款;给他人造成损害的,与被评价对象承担连带赔偿责任。对有前款违法行为的,撤销其相应的资质。

73.【参考答案】 ACDE （3P$_{82}$）
【考查要点】 本题考查的是消防组织的规定
【精解精析】 《消防法》明确规定了需要设立专职消防队的单位及其职责,下列单位应当建立单位专职消防队,承担本单位的火灾扑救工作:(1)大型核设施单位、大型发电厂、民用机场、主要港口;(2)生产、储存易燃易爆危险品的大型企业;(3)储备可燃的重要物资的大型仓库、基地;(4)前三项规定以外的火

灾危险性较大、距离公安消防队较远的其他大型企业;(5)距离公安消防队较远、被列为全国重点文物保护单位的古建筑群的管理单位。

74.【参考答案】 ABCE （3P₈₆）
【考查要点】 本题考查的是伪造、变造或者使用伪造、变造的驾驶证的处罚
【精解精析】 依据《道路交通安全法》的规定,伪造、变造或者使用伪造、变造的机动车登记证书、号牌、行驶证、驾驶证的,由公安机关交通管理部门予以收缴,扣留该机动车,处15日以下拘留,并处2 000元以上5 000元以下罚款;构成犯罪的,依法追究刑事责任。

75.【参考答案】 ABDE （4P₁₀₁）
【考查要点】 本题考查的是重大责任事故罪和重大劳动安全事故罪的定罪标准
【精解精析】《关于办理危害矿山生产安全刑事案件具体应用法律若干问题的解释》规定,发生矿山生产安全事故,具有下列情形之一的,应当认定为刑法规定的"重大伤亡事故或者其他严重后果":(1)造成死亡1人以上,或者重伤3人以上的;(2)造成直接经济损失100万元以上的;(3)造成其他严重后果的情形。

76.【参考答案】 CDE （4P₁₁₀~P₁₁₁）
【考查要点】 本题考查的是行政处罚的适用
【精解精析】 根据《行政处罚法》的规定,从轻或者减轻处罚适用以下情况:(1)已满14周岁不满18周岁的人有违法行为的;(2)主动消除或者减轻违法行为危害后果的;(3)受他人胁迫有违法行为的;(4)配合行政机关查处违法行为有立功表现的;(5)其他依法从轻或者减轻行政处罚的。精神病人在不能辨认或者不能控制自己行为时有违法行为的,不予处罚。违法行为构成犯罪,人民法院判处罚金,行政机关已经给予当事人罚款的,应当折抵相应罚金。

77.【参考答案】 BCD （4P₁₃₀~P₁₃₂）
【考查要点】 本题考查的是劳动合同的职业病危害内容
【精解精析】《职业病防治法》规定,产生职业病危害的用人单位,应当在醒目位置设置公告栏,公布有关职业病防治的规章制度、操作规程、职业病危害事故应急救援措施和工作场所职业病危害因素检测结果。对职业病防护设备、应急救援设施和个人使用的职业病防护用品,用人单位应当进行经常性的维护、检修,定期检测其性能和效果,确保其处于正常状态,不得擅自拆除或者停止使用。用人单位与劳动者订立劳动合同时,应当将工作过程中可能产生的职业病危害及其后果、职业病防护措施和待遇等如实告知劳动者,并在劳动合同中写明,不得隐瞒或者欺骗。用人单位应当为劳动者建立职业健康监护档案,并按照规定的期限妥善保存。劳动者离开用人单位时,有权索取本人职业健康监护档案复印件,用人单位应当如实、无偿提供,并在所提供的复印件上签章。

78.【参考答案】 CDE （5P₁₉₁）
【考查要点】 本题考查的是生产、储存剧毒化学品和易制爆危险化学品的专项管理
【精解精析】 生产、储存剧毒化学品、易制爆危险化学品的单位,应当设置治安保卫机构,配备专职治安保卫人员。

79.【参考答案】 ABE （5P₁₉₅）
【考查要点】 本题考查的是销售剧毒化学品、易制爆危险化学品的安全规定
【精解精析】 危险化学品生产企业、经营企业销售剧毒化学品、易制爆危险化学品,应当如实记录购买单位的名称、地址、经办人的姓名、身份证号码以及所购买的剧毒化学品、易制爆危险化学品的品种、数量、用途。销售记录以及经办人的身份证明复印件、相关许可证件复印件或者证明文件的保存期限不得少于1年。

80.【参考答案】 BE （5P₂₀₉）
【考查要点】 本题考查的是烟花爆竹燃放安全的规定
【精解精析】 未成年人的监护人应当对未成年人进行安全燃放烟花爆竹的教育。申请举办焰火晚会以及其他大型焰火燃放活动,主办单位应当按照分级管理的规定,向公安部门提出申请,并提交有关材料。禁止在法律法规明确规定禁止的地点燃放烟花爆竹,这些地点包括:文物保护单位;车站、码头、飞机场等交通枢纽以及铁路线路安全保护区内;易燃易爆物品生产、储存单位;输变电设施安全保护区内;

医疗机构、幼儿园、中小学校、敬老院;山林、草原等重点防火区;县级以上地方人民政府规定的禁止燃放烟花爆竹的其他地点。焰火晚会以及其他大型焰火燃放活动燃放作业单位和作业人员,应当按照焰火燃放安全规程和经许可的燃放作业方案进行燃放作业。

81.【参考答案】 DE （5P₂₂₁）
【考查要点】 本题考查的是特种设备安全监察部门监察的特种设备种类
【精解精析】 对于锅炉、压力容器(含气瓶)、压力管道、电梯、起重机械、客运索道、大型游乐设施和场(厂)内专用机动车辆等8种特种设备,《特种设备安全监察条例》第四条规定,国务院特种设备安全监督管理部门负责全国特种设备的安全监察工作,县以上地方负责特种设备安全监督管理的部门对本行政区域内特种设备实施安全监察(统称特种设备安全监督管理部门)。

82.【参考答案】 BCE （5P₂₅₆）
【考查要点】 本题考查的是通用的事故分级的规定
【精解精析】《生产安全事故报告和调查处理条例》将一般的生产安全事故分为下列四级:(1)特别重大事故,是指一次造成30人以上死亡,或者100人以上重伤(包括急性工业中毒,下同),或者1亿元以上直接经济损失的事故;(2)重大事故,是指一次造成10人以上30人以下死亡,或者50人以上100人以下重伤,或者5 000万元以上1亿元以下直接经济损失的事故;(3)较大事故,是指一次造成3人以上10人以下死亡,或者10人以上50人以下重伤,或者1 000万元以上5 000万元以下直接经济损失的事故;(4)一般事故,是指一次造成3人以下死亡,或者10人以下重伤,或者1 000万元以下直接经济损失的事故。以上规定中的"以上"含本数,"以下"不含本数。

83.【参考答案】 BE （5P₂₅₇~P₂₅₈）
【考查要点】 本题考查的是生产安全事故报告的程序
【精解精析】 生产安全事故发生后,事故现场有关人员应当立即向本单位负责人报告;单位负责人接到报告后,应当于1小时内向事故发生地县级以上人民政府安全生产监督管理部门和负有安全生产监督管理职责的有关部门报告。自事故发生之日起30日内,事故造成的伤亡人数发生变化的,事故发生单位和安全生产监督管理部门和负有安全生产监督管理的有关部门应当及时补报。该事故属于较大事故逐级上报至省、自治区、直辖市人民政府安全生产监督管理部门和负有安全生产监督管理的有关部门。

84.【参考答案】 ABCD （5P₂₇₆）
【考查要点】 本题考查的是应当认定为工伤的情形
【精解精析】 依据《工伤保险条例》的规定,职工有下列情形之一的,应当认定为工伤:(1)在工作时间和工作场所内,因工作原因受到事故伤害的;(2)工作时间前后在工作场所内,从事与工作有关的预备性或者收尾性工作受到事故伤害的;(3)在工作时间和工作场所内,因履行工作职责受到暴力等意外伤害的;(4)患职业病的;(5)因工外出期间,由于工作原因受到伤害或者发生事故下落不明的;(6)在上下班途中,受到非本人主要责任的交通事故或者城市轨道交通、客运轮渡、火车事故伤害的;(7)法律、行政法规规定应当认定为工伤的其他情形。依据《工伤保险条例》第十五条规定,职工有下列情形之一的,视同工伤:(1)在工作时间和工作岗位,突发疾病死亡或者在48小时之内经抢救无效死亡的;(2)在抢险救灾等维护国家利益、公共利益活动中受到伤害的;(3)职工原在军队服役,因战、因公负伤致残,已取得革命伤残军人证,到用人单位后旧伤复发的。

85.【参考答案】 BDE （6P₂₈₈~P₂₈₉）
【考查要点】 本题考查的是注册安全工程师的配备
【精解精析】《注册安全工程师管理规定》对生产经营单位和安全生产中介机构配备一定比例的注册安全工程师,作出了下列规定:(1)从业人员300人以上的煤矿、非煤矿山、建筑施工单位和危险物品生产经营单位,应当按照不少于安全生产管理人员15%的比例配备注册安全工程师;安全生产管理人员在7人以下的,至少配备1名;(2)除高危生产经营单位以外的其他生产经营单位,应当配备注册安全工程师或者委托安全生产中介机构派遣注册安全工程师提供安全生产服务;(3)安全生产中介机构应当按照不少于安全生产专业服务人员30%的比例配备注册安全工程师。

2014年全国注册安全工程师执业资格考试

《安全生产法及相关法律知识》

(考试时间150分钟)

题 号	一	二	总分	
题 分	70	30	核分人	
得 分			复查人	

一、单项选择题(共70题,每题1分。每题的备选项中,只有一个最符合题意)

1. 安全生产行政法规一般专指国务院制定的有关安全生产规范性文件,下列关于其法律地位和效力的说法,正确的是 ( )
   A. 低于行政规章、国家强制性标准
   B. 高于安全生产法,低于宪法
   C. 低于宪法和安全生产法
   D. 与国家安全监管总局令效力一致

2. 《安全生产法》第二条明确了排除适用的特殊规定,下列关于《安全生产法》适用范围的说法,正确的是 ( )
   A. 有关法规、行政法规对铁路交通安全没有规定的,适用《安全生产法》
   B. 有关法规、行政法规对非煤矿安全没有规定的,不适用《安全生产法》
   C. 有关法规、行政法规对消防安全另有规定的,适用《安全生产法》
   D. 有关法规、行政法规对危险化学品安全另有规定的,不适用《安全生产法》

3. 某县安全监管部门在调查一起死亡事故时,发现某生产经营单位与从业人员订立的劳动合同中,有减轻该单位从业人员因生产安全事故伤亡依法应承担责任的条款。依据《安全生产法》的规定,可以对该单位的主要负责人给予罚款,处罚金额符合规定的是 ( )
   A. 5 000元   B. 15 000元
   C. 40 000元   D. 120 000元

4. 某食品生产企业有员工350人,管理人员30人。依据《安全生产法》的规定,下列关于该企业安全生产管理机构设置和人员配备的说法,正确的是 ( )
   A. 应委托某注册安全工程师提供安全生产管理服务
   B. 应委托某注册安全工程师事务所提供安全生产管理服务
   C. 应配备专职的安全生产管理人员
   D. 应配备兼职的安全生产管理人员

5. 某公司是一家易燃化学品生产企业,同时还开设了一家经营自产产品的零售店。该公司的下列做法,依据《安全生产法》的规定的是 ( )
   A. 该公司计划进行扩建,临时将部分成品存放在员工宿舍中无人居住的房间内
   B. 为了扩大生产,该公司将员工宿舍一楼改建为产品生产车间
   C. 由于员工宿舍一楼有闲置房间,因此公司利用该房间零售自产产品
   D. 公司在生产区和员工宿舍区开设了通勤车,方便员工上下班

6. 某企业旧厂房和旧设备拆除中,需要进行吊装作业和定向爆破作业。依据《安全生产法》的规定,下列关于该吊装作业和定向爆破作业安全管理的说法,正确的是 ( )
   A. 爆破作业前,应报告安全监管部门并实施现场监控
   B. 爆破作业时,应安排公安人员进行现场警戒
   C. 吊装作业前,应将吊装方案报安全监管部门备案
   D. 吊装作业时,应安排专门人员进行现场安全管理

7. 某煤矿生产过程中存在粉尘职业危害,依据《安全生产法》的规定,下列关于防尘口罩佩戴及相关责任的说法,正确的是 ( )
   A. 健康是矿工自己的事,是否佩戴口罩是矿工的权利
   B. 煤矿为每个矿工配备防尘口罩,矿工必须按规定正确佩戴
   C. 矿工不佩戴口罩导致尘肺病,其责任由矿工自己负责
   D. 矿工不佩戴口罩导致尘肺病,其责任由煤矿和矿工共同责任

8. 某电厂的火电机组脱硫改造项目,由甲公司负责总体设计,乙公司承担其中的土建及设备基础工作,丙公司承担其中的钢结构安装、加固及管道工程,委托丁公司负责施工监理。四家公司同时开展相关工作,依据《安全生产法》的规定,下列关于签订安全生产管理协议的做法,正确的是 ( )
   A. 甲公司与乙、丙公司分别签订安全生产管理协议,由乙、丙公司负责该改造项目安全生产工作的统一协调和管理
   B. 电厂分别与甲、乙、丙、丁公司签订安全生产管理协议,并指定专职安全生产管理人员进行安全检查与协调
   C. 甲公司与丁公司签订安全生产管理协议,由丁公司负责该改造项目安全生产工作的统一协调和管理
   D. 乙、丙公司与丁公司签订安全生产管理协议,由丁公司负责承包范围内的安全生产工作的协调和管理

9. 某钢铁公司要新建一个厂房,选定由甲公司和乙公司承建,并与其签订专门的安全生产管理协议。甲公司没有相关的资质,在施工当中发生了人身伤亡事故。依据《安全生产法》的规定,下列关于安全生产管理职责的说法,错误的是 ( )
   A. 钢铁公司将建设项目发包给甲公司违反规定
   B. 钢铁公司已经与甲、乙公司签订安全生产管理协议,因此事故发生后钢铁公司不承担安全生产责任
   C. 钢铁公司与乙公司可以在承包合同中约定各自的安全生产管理责任
   D. 钢铁公司需要对甲、乙公司的建设工程的安全生产工作进行统一协调、管理

10. 某企业施工队队长甲某率队开挖沟槽。作业中,现场未采取任何安全支撑措施。工人乙认为风险很大,要求暂停作业,但甲某以不下去干活就扣本月奖金相威胁,坚持要求继续作业,乙拒绝甲某的指挥。依据《安全生产法》的规定,下列关于企业对乙可采取措施的说法,正确的是 ( )
 A. 不得给予乙任何处分
 B. 可以给予乙通报、记过等处分
 C. 可以解除与乙订立的劳动合同
 D. 可以降低乙的工资和福利待遇

11. 某煤矿企业与矿工签订的用工协议中规定:如果矿工作业时发生事故而丧失部分劳动能力,将得到一次性补偿金 20 000 元,完全丧失劳动能力则一次性补偿 50 000 元,此后企业与矿工不再有任何关系,不再负责其他善后事项。依据《安全生产法》的规定,下列有关该企业用工协议的说法,正确的是 ( )
 A. 该协议无效,应对企业的主要负责人给予 10 日以下拘留
 B. 该协议具有法律效力,若矿工因工受伤,应遵照办理
 C. 该协议无效,因工受伤的矿工有权向企业提出赔偿要求
 D. 该协议中的赔偿事项成立,数额不足部分由企业补足

12. 甲市安全监管人员在执法检查时,发现某烟花爆竹企业存在重大事故隐患,监管人员责令企业立即停止作业,并要求立即从车间撤出作业人员,排除隐患。依据《安全生产法》的规定,该企业排除重大事故隐患后,有权对其恢复生产经营进行审查同意的单位是 ( )
 A. 企业上级主管部门 B. 安全监管部门
 C. 公安机关 D. 人民政府

13. 某企业的主要负责人甲某因未履行安全生产管理职责,导致发生生产安全事故,于 2008 年 9 月 12 日受到撤职处分。该企业改制分立新企业拟聘甲某为主要负责人。依据《安全生产法》的规定,甲某可以任职的时间是 ( )
 A. 2009 年 9 月 12 日后 B. 2010 年 9 月 12 日后
 C. 2011 年 9 月 12 日后 D. 2013 年 9 月 12 日后

14. 甲公司委托具有安全评价资质的乙机构实施某项目安全评价,甲委托具有资质的丙机构针对该项目进行安全检测检验,甲将丙提交的报告交给乙作为安全评价的依据,因丙出具了虚假检测检验报告,导致发生生产安全事故,给他人造成重大经济损失。依据《安全生产法》的规定,对此次事故损失承担连带赔偿责任的单位是 ( )
 A. 甲和乙 B. 甲和丙
 C. 乙和丙 D. 甲、乙和丙

15. 某矿山工会人员发现作业场所存在火灾隐患,可能危及职工生命安全。依据《矿山安全法》的规定,矿山工会有权采取的措施是 ( )
 A. 立即决定停工
 B. 告知职工拒绝作业
 C. 直接采取排除火灾隐患的处理措施
 D. 向矿山企业行政方面建议组织职工撤离危险现场

16. 依据《消防法》的规定,下列场所不得与易燃易爆危险品储存地点设置在同一建筑物内的是 ( )
 A. 供销社 B. 建材超市
 C. 员工宿舍 D. 货物仓库

17. 某购物中心在营业期间顾客熙熙攘攘、人员密集,突然发生重大火灾。依据《消防法》的规定,该购物中心现场工作人员应采取的正确行为是 ( )
 A. 立即组织在场的所有人员参与扑救火灾 B. 统一指挥公安消防队扑救火灾
 C. 立即组织、引导在场人员疏散 D. 立即组织员工接通消防水源

18. 依据《道路交通安全法》的规定,残疾人机动轮椅车、电动自行车在非机动车道内行驶时,最高时速不得超过 ( )
 A. 15 公里 B. 20 公里
 C. 25 公里 D. 30 公里

19. 依据《突发事件应对法》的规定,事故灾难的预警级别按照发生的紧急程度、发展态势和可能造成的危害程度分为一级、二级、三级、四级,其中四级标示的颜色是 ( )
 A. 蓝色 B. 橙色
 C. 红色 D. 黄色

20. 依据《突发事件应对法》的规定,下列关于突发事件的预防与应急准备的说法,正确的是 ( )
 A. 应急预案制定机关应当按照本机关规定的修订程序修订应急预案
 B. 可能引发社会安全事件的矛盾纠纷均应由县级以上人民政府及其有关部门负责调解处理
 C. 各单位都应当制定具体应急预案,并及时采取措施消除隐患,防止发生突发事件
 D. 新闻媒体应当无偿开展突发事件预防与应急、自救与互救知识的公益宣传

21. 某公司丢失了一枚放射源,可能会危害公共安全,依据《突发事件应对法》的规定,下列关于该公司报告的做法,正确的是 ( )
 A. 及时向当地人民政府报告
 B. 待确定捡拾者后报告给当地人民政府
 C. 待确定伤害情况后报告给当地人民政府
 D. 待确定放射源是否泄漏后报告给当地人民政府

22. 依据《刑法》的规定,由于强令他人违章冒险作业而导致重大伤亡事故发生或者造成其他严重后果,情节特别恶劣的,应处有期徒刑 ( )
 A. 10 年以上 B. 7 年以上
 C. 5 年以上 D. 3 年以上

23. 某化工企业因安全生产设施不符合国家规定,发生事故,造成 6 人死亡的严重后果。依据《刑法》的规定,直接负责的主管人员触犯的刑法罪名是 ( )
 A. 重大责任事故罪 B. 重大劳动安全事故罪
 C. 危险物品肇事罪 D. 消防责任事故罪

24. 根据不同的标准,行政处罚有不同的分类。下列行政处罚中属于行为罚的是（ ）
   A. 罚款
   B. 销毁违禁物品
   C. 责令停产停业
   D. 没收违法所得

25. 某煤矿安全监察机构对煤矿企业进行安全监察时,发现安全监控系统不完善,决定对该煤矿企业作出行政处罚。依据《行政处罚法》的规定,下列关于当场作出行政处罚的做法,正确的是（ ）
   A. 当场制作对该企业处 1 000 元罚款的行政处罚决定书,宣读后,交付在场的企业负责人
   B. 当场制作对该企业处 1 500 元罚款的行政处罚决定书,宣读后,交付在场的企业负责人
   C. 当场口头作出罚款 1 000 元的行政处罚决定,10 日后补办书面决定书并送达给该企业
   D. 当场口头作出罚款 1 000 元的行政处罚决定,10 日后补办书面决定书并以挂号函件方式邮寄给该企业

26. 依据《行政许可法》的规定,下列关于设定行政许可的说法,正确的是（ ）
   A. 地方性法规在不与法律、行政法规抵触的情况下,可以设定任何种类的行政许可
   B. 法律可以根据需要设定任何一种形式的行政许可
   C. 规章可对法律、法规设定的行政许可作出具体的规定,并可增设行政许可条件
   D. 行政法规无权对法律设定的行政许可作出具体规定

27. 依据《职业病防治法》的规定,新建煤化工项目的企业,应在项目的可行性论证阶段,针对尘毒危害的前期预防,向相关政府行政主管部门提交（ ）
   A. 职业危害评价报告
   B. 职业病危害预评价报告
   C. 职业病危害因素评估报告
   D. 职业病控制论证报告

28. 依据《职业病防治法》的规定,产生职业病危害的用人单位的设立,除应符合法律、行政法规规定的设立条件外,其作业场所布局应遵循的原则是（ ）
   A. 生产作业与储存作业分开
   B. 加工作业与包装作业分开
   C. 有害作业与无害作业分开
   D. 吊装作业与维修作业分开

29. 某汽车制造厂要进行整体搬迁,依据《职业病防治法》的规定,建设单位向安全监管部门提交职业病危害预评价报告的时间是（ ）
   A. 可行性论证阶段
   B. 初步设计阶段
   C. 总体设计阶段
   D. 试运行阶段

30. 某化工企业所在县级市有一家经省级人民政府卫生行政部门批准的职业卫生检测所。依据《职业病防治法》的规定,下列关于职业病诊断的说法,正确的是（ ）
   A. 企业可以委托该所对职工进行职业病诊断
   B. 企业员工必须在该所进行职业病诊断
   C. 该所进行职业病诊断时,须由两名以上具有职业病诊断资格的执业医师会诊
   D. 该所发现企业存在职业病病人,应及时向省级卫生行政部门和民政部门报告

31. 依据《职业病防治法》的规定,下列关于职业病病人保障的说法,错误的是（ ）
   A. 职业病病人变动工作岗位,其依法享有的待遇不变
   B. 用人单位应当按照国家有关规定安排职业病病人进行治疗、康复和定期检查
   C. 用人单位对从事接触职业病危害作业的劳动者,应当给予适当的岗位津贴
   D. 用人单位对不适宜继续从事原工作的职业病病人,可给予当事人一次性补助后解除劳动合同

32. 依据《劳动合同法》的规定,用人单位不得安排女职工在哺乳未满 1 周岁的婴儿期间从事的工作是（ ）
   A. 第一级体力劳动强度的劳动
   B. 夜班劳动
   C. 电工
   D. 驾驶机动车

33. 依据《劳动合同法》的规定,用人单位自用工之日起超过 1 个月不满 1 年未与劳动者订立书面劳动合同的,应当向劳动者每月支付_____倍的工资。（ ）
   A. 1
   B. 2
   C. 3
   D. 5

34. 甲、乙、丙、丁均是某煤矿企业的员工,依据《劳动合同法》的规定,下列关于劳动合同解除的说法,正确的是（ ）
   A. 企业如果强令甲冒险作业并危及其人身安全,甲有权拒绝作业,但不能立即解除劳动合同
   B. 乙非因工负伤,在规定的医疗期内,企业可以与乙解除劳动合同
   C. 丙为疑似职业病病人,目前正在诊断期间,企业此时不能解除劳动合同
   D. 丁通过企业培训后仍然不能胜任现在的工作,企业提前 10 日以书面形式通知丁后,可以解除劳动合同

35. 某非煤矿企业拟申请安全生产许可证,企业负责人为此咨询了律师。依据《安全生产许可证条例》的规定,下列关于安全生产许可证申请的说法,正确的是（ ）
   A. 安全生产许可证的有效期是 3 年,并且不需要年检
   B. 由矿产资源管理部门负责安全生产许可证的颁发
   C. 安全生产许可证颁发机关自收到企业申请资料之日起,应当在 30 日内完成审查发证工作
   D. 安全生产许可证可以在企业试生产期间提出申请

36. 依据《国务院关于预防煤矿生产安全事故的特别规定》，对_____2次或者2次以上发现有重大安全生产隐患，仍然进行生产的煤矿，有关部门应当提请有关地方人民政府关闭该煤矿。 （ ）

　　A. 6个月内　　　　　　　　B. 5个月内
　　C. 4个月内　　　　　　　　D. 3个月内

37. 依据《国务院关于预防煤矿生产安全事故的特别规定》，下列关于煤矿停产整顿的说法，正确的是 （ ）

　　A. 高瓦斯矿井未建立瓦斯抽放系统和监控系统，仍然进行生产的，由县级以上地方人民政府有关部门责令停产整顿，并处50万元以下的罚款
　　B. 对1个月内2次以上发现有重大安全生产隐患，仍然进行生产的煤矿，由县级以上地方人民政府有关部门责令立即停产整顿
　　C. 被责令停产整顿的煤矿擅自从事生产的，由县级以上地方人民政府有关部门予以关闭
　　D. 对被责令停产整顿的煤矿，在停产整顿期间，由有关地方人民政府采取有效措施进行监督检查

38. 建设单位是建筑工程的投资主体，在建筑活动中居于主导地位。依据《建设工程安全生产管理条例》的规定，下列关于建设单位安全责任的说法，正确的是 （ ）

　　A. 建设单位可以根据市场需求压缩合同约定的工期
　　B. 建设单位应当自开工报告批准之日起10日内，将保证安全施工的措施报送所在地建设行政主管部门或有关部门备案
　　C. 建设单位应当在拆除工程施工10日前，将有关资料报送所在地建设行政主管部门或有关部门备案
　　D. 建设单位应当根据工程需要向施工企业提供施工现场相邻建筑物的有关资料

39. 依据《建设工程安全生产管理条例》的规定，监理单位对施工组织设计进行强制性标准符合性审查，下列属于审查内容的是 （ ）

　　A. 安全管理方案　　　　　　B. 安全技术措施
　　C. 安全培训计划　　　　　　D. 安全投入计划

40. 某企业是位于A省B市C区港口内的一家危险化学品仓储经营企业，已经取得了港口经营许可证。依据《危险化学品安全管理条例》的规定，下列关于该企业申请危险化学品经营许可证的说法，正确的是 （ ）

　　A. 需要向B市的港口行政管理部门申请危险化学品经营许可证
　　B. 需要向C区的港口行政管理部门申请危险化学品经营许可证
　　C. 需要向A省的安全监管部门申请危险化学品经营许可证
　　D. 不需要申请危险化学品经营许可证

41. 依据《危险化学品安全管理条例》的规定，下列关于剧毒化学品运输管理的说法，正确的是 （ ）

　　A. 可以通过内河封闭水域运输剧毒化学品
　　B. 禁止通过内河运输剧毒化学品
　　C. 安全监督部门负责审批剧毒化学品道路运输通行证
　　D. 海事管理机构负责确定剧毒化学品船舶运输的安全运输条件

42. 依据《危险化学品安全管理条例》的规定，剧毒化学品、易制爆危险化学品的销售企业、购买单位，应当在销售、购买后_____日内，将其销售、购买的剧毒化学品、易制爆危险化学品的品种、数量以及流向信息报所在地县级人民政府公安机关备案。 （ ）

　　A. 5　　　　　　　　　　　　B. 7
　　C. 10　　　　　　　　　　　D. 15

43. 甲是A市B县的烟花爆竹零售经营者，需要办理《烟花爆竹（零售）许可证》。依据《烟花爆竹安全管理条例》的规定，下列关于甲申请经营许可证的说法，正确的是 （ ）

　　A. 应向A市安全监管部门提出申请
　　B. 应向A市公安机关提出申请
　　C. 应向B县安全监管部门提出申请
　　D. 应向B县公安机关提出申请

44. 甲公司是一家生产乳化震源药柱的中型企业，公司依照法律法规要求取得了《民用爆炸物品生产许可证》。乙公司是一家商贸公司，依法取得了《民用爆炸物品销售许可证》。依据《民用爆炸物品安全管理条例》的规定，下列关于甲、乙公司生产经营活动的说法，正确的是 （ ）

　　A. 甲公司必须取得《民用爆炸物品销售许可证》后方可出售本单位生产的乳化震源药柱
　　B. 乙公司向甲公司购买乳化震源药柱，应当通过银行账户交易，不得使用现金或者实物进行交易
　　C. 甲公司见到乙公司提供的《民用爆炸物品销售许可证》5日后，方可进行交易
　　D. 乙公司销售民用爆炸物品后3天内，要将销售的品种、数量和购买单位向所在地设区的市人民政府公安机关备案

45. 依据《民用爆炸物品安全管理条例》的规定，爆破作业人员应当经考核合格，取得《爆破作业人员许可证》后，方可从事爆破作业。对其考核的单位是 （ ）

　　A. 设区的市人民政府安全监管部门
　　B. 设区的市人民政府公安机关
　　C. 县级人民政府安全监管部门
　　D. 县级人民政府公安机关

46. 依据《使用有毒物品作业场所劳动保护条例》的规定，下列关于使用有毒物品作业场所预防措施的说法，正确的是 （ ）
   A. 使用有毒物品作业场所未经批准不得住人
   B. 使用有毒物品作业场所应当设置红色区域警示线
   C. 高毒作业场所应当与其他作业场所隔离
   D. 高毒作业场所应当设置黄色区域警示线

47. 下列设备中，不属于《特种设备安全监察条例》安全监察对象的是 （ ）
   A. 化工厂的压力容器   B. 商场的电梯
   C. 海上平台的起重机   D. 电厂的锅炉

48. 某化工厂发生一起火灾事故，造成2人死亡，1人重伤，3人轻伤。事故发生1个月后，重伤者因救治无效死亡。依据《生产安全事故报告和调查处理条例》的规定，下列关于事故补报的说法，正确的是 （ ）
   A. 该厂应在3日内向安全监管部门补报该事故伤亡情况并说明情况
   B. 该厂无需向安全监管部门补报该事故伤亡人数更新情况
   C. 安全监管部门应根据更新的伤亡人数重新界定该事故等级
   D. 安全监管部门应向本级人民政府补报该事故伤亡人数更新情况

49. 依据《生产安全事故报告和调查处理条例》的规定，事故发生单位对事故发生负有责任的，应处20万元以上50万元以下罚款的事故等级是 （ ）
   A. 一般事故   B. 较大事故
   C. 重大事故   D. 特别重大事故

50. 依据《工伤保险条例》的规定，下列关于劳动能力鉴定的说法，正确的是 （ ）
   A. 劳动功能障碍分为十个伤残等级，最轻的为一级，最重的为十级
   B. 劳动能力鉴定必须由用人单位、工伤职工向县级劳动能力鉴定委员会提出申请
   C. 市级劳动能力鉴定委员会作出的鉴定结论是最终结论
   D. 自劳动能力鉴定结论作出之日起1年后，工伤职工认为伤残情况发生变化的，可以申请复查鉴定

51. 某金属矿采掘企业自开办以来，一直不缴纳工伤保险费。依据《工伤保险条例》的规定，社会保险行政部门应当责令该企业限期参加工伤保险，补缴应当缴纳的工伤保险费，并自欠缴之日起，按日加收_____的滞纳金。 （ ）
   A. 万分之一   B. 万分之二
   C. 万分之三   D. 万分之五

52. 依据《工伤保险条例》的规定，下列关于工伤保险待遇的说法，正确的是 （ ）
   A. 职工住院治疗工伤的伙食补助费不在工伤保险基金的支付范围内
   B. 经工伤职工本人提出，该职工可以与用人单位解除或者终止劳动关系，由工伤保险基金支付一次性工伤医疗补助金，由用人单位支付一次性伤残就业补助金
   C. 工伤职工拒不接受劳动能力鉴定，从拒不接受的第4个月起停止享受工伤保险待遇
   D. 职工被借调期间受到工伤事故伤害的，由借调单位承担工伤保险责任，但借调单位与原用人单位可以约定补偿办法

53. 注册安全工程师张某已经离开A事务所到B事务所工作。依据《注册安全工程师管理规定》的规定，张某应当办理变更注册手续。下列关于张某在未完成变更注册前的执业行为的说法，正确的是 （ ）
   A. 可以A事务所名义执业   B. 可以B事务所名义执业
   C. 可以个人名义执业   D. 不能执业

54. 依据《注册安全工程师管理规定》，注册安全工程师实行分类注册，类别包括煤矿安全、非煤矿矿山安全、危险化学品安全、_____和其他安全类。 （ ）
   A. 电气安全   B. 消防安全
   C. 建筑施工安全   D. 特种设备安全

55. 依据《生产经营单位安全培训规定》，煤矿、非煤矿山、危险化学品、烟花爆竹等生产经营单位新上岗的从业人员，岗前培训不得少于 （ ）
   A. 24学时   B. 36学时
   C. 48学时   D. 72学时

56. 依据《生产经营单位安全培训规定》，下列关于生产经营单位主要负责人、安全生产管理人员、特种作业人员以外的其他从业人员安全培训的说法，正确的是 （ ）
   A. 高危行业生产经营单位新上岗的人员，岗前培训时间不少于36学时
   B. 非高危行业生产经营单位新上岗的人员，岗前培训时间不少于24学时
   C. 安全生产经营单位三级安全培训是指厂（矿）级、车间级、部门级安全培训
   D. 调整工作岗位或离岗一年重新上岗人员必须进行三级教育培训

57. 依据《特种作业人员安全技术培训考核管理规定》，特种作业人员操作证一般每3年复审1次。下列关于特种作业操作证复审的说法，正确的是 （ ）
   A. 特种作业操作证需要复审的，应当在期满前90日内，按规定申请复审
   B. 特种作业操作证申请复审前，特种作业人员应参加不少于8个学时的安全培训
   C. 按规定参加安全培训，考试不合格的允许补考一次
   D. 有安全生产违法行为的，复审一律不予通过

58. 依据《劳动防护用品监督管理规定》，下列关于生产经营单位劳动防护用品的配备与使用的说法，正确的是（　　）
   A. 可以将经费发给劳动者用于自行购置防护用品
   B. 可以用其他物品代替劳动防护用品
   C. 不得使用无安全标志的特种劳动防护用品
   D. 配备的劳动防护用品由劳动者自己决定是否使用

59. 依据《职业病危害项目申报办法》的规定，新建、改建、扩建、技术改造或者技术引进建设项目申请变更职业病危害项目的，应在规定的期限内进行申报，申报的期限是自建设项目竣工验收之日起（　　）
   A. 30日内　　　　　　　　B. 45日内
   C. 60日内　　　　　　　　D. 90日内

60. 依据《建设工程消防监督管理规定》，下列人员密集场所建设工程，应当向公安机关消防机构申请消防设计审核和消防验收的是（　　）
   A. 建筑总面积15 000 m²的博物馆
   B. 建筑总面积20 000 m²的客运车站候车室
   C. 建筑总面积3 000 m²的饭店
   D. 建筑总面积900 m²的托儿所

61. 依据《建设工程消防监督管理规定》，下列消防施工的质量和安全责任，属于施工单位的是（　　）
   A. 依法申请建设工程消防验收，依法办理消防设计和竣工验收备案手续并接受抽查
   B. 依法应当经消防设计审核、消防验收的建设工程，未经审核或者审核不合格的，不得组织施工
   C. 查验消防产品和具有防火性能要求的建筑构件、建筑材料及装修材料的质量，使用合格产品，保证消防施工质量
   D. 实行工程监理的建设工程，应当将消防施工质量一并委托监理

62. 依据《安全生产事故隐患排查治理暂行规定》，下列关于事故隐患排查治理的说法，正确的是（　　）
   A. 生产经营单位应当每季对事故隐患排查治理情况进行统计分析并报政府有关部门备案
   B. 生产经营单位将生产经营场所发包、出租的，应当与承包、承租单位签订安全管理协议，事故隐患排查治理由承包、承租单位负全责
   C. 对一般事故隐患由生产经营单位（车间、分厂、区队等）负责人或者有关人员立即组织整改
   D. 局部停产停业治理的重大事故隐患，政府有关部门接到生产经营单位恢复生产的申请报告后，应当在10日内进行现场审查

63. 依据《生产安全事故应急预案管理办法》的规定，下列关于应急预案评审的说法，正确的是（　　）
   A. 所有生产经营单位应当组织专家对本单位编制的应急预案进行论证，论证应当形成书面纪要并附有专家名单
   B. 省级安全监管部门编制的应急预案无须组织有关专家进行审定，设区的市、县级安全监管部门编制的，应当组织审定
   C. 参加生产经营单位应急预案评审的人员应当包括应急预案涉及的政府部门工作人员和有关安全生产及应急管理方面的专家
   D. 生产经营单位的应急预案经评审或者论证后，由生产经营单位分管安全的领导签署公布

64. 依据《生产事故应急预案管理办法》的规定，下列关于应急预案编制的说法，正确的是（　　）
   A. 生产经营单位应当根据存在的重大危险源，制定综合应急预案
   B. 生产经营单位应当针对危险性较大的岗位，制定专项应急预案
   C. 生产经营单位应当针对某一种类风险，制定现场处置方案
   D. 现场处置方案应当包括危险性分析、可能发生的事故特征、处置程序等

65. 某工程公司承担公路的穿山隧道工程，在施工过程中隧道发生垮塌，10名人员在作业地点被困。依据《生产安全事故信息报告和处置办法》的规定，工程公司负责人接到事故报告后，应当向安全监管部门报告的时限是（　　）
   A. 5小时　　　　　　　　B. 3小时
   C. 2小时　　　　　　　　D. 1小时

66. 依据《安全评价机构管理规定》，下列有关安全评价机构开展安全评价业务活动的说法，正确的是（　　）
   A. 某评价机构对同一建设项目进行安全预评价和安全验收评价
   B. 某评价机构与被评价对象通过合同协商确定评价费用
   C. 某业务较多的评价机构将其承揽的项目转包给其他评价机构
   D. 某评价机构的评价人员仅依据被评价对象提供的书面材料出具评价报告

67. 某发电厂投产2台1 000兆瓦发电机组，同时配套2台液氨脱硝装置。因电厂周边居民小区扩大，出于安全考虑，电厂决定将2台液氨脱硝装置技改为2台尿素脱硝装置。依据《安全评价机构管理规定》，该发电厂应当委托有资质安全评价机构重新进行（　　）
   A. 安全设计　　　　　　　B. 安全审核
   C. 安全评价　　　　　　　D. 安全检测

68. 依据《国务院关于特大安全事故行政责任追究的规定》,负责行政审批的政府部门或机构,未依照规定履行职责,发生特大安全事故的,对部门或机构的正职负责人,根据情节轻重,给予的行政处分是（　　）

A. 警告或记过　　　　　　　　　B. 记过或记大过

C. 记大过或降级　　　　　　　　D. 撤职或开除公职

69. 某氧气厂 35 000 Nm³/h 制氧机组建设项目竣工后,根据有关规定,在正式投入生产或者使用前需要进行建设项目试运行。依据《建设项目安全设施"三同时"监督管理暂行办法》的规定,该建设项目试运行时间应当不少于 30 日,最长不得超过（　　）

A. 60 日　　　　　　　　　　　B. 90 日

C. 180 日　　　　　　　　　　　D. 210 日

70. 依据《建设项目安全设施"三同时"监督管理暂行办法》的规定,下列关于省级重点冶金建设项目可行性研究阶段安全生产条件论证和评价的说法,正确的是（　　）

A. 对安全生产条件进行论证,不需要进行安全预评价

B. 不需要对安全生产条件进行论证,但需要进行安全预评价

C. 需要对其安全生产条件进行论证和安全预评价

D. 仅需对其安全生产条件进行综合分析,形成书面报告并备案

二、多项选择题(共 15 题,每题 2 分。每题的备选项中,有 2 个或 2 个以上符合题意,至少有 1 个错误选项。错选,本题不得分;少选,所选的每个选项得 0.5 分)

71. 下列关于法的分类和效力的说法,正确的有（　　）

A. 按照法律效力范围的不同,可以将法律分为成文法和不成文法

B. 按照法律的内容和效力强弱所作的分类,可以将法律分为特殊法和一般法

C. 按照法律规定的内容不同,可以将法律分为实体法和程序法

D. 行政规章可以分为部门规章和地方政府规章,效力高于地方性法规

E. 宪法在我国具有最高的法律效力,任何法律都不能与其抵触,否则无效

72. 甲公司是一家烟花爆竹生产企业,有从业人员 288 人,乙公司是一家纺织企业,有从业人员 450 人,丙公司是一家机械厂,有从业人员 150 人。依据《安全生产法》的规定,下列关于安全生产管理机构设置和安全生产管理人员配备的说法,正确的是（　　）

A. 甲公司可以不设置安全生产管理机构,但应当配备专职或者兼职安全生产管理人员

B. 甲公司应当设置安全生产管理机构或者配备专职安全生产管理人员

C. 乙公司可以不设置安全生产管理机构,但应当配备专职或者兼职安全生产管理人员

D. 乙公司应当设置安全生产管理机构或者配备专职安全生产管理人员

E. 丙公司可以不设置安全生产管理机构,但可以委托具有国家规定的相关专业技术资格的工程技术人员提供安全生产管理服务

73. 为了预防和减少火灾危害,加强应急救援工作,维护公共安全,依据《消防法》的规定,下列单位中,应当建立专职消防队,承担本单位火灾扑救工作的有（　　）

A. 生产黑火药的大型企业

B. 大型建筑施工企业

C. 储存黑火药的大型仓库

D. 大型火力发电厂

E. 从事金矿开采的大型企业

74. 依据《道路交通安全法》的规定,对道路交通安全违法行为行政处罚的种类有（　　）

A. 责令学习交通法规　　　　　　B. 警告、罚款

C. 暂扣或者吊销机动车驾驶证　　D. 拘留

E. 劳动教养

75. 依据《最高人民法院、最高人民检察院关于办理危害矿山生产安全刑事案件具体应用法律若干问题的解释》,下列应当认定为刑法第一百三十四条、第一百三十五条规定的具有"重大伤亡事故或者其他严重后果"的情形有（　　）

A. 某煤矿发生煤与瓦斯突出事故,造成 2 人死亡

B. 某矿业公司违规违章作业导致坍塌事故,造成直接经济损失 160 万元

C. 某矿山加工点因安全生产设施不符合国家规定,导致爆炸事故,造成 1 名操作工当场死亡

D. 某采石场违章爆破作业,造成 2 人重伤

E. 某金矿违法开采,发生透水事故,造成直接经济损失 90 万元,重伤 5 人

76. 依据《行政处罚法》的规定,下列关于行政处罚设定的说法,正确的有（　　）

A. 限制人身自由的行政处罚,只能由法律设定

B. 行政法规可以设定除限制人身自由、吊销营业执照以外的行政处罚

C. 地方性法规可以设定除限制人身自由、吊销营业执照以外的行政处罚

D. 地方性法规必须在法律法规和规章规定的给予行政处罚的行为、种类和幅度范围内作出规定

E. 尚未制定法律、行政法规的,国务院部、委员会制定的规章对违反行政管理秩序的行为,可以设定警告或者一定数量罚款的行政处罚

77. 依据《职业病防治法》的规定,下列关于劳动者劳动过程中职业病的防护与管理的说法,正确的有（　　）
   A. 用人单位应当定期对工作场所进行职业病危害因素检测、评价。检测、评价结果存入用人单位职业卫生档案,定期向所在地安全监管部门报告并向劳动者公布
   B. 对从事接触职业病危害作业的劳动者,用人单位应当组织上岗前、在岗期间和离岗时的职业健康检查,并将检查结果书面告知劳动者
   C. 劳动者在已订立劳动合同期间因工作岗位或者工作内容变更,从事与所订立劳动合同中未告知的存在职业病危害的作业时,用人单位应当向劳动者履行如实告知的义务,原劳动合同相关条款可不予变更
   D. 职业健康检查应当由省级以上人民政府卫生行政部门批准的医疗卫生机构承担。职业健康检查费用由用人单位承担
   E. 劳动者离开用人单位时,有权索取本人职业健康监护档案复印件,用人单位应当如实、无偿提供,并在所提供的复印件上签章

78. 依据《危险化学品安全管理条例》的规定,申请危险化学品安全使用许可证的化工企业,应当具备的条件有（　　）
   A. 主要负责人经安全监管部门培训考核合格取得安全使用资格证书
   B. 有与所使用的危险化学品相适应的专业技术人员
   C. 有安全管理机构和专职安全管理人员
   D. 有符合国家规定的危险化学品事故应急预案和必要的应急救援器材、设备
   E. 依法进行了安全评价

79. 依据《危险化学品安全管理条例》的规定,下列关于危险化学品道路运输安全的说法,正确的有（　　）
   A. 应当采取相应的安全防护措施,并配备必要的防护用品和应急救援器材
   B. 应当按照运输车辆的核定载质量装载危险化学品
   C. 危险化学品运输企业必须取得危险化学品道路运输通行证
   D. 应当配备随车押运人员并取得相应资格
   E. 运输车辆应当定期进行安全技术检验

80. 依据《烟花爆竹安全管理条例》的规定,下列禁止燃放烟花爆竹的场所有（　　）
   A. 文物保护单位　　　　　　B. 医疗机构
   C. 中小学校　　　　　　　　D. 水上公园
   E. 飞机场

81. 适用《特种设备安全监察条例》进行安全监察的特种设备有（　　）
   A. 海上设施和船舶　　　　　B. 核设施
   C. 起重机械　　　　　　　　D. 客运索道
   E. 铁路机车

82. 依据《生产安全事故报告和调查处理条例》的规定,下列属于较大事故的有（　　）
   A. 某电信公司施工人员在架设电信光缆过程中,4人触电身亡
   B. 某化工厂发生氯气泄漏事故,造成2人死亡,12人在施救过程中急性中毒
   C. 某煤矿发生瓦斯爆炸事故,造成1人死亡,27人轻伤,直接经济损失900万元
   D. 某旅游公司客车(荷载19人,实载17人)在景区坠崖,乘客无一生还
   E. 某大型化工企业发生爆炸事故,造成直接经济损失7 000万元,无人员伤亡

83. 依据《使用有毒物品作业场所劳动保护条例》的规定,职业健康监护档案的主要内容有（　　）
   A. 职业病中毒危害接触史　　B. 劳动者的职业史
   C. 防止职业病危害的措施　　D. 职业病诊疗资料
   E. 职业健康检查结果及处理情况

84. 依据《工伤保险条例》的规定,下列应当认定为工伤的情形有（　　）
   A. 某职工违章操作机床,造成右臂骨折
   B. 某职工外出参加会议期间,在宾馆内洗澡时滑倒,造成腿骨骨折
   C. 某职工在上班途中,受到非本人主要责任的交通事故伤害
   D. 某职工在下班后清理机床时,机床意外启动造成职工受伤
   E. 某职工在易燃作业场所内吸烟,导致火灾,本人受伤

85. 依据《注册安全工程师管理规定》的规定,下列关于生产经营单位和安全生产中介机构配备注册安全工程师的说法,正确的是（　　）
   A. 某煤矿企业有500人,安全生产管理人员20人,应配备不少于3名注册安全工程师
   B. 某建筑企业有7名安全生产管理人员,应至少配备1名注册安全工程师
   C. 某金矿没有注册安全工程师,可以委托安全生产中介机构选派注册安全工程师提供安全生产服务
   D. 某机械制造企业可委托安全生产中介机构选派注册安全工程师提供安全生产服务
   E. 某安全生产中介机构有20名安全生产专业服务人员,应当配备不少于6名注册安全工程师

2014 年全国注册安全工程师执业资格考试
《安全生产法及相关法律知识》参考答案及精解精析

一、单项选择题

1.【参考答案】 C （1P$_{17}$～P$_{18}$）
【考查要点】 本题考查的是安全生产行政法规的法律地位和效力
【精解精析】 安全生产行政法规的法律地位和法律效力低于有关安全生产的法律,高于地方性安全生产法规、地方政府安全生产规章等下位法。

2.【参考答案】 D （1P$_{18}$～P$_{19}$）
【考查要点】 本题考查的是《安全生产法》的适用范围
【精解精析】 《安全生产法》是安全生产领域的普通法,它所确定的安全生产基本方针原则和基本法律制度普遍适用于生产经营活动的各个领域。但对于消防安全、道路交通安全、铁路交通安全、水上交通安全和民用航空安全领域存在的特殊问题,其他有关部门法律另有规定的,则应适用《消防法》《道路交通安全法》等特殊法。

3.【参考答案】 C （2P$_{53}$）
【考查要点】 本题考查的是从业人员获得安全保障、工伤保险和民事赔偿的权利
【精解精析】 《安全生产法》对生产经营单位与从业人员订立协议,免除或者减轻其对从业人员因生产安全事故伤亡依法应承担的责任,规定该协议无效,并对生产经营单位的主要负责人、个人经营的投资人处两万元以上十万元以下的罚款。

4.【参考答案】 C （2P$_{45}$）
【考查要点】 本题考查的是安全生产管理机构和安全生产管理人员的配置
【精解精析】 对于除矿山、建筑施工和危险物品生产、经营、存储单位以外的其他生产经营单位,其从业人员超过300人的,应当设置安全生产管理机构或者配备专职安全生产管理人员。

5.【参考答案】 D （5P$_{191}$）
【考查要点】 本题考查的是危险化学品仓库的安全管理
【精解精析】 危险化学品应当储存在专用仓库内,并由专人负责管理;剧毒化学品以及储存数量构成重大危险源的其他危险化学品应,单独存放;危险化学品专用仓库应当符合国家标准、行业标准的要求。

6.【参考答案】 D （5P$_{178}$）
【考查要点】 本题考查的是关于爆破作业的相关规定
【精解精析】 爆破作业前,施工单位必须先将爆破作业方案报县、市以上主管部门批准,并征得所在地县、市公安局同意,方可实施爆破作业。吊装作业无需备案。

7.【参考答案】 D （2P$_{55}$）
【考查要点】 本题考查的是从业人员正确佩戴和使用劳动防护用品的义务
【精解精析】 按照法律、法规的规定,为保障人身安全,生产经营单位必须为从业人员提供必要的、安全的劳动防护用品,以避免或者减轻作业中的人身伤害。正确佩戴和使用劳动防护用品是从业人员必须履行的法定义务,这是保障从业人员人身安全和生产经营单位安全生产的需要。

8.【参考答案】 B （5P$_{174}$～P$_{184}$）
【考查要点】 本题考查的是建设项目相关各方的安全责任
【精解精析】 《建设工程安全生产管理条例》确立了参与建设活动的各主体方、相关方严格的、明确的安全生产责任制度及其法律责任追究制度。可知建设项目相关各方都负有安全生产责任,建设项目相关各方都需要签订安全生产管理协议。建设单位是建筑工程的投资主体,在建筑活动中居于主导地位,所以建设单位负有主要责任。

9.【参考答案】 B （5P$_{174}$～P$_{184}$）
【考查要点】 本题考查的是建设项目相关各方的安全责任
【精解精析】 建设单位作为投资的主体,在建筑活动中居于主导地位,所以建设单位应当负有安全责任。

10.【参考答案】 A （2P$_{54}$）
【考查要点】 本题考查的是从业人员拒绝违章指挥和强令冒险作业的权利
【精解精析】 法律赋予从业人员拒绝违章指挥和强令冒险作业的权利。《安全生产法》规定,生产经营单位不得因从业人员对本单位安全生产工作提出批评、检举、控告或者拒绝违章指挥、强令冒险作业而降低其工资、福利等待遇或者解除与其订立的劳动合同。

11.【参考答案】 C （2P$_{53}$）
【考查要点】 本题考查的是从业人员获得安全保障、工伤保险和民事赔偿的权利
【精解精析】 《安全生产法》从法律上确定了"生死合同"的非法性,从业人员获得工伤社会保险补偿和民事赔偿的金额标准、领取和支付程序,必须符合法律、法规和国家的有关规定。发生生产安全事故后,生产经营单位必须履行相应的赔偿义务。

12.【参考答案】 B （6P$_{326}$～P$_{327}$）
【考查要点】 本题考查的是重大事故隐患治理的监督检查
【精解精析】 安全监管部门收到生产经营单位恢复生产后的申请报告后,应当在10日内进行现场审查,审查合格的,对事故隐患进行核销,同意恢复生产经营。

13.【参考答案】 D （2P$_{31}$）
【考查要点】 本题考查的是生产经营单位主要负责人的法律责任
【精解精析】 生产经营单位的主要负责人受到刑事处分或者撤职处分的,自刑罚执行完毕或者受处分之日起,5年内不得担任任何生产经营单位的主要负责人。

14.【参考答案】 B （2P$_{71}$）
【考查要点】 本题考查的是连带赔偿
【精解精析】 承担安全评价、认证、检测、检验工作的中介服务机构出具虚假证明给他人造成损害的,与生产经营单位承担连带赔偿责任。本案中甲委托具有资质的丙机构针对该项目进行安全检测检验,并且由丙出具了虚假检测检验报告,所以甲和丙承担连带责任。

15.【参考答案】 D （3P$_{76}$）
【考查要点】 本题考查的是工会的监督
【精解精析】 当发现危及职工生命安全的情况时,工会有权向矿山企业行政方面建议组织职工撤离危险现场。

16.【参考答案】 C （P$_{80}$）

【考查要点】 本题考查的是易燃易爆品的储存
【精解精析】 《消防法》规定,生产、储存、经营易燃易爆危险品的场所不得与居住所设置在同一建筑物内,并应当与居住场所保持安全距离。易燃易爆品不得放置在员工宿舍。

17. 【参考答案】 C （3P₈₃）
【考查要点】 本题考查的是灭火救援的规定
【精解精析】 《消防法》规定,人员密集场所发生火灾,该场所的现场工作人员应立即组织、引导在场人员疏散。

18. 【参考答案】 A （3P₈₆）
【考查要点】 本题考查的是非机动车通行规定
【精解精析】 残疾人机动轮椅车、电动自行车在非机动车道内行驶时,最高时速不得超过15公里。

19. 【参考答案】 A （3P₉₀）
【考查要点】 本题考查的是突发事件预警级别的颜色表示
【精解精析】 国家将自然灾害、事故灾难和公共卫生事件预警分为一级、二级、三级和四级,分别用红色、橙色、黄色和蓝色标示,一级为最高级别。

20. 【参考答案】 C （3P₈₉～P₉₂）
【考查要点】 本题考查的是突发事件的预防与应急准备
【精解精析】 《突发事件应对法》规定了应急预案的基本内容,要求应急预案应当根据《突发事件应对法》和其他有关法律、法规的规定制定,故A错误;B中并不是只能由县级以上人民政府及其有关部门负责协调处理;D中新闻媒体有义务进行信息传播和报道,新闻媒体应当严格遵守有关法律、法规,客观、公正地进行新闻报道。

21. 【参考答案】 A （3P₈₈）
【考查要点】 本题考查的是应对突发事件时政府部门的分工
【精解精析】 突发事件发生之后,发生地县级人民政府应立即采取措施控制事态发展,组织开展应急救援处置工作,并立即向上一级人民政府报告,必要时可以越级上报。所以选A。

22. 【参考答案】 C （4P₉₈）
【考查要点】 本题考查的是强令违章冒险作业罪
【精解精析】 《刑法》规定,强令他人违章冒险作业,因而发生重大伤亡事故或者造成其他严重后果的,处五年以下有期徒刑或者拘役;情节特别恶劣的,处五年以上有期徒刑。

23. 【参考答案】 B （4P₉₉）
【考查要点】 本题考查的是重大劳动安全事故罪
【精解精析】 重大劳动安全事故罪是指安全生产设施或者安全生产条件不符合国家规定,从而发生重大伤亡事故或者造成其他严重后果的行为。

24. 【参考答案】 C （4P₁₀₄）
【考查要点】 本题考查的是行为罚的种类
【精解精析】 行为罚的种类包括责令停产停业、吊销营业执照等。

25. 【参考答案】 A （4P₁₁₁～P₁₁₂）
【考查要点】 本题考查的是行政处罚的简易程序
【精解精析】 《行政处罚法》规定,违法事实确凿并有法定依据,对公民处50元以下、对法人或者其他组织处以1 000元以下罚款或者警告的行政处罚的,可以当场作出行政处罚决定。执法人员当场作出行政处罚决定的,应当向当事人出示执法身份证件,填写预定格式、编号号码的行政处罚决定书。行政处罚决定书应当当场交付当事人。

26. 【参考答案】 B （4P₁₂₁）
【考查要点】 本题考查的是行政许可的设定权限
【精解精析】 法律、法规、规章的设定权包括:(1)法律可以根据需要设定任何一种形式的许可。(2)行政法规除有权对法律设定的许可作具体规定外,还可以根据需要,在不违反法律、行政法规,不侵害公民法人合法权益情况下设定其他许可。(3)地方性法规除对法律法规设定的许可作具体规定外,有权在本辖区内结合地方特色和需要设定许可,但不得违反法律、行政法规,不得违反国家统一的管理权限和公民人身自由和财产权利。(4)规章有权根据需要就法定事项规定许可标准、许可条件、许可程序和其他内容,但不得与法律法规相抵触。

27. 【参考答案】 B （4P₁₂₉）
【考查要点】 本题考查的是建设项目职业病危害预评价
【精解精析】 新建、扩建、改建建设项目和技术改造、技术引进项目可能产生职业病危害的,建设单位在可行性论证阶段应当向卫生行政部门提交职业病危害预评价报告。

28. 【参考答案】 C （4P₁₂₉）
【考查要点】 本题考查的是工作场所的职业卫生要求
【精解精析】 《职业病防治法》规定,产生职业病危害的用人单位的设立除应当符合法律、行政法规定的设立条件外,要求生产布局合理,符合有害与无害作业分开的原则。

29. 【参考答案】 A （4P₁₂₉）
【考查要点】 本题考查的是建设项目职业病危害预评价
【精解精析】 新建、扩建、改建建设项目和技术改造、技术引进项目可能产生职业病危害的,建设单位在可行性论证阶段应当向卫生行政部门提交职业病危害预评价报告。

30. 【参考答案】 A （4P₁₃₃）
【考查要点】 本题考查的是职业病诊断
【精解精析】 职业病诊断应当由省级以上人民政府卫生行政部门批准的医疗卫生机构承担。劳动者可以在用人单位所在地或者本人居住地依法承担职业病诊断的卫生医疗机构进行职业病诊断。

31. 【参考答案】 D （4P₁₃₃）
【考查要点】 本题考查的是职业病病人保障
【精解精析】 用人单位应当按照国家有关规定,安排职业病病人进行治疗、康复和定期检查。用人单位对不适宜继续从事原工作的职业病病人,应当调离岗位,并妥善安置。用人单位对从事接触职业病危害的作业的劳动者,应当给予岗位津贴。职业病病人变动工作岗位,其依法享有的待遇不变。

32. 【参考答案】 B （4P₁₂₆）
【考查要点】 本题考查的是女工保护
【精解精析】 禁止用人单位安排女职工在哺乳未满1周岁婴儿期间从事国家规定的第三级体力劳动强度的劳动和哺乳期禁忌从事的其他劳动,不得延长其工作时间和夜班劳动。

33. 【参考答案】 B （4P₁₄₂）
【考查要点】 本题考查的是用人单位订立劳动合同违法的法律责任

【精解精析】 《劳动合同法》规定,用人单位自用工之日起超过1个月不满1年未与劳动者订立书面劳动合同的,应当向劳动者每月支付2倍的工资。

34.【参考答案】 C (2P₅₄、4P₁₄₀~P₁₄₁)
【考查要点】 本题考查的是劳动合同的解除
【精解精析】 《安全生产法》规定,生产经营单位不得因从业人员拒绝违章指挥、强令冒险作业而降低其工资、福利等待遇或者解除与其订立的劳动合同。用人单位依法享有解除劳动合同的权利,劳动者不能从事或者胜任工作的,或者劳动合同订立时依据的客观情况发生重大变化,致使劳动合同无法履行的,用人单位提前30日以书面形式通知劳动者本人或者额外支付劳动者1个月工资后,可以解除劳动合同。此外,《劳动合同法》规定,劳动者因工负伤,在规定的医疗期内,用人单位不得解除劳动合同。

35.【参考答案】 A (5P₁₄₈~P₁₅₁)
【考查要点】 本题考查的是申请安全生产许可证的相关内容
【精解精析】 安全生产许可证的有效期是3年,不设年检。《安全生产许可证条例》确定国务院与省、自治区、直辖市两级人民政府的负有安全生产监督管理职责的部门和建设行政主管部门为安全生产许可证的发证机关。自安全生产许可证颁发管理机关收到申请人提交的相关文件、资料之日起,应当在45日内完成审查发证工作。安全生产许可证必须在企业建成投产前提出申请。

36.【参考答案】 D (5P₁₇₀)
【考查要点】 本题考查的是对存在重大安全生产隐患的煤矿的关闭处理
【精解精析】 《特别规定》对在短期内屡次发现存在重大安全生产隐患的,规定对3个月内2次或者2次以上发现有重大安全生产隐患,仍然进行生产的煤矿,县级以上人民政府负责煤矿安全生产监督管理的部门、煤矿安全监察机构应当提请有关人民政府关闭该煤矿。

37.【参考答案】 D (5P₁₆₉~P₁₇₁)
【考查要点】 本题考查的是煤矿停产整顿的规定
【精解精析】 煤矿有下列重大安全生产隐患和行为的,如高瓦斯矿井未建立瓦斯抽放系统和监控系统,或者瓦斯监控系统不能正常运行的,应当立即停止生产,排除隐患。对3个月内2次或者2次以上发现有重大安全生产隐患,仍然进行生产的煤矿,县级以上人民政府负责煤矿安全生产监督管理的部门、煤矿安全监察机构应当提请有关人民政府关闭该煤矿,并由颁证照的部门立即吊销矿长资格证和矿长安全资格证,该煤矿的法定代表人和矿长5年内不得再担任任何煤矿的法定代表人或者矿长。被责令停产整顿的煤矿擅自从事生产的,县级以上地方人民政府负责煤矿安全监督管理的部门、煤矿安全监察机构应当提请有关地方人民政府予以关闭,没收违法所得,并处违法所得1倍以上5倍以下的罚款;构成犯罪的,依法追究刑事责任。对被责令停产整顿的煤矿,在停产整顿期间,由有关人民政府采取有效措施进行监督检查。

38.【参考答案】 D (5P₁₇₅~P₁₇₇)
【考查要点】 本题考查的是建设单位的安全责任
【精解精析】 建设单位应当向施工单位提供施工现场及毗邻区域内供水、供电等地下观测资料,相邻建筑物的资料,并保证资料的真实、准确、完整。建设单位不得对勘察、设计、施工、工程监理等单位提出不符合建设工程安全生产法律、法规和强制性标准规定的要求,不得要求压缩合同的工期。建设单位应当自开工报告批准之日起15日内,将保证安全施工的措施报送建设工程所在地的县级以上人民政府建设行政主管部门或有关部门备案。建设单位应当在拆除施工15日前,将有关资料报送工程所在地的

县级以上人民政府建设行政主管部门或者其他有关部门备案。

39.【参考答案】 B (5P₁₇₉)
【考查要点】 本题考查的是工程监理单位的安全责任
【精解精析】 工程监理单位应当审查施工组织设计中的安全技术措施或者专项施工方案是否符合工程建设强制性标准。

40.【参考答案】 D (5P₁₉₃)
【考查要点】 本题考查的是危险化学品经营许可证
【精解精析】 依照《中华人民共和国港口法》的规定,取得港口经营许可证的港口经营人,在港区内从事危险化学品仓储经营,不需要取得危险化学品经营许可。

41.【参考答案】 B (5P₁₉₆~P₁₉₇)
【考查要点】 本题考查的是剧毒化学品的运输管理
【精解精析】 依据《危险化学品安全管理条例》的规定,禁止通过内河封闭水域运输剧毒化学品以及国家规定禁止通过内河运输的其他危险化学品。通过道路运输剧毒化学品的,托运人应当向运输始发地或者目的地县级人民政府公安机关申请剧毒化学品道路运输通行证。海事管理机构应当根据危险化学品的种类和危险特性,确定船舶运输危险化学品的相关安全运输条件。拟交付船舶运输的化学品的相关安全运输条件不明确的,应当经国家海事管理机构认定的机构进行评估,明确相关安全运输条件并经海事管理机构确认后,方可交付船舶运输。

42.【参考答案】 A (5P₁₉₄~P₁₉₅)
【考查要点】 本题考查的是销售剧毒化学品、易制爆危险化学品的安全规定
【精解精析】 剧毒化学品、易制爆危险化学品的销售企业、购买单位应当在销售、购买后5日内,将所销售、购买的剧毒化学品、易制爆危险化学品的品种、数量以及流向信息报所在地县级人民政府公安机关备案,并输入计算机系统。

43.【参考答案】 C (5P₂₀₈)
【考查要点】 本题考查的是烟花爆竹经营安全许可证的申请
【精解精析】 依据《烟花爆竹安全管理条例》的规定,申请从事烟花爆竹零售的经营者,应当向所在地县级人民政府安全生产监督管理部门提出申请,并提供规定的有关材料。受理申请的安全生产监督管理部门应当自受理申请之日起20日内对提交的有关材料和经营场所进行审查,符合条件的,核发《烟花爆竹经营(零售)许可证》。

44.【参考答案】 B (5P₂₁₄)
【考查要点】 本题考查的是民用爆炸物品销售、购买的特别规定
【精解精析】 依据《民用爆炸物品安全管理条例》的规定,民用爆炸物品生产企业凭《民用爆炸物品生产许可证》,可以销售本企业生产的民用爆炸物品。销售、购买民用爆炸物品,应当通过银行账户进行交易,不得使用现金或者实物进行交易。销售民用爆炸物品的企业,应当自民用爆炸物品买卖成交之日起3日内,将销售的品种、数量和购买单位向所在地省、自治区、直辖市人民政府国防科技工业主管部门和所在地县级人民政府公安机关备案。

45.【参考答案】 B (5P₂₁₆)
【考查要点】 本题考查的是爆破作业的安全管理
【精解精析】 爆破作业人员应当经设区的市级人民政府公安机关考核合格,取得《爆破作业人员许可

证》后,方可从事爆破作业。

46.【参考答案】 C (5P₂₃₇)
【考查要点】 本题考查的是作业场所职业卫生安全许可。
【精解精析】 用人单位的使用有毒物品作业场所,除应当符合《职业病防治法》规定的职业卫生要求外,还必须符合下列要求:(1)作业场所与生活场所分开,作业场所不得住人;(2)有害作业与无害作业分开,高毒作业场所与其他作业场所隔离;(3)设置有效的通风装置;(4)高毒作业场所设置应急撤离通道和必要的泄险区。此外,使用有毒物品作业场所应设置黄色区域警戒线、警示标识和中文警示说明。高毒作业场所应当设置红色区域警戒线、警示标识和中文警示说明,并设置通讯报警设备。

47.【参考答案】 C (5P₂₂₁)
【考查要点】 本题考查的是《特种设备安全监察条例》的适用范围
【精解精析】 《特种设备安全监察条例》规定,本条例所称特种设备是指涉及生命安全、危险性较大的锅炉、压力容器、压力管道、电梯、起重机械、客运索道、大型游乐设施和场(厂)内专用机动车辆。此外,还规定海上设施不适用本条例。

48.【参考答案】 B (5P₂₅₈)
【考查要点】 本题考查的是生产安全事故的补报。
【精解精析】 自事故发生起30日内,事故造成的伤亡人数发生变化的,事故发生单位和安全生产监督管理部门和负有安全生产监督管理的有关部门应当及时补报。此题已超出时限,无需补报。

49.【参考答案】 B (5P₂₇₂)
【考查要点】 本题考查的是事故发生单位的法律责任。
【精解精析】 依据《生产安全事故报告和调查处理条例》的规定,事故发生单位对事故发生负有责任的,依照下列规定处以罚款:(1)发生一般事故的,处10万元以上20万元以下的罚款。(2)发生较大事故的,处20万元以上50万元以下的罚款。(3)发生重大事故的,处50万元以上200万元以下的罚款。(4)发生特别重大事故的,处200万元以上500万元以下的罚款。

50.【参考答案】 D (5P₂₇₇~P₂₇₈)
【考查要点】 本题考查的是劳动能力鉴定。
【精解精析】 A项,劳动功能障碍分为十个伤残等级,最重的为一级,最轻的为十级。B项,劳动能力鉴定由用人单位、工伤职工或者其近亲属向设区的市级劳动能力鉴定委员会提出申请,并提供工伤认定决定和职工工伤医疗的有关资料。C项,省、自治区、直辖市劳动能力鉴定委员会作出的劳动能力鉴定结论为最终结论。

51.【参考答案】 D (5P₂₈₂)
【考查要点】 本题考查的是用人单位的法律责任。
【精解精析】 依据《工伤保险条例》的规定,用人单位依照本条例规定应当参加工伤保险而未参加的,由社会保险行政部门责令限期参加,补缴应当缴纳的工伤保险费,并自欠缴之日起按日加收万分之五的滞纳金。

52.【参考答案】 B (5P₂₇₈~P₂₈₁)
【考查要点】 本题考查的是工伤保险待遇的规定
【精解精析】 职工住院治疗工伤的伙食补助费,以及经医疗机构出具证明,报经办机构同意,工伤职工到统筹地区以外就医所需的交通、食宿费用从工伤保险基金支付,基金支付的具体标准由统筹地区人民政府规定。
经工伤职工本人提出,该职工可以与用人单位解除或者终止劳动关系,由工伤保险基金支付一次性工伤医疗补助金,由用人单位支付一次性伤残就业补助金。一次性工伤医疗补助金和一次性伤残就业补助金的具体标准由省、自治区、直辖市人民政府规定。
工伤职工有下列情形之一的,停止享受工伤保险待遇:(1)丧失享受待遇条件的;(2)拒不接受劳动能力鉴定的;(3)拒绝治疗的。
职工被借调期间受到工伤事故伤害的,由原用人单位承担工伤保险责任,但原用人单位与借调单位可以约定补偿办法。

53.【参考答案】 D (6P₂₉₀)
【考查要点】 本题考查的是注册安全工程师变更注册的规定
【精解精析】 依据《注册安全工程师管理规定》的规定,注册安全工程师在办理变更注册手续期间不得执业。

54.【参考答案】 C (6P₂₈₉)
【考查要点】 本题考查的是注册安全工程师注册的分类
【精解精析】 注册安全工程师实行分类注册,注册类别包括:(1)煤矿安全;(2)非煤矿矿山安全;(3)建筑施工安全;(4)危险物品安全;(5)其他安全。

55.【参考答案】 D (6P₂₉₈)
【考查要点】 本题考查的是生产经营单位的安全培训时间
【精解精析】 生产经营单位新上岗的从业人员,岗前培训时间不得少于24学时。煤矿、非煤矿矿山、危险化学品、烟花爆竹等生产经营单位新上岗的从业人员安全培训时间不得少于72学时,每年接受再培训的时间不得少于20学时。

56.【参考答案】 B (6P₂₉₇~P₂₉₉)
【考查要点】 本题考查的是其他从业人员的安全培训
【精解精析】 A项,高危行业新上岗的人员,生产经营单位必须对其进行强制性安全培训,保证其具备本岗位安全操作、自救互救以及应急处置所需的知识和技能后,方能安排上岗作业。C项,安全生产经营单位三级安全培训是指厂(矿)、车间(工段、区、队)、班组三级安全培训。D项,从业人员在调整工作岗位或离岗一年以上重新上岗时,应重新接受车间(工段、区、队)和班组级的安全培训。

57.【参考答案】 D (6P₃₀₇)
【考查要点】 本题考查的是特种作业操作证的复审
【精解精析】 A项,特种作业操作证需要复审的,应当在期满前60日内,按规定申请复审。B项,特种作业操作证申请复审或延期复审前,特种作业人员应参加必要的安全培训考试并考试合格。安全培训时间不少于8个学时。C项,考试不及格的,允许补考1次。经补考仍不及格的,重新参加相应的安全技术培训。

58.【参考答案】 C (6P₃₁₂~P₃₁₃)
【考查要点】 本题考查的是生产经营单位劳动防护用品的配备与使用的规定
【精解精析】 A项,依据《劳动防护用品监督管理规定》,生产经营单位应当安排用于配备劳动防护用品的专项经费。专项经费应当专款专用,严格管理,不得挪用。B项,生产经营单位不得以货币或者其他物品替代应当按规定配备的劳动防护用品。D项,正确佩戴和使用劳动防护用品是从业人员的法定义务，未按规定佩戴和使用劳动防护用品的，不得上岗作业。

59.【参考答案】 A （6P₃₁₆）

【考查要点】 本题考查的是职业危害申报时限

【精解精析】 依据《职业病危害项目申报办法》的规定，进行新建、改建、扩建、技术改造或者技术引进的，在建设项目竣工验收之日起30日内进行申报。

60.【参考答案】 B （6P₃₁₉）

【考查要点】 本题考查的是人员密集场所的消防设计审核和消防验收

【精解精析】 A项，应为建筑面积大于2万m²的体育场馆、会堂、公共展览馆、博物馆的展示厅；C项，应为建筑总面积大于1万m²的宾馆、饭店、商场和市场；D项，应为建筑总面积大于1 000m²的托儿所、幼儿园儿童用房、儿童游乐场等儿童活动场所。

61.【参考答案】 C （6P₃₁₈）

【考查要点】 本题考查的是建设工程施工单位的责任

【精解精析】 A、B项属于建设单位的责任，D项属于工程监理单位的责任。

62.【参考答案】 C （6P₃₂₅～P₃₂₇）

【考查要点】 本题考查的是生产经营单位事故隐患排查治理职责

【精解精析】 A项，生产经营单位应当每季、每年对本单位事故隐患排查治理情况进行统计分析，并分别于下一季度15日前和下一年1月31日前向安全监管监察部门和有关部门报送书面统计分析表。B项，生产经营单位将生产经营项目、场所、设备发包、出租的，应当与承包、承租单位签订安全生产管理协议，并在协议中明确各方对事故隐患排查、治理和防控的管理职责。生产经营单位对承包、承租单位的事故隐患排查治理负有统一协调和监督管理的职责。D项，对挂牌督办并采取全部或者局部停产停业治理的重大事故隐患，安全监管监察部门收到生产经营单位恢复生产的申请报告后，应当在10日内进行现场审查。

63.【参考答案】 C （6P₃₂₉）

【考查要点】 本题考查的是应急预案的评审

【精解精析】 A项，矿山、建筑施工单位和易燃易爆物品、危险化学品、放射性物品等危险物品的生产、经营、储存、使用单位和中型规模以上的其他生产经营单位，应当组织专家对本单位编制的应急预案进行评审。评审应当形成书面纪要并附有专家名单。前款规定以外的其他生产经营单位应当对本单位编制的应急预案进行论证。B项，地方各级安全生产监督管理部门应当组织有关专家对本部门编制的应急预案进行审定。D项，生产经营单位的应急预案经评审或者论证后，由生产经营单位主要负责人签署公布。

64.【参考答案】 D （6P₃₂₈）

【考查要点】 本题考查的是生产经营单位应急预案的种类

【精解精析】 生产经营单位应当根据有关法律、法规和《生产经营单位安全生产事故应急预案编制导则》，结合本单位的危险源状况、危险性分析情况和可能发生的事故特点，制定相应的应急预案。对于某一种类的风险，生产经营单位应当根据存在的重大危险源和可能发生的事故类型，制定相应的专项应急预案。对于危险性较大的重点岗位，生产经营单位应当制定重点工作岗位的现场处置方案。现场处置方案应包括危险性分析、可能发生的事故特征、应急处置程序、应急处置要点和注意事项等内容。

65.【参考答案】 D （6P₃₃₂）

【考查要点】 本题考查的是生产经营单位事故信息的报告

【精解精析】 生产经营单位发生生产安全事故或者较大涉险事故，其单位负责人接到事故信息报告后应当于1小时内报告事故发生地县级安全生产监督管理部门、煤矿安全监察分局。

66.【参考答案】 B （6P₃₄₀～P₃₄₁）

【考查要点】 本题考查的是安全评价业务活动

【精解精析】 A项，建设项目的安全预评价和安全验收评价不得委托同一个安全评价机构。B项，对于没有规定的，遵守行业自律标准或指导性收费标准的，双方可以通过合同协商确定。C项，安全评价机构不得转包安全评价项目。D项，评价人员不到现场开展安全评价活动的，违反了《安全评价机构管理规定》。

67.【参考答案】 C （6P₃₄₁）

【考查要点】 本题考查的是安全评价业务的重新评价

【精解精析】 依据《安全评价机构管理规定》，被评价对象的安全生产条件发生重大变化时，被评价对象应当及时委托有资质的安全评价机构重新进行安全评价；未委托重新进行安全评价的，由被评价对象对其产生的后果负责。

68.【参考答案】 D （5P₂₅₁）

【考查要点】 本题考查的是发生特大事故的责任追究规定

【精解精析】 依据《国务院关于特大安全事故行政责任追究的规定》，负责行政审批的政府部门或机构、负责安全监督管理的政府有关部门，未依照本规定履行职责，发生特大安全事故的，对部门或机构的正职负责人，根据情节轻重，给予撤职或者开除公职的行政处分；构成玩忽职守罪或者其他罪的，依法追究刑事责任。

69.【参考答案】 C （6P₃₄₉）

【考查要点】 本题考查的是建设项目安全设施的试运行

【精解精析】 高危建设项目和国家、省级重点建设项目竣工后，根据规定建设项目需要试运行（包括生产、使用）的，应当在正式投入生产或使用前进行试运行。试运行时间应当不少于30日，最长不得超过180日，国家有关部门有规定或者特殊要求的行业除外。

70.【参考答案】 C （6P₃₄₅～P₃₄₆）

【考查要点】 本题考查的是建设项目安全条件论证与安全预评价

【精解精析】 依据《建设项目安全设施"三同时"监督管理暂行办法》的规定，冶金行业的省级重点建设项目在进行可行性研究时，生产经营单位应当分别对其安全生产条件进行论证和安全预评价。D项，除高危建设项目和国家、省级重点建设项目外，对于其他建设项目，生产经营单位应当对其安全生产条件和设施进行综合分析，形成书面报告，并按照建设项目"三同时"监管权限的规定报安全生产监督管理部门备案。

二、多项选择题

71.【参考答案】 CDE （1P₅～P₆）

【考查要点】 本题考查的是法的分类和效力

【精解精析】 A项，按照法的创立和表现形式的不同，可以将法律分为成文法和不成文法。B项，按照法律效力范围的不同，可以将法律分为特殊法和一般法。

72.【参考答案】 BDE （2P₄₅）

【考查要点】 本题考查的是安全生产管理机构和安全生产管理人员的配置

【精解精析】 《安全生产法》规定，按照从业人员的数量，配置安全生产管理机构或者安全生产管理人员。一是强制性规定必须配置机构或者专门人员的,即除矿山、建筑施工和危险物品生产、经营、储存单位以外的其他生产经营单位,其从业人员超过300人的,应当设置安全生产管理机构或者配备专职安全生产管理人员。二是选择性规定,即从业人员在300人以下的,可以不设专门机构,但应当配备专职或兼职的安全生产管理人员,或者委托具有国家规定的相关专业技术资格的工程技术人员提供安全生产管理服务。

73.【参考答案】 ACD (3P$_{82}$~P$_{83}$)
【考查要点】 本题考查的是消防组织的规定
【精解精析】《消防法》明确规定了需要设立专职消防队的单位及其职责,下列单位应当建立单位专职消防队:(1)大型核设施单位、大型发电厂、民用机场、主要港口;(2)生产、储存易燃易爆危险品的大型企业;(3)储备可燃的重要物资的大型仓库、基地;(4)前三项规定以外的火灾危险性较大、距离公安消防队较远的其他大型企业;(5)距离公安消防队较远、被列为全国重点文物保护单位的古建筑群的管理单位。

74.【参考答案】 BCD (4P$_{104}$)
【考查要点】 本题考查的是行政处罚的种类
【精解精析】《行政处罚法》对最常见的、实施最多的主要行政处罚的种类作了统一的概括性规定,《行政处罚法》第八条规定,行政处罚的种类:(1)警告;(2)罚款;(3)没收违法所得、没收非法财物;(4)责令停产停业;(5)暂扣或者吊销许可证、暂扣或者吊销执照;(6)行政拘留;(7)法律、行政法规规定的其他处罚。本案中,暂扣或者吊销机动车驾驶证与此规定相吻合。

75.【参考答案】 ABCE (4P$_{101}$)
【考查要点】 本题考查的是重大责任事故罪和重大劳动安全事故罪的定罪标准
【精解精析】《司法解释》规定,发生矿山生产安全事故,具有下列情形之一的,应当认定为《刑法》规定的"重大伤亡事故或者其他严重后果":(1)造成死亡一人以上,或者重伤三人以上;(2)造成直接经济损失一百万元以上的;(3)造成其他严重后果的情形。

76.【参考答案】 ACDE (4P$_{107}$)
【考查要点】 本题考查的是处罚设定权的立法配置
【精解精析】 B选项,行政法规可以设定除限制人身自由以外的行政处罚。

77.【参考答案】 ABDE (4P$_{131}$~P$_{132}$)
【考查要点】 本题考查的是劳动过程中职业病的防护与管理
【精解精析】 劳动者在已订立劳动合同期间,因工作岗位或者工作内容变更,从事与所订立劳动合同中未告知的存在职业病危害的作业时,用人单位应当向劳动者履行如实告知的义务,并协商变更原劳动合同相关条款。

78.【参考答案】 BCDE (5P$_{192}$)
【考查要点】 本题考查的是申请危险化学品安全使用许可证的安全条件
【精解精析】 依据《危险化学品安全管理条例》的规定,申请危险化学品安全使用许可证的化工企业,除应当符合本条例有关规定外,还应当具备下列条件:(1)有与所使用的危险化学品相适应的专业技术人员;(2)有安全管理机构和专职安全管理人员;(3)有符合国家规定的危险化学品事故应急预案和必要的应急救援器材、设备;(4)依法进行了安全评价。

79.【参考答案】 ABCD (5P$_{196}$)
【考查要点】 本题考查的是危险化学品道路运输途中的安全管理

【精解精析】 危险化学品运输车辆应当符合国家标准要求的安全技术条件,并按照国家有关规定定期进行安全技术检验。

80.【参考答案】 ABCE (5P$_{209}$)
【考查要点】 本题考查的是烟花爆竹燃放安全的规定
【精解精析】 依据《烟花爆竹安全管理条例》的规定,禁止燃放烟花爆竹的地点有:(1)文物保护单位(如A项);(2)车站、码头、飞机场等交通枢纽以及铁路线路安全保护区内(如E项);(3)易燃易爆物品生产、储存单位;(4)输变电设施安全保护区内;(5)医疗机构、幼儿园(如B项)、中小学校、敬老院(如C项);(6)山林、草原等重点防火区;(7)县级以上地方人民政府规定的禁止燃放烟花爆竹的其他地点。

81.【参考答案】 CD (5P$_{221}$)
【考查要点】 本题考查的是《特种设备安全监察条例》的适用范围
【精解精析】《特种设备安全监察条例》规定,本条例所称特种设备是指涉及生命安全、危险性较大的锅炉、压力容器(含气瓶)、压力管道、电梯、起重机械、客运索道、大型游乐设施和场(厂)内专用机动车辆。此外,还规定核设施、铁路机车和海上设施不适用本条例。

82.【参考答案】 AB (5P$_{256}$)
【考查要点】 本题考查的是生产安全事故的分级
【精解精析】 较大事故是指一次造成3人以上10人以下死亡,或者10人以上50人以下重伤,或者1 000万元以上5 000万元以下直接经济损失的事故。C项属于一般事故,D项属于重大事故,E项属于重大事故。

83.【参考答案】 BDE (4P$_{132}$)
【考查要点】 本题考查的是职业健康监护档案
【精解精析】 职业健康监护档案的主要内容有劳动者的职业史、职业病危害接触史、职业健康检查结果和职业病诊疗等有关个人健康资料。

84.【参考答案】 ABCD (5P$_{276}$)
【考查要点】 本题考查的是工伤范围
【精解精析】 下列情况应当认定为工伤:(1)在工作时间和工作场所内,因工作原因受到事故伤害的;(2)工作时间前后在工作场所内,从事与工作有关的预备性或收尾性工作受到事故伤害的;(3)在工作时间和工作场所内,因履行工作职责受到暴力等意外伤害的;(4)患职业病的;(5)因公外出期间,由于工作原因受到伤害或发生事故下落不明的;(6)在上下班途中,受到非本人主要责任的交通事故或城市轨道交通、客运轮渡、火车事故伤害的;(7)法律、行政法规规定应当认定为工伤的其他情形。

85.【参考答案】 ABDE (6P$_{288}$~P$_{289}$)
【考查要点】 本题考查的是注册安全工程师的配备
【精解精析】《注册安全工程师管理规定》对生产经营单位和安全生产中介机构配备一定比例的注册安全工程师,作出了下列规定:(1)高危生产经营单位注册安全工程师的配备。从业人员300人以上的煤矿、非煤矿山、建筑施工单位和危险物品生产经营单位,应当按照不少于安全生产管理人员15%的比例配备注册安全工程师;安全生产管理人员在7人以下的,至少配备1名。(2)其他生产经营单位注册安全工程师的配备。除高危生产经营单位以外的其他生产经营单位,应当配备注册安全工程师或者委托安全生产中介机构派遣注册安全工程师提供安全生产服务。(3)安全生产中介机构注册安全工程师的配备。安全生产中介机构应当按照不少于安全生产专业服务人员30%的比例配备注册安全工程师。

法律责任。

（2）《中华人民共和国消防法》。掌握消防工作的基本规定，分析火灾预防、消防组织建设和灭火救援等方面的有关法律问题，判断违法行为及应负的法律责任。

（3）《中华人民共和国道路交通安全法》。掌握道路交通安全的基本规定，分析车辆和驾驶人、道路通行条件、道路通行规定和道路交通事故处理等方面的有关法律问题，判断违法行为及应负的法律责任。

（4）《中华人民共和国突发事件应对法》。掌握突发事件应对的基本规定，分析突发事件的预防与应急准备、监测与预警、应急处置与救援、事后恢复与重建等方面的有关法律问题，判断违法行为及应负的法律责任。

4. 安全生产相关法律

（1）《中华人民共和国刑法》和《最高人民法院、最高人民检察院关于办理危害矿山生产安全刑事案件具体应用法律若干问题的解释》。分析安全生产犯罪应承担的刑事责任，判断矿山生产安全的犯罪主体、定罪标准及相关疑难问题的法律适用。

（2）《中华人民共和国行政处罚法》。判断安全生产活动中违反行政管理秩序的行为及应受到的行政处罚。

（3）《中华人民共和国行政许可法》。掌握行政许可的基本规定，分析行政许可的设定、实施机关和实施程序、监督检查等方面的有关法律问题，判断设定行政许可的条件和实施行政许可的合法性。

（4）《中华人民共和国职业病防治法》。掌握职业病防治的基本规定，分析职业病前期预防、劳动过程中的防护与管理、职业病病人保障等方面的有关法律问题，判断违法行为及应负的法律责任。

（5）《中华人民共和国劳动法》。分析劳动安全卫生、女职工和未成年工特殊保护、社会保险和福利、劳动安全卫生监督检查等方面的有关法律问题，判断违法行为及应负的法律责任。

（6）《中华人民共和国劳动合同法》。分析劳动合同制度中有关安全生产和职业病方面的有关法律问题，判断违法行为及应负的法律责任。

5. 安全生产行政法规

（1）《安全生产许可证条例》。掌握安全生产许可的基本规定，分析企业取得安全生产许可证应具备的条件、应遵守的程序和安全生产许可监督管理等方面的有关法律问题，判断违法行为及应负的法律责任。

（2）《煤矿安全监察条例》。掌握煤矿安全监察的基本规定，分析煤

备考指南

一、大纲解读

注册安全工程师执业资格考试是由人力资源和社会保障部会同国家安全生产监督管理总局共同组织实施的一项职业资格准入制度的考试,通过考试取得资格证书,是进入注册安全工程师行列的必经途径。目前使用的教材为中国大百科全书出版社出版的 2011 版《安全生产法及相关法律知识》教材。

二、大纲解读

《安全生产法及相关法律知识》考试大纲为 2011 年考试大纲,近年来没有变化,以下是《安全生产法及相关法律知识》的考试大纲,考生可以通过大纲的设置,了解本科目应该掌握哪些主要知识结构。

(一)考试目的

通过本科目考试,考查专业技术人员掌握和运用安全生产法律、法规、规章和标准的有关规定和要求,分析、判断和解决安全生产实际问题的能力。

(二)考试内容及要求

1. 安全生产法律体系

掌握我国安全生产法律体系的框架和内容,判断安全生产相关法律、行政法规、规章和标准的地位和效力。

2. 中华人民共和国安全生产法

掌握安全生产的基本规定,分析生产经营单位的安全生产保障、生产安全事故的应急救援与调查处理、安全生产的监督管理等方面的有关法律问题,分析从业人员的权利保障和义务履行的有关法律问题,判断违法行为及应负的法律责任。

3. 安全生产单行法律

(1)《中华人民共和国矿山安全法》。分析矿山建设、开采的安全保障和矿山企业安全管理等方面的有关法律问题,判断违法行为及应负的

6.安全生产部门规章

(1)《注册安全工程师执业资格制度暂行规定》。掌握注册安全工程师执业资格考试的规定和注册安全工程师的职责。

(2)《注册安全工程师管理规定》。掌握生产经营单位配备注册安全工程师的要求,掌握注册安全工程师注册、执业、权利和义务、继续教育的规定和要求。

(3)《生产经营单位安全培训规定》。分析生产经营单位主要负责人、安全生产管理人员、特种作业人员和其他从业人员安全培训等方面的有关法律问题,判断违反规定的行为及应负的法律责任。

(4)《特种作业人员安全技术培训考核管理规定》。分析特种作业人员安全技术培训、考核、发证和复审等方面的有关法律问题,判断违反规定的行为及应负的法律责任。

(5)《劳动防护用品监督管理规定》。分析劳动防护用品生产、检验、经营、配备与使用和监督管理的有关法律问题,判断违反规定的行为及应负的法律责任。

(6)《作业场所职业危害申报管理办法》。分析作业场所职业危害申报方面的有关法律问题,判断违反规定的行为及应负的法律责任。

(7)《建设工程消防监督管理规定》。分析建设工程消防设计审核、消防验收以及备案审查方面的有关法律问题,判断违反规定的行为及应负的法律责任。

(8)《安全生产事故隐患排查治理暂行规定》。分析安全生产事故隐患排查和治理方面的有关法律问题,判断违反规定的行为及应负的法律责任。

(9)《生产安全事故应急预案管理办法》。分析生产安全事故应急预案编制、评审、发布、备案、培训、演练方面的有关法律问题,判断违反规定的行为及应负的法律责任。

(10)《生产安全事故信息报告和处置办法》。分析生产安全事故信息报告、处置方面的有关法律问题,判断违反规定的行为及应负的法律责任。

(11)《安全评价机构管理规定》。掌握安全评价机构取得资质应具备的条件和应遵守程序,分析安全评价活动方面的有关法律问题,判断违反规定的行为及应负的法律责任。

矿安全监察和煤矿事故调查处理方面有关法律问题,判断违法行为及应负的法律责任。

(3)《国务院关于预防煤矿生产安全事故的特别规定》。判断煤矿的重大安全生产隐患和行为,分析煤矿停产整顿、关闭的有关法律问题,判断违法行为及应负的法律责任。

(4)《建设工程安全生产管理条例》。掌握建设工程安全生产管理的基本规定,分析建设工程建设、勘察、设计、施工及工程监理等方面的有关法律问题,判断违法行为及应负的法律责任。

(5)《危险化学品安全管理条例》。掌握危险化学品安全管理的基本规定,分析危险化学品生产、储存、使用、经营和运输以及登记与事故应急救援等方面的有关法律问题,判断违法行为及应负的法律责任。

(6)《烟花爆竹安全管理条例》。掌握烟花爆竹安全管理的基本规定,分析烟花爆竹生产、经营、运输和烟花爆竹燃放等方面的有关法律问题,判断违法行为及应负的法律责任。

(7)《民用爆炸物品安全管理条例》。掌握民用爆炸物品安全管理的基本规定,分析民用爆炸物品生产、销售、购买、运输、储存以及爆破作业等方面的有关法律问题,判断违法行为及应负的法律责任。

(8)《特种设备安全监察条例》。掌握特种设备安全监察的基本规定,分析特种设备生产、使用、检验检测和安全监督检查等方面的有关法律问题,判断违法行为及应负的法律责任。

(9)《使用有毒物品作业场所劳动保护条例》。分析使用有毒物品作业场所职业卫生预防和职业健康监护方面的有关法律问题,判断违法行为及应负的法律责任。

(10)《国务院关于特大安全事故行政责任追究的规定》。界定特大安全事故的种类,分析特大安全事故的防范、发生的有关法律问题,判断违法行为及应负的行政责任和刑事责任。

(11)《生产安全事故报告和调查处理条例》。分析生产安全事故报告、调查和处理等方面的有关法律问题,判断违法行为及应负的法律责任。

(12)《工伤保险条例》。掌握工伤保险的基本规定,分析工伤保险费缴纳、工伤认定、劳动能力鉴定和给予工伤人员工伤保险待遇等方面的有关法律问题,判断违法行为及应负的法律责任。

(12)《建设项目安全设施"三同时"监督管理暂行办法》。分析建设项目安全条件论证、安全预评价、安全设施设计审查、施工和竣工验收等方面的有关法律问题,判断违反规定的行为及应负的法律责任。

三、备考指导

(一)《安全生产法及相关法律知识》考试特点

《安全生产法及相关法律知识》在注册安全工程师考试中的难度适中,相对而言考试通过较为轻松,这门考试主要查考的我国目前现行安全生产相关的法律法规,考查的内容多为明文规定的知识,灵活性不大,主要是以记忆为主的知识点。这个科目只要考生做到对教材中关键考点的熟记,并且通过做题对知识进行消化吸收,通过考试并不难。

(二)《安全生产法及相关法律知识》复习备考策略

1. 试卷题量分析

考试全部以客观题的形式出现,单选题数量占多数,有70道,多选题15道。从分值上讲,单选题每题1分,共70分,多选题每题2分,共30分,单选题的所占分值比重较大,是拿分的重点,考试过程中尽量做到单选多得分,多选少丢分。

2. 应试准备阶段

(1)理解。通过对教材的阅读和对试题的练习,达到理解知识体系和结构的地步,对该科目有一定印象。

(2)记忆。重点掌握历年真题中的常见考点,记忆并掌握这些考点是实现拿分的重要保证。

(3)强化。通过对仿真模拟试卷的演练。对了解和记忆的知识进行强化,查漏补缺,再通过实战模拟考前冲刺密押试卷,熟悉考试节奏,做到在考试前临阵磨枪,以达到补充战果的目的。

3. 学习方法

(1)坚定信心。对于考试不能有畏惧心理,也不能有侥幸心理。考生需要坚定信心,通过仔细的预习、复习及有效的实战练习,实现自身对本课程知识的掌握,一次性通过考试。信心是成功的一半,加上后期考生自身的努力,辅助良好的教学产品,做到不怕考试,心态平和,坚定信念,这样才能更好地应对注册安全工程师执业资格考试。

(2)多做真题。历年真题是反映考试考查方向与考查难度最好的标准。每年一套试卷,基本上把考试重点都呈现出来了。真题具有考试指导性方向,希望大家重视研读真题,了解出题的角度和难度,做到考试前心中有数。

(3) 集中时间复习。集中一周看完一本书,比零零碎碎看一个月才看完一遍书要强很多。

(4) 适时调整学习的重点。2014年12月1日正式实施的《中华人民共和国安全生产法》是重点,考生要对新法旧法的不同之处加以重视(见附表1《中华人民共和国安全生产法》修正前后对照表)。

(5) 灵活多样的记忆方法、对比分析理解。死记硬背是一种基本的记忆方式,但这种方式存在着一定的弊端,记忆的时间不长,做题正确率较低。考生要对不同的知识点采用不同的记忆方法,比如整理后归纳法或者把常错易错知识点进行对比分析,理解性记忆等。

(6) 考前重视整理学习要点。考前一个月左右,开始梳理每一章的考试重点及难点,通过逐条列出的办法,把考点梳理细致,并结合我们给出的历年真题的考查知识点的分布图,有重点地进行最后一轮的记忆与练习,并详细了解这部分考点的出题角度和方式。

四、答题技巧

1. 填涂技巧

在考试中要十分注意,不要漏涂、错涂试卷科目和考号。在接到答题卡后不应忙于答题,而应在监考老师的统一组织下将答题卡的表头按要求进行"两填两涂",即用黑色签字笔、圆珠笔填写姓名、准考证号;用2B铅笔涂黑考试科目、准考证号。此外,标准化考试考生最易出现的问题是填涂不规范,以致于在机器阅卷中产生误差。克服这类问题的简单方法是把铅笔削得相对粗些,且应把铅笔尖削磨成马蹄状或者直接把铅笔削成方形,这样一个答案信息点最多只涂两笔就可以涂好,既快又标准。

2. 单选题的答题技巧

单选题每题1分,一般有4个选项,单选题要学会运用一些技巧来答题,这样会提高准确率,节省做题时间,一般常用的方法包括排除法、分析法和猜测法。在做单选题时,一般选项中都会出现很容易判断错误的选项,第一时间把这些干扰项排除掉,如果能够通过记忆得到正确答案最好,如果还是找不出正确答案,可以采用分析法,找出剩余选项之间的区别,结合题干看哪一个选项与题干意思更接近,如果遇到实在不会的试题,可以采用猜测法,尽量不要出现,没有作答的试题。

3. 多选题的答题技巧

多选题每题2分。一般有5个选项,其中至少有1个错项。答题规定,错选,该题不得分,少选而选对了,所选的每个选项得0.5分。所以在作答多选题时,如无把握,宁可少选,不可错选。做到"题题得分,宁缺毋滥"。此外,多选题也有一些技巧。

(1)排除法:因多选题至少有1个错项,可将自己认为最不正确的选项除去,逐个排除,留下正确的选项作答。

(2)分析法:将5个选项与题干对照,纵横比较,逐个分析,去误存真,求出正确答案。

(3)语感法:有些叙述性的选项,自己可以填入空括号中默读,如感到别扭,则去之;语感流畅,读起来顺口,则可留下。因为教材在编写过程中都是经过专家字斟句酌、反复推敲才定下来的。

(4)类比法:可将5个选项分别归类,同一类中有1项可确定为不正确时,则可将同一类别的选项均去掉。

4. 临考及考场注意事项

(1)注意临场心理调节。当你进入考场后切莫慌张,可用"我能行""静心""认真"等自我暗示来稳定自己的情绪。

(2)把家庭、学校、社会的压力全丢掉,轻装上阵,尽力而为。

(3)拿到试卷后,不要急于动笔,用1分钟时间浏览试题,领略各题的难易,了解各题的考查知识点。同时看清试卷封面要求正确填写试卷代号和填涂选择题答题卡的注意事项等。

(4)答题前,要逐字逐句地审清题意,明了要求,切忌着急答题,题目看不仔细。试卷前的"注意事项"要仔细过目。

(5)不是很熟悉的题目,如果一时做不出来,可先放一放,抓紧时间先做会做的题,然后再回头考虑本题。

(6)有些看起来较容易的题目,其中可能有难点,切忌疏忽大意。注意非能力因素的发挥。

(7)复查是考试中的重要一环,如果时间来不及,宁可把做完的题先复查一遍,而不做无把握的题。

(8)不要见别人交卷就着慌,草率收兵,要力争在规定时间内圆满的答完、检查完。

(9)考完一科目后,精神要放松,不要参加考生之间的议论。应抓紧时间清醒头脑,做好考下一科的准备。

附表1 《中华人民共和国安全生产法》修正前后对照表

中华人民共和国安全生产法（2002版）	中华人民共和国安全生产法（2014版）
第一章　总则	第一章　总则
第一条　为了加强安全生产监督管理，防止和减少生产安全事故，保障人民群众生命和财产安全，促进经济发展，制定本法。	第一条　为了加强安全生产工作，防止和减少生产安全事故，保障人民群众生命和财产安全，促进经济社会持续健康发展，制定本法。
第二条　在中华人民共和国领域内从事生产经营活动的单位（以下统称生产经营单位）的安全生产及其监督管理，适用本法；有关法律、行政法规对消防安全和道路交通安全、铁路交通安全、水上交通安全、民用航空安全另有规定的，适用其规定。	第二条　在中华人民共和国领域内从事生产经营活动的单位（以下统称生产经营单位）的安全生产及其监督管理，适用本法；有关法律、行政法规对消防安全和道路交通安全、铁路交通安全、水上交通安全、民用航空安全以及核与辐射安全、特种设备安全另有规定的，适用其规定。
第三条　安全生产管理，坚持安全第一、预防为主的方针。	第三条　安全生产工作应当以人为本，坚持安全发展，坚持安全第一、预防为主、综合治理的方针，强化和落实生产经营单位的主体责任，建立生产经营单位负责、职工参与、政府监管、行业自律和社会监督的机制。
第四条　生产经营单位必须遵守本法和其他有关安全生产的法律、法规，加强安全生产管理，建立、健全安全生产责任制度，完善安全生产条件，确保安全生产。	第四条　生产经营单位必须遵守本法和其他有关安全生产的法律、法规，加强安全生产管理，建立、健全安全生产责任制和安全生产规章制度，改善安全生产条件，推进安全生产标准化建设，提高安全生产水平，确保安全生产。
第五条　生产经营单位的主要负责人对本单位的安全生产工作全面负责。	第五条　生产经营单位的主要负责人对本单位的安全生产工作全面负责。
第六条　生产经营单位的从业人员有依法获得安全生产保障的权利，并应当依法履行安全生产方面的义务。	第六条　生产经营单位的从业人员有依法获得安全生产保障的权利，并应当依法履行安全生产方面的义务。
第七条　工会依法组织职工参加本单位安全生产工作的民主管理和民主监督，维护职工在安全生产方面的合法权益。	第七条　工会依法对安全生产工作进行监督。生产经营单位的工会依法组织职工参加本单位安全生产工作的民主管理和民主监督，维护职工在安全生产方面的合法权益。生产经营单位制定或者修改有关安全生产的规章制度，应当听取工会的意见。
第八条　国务院和地方各级人民政府应当加强对安全生产工作的领导，支持、督促各有关部门依法履行安全生产监督管理职责。县级以上人民政府对安全生产监督管理中存在的重大问题应当及时予以协调、解决。	第八条　国务院和县级以上地方各级人民政府应当根据国民经济和社会发展规划制定安全生产规划，并组织实施。安全生产规划应当与城乡规划相衔接。国务院和县级以上地方各级人民政府应当加强对安全生产工作的领导，支持、督促各有关部门依法履行安全生产监督管理职责，建立健全安全生产工作协调机制，及时协调、解决安全生产监督管理中存在的重大问题。乡、镇人民政府以及街道办事处、开发区管理机构等地方人民政府的派出机关应当按照职责，加强对本行政区域内生产经营单位安全生产状况的监督检查，协助上级人民政府有关部门依法履行安全生产监督管理职责。

续表

中华人民共和国安全生产法（2002版）	中华人民共和国安全生产法（2014版）
第九条　国务院负责安全生产监督管理的部门依照本法，对全国安全生产工作实施综合监督管理；县级以上地方各级人民政府负责安全生产监督管理的部门依照本法，对本行政区域内安全生产工作实施综合监督管理。 国务院有关部门依照本法和其他有关法律、行政法规的规定，在各自的职责范围内对有关的安全生产工作实施监督管理；县级以上地方各级人民政府有关部门依照本法和其他有关法律、法规的规定，在各自的职责范围内对有关的安全生产工作实施监督管理。	第九条　国务院安全生产监督管理部门依照本法，对全国安全生产工作实施综合监督管理；县级以上地方各级人民政府安全生产监督管理部门依照本法，对本行政区域内安全生产工作实施综合监督管理。 国务院有关部门依照本法和其他有关法律、行政法规的规定，在各自的职责范围内对有关行业、领域的安全生产工作实施监督管理；县级以上地方各级人民政府有关部门依照本法和其他有关法律、法规的规定，在各自的职责范围内对有关行业、领域的安全生产工作实施监督管理。 安全生产监督管理部门和对有关行业、领域的安全生产工作实施监督管理的部门，统称负有安全生产监督管理职责的部门。
第十条　国务院有关部门应当按照保障安全生产的要求，依法及时制定有关的国家标准或者行业标准，并根据科技进步和经济发展适时修订。 生产经营单位必须执行依法制定的保障安全生产的国家标准或者行业标准。	第十条　国务院有关部门应当按照保障安全生产的要求，依法及时制定有关的国家标准或者行业标准，并根据科技进步和经济发展适时修订。 生产经营单位必须执行依法制定的保障安全生产的国家标准或者行业标准。
第十一条　各级人民政府及其有关部门应当采取多种形式，加强对有关安全生产的法律、法规和安全生产知识的宣传，提高职工的安全生产意识。	第十一条　各级人民政府及其有关部门应当采取多种形式，加强对有关安全生产的法律、法规和安全生产知识的宣传，增强全社会的安全生产意识。
	第十二条　有关协会组织依照法律、行政法规和章程，为生产经营单位提供安全生产方面的信息、培训等服务，发挥自律作用，促进生产经营单位加强安全生产管理。
第十二条　依法设立的为安全生产提供技术服务的中介机构，依照法律、行政法规和执业准则，接受生产经营单位的委托为其安全生产工作提供技术服务。	第十三条　依法设立的为安全生产提供技术、管理服务的机构，依照法律、行政法规和执业准则，接受生产经营单位的委托为其安全生产工作提供技术、管理服务。 生产经营单位委托前款规定的机构提供安全生产技术、管理服务的，保证安全生产的责任仍由本单位负责。
第十三条　国家实行生产安全事故责任追究制度，依照本法和有关法律、法规的规定，追究生产安全事故责任人员的法律责任。	第十四条　国家实行生产安全事故责任追究制度，依照本法和有关法律、法规的规定，追究生产安全事故责任人员的法律责任。
第十四条　国家鼓励和支持安全生产科学技术研究和安全生产先进技术的推广应用，提高安全生产水平。	第十五条　国家鼓励和支持安全生产科学技术研究和安全生产先进技术的推广应用，提高安全生产水平。
第十五条　国家对在改善安全生产条件、防止生产安全事故、参加抢险救护等方面取得显著成绩的单位和个人，给予奖励。	第十六条　国家对在改善安全生产条件、防止生产安全事故、参加抢险救护等方面取得显著成绩的单位和个人，给予奖励。
第二章　生产经营单位的安全生产保障	**第二章　生产经营单位的安全生产保障**
第十六条　生产经营单位应当具备本法和有关法律、行政法规和国家标准或者行业标准规定的安全生产条件；不具备安全生产条件的，不得从事生产经营活动。	第十七条　生产经营单位应当具备本法和有关法律、行政法规和国家标准或者行业标准规定的安全生产条件；不具备安全生产条件的，不得从事生产经营活动。

续表

中华人民共和国安全生产法（2002版）	中华人民共和国安全生产法（2014版）
第十七条　生产经营单位的主要负责人对本单位安全生产工作负有下列职责： （一）建立、健全本单位安全生产责任制； （二）组织制定本单位安全生产规章制度和操作规程； （三）保证本单位安全生产投入的有效实施； （四）督促、检查本单位的安全生产工作，及时消除生产安全事故隐患； （五）组织制定并实施本单位的生产安全事故应急救援预案； （六）及时、如实报告生产安全事故。	第十八条　生产经营单位的主要负责人对本单位安全生产工作负有下列职责： （一）建立、健全本单位安全生产责任制； （二）组织制定本单位安全生产规章制度和操作规程； （三）<u>组织制定并实施本单位安全生产教育和培训计划</u>； （四）保证本单位安全生产投入的有效实施； （五）督促、检查本单位的安全生产工作，及时消除生产安全事故隐患； （六）组织制定并实施本单位的生产安全事故应急救援预案； （七）及时、如实报告生产安全事故。
	第十九条　生产经营单位的安全生产责任制应当明确各岗位的责任人员、责任范围和考核标准等内容。 生产经营单位应当建立相应的机制，加强对安全生产责任制落实情况的监督考核，保证安全生产责任制的落实。
第十八条　生产经营单位应当具备的安全生产条件所必需的资金投入，由生产经营单位的决策机构、主要负责人或者个人经营的投资人予以保证，并对由于安全生产所必需的资金投入不足导致的后果承担责任。	第二十条　生产经营单位应当具备的安全生产条件所必需的资金投入，由生产经营单位的决策机构、主要负责人或者个人经营的投资人予以保证，并对由于安全生产所必需的资金投入不足导致的后果承担责任。 <u>有关生产经营单位应当按照规定提取和使用安全生产费用，专门用于改善安全生产条件。安全生产费用在成本中据实列支。安全生产费用提取、使用和监督管理的具体办法由国务院财政部门会同国务院安全生产监督管理部门征求国务院有关部门意见后制定。</u>
第十九条　矿山、建筑施工单位和危险物品的<u>生产</u>、经营、储存单位，应当设置安全生产管理机构或者配备专职安全生产管理人员。 前款规定以外的其他生产经营单位，从业人员超过<u>三百人</u>的，应当设置安全生产管理机构或者配备专职安全生产管理人员；从业人员在<u>三百人</u>以下的，应当配备专职或者兼职的安全生产管理人员<u>，或者委托具有国家规定的相关专业技术资格的工程技术人员提供安全生产管理服务。</u> <u>生产经营单位依照前款规定委托工程技术人员提供安全生产管理服务的，保证安全生产的责任仍由本单位负责。</u>	第二十一条　矿山、<u>金属冶炼</u>、建筑施工、<u>道路运输</u>单位和危险物品的生产、经营、储存单位，应当设置安全生产管理机构或者配备专职安全生产管理人员。 前款规定以外的其他生产经营单位，从业人员超过<u>一百人</u>的，应当设置安全生产管理机构或者配备专职安全生产管理人员；从业人员在<u>一百人</u>以下的，应当配备专职或者兼职的安全生产管理人员。

中华人民共和国安全生产法（2002版）	中华人民共和国安全生产法（2014版）
	第二十二条　生产经营单位的安全生产管理机构以及安全生产管理人员履行下列职责： （一）组织或者参与拟订本单位安全生产规章制度、操作规程和生产安全事故应急救援预案； （二）组织或者参与本单位安全生产教育和培训，如实记录安全生产教育和培训情况； （三）督促落实本单位重大危险源的安全管理措施； （四）组织或者参与本单位应急救援演练； （五）检查本单位的安全生产状况，及时排查生产安全事故隐患，提出改进安全生产管理的建议； （六）制止和纠正违章指挥、强令冒险作业、违反操作规程的行为； （七）督促落实本单位安全生产整改措施。
	第二十三条　生产经营单位的安全生产管理机构以及安全生产管理人员应当恪尽职守，依法履行职责。 生产经营单位作出涉及安全生产的经营决策，应当听取安全生产管理机构以及安全生产管理人员的意见。 生产经营单位不得因安全生产管理人员依法履行职责而降低其工资、福利等待遇或者解除与其订立的劳动合同。 危险物品的生产、储存单位以及矿山、金属冶炼单位的安全生产管理人员的任免，应当告知主管的负有安全生产监督管理职责的部门。
第二十条　生产经营单位的主要负责人和安全生产管理人员必须具备与本单位所从事的生产经营活动相应的安全生产知识和管理能力。 危险物品的生产、经营、储存单位以及矿山、建筑施工单位的主要负责人和安全生产管理人员，应当由有关主管部门对其安全生产知识和管理能力考核合格后方可任职。考核不得收费。	第二十四条　生产经营单位的主要负责人和安全生产管理人员必须具备与本单位所从事的生产经营活动相应的安全生产知识和管理能力。 危险物品的生产、经营、储存单位以及矿山、金属冶炼、建筑施工、道路运输单位的主要负责人和安全生产管理人员，应当由主管的负有安全生产监督管理职责的部门对其安全生产知识和管理能力考核合格。考核不得收费。 危险物品的生产、储存单位以及矿山、金属冶炼单位应当有注册安全工程师从事安全生产管理工作。鼓励其他生产经营单位聘用注册安全工程师从事安全生产管理工作。注册安全工程师按专业分类管理，具体办法由国务院人力资源和社会保障部门、国务院安全生产监督管理部门会同国务院有关部门制定。
第二十一条　生产经营单位应当对从业人员进行安全生产教育和培训，保证从业人员具备必要的安全生产知识，熟悉有关的安全生产规章制度和安全操作规程，掌握本岗位的安全操作技能。未经安全生产教育和培训合格的从业人员，不得上岗作业。	第二十五条　生产经营单位应当对从业人员进行安全生产教育和培训，保证从业人员具备必要的安全生产知识，熟悉有关的安全生产规章制度和安全操作规程，掌握本岗位的安全操作技能，了解事故应急处理措施，知悉自身在安全生产方面的权利和义务。未经安全生产教育和培训合格的从业人员，不得上岗作业。

中华人民共和国安全生产法（2002版）	中华人民共和国安全生产法（2014版）
	生产经营单位使用被派遣劳动者的,应当将被派遣劳动者纳入本单位从业人员统一管理,对被派遣劳动者进行岗位安全操作规程和安全操作技能的教育和培训。劳务派遣单位应当对被派遣劳动者进行必要的安全生产教育和培训。
	生产经营单位接收中等职业学校、高等学校学生实习的,应当对实习学生进行相应的安全生产教育和培训,提供必要的劳动防护用品。学校应当协助生产经营单位对实习学生进行安全生产教育和培训。 生产经营单位应当建立安全生产教育和培训档案,如实记录安全生产教育和培训的时间、内容、参加人员以及考核结果等情况。
第二十二条　生产经营单位采用新工艺、新技术、新材料或者使用新设备,必须了解、掌握其安全技术特性,采取有效的安全防护措施,并对从业人员进行专门的安全生产教育和培训。	第二十六条　生产经营单位采用新工艺、新技术、新材料或者使用新设备,必须了解、掌握其安全技术特性,采取有效的安全防护措施,并对从业人员进行专门的安全生产教育和培训。
第二十三条　生产经营单位的特种作业人员必须按照国家有关规定经专门的安全作业培训,取得特种作业操作资格证书,方可上岗作业。 特种作业人员的范围由国务院负责安全生产监督管理的部门会同国务院有关部门确定。	第二十七条　生产经营单位的特种作业人员必须按照国家有关规定经专门的安全作业培训,取得相应资格,方可上岗作业。 特种作业人员的范围由国务院安全生产监督管理部门会同国务院有关部门确定。
第二十四条　生产经营单位新建、改建、扩建工程项目（以下统称建设项目）的安全设施,必须与主体工程同时设计、同时施工、同时投入生产和使用。安全设施投资应当纳入建设项目概算。	第二十八条　生产经营单位新建、改建、扩建工程项目（以下统称建设项目）的安全设施,必须与主体工程同时设计、同时施工、同时投入生产和使用。安全设施投资应当纳入建设项目概算。
第二十五条　矿山建设项目和用于生产、储存危险物品的建设项目,应当分别按照国家有关规定进行安全条件论证和安全评价。	第二十九条　矿山、金属冶炼建设项目和用于生产、储存、装卸危险物品的建设项目,应当按照国家有关规定进行安全评价。
第二十六条　建设项目安全设施的设计人、设计单位应当对安全设施设计负责。 矿山建设项目和用于生产、储存危险物品的建设项目的安全设施设计应当按照国家有关规定报经有关部门审查,审查部门及其负责审查的人员对审查结果负责。	第三十条　建设项目安全设施的设计人、设计单位应当对安全设施设计负责。 矿山、金属冶炼建设项目和用于生产、储存、装卸危险物品的建设项目的安全设施设计应当按照国家有关规定报经有关部门审查,审查部门及其负责审查的人员对审查结果负责。
第二十七条　矿山建设项目和用于生产、储存危险物品的建设项目的施工单位必须按照批准的安全设施设计施工,并对安全设施的工程质量负责。 矿山建设项目和用于生产、储存危险物品的建设项目竣工投入生产或者使用前,必须依照有关法律、行政法规的规定对安全设施进行验收;验收合格后,方可投入生产和使用。验收部门及其验收人员对验收结果负责。	第三十一条　矿山、金属冶炼建设项目和用于生产、储存、装卸危险物品的建设项目的施工单位必须按照批准的安全设施设计施工,并对安全设施的工程质量负责。 矿山、金属冶炼建设项目和用于生产、储存危险物品的建设项目竣工投入生产或者使用前,应当由建设单位负责组织对安全设施进行验收;验收合格后,方可投入生产和使用。安全生产监督管理部门应当加强对建设单位验收活动和验收结果的监督核查。

续表

中华人民共和国安全生产法（2002版）	中华人民共和国安全生产法（2014版）
第二十八条　生产经营单位应当在有较大危险因素的生产经营场所和有关设施、设备上，设置明显的安全警示标志。	第三十二条　生产经营单位应当在有较大危险因素的生产经营场所和有关设施、设备上，设置明显的安全警示标志。
第二十九条　安全设备的设计、制造、安装、使用、检测、维修、改造和报废，应当符合国家标准或者行业标准。 生产经营单位必须对安全设备进行经常性维护、保养，并定期检测，保证正常运转。维护、保养、检测应当作好记录，并由有关人员签字。	第三十三条　安全设备的设计、制造、安装、使用、检测、维修、改造和报废，应当符合国家标准或者行业标准。 生产经营单位必须对安全设备进行经常性维护、保养，并定期检测，保证正常运转。维护、保养、检测应当作好记录，并由有关人员签字。
第三十条　生产经营单位使用的涉及生命安全、危险性较大的特种设备，以及危险物品的容器、运输工具，必须按照国家有关规定，由专业生产单位生产，并经取得专业资质的检测、检验机构检测、检验合格，取得安全使用证或者安全标志，方可投入使用。检测、检验机构对检测、检验结果负责。 涉及生命安全、危险性较大的特种设备的目录由国务院负责特种设备安全监督管理的部门制定，报国务院批准后执行。	第三十四条　生产经营单位使用的危险物品的容器、运输工具，以及涉及人身安全、危险性较大的海洋石油开采特种设备和矿山井下特种设备，必须按照国家有关规定，由专业生产单位生产，并经具有专业资质的检测、检验机构检测、检验合格，取得安全使用证或者安全标志，方可投入使用。检测、检验机构对检测、检验结果负责。
第三十一条　国家对严重危及生产安全的工艺、设备实行淘汰制度。 生产经营单位不得使用国家明令淘汰、禁止使用的危及生产安全的工艺、设备。	第三十五条　国家对严重危及生产安全的工艺、设备实行淘汰制度，具体目录由国务院安全生产监督管理部门会同国务院有关部门制定并公布。法律、行政法规对目录的制定另有规定的，适用其规定。 省、自治区、直辖市人民政府可以根据本地区实际情况制定并公布具体目录，对前款规定以外的危及生产安全的工艺、设备予以淘汰。 生产经营单位不得使用应当淘汰的危及生产安全的工艺、设备。
第三十二条　生产、经营、运输、储存、使用危险物品或者处置废弃危险物品的，由有关主管部门依照有关法律、法规的规定和国家标准或者行业标准审批并实施监督管理。 生产经营单位生产、经营、运输、储存、使用危险物品或者处置废弃危险物品，必须执行有关法律、法规和国家标准或者行业标准，建立专门的安全管理制度，采取可靠的安全措施，接受有关主管部门依法实施的监督管理。	第三十六条　生产、经营、运输、储存、使用危险物品或者处置废弃危险物品的，由有关主管部门依照有关法律、法规的规定和国家标准或者行业标准审批并实施监督管理。 生产经营单位生产、经营、运输、储存、使用危险物品或者处置废弃危险物品，必须执行有关法律、法规和国家标准或者行业标准，建立专门的安全管理制度，采取可靠的安全措施，接受有关主管部门依法实施的监督管理。
第三十三条　生产经营单位对重大危险源应当登记建档，进行定期检测、评估、监控，并制定应急预案，告知从业人员和相关人员在紧急情况下应当采取的应急措施。 生产经营单位应当按照国家有关规定将本单位重大危险源及有关安全措施、应急措施报有关地方人民政府负责安全生产监督管理的部门和有关部门备案。	第三十七条　生产经营单位对重大危险源应当登记建档，进行定期检测、评估、监控，并制定应急预案，告知从业人员和相关人员在紧急情况下应当采取的应急措施。 生产经营单位应当按照国家有关规定将本单位重大危险源及有关安全措施、应急措施报有关地方人民政府安全生产监督管理部门和有关部门备案。

中华人民共和国安全生产法（2002版）	中华人民共和国安全生产法（2014版）
	第三十八条　生产经营单位应当建立健全生产安全事故隐患排查治理制度，采取技术、管理措施，及时发现并消除事故隐患。事故隐患排查治理情况应当如实记录，并向从业人员通报。 县级以上地方各级人民政府负有安全生产监督管理职责的部门应当建立健全重大事故隐患治理督办制度，督促生产经营单位消除重大事故隐患。
第三十四条　生产、经营、储存、使用危险物品的车间、商店、仓库不得与员工宿舍在同一座建筑物内，并应当与员工宿舍保持安全距离。 生产经营场所和员工宿舍应当设有符合紧急疏散要求、标志明显、保持畅通的出口。禁止封闭、堵塞生产经营场所或者员工宿舍的出口。	第三十九条　生产、经营、储存、使用危险物品的车间、商店、仓库不得与员工宿舍在同一座建筑物内，并应当与员工宿舍保持安全距离。 生产经营场所和员工宿舍应当设有符合紧急疏散要求、标志明显、保持畅通的出口。禁止锁闭、封堵生产经营场所或者员工宿舍的出口。
第三十五条　生产经营单位进行爆破、吊装等危险作业，应当安排专门人员进行现场安全管理，确保操作规程的遵守和安全措施的落实。	第四十条　生产经营单位进行爆破、吊装以及国务院安全生产监督管理部门会同国务院有关部门规定的其他危险作业，应当安排专门人员进行现场安全管理，确保操作规程的遵守和安全措施的落实。
第三十六条　生产经营单位应当教育和督促从业人员严格执行本单位的安全生产规章制度和安全操作规程；并向从业人员如实告知作业场所和工作岗位存在的危险因素、防范措施以及事故应急措施。	第四十一条　生产经营单位应当教育和督促从业人员严格执行本单位的安全生产规章制度和安全操作规程；并向从业人员如实告知作业场所和工作岗位存在的危险因素、防范措施以及事故应急措施。
第三十七条　生产经营单位必须为从业人员提供符合国家标准或者行业标准的劳动防护用品，并监督、教育从业人员按照使用规则佩戴、使用。	第四十二条　生产经营单位必须为从业人员提供符合国家标准或者行业标准的劳动防护用品，并监督、教育从业人员按照使用规则佩戴、使用。
第三十八条　生产经营单位的安全生产管理人员应当根据本单位的生产经营特点，对安全生产状况进行经常性检查；对检查中发现的安全问题，应当立即处理；不能处理的，应当及时报告本单位有关负责人。检查及处理情况应当记录在案。	第四十三条　生产经营单位的安全生产管理人员应当根据本单位的生产经营特点，对安全生产状况进行经常性检查；对检查中发现的安全问题，应当立即处理；不能处理的，应当及时报告本单位有关负责人，有关负责人应当及时处理。检查及处理情况应当如实记录在案。 生产经营单位的安全生产管理人员在检查中发现重大事故隐患，依照前款规定向本单位有关负责人报告，有关负责人不及时处理的，安全生产管理人员可以向主管的负有安全生产监督管理职责的部门报告，接到报告的部门应当依法及时处理。
第三十九条　生产经营单位应当安排用于配备劳动防护用品、进行安全生产培训的经费。	第四十四条　生产经营单位应当安排用于配备劳动防护用品、进行安全生产培训的经费。
第四十条　两个以上生产经营单位在同一作业区域内进行生产经营活动，可能危及对方生产安全的，应当签订安全生产管理协议，明确各自的安全生产管理职责和应当采取的安全措施，并指定专职安全生产管理人员进行安全检查与协调。	第四十五条　两个以上生产经营单位在同一作业区域内进行生产经营活动，可能危及对方生产安全的，应当签订安全生产管理协议，明确各自的安全生产管理职责和应当采取的安全措施，并指定专职安全生产管理人员进行安全检查与协调。

续表

中华人民共和国安全生产法（2002版）	中华人民共和国安全生产法（2014版）
第四十一条　生产经营单位不得将生产经营项目、场所、设备发包或者出租给不具备安全生产条件或者相应资质的单位或者个人。 生产经营项目、场所有多个承包单位、承租单位的，生产经营单位应当与承包单位、承租单位签订专门的安全生产管理协议，或者在承包合同、租赁合同中约定各自的安全生产管理职责；生产经营单位对承包单位、承租单位的安全生产工作统一协调、管理。	第四十六条　生产经营单位不得将生产经营项目、场所、设备发包或者出租给不具备安全生产条件或者相应资质的单位或者个人。 生产经营项目、场所发包或者出租给其他单位的，生产经营单位应当与承包单位、承租单位签订专门的安全生产管理协议，或者在承包合同、租赁合同中约定各自的安全生产管理职责；生产经营单位对承包单位、承租单位的安全生产工作统一协调、管理，定期进行安全检查，发现安全问题的，应当及时督促整改。
第四十二条　生产经营单位发生重大生产安全事故时，单位的主要负责人应当立即组织抢救，并不得在事故调查处理期间擅离职守。	第四十七条　生产经营单位发生生产安全事故时，单位的主要负责人应当立即组织抢救，并不得在事故调查处理期间擅离职守。
第四十三条　生产经营单位必须依法参加工伤社会保险，为从业人员缴纳保险费。	第四十八条　生产经营单位必须依法参加工伤保险，为从业人员缴纳保险费。 国家鼓励生产经营单位投保安全生产责任保险。
第三章　从业人员的权利和义务	**第三章　从业人员的安全生产权利义务**
第四十四条　生产经营单位与从业人员订立的劳动合同，应当载明有关保障从业人员劳动安全、防止职业危害的事项，以及依法为从业人员办理工伤社会保险的事项。 生产经营单位不得以任何形式与从业人员订立协议，免除或者减轻其对从业人员因生产安全事故伤亡依法应承担的责任。	第四十九条　生产经营单位与从业人员订立的劳动合同，应当载明有关保障从业人员劳动安全、防止职业危害的事项，以及依法为从业人员办理工伤保险的事项。 生产经营单位不得以任何形式与从业人员订立协议，免除或者减轻其对从业人员因生产安全事故伤亡依法应承担的责任。
第四十五条　生产经营单位的从业人员有权了解其作业场所和工作岗位存在的危险因素、防护措施及事故应急措施，有权对本单位的安全生产工作提出建议。	第五十条　生产经营单位的从业人员有权了解其作业场所和工作岗位存在的危险因素、防范措施及事故应急措施，有权对本单位的安全生产工作提出建议。
第四十六条　从业人员有权对本单位安全生产工作中存在的问题提出批评、检举、控告；有权拒绝违章指挥和强令冒险作业。 生产经营单位不得因从业人员对本单位安全生产工作提出批评、检举、控告或者拒绝违章指挥、强令冒险作业而降低其工资、福利等待遇或者解除与其订立的劳动合同。	第五十一条　从业人员有权对本单位安全生产工作中存在的问题提出批评、检举、控告；有权拒绝违章指挥和强令冒险作业。 生产经营单位不得因从业人员对本单位安全生产工作提出批评、检举、控告或者拒绝违章指挥、强令冒险作业而降低其工资、福利等待遇或者解除与其订立的劳动合同。
第四十七条　从业人员发现直接危及人身安全的紧急情况时，有权停止作业或者在采取可能的应急措施后撤离作业场所。 生产经营单位不得因从业人员在前款紧急情况下停止作业或者采取紧急撤离措施而降低其工资、福利等待遇或者解除与其订立的劳动合同。	第五十二条　从业人员发现直接危及人身安全的紧急情况时，有权停止作业或者在采取可能的应急措施后撤离作业场所。 生产经营单位不得因从业人员在前款紧急情况下停止作业或者采取紧急撤离措施而降低其工资、福利等待遇或者解除与其订立的劳动合同。
第四十八条　因生产安全事故受到损害的从业人员，除依法享有工伤社会保险外，依照有关民事法律尚有获得赔偿的权利的，有权向本单位提出赔偿要求。	第五十三条　因生产安全事故受到损害的从业人员，除依法享有工伤保险外，依照有关民事法律尚有获得赔偿的权利的，有权向本单位提出赔偿要求。

中华人民共和国安全生产法（2002版）	中华人民共和国安全生产法（2014版）
第四十九条 从业人员在作业过程中，应当严格遵守本单位的安全生产规章制度和操作规程，服从管理，正确佩戴和使用劳动防护用品。	第五十四条 从业人员在作业过程中，应当严格遵守本单位的安全生产规章制度和操作规程，服从管理，正确佩戴和使用劳动防护用品。
第五十条 从业人员应当接受安全生产教育和培训，掌握本职工作所需的安全生产知识，提高安全生产技能，增强事故预防和应急处理能力。	第五十五条 从业人员应当接受安全生产教育和培训，掌握本职工作所需的安全生产知识，提高安全生产技能，增强事故预防和应急处理能力。
第五十一条 从业人员发现事故隐患或者其他不安全因素，应当立即向现场安全生产管理人员或者本单位负责人报告；接到报告的人员应当及时予以处理。	第五十六条 从业人员发现事故隐患或者其他不安全因素，应当立即向现场安全生产管理人员或者本单位负责人报告；接到报告的人员应当及时予以处理。
第五十二条 工会有权对建设项目的安全设施与主体工程同时设计、同时施工、同时投入生产和使用进行监督，提出意见。 工会对生产经营单位违反安全生产法律、法规，侵犯从业人员合法权益的行为，有权要求纠正；发现生产经营单位违章指挥、强令冒险作业或者发现事故隐患时，有权提出解决的建议，生产经营单位应当及时研究答复；发现危及从业人员生命安全的情况时，有权向生产经营单位建议组织从业人员撤离危险场所，生产经营单位必须立即作出处理。 工会有权依法参加事故调查，向有关部门提出处理意见，并要求追究有关人员的责任。	第五十七条 工会有权对建设项目的安全设施与主体工程同时设计、同时施工、同时投入生产和使用进行监督，提出意见。 工会对生产经营单位违反安全生产法律、法规，侵犯从业人员合法权益的行为，有权要求纠正；发现生产经营单位违章指挥、强令冒险作业或者发现事故隐患时，有权提出解决的建议，生产经营单位应当及时研究答复；发现危及从业人员生命安全的情况时，有权向生产经营单位建议组织从业人员撤离危险场所，生产经营单位必须立即作出处理。 工会有权依法参加事故调查，向有关部门提出处理意见，并要求追究有关人员的责任。
第四章 安全生产的监督管理	第四章 安全生产的监督管理
	第五十八条 生产经营单位使用被派遣劳动者的，被派遣劳动者享有本法规定的从业人员的权利，并应当履行本法规定的从业人员的义务。
第五十三条 县级以上地方各级人民政府应当根据本行政区域内的安全生产状况，组织有关部门按照职责分工，对本行政区域内容易发生重大生产安全事故的生产经营单位进行严格检查；发现事故隐患，应当及时处理。	第五十九条 县级以上地方各级人民政府应当根据本行政区域内的安全生产状况，组织有关部门按照职责分工，对本行政区域内容易发生重大生产安全事故的生产经营单位进行严格检查。 安全生产监督管理部门应当按照分类分级监督管理的要求，制定安全生产年度监督检查计划，并按照年度监督检查计划进行监督检查，发现事故隐患，应当及时处理。
第五十四条 依照本法第九条规定对安全生产负有监督管理职责的部门（以下统称负有安全生产监督管理职责的部门）依照有关法律、法规的规定，对涉及安全生产的事项需要审查批准（包括批准、核准、许可、注册、认证、颁发证照等，下同）或者验收的，必须严格依照有关法律、法规和国家标准或者行业标准规定的安全生产条件和程序进行审查；不符合有关法律、法规和国家标准或者行业标准规定	第六十条 负有安全生产监督管理职责的部门依照有关法律、法规的规定，对涉及安全生产的事项需要审查批准（包括批准、核准、许可、注册、认证、颁发证照等，下同）或者验收的，必须严格依照有关法律、法规和国家标准或者行业标准规定的安全生产条件和程序进行审查；不符合有关法律、法规和国家标准或者行业标准规定的安全生产条件的，不得批准或者验收通过。对未依法取得批准或者验收合

续表

中华人民共和国安全生产法（2002版）	中华人民共和国安全生产法（2014版）
的安全生产条件的，不得批准或者验收通过。对未依法取得批准或者验收合格的单位擅自从事有关活动的，负责行政审批的部门发现或者接到举报后应当立即予以取缔，并依法予以处理。对已经依法取得批准的单位，负责行政审批的部门发现其不再具备安全生产条件的，应当撤销原批准。	格的单位擅自从事有关活动的，负责行政审批的部门发现或者接到举报后应当立即予以取缔，并依法予以处理。对已经依法取得批准的单位，负责行政审批的部门发现其不再具备安全生产条件的，应当撤销原批准。
第五十五条　负有安全生产监督管理职责的部门对涉及安全生产的事项进行审查、验收，不得收取费用；不得要求接受审查、验收的单位购买其指定品牌或者指定生产、销售单位的安全设备、器材或者其他产品。	第六十一条　负有安全生产监督管理职责的部门对涉及安全生产的事项进行审查、验收，不得收取费用；不得要求接受审查、验收的单位购买其指定品牌或者指定生产、销售单位的安全设备、器材或者其他产品。
第五十六条　负有安全生产监督管理职责的部门依法对生产经营单位执行有关安全生产的法律、法规和国家标准或者行业标准的情况进行监督检查，行使以下职权： （一）进入生产经营单位进行检查，调阅有关资料，向有关单位和人员了解情况。 （二）对检查中发现的安全生产违法行为，当场予以纠正或者要求限期改正；对依法应当给予行政处罚的行为，依照本法和其他有关法律、行政法规的规定作出行政处罚决定。 （三）对检查中发现的事故隐患，应当责令立即排除；重大事故隐患排除前或者排除过程中无法保证安全的，应当责令从危险区域内撤出作业人员，责令暂时停产停业或者停止使用；重大事故隐患排除后，经审查同意，方可恢复生产经营和使用。 （四）对有根据认为不符合保障安全生产的国家标准或者行业标准的设施、设备、器材予以查封或者扣押，并应当在十五日内依法作出处理决定。 （五）监督检查不得影响被检查单位的正常生产经营活动。	第六十二条　安全生产监督管理部门和其他负有安全生产监督管理职责的部门依法开展安全生产行政执法工作，对生产经营单位执行有关安全生产的法律、法规和国家标准或者行业标准的情况进行监督检查，行使以下职权： （一）进入生产经营单位进行检查，调阅有关资料，向有关单位和人员了解情况； （二）对检查中发现的安全生产违法行为，当场予以纠正或者要求限期改正；对依法应当给予行政处罚的行为，依照本法和其他有关法律、行政法规的规定作出行政处罚决定； （三）对检查中发现的事故隐患，应当责令立即排除；重大事故隐患排除前或者排除过程中无法保证安全的，应当责令从危险区域内撤出作业人员，责令暂时停产停业或者停止使用相关设施、设备；重大事故隐患排除后，经审查同意，方可恢复生产经营和使用； （四）对有根据认为不符合保障安全生产的国家标准或者行业标准的设施、设备、器材以及违法生产、储存、使用、经营、运输的危险物品予以查封或者扣押，对违法生产、储存、使用、经营危险物品的作业场所予以查封，并依法作出处理决定。
第五十七条　生产经营单位对负有安全生产监督管理职责的部门的监督检查人员（以下统称安全生产监督检查人员）依法履行监督检查职责，应当予以配合，不得拒绝、阻挠。	第六十三条　生产经营单位对负有安全生产监督管理职责的部门的监督检查人员（以下统称安全生产监督检查人员）依法履行监督检查职责，应当予以配合，不得拒绝、阻挠。
第五十八条　安全生产监督检查人员应当忠于职守，坚持原则，秉公执法。 安全生产监督检查人员执行监督检查任务时，必须出示有效的监督执法证件；对涉及被检查单位的技术秘密和业务秘密，应当为其保密。	第六十四条　安全生产监督检查人员应当忠于职守，坚持原则，秉公执法。 安全生产监督检查人员执行监督检查任务时，必须出示有效的监督执法证件；对涉及被检查单位的技术秘密和业务秘密，应当为其保密。

续表

中华人民共和国安全生产法（2002版）	中华人民共和国安全生产法（2014版）
第五十九条　安全生产监督检查人员应当将检查的时间、地点、内容、发现的问题及其处理情况，作出书面记录，并由检查人员和被检查单位的负责人签字；被检查单位的负责人拒绝签字的，检查人员应当将情况记录在案，并向负有安全生产监督管理职责的部门报告。	第六十五条　安全生产监督检查人员应当将检查的时间、地点、内容、发现的问题及其处理情况，作出书面记录，并由检查人员和被检查单位的负责人签字；被检查单位的负责人拒绝签字的，检查人员应当将情况记录在案，并向负有安全生产监督管理职责的部门报告。
第六十条　负有安全生产监督管理职责的部门在监督检查中，应当互相配合，实行联合检查；确需分别进行检查的，应当互通情况，发现存在的安全问题应当由其他有关部门进行处理的，应当及时移送其他有关部门并形成记录备查，接受移送的部门应当及时进行处理。	第六十六条　负有安全生产监督管理职责的部门在监督检查中，应当互相配合，实行联合检查；确需分别进行检查的，应当互通情况，发现存在的安全问题应当由其他有关部门进行处理的，应当及时移送其他有关部门并形成记录备查，接受移送的部门应当及时进行处理。
	第六十七条　负有安全生产监督管理职责的部门依法对存在重大事故隐患的生产经营单位作出停产停业、停止施工、停止使用相关设施或者设备的决定，生产经营单位应当依法执行，及时消除事故隐患。生产经营单位拒不执行，有发生生产安全事故的现实危险的，在保证安全的前提下，经本部门主要负责人批准，负有安全生产监督管理职责的部门可以采取通知有关单位停止供电、停止供应民用爆炸物品等措施，强制生产经营单位履行决定。通知应当采用书面形式，有关单位应当予以配合。 负有安全生产监督管理职责的部门依照前款规定采取停止供电措施，除有危及生产安全的紧急情形外，应当提前二十四小时通知生产经营单位。生产经营单位依法履行行政决定、采取相应措施消除事故隐患的，负有安全生产监督管理职责的部门应当及时解除前款规定的措施。
第六十一条　监察机关依照行政监察法的规定，对负有安全生产监督管理职责的部门及其工作人员履行安全生产监督管理职责实施监察。	第六十八条　监察机关依照行政监察法的规定，对负有安全生产监督管理职责的部门及其工作人员履行安全生产监督管理职责实施监察。
第六十二条　承担安全评价、认证、检测、检验的机构应当具备国家规定的资质条件，并对其作出的安全评价、认证、检测、检验的结果负责。	第六十九条　承担安全评价、认证、检测、检验的机构应当具备国家规定的资质条件，并对其作出的安全评价、认证、检测、检验的结果负责。
第六十三条　负有安全生产监督管理职责的部门应当建立举报制度，公开举报电话、信箱或者电子邮件地址，受理有关安全生产的举报；受理的举报事项经调查核实后，应当形成书面材料；需要落实整改措施的，报经有关负责人签字并督促落实。	第七十条　负有安全生产监督管理职责的部门应当建立举报制度，公开举报电话、信箱或者电子邮件地址，受理有关安全生产的举报；受理的举报事项经调查核实后，应当形成书面材料；需要落实整改措施的，报经有关负责人签字并督促落实。
第六十四条　任何单位或者个人对事故隐患或者安全生产违法行为，均有权向负有安全生产监督管理职责的部门报告或者举报。	第七十一条　任何单位或者个人对事故隐患或者安全生产违法行为，均有权向负有安全生产监督管理职责的部门报告或者举报。
第六十五条　居民委员会、村民委员会发现其所在区域内的生产经营单位存在事故隐患或者安全生产违法行为时，应当向当地人民政府或者有关部门报告。	第七十二条　居民委员会、村民委员会发现其所在区域内的生产经营单位存在事故隐患或者安全生产违法行为时，应当向当地人民政府或者有关部门报告。

续表

中华人民共和国安全生产法（2002版）	中华人民共和国安全生产法（2014版）
第六十六条　县级以上各级人民政府及其有关部门对报告重大事故隐患或者举报安全生产违法行为的有功人员，给予奖励。具体奖励办法由国务院负责安全生产监督管理的部门会同国务院财政部门制定。	第七十三条　县级以上各级人民政府及其有关部门对报告重大事故隐患或者举报安全生产违法行为的有功人员，给予奖励。具体奖励办法由国务院安全生产监督管理部门会同国务院财政部门制定。
第六十七条　新闻、出版、广播、电影、电视等单位有进行安全生产宣传教育的义务，有对违反安全生产法律、法规的行为进行舆论监督的权利。	第七十四条　新闻、出版、广播、电影、电视等单位有进行安全生产公益宣传教育的义务，有对违反安全生产法律、法规的行为进行舆论监督的权利。
	第七十五条　负有安全生产监督管理职责的部门应当建立安全生产违法行为信息库，如实记录生产经营单位的安全生产违法行为信息；对违法行为情节严重的生产经营单位，应当向社会公告，并通报行业主管部门、投资主管部门、国土资源主管部门、证券监督管理机构以及有关金融机构。
	第七十六条　国家加强生产安全事故应急能力建设，在重点行业、领域建立应急救援基地和应急救援队伍，鼓励生产经营单位和其他社会力量建立应急救援队伍，配备相应的应急救援装备和物资，提高应急救援的专业化水平。 国务院安全生产监督管理部门建立全国统一的生产安全事故应急救援信息系统，国务院有关部门建立健全相关行业、领域的生产安全事故应急救援信息系统。
第五章　生产安全事故的应急救援与调查处理	**第五章　生产安全事故的应急救援与调查处理**
第六十八条　县级以上地方各级人民政府应当组织有关部门制定本行政区域内特大生产安全事故应急救援预案，建立应急救援体系。	第七十七条　县级以上地方各级人民政府应当组织有关部门制定本行政区域内生产安全事故应急救援预案，建立应急救援体系。
	第七十八条　生产经营单位应当制定本单位生产安全事故应急救援预案，与所在地县级以上地方人民政府组织制定的生产安全事故应急救援预案相衔接，并定期组织演练。
第六十九条　危险物品的生产、经营、储存单位以及矿山、建筑施工单位应当建立应急救援组织；生产经营规模较小，可以不建立应急救援组织的，应当指定兼职的应急救援人员。 危险物品的生产、经营、储存单位以及矿山、建筑施工单位应当配备必要的应急救援器材、设备，并进行经常性维护、保养，保证正常运转。	第七十九条　危险物品的生产、经营、储存单位以及矿山、金属冶炼、城市轨道交通运营、建筑施工单位应当建立应急救援组织；生产经营规模较小的，可以不建立应急救援组织，但应当指定兼职的应急救援人员。 危险物品的生产、经营、储存、运输单位以及矿山、金属冶炼、城市轨道交通运营、建筑施工单位应当配备必要的应急救援器材、设备和物资，并进行经常性维护、保养，保证正常运转。

续表

中华人民共和国安全生产法（2002版）	中华人民共和国安全生产法（2014版）
第七十条　生产经营单位发生生产安全事故后，事故现场有关人员应当立即报告本单位负责人。单位负责人接到事故报告后，应当迅速采取有效措施，组织抢救，防止事故扩大，减少人员伤亡和财产损失，并按照国家有关规定立即如实报告当地负有安全生产监督管理职责的部门，不得隐瞒不报、谎报或者拖延不报，不得故意破坏事故现场、毁灭有关证据。	第八十条　生产经营单位发生生产安全事故后，事故现场有关人员应当立即报告本单位负责人。单位负责人接到事故报告后，应当迅速采取有效措施，组织抢救，防止事故扩大，减少人员伤亡和财产损失，并按照国家有关规定立即如实报告当地负有安全生产监督管理职责的部门，不得隐瞒不报、谎报或者迟报，不得故意破坏事故现场、毁灭有关证据。
第七十一条　负有安全生产监督管理职责的部门接到事故报告后，应当立即按照国家有关规定上报事故情况。负有安全生产监督管理职责的部门和有关地方人民政府对事故情况不得隐瞒不报、谎报或者拖延不报。	第八十一条　负有安全生产监督管理职责的部门接到事故报告后，应当立即按照国家有关规定上报事故情况。负有安全生产监督管理职责的部门和有关地方人民政府对事故情况不得隐瞒不报、谎报或者迟报。
第七十二条　有关地方人民政府和负有安全生产监督管理职责的部门的负责人接到重大生产安全事故报告后，应当立即赶到事故现场，组织事故抢救。任何单位和个人都应当支持、配合事故抢救，并提供一切便利条件。	第八十二条　有关地方人民政府和负有安全生产监督管理职责的部门的负责人接到生产安全事故报告后，应当按照生产安全事故应急救援预案的要求立即赶到事故现场，组织事故抢救。参与事故抢救的部门和单位应当服从统一指挥，加强协同联动，采取有效的应急救援措施，并根据事故救援的需要采取警戒、疏散等措施，防止事故扩大和次生灾害的发生，减少人员伤亡和财产损失。事故抢救过程中应当采取必要措施，避免或者减少对环境造成的危害。任何单位和个人都应当支持、配合事故抢救，并提供一切便利条件。
第七十三条　事故调查处理应当按照实事求是、尊重科学的原则，及时、准确地查清事故原因，查明事故性质和责任，总结事故教训，提出整改措施，并对事故责任者提出处理意见。事故调查和处理的具体办法由国务院制定。	第八十三条　事故调查处理应当按照科学严谨、依法依规、实事求是、注重实效的原则，及时、准确地查清事故原因，查明事故性质和责任，总结事故教训，提出整改措施，并对事故责任者提出处理意见。事故调查报告应当依法及时向社会公布。事故调查和处理的具体办法由国务院制定。事故发生单位应当及时全面落实整改措施，负有安全生产监督管理职责的部门应当加强监督检查。
第七十四条　生产经营单位发生生产安全事故，经调查确定为责任事故的，除了应当查明事故单位的责任并依法予以追究外，还应当查明对安全生产的有关事项负有审查批准和监督职责的行政部门的责任，对有失职、渎职行为的，依照本法第七十七条的规定追究法律责任。	第八十四条　生产经营单位发生生产安全事故，经调查确定为责任事故的，除了应当查明事故单位的责任并依法予以追究外，还应当查明对安全生产的有关事项负有审查批准和监督职责的行政部门的责任，对有失职、渎职行为的，依照本法第七十七条的规定追究法律责任。
第七十五条　任何单位和个人不得阻挠和干涉对事故的依法调查处理。	第八十五条　任何单位和个人不得阻挠和干涉对事故的依法调查处理。
第七十六条　县级以上地方各级人民政府负责安全生产监督管理的部门应当定期统计分析本行政区域内发生生产安全事故的情况，并定期向社会公布。	第八十六条　县级以上地方各级人民政府安全生产监督管理部门应当定期统计分析本行政区域内发生生产安全事故的情况，并定期向社会公布。

续表

中华人民共和国安全生产法（2002版）	中华人民共和国安全生产法（2014版）
第六章　法律责任	第六章　法律责任
第七十七条　负有安全生产监督管理职责的部门的工作人员，有下列行为之一的，给予降级或者撤职的<u>行政处分</u>；构成犯罪的，依照刑法有关规定追究刑事责任： （一）对不符合法定安全生产条件的涉及安全生产的事项予以批准或者验收通过的； （二）发现未依法取得批准、验收的单位擅自从事有关活动或者接到举报后不予取缔或者不依法予以处理的； （三）对已经依法取得批准的单位不履行监督管理职责，发现其不再具备安全生产条件而不撤销原批准或者发现安全生产违法行为不予查处的。	第八十七条　负有安全生产监督管理职责的部门的工作人员，有下列行为之一的，给予降级或者撤职的<u>处分</u>；构成犯罪的，依照刑法有关规定追究刑事责任： （一）对不符合法定安全生产条件的涉及安全生产的事项予以批准或者验收通过的； （二）发现未依法取得批准、验收的单位擅自从事有关活动或者接到举报后不予取缔或者不依法予以处理的； （三）对已经依法取得批准的单位不履行监督管理职责，发现其不再具备安全生产条件而不撤销原批准或者发现安全生产违法行为不予查处的； <u>（四）在监督检查中发现重大事故隐患，不依法及时处理的。</u> <u>负有安全生产监督管理职责的部门的工作人员有前款规定以外的滥用职权、玩忽职守、徇私舞弊行为的，依法给予处分；构成犯罪的，依照刑法有关规定追究刑事责任。</u>
第七十八条　负有安全生产监督管理职责的部门，要求被审查、验收的单位购买其指定的安全设备、器材或者其他产品的，在对安全生产事项的审查、验收中收取费用的，由其上级机关或者监察机关责令改正，责令退还收取的费用；情节严重的，对直接负责的主管人员和其他直接责任人员依法给予<u>行政处分</u>。	第八十八条　负有安全生产监督管理职责的部门，要求被审查、验收的单位购买其指定的安全设备、器材或者其他产品的，在对安全生产事项的审查、验收中收取费用的，由其上级机关或者监察机关责令改正，责令退还收取的费用；情节严重的，对直接负责的主管人员和其他直接责任人员依法给予<u>处分</u>。
第七十九条　承担安全评价、认证、检测、检验工作的机构，出具虚假证明，<u>构成犯罪的，依照刑法有关规定追究刑事责任；尚不够刑事处罚的，没收违法所得，违法所得在五千元以上的，并处违法所得二倍以上五倍以下的罚款，没有违法所得或者违法所得不足五千元的，单处或者处五千元以上二万元以下的罚款</u>；对其<u>直接</u>负责的主管人员和其他<u>直接</u>责任人员处五千元以上五万元以下的罚款；给他人造成损害的，与生产经营单位承担连带赔偿责任。 对有前款违法行为的机构，撤销其相应<u>资格</u>。	第八十九条　承担安全评价、认证、检测、检验工作的机构，出具虚假证明，<u>没收违法所得；违法所得在十万元以上的，并处违法所得二倍以上五倍以下的罚款；没有违法所得或者违法所得不足十万元的，单处或者并处十万元以上二十万元以下的罚款</u>；对其直接负责的主管人员和其他直接责任人员处二万元以上五万元以下的罚款；给他人造成损害的，与生产经营单位承担连带赔偿责任；<u>构成犯罪的，依照刑法有关规定追究刑事责任</u>。 对有前款违法行为的机构，吊销其相应<u>资质</u>。
第八十条　生产经营单位的决策机构、主要负责人、个人经营的投资人不依照本法规定保证安全生产所必需的资金投入，致使生产经营单位不具备安全生产条件的，责令限期改正，提供必需的资金；逾期未改正的，责令生产经营单位停产停业整顿。	第九十条　生产经营单位的决策机构、主要负责人<u>或者</u>个人经营的投资人不依照本法规定保证安全生产所必需的资金投入，致使生产经营单位不具备安全生产条件的，责令限期改正，提供必需的资金；逾期未改正的，责令生产经营单位停产停业整顿。 <u>有前款违法行为，导致发生生产安全事故的，对生产经营单位的主要负责人给予撤职处分，对个人经营的投资人处二万元以上二十万元以下的罚款；构成犯罪的，依照刑法有关规定追究刑事责任。</u>

续表

中华人民共和国安全生产法（2002版）	中华人民共和国安全生产法（2014版）
第八十一条　生产经营单位的主要负责人未履行本法规定的安全生产管理职责的,责令限期改正;逾期未改正的,责令生产经营单位停产停业整顿。 生产经营单位的主要负责人有前款违法行为,导致发生生产安全事故,构成犯罪的,依照刑法有关规定追究刑事责任;尚不够刑事处罚的,给予撤职处分或者处二万元以上二十万元以下的罚款。 生产经营单位的主要负责人依照前款规定受刑事处罚或者撤职处分的,自刑罚执行完毕或者受处分之日起,五年内不得担任任何生产经营单位的主要负责人。	第九十一条　生产经营单位的主要负责人未履行本法规定的安全生产管理职责的,责令限期改正;逾期未改正的,处二万元以上五万元以下的罚款,责令生产经营单位停产停业整顿。 生产经营单位的主要负责人有前款违法行为,导致发生生产安全事故的,给予撤职处分;构成犯罪的,依照刑法有关规定追究刑事责任。 生产经营单位的主要负责人依照前款规定受刑事处罚或者撤职处分的,自刑罚执行完毕或者受处分之日起,五年内不得担任任何生产经营单位的主要负责人;对重大、特别重大生产安全事故负有责任的,终身不得担任本行业生产经营单位的主要负责人。
	第九十二条　生产经营单位的主要负责人未履行本法规定的安全生产管理职责,导致发生生产安全事故的,由安全生产监督管理部门依照下列规定处以罚款: (一)发生一般事故的,处上一年年收入百分之三十的罚款; (二)发生较大事故的,处上一年年收入百分之四十的罚款; (三)发生重大事故的,处上一年年收入百分之六十的罚款; (四)发生特别重大事故的,处上一年年收入百分之八十的罚款。
	第九十三条　生产经营单位的安全生产管理人员未履行本法规定的安全生产管理职责的,责令限期改正;导致发生生产安全事故的,暂停或者撤销其与安全生产有关的资格;构成犯罪的,依照刑法有关规定追究刑事责任。
第八十二条　生产经营单位有下列行为之一的,责令限期改正;逾期未改正的,责令停产停业整顿,可以并处二万元以下的罚款: (一)未按照规定设立安全生产管理机构或者配备安全生产管理人员的; (二)危险物品的生产、经营、储存单位以及矿山、建筑施工单位的主要负责人和安全生产管理人员未按照规定经考核合格的; (三)未按照本法第二十一条、第二十二条的规定对从业人员进行安全生产教育和培训,或者未按照本法第三十六条的规定如实告知从业人员有关的安全生产事项的; (四)特种作业人员未按照规定经专门的安全作业培训并取得特种作业操作资格证书,上岗作业的。	第九十四条　生产经营单位有下列行为之一的,责令限期改正,可以处五万元以下的罚款;逾期未改正的,责令停产停业整顿,并处五万元以上十万元以下的罚款,对其直接负责的主管人员和其他直接责任人员处一万元以上二万元以下的罚款: (一)未按照规定设置安全生产管理机构或者配备安全生产管理人员的; (二)危险物品的生产、经营、储存单位以及矿山、金属冶炼、建筑施工、道路运输单位的主要负责人和安全生产管理人员未按照规定经考核合格的; (三)未按照规定对从业人员、被派遣劳动者、实习学生进行安全生产教育和培训,或者未按照规定如实告知有关的安全生产事项的; (四)未如实记录安全生产教育和培训情况的;

中华人民共和国安全生产法（2002版）	中华人民共和国安全生产法（2014版）
	（五）未将事故隐患排查治理情况如实记录或者未向从业人员通报的； （六）未按照规定制定生产安全事故应急救援预案或者未定期组织演练的； （七）特种作业人员未按照规定经专门的安全作业培训并取得相应资格，上岗作业的。
第八十三条　生产经营单位有下列行为之一的，责令限期改正；逾期未改正的，责令停止建设或者停产停业整顿，可以并处五万元以下的罚款；造成严重后果，构成犯罪的，依照刑法有关规定追究刑事责任： （一）矿山建设项目或者用于生产、储存危险物品的建设项目没有安全设施设计或者安全设施设计未按照规定报经有关部门审查同意的 （二）矿山建设项目或者用于生产、储存危险物品的建设项目的施工单位未按照批准的安全设施设计施工的 （三）矿山建设项目或者用于生产、储存危险物品的建设项目竣工投入生产或者使用前，安全设施未经验收合格的 （四）未在有较大危险因素的生产经营场所和有关设施、设备上设置明显的安全警示标志的 （五）安全设备的安装、使用、检测、改造和报废不符合国家标准或者行业标准的 （六）未对安全设备进行经常性维护、保养和定期检测的 （七）未为从业人员提供符合国家标准或者行业标准的劳动防护用品的 （八）特种设备以及危险物品的容器、运输工具未经取得专业资质的机构检测、检验合格，取得安全使用证或者安全标志，投入使用的 （九）使用国家明令淘汰、禁止使用的危及生产安全的工艺、设备的。	第九十五条　生产经营单位有下列行为之一的，责令停止建设或者停产停业整顿，限期改正；逾期未改正的，处五十万元以上一百万元以下的罚款，对其直接负责的主管人员和其他直接责任人员处二万元以上五万元以下的罚款；构成犯罪的，依照刑法有关规定追究刑事责任： （一）未按照规定对矿山、金属冶炼建设项目或者用于生产、储存、装卸危险物品的建设项目进行安全评价的； （二）矿山、金属冶炼建设项目或者用于生产、储存、装卸危险物品的建设项目没有安全设施设计或者安全设施设计未按照规定报经有关部门审查同意的； （三）矿山、金属冶炼建设项目或者用于生产、储存、装卸危险物品的建设项目的施工单位未按照批准的安全设施设计施工的； （四）矿山、金属冶炼建设项目或者用于生产、储存危险物品的建设项目竣工投入生产或者使用前，安全设施未经验收合格的。
第八十四条　未经依法批准，擅自生产、经营、储存危险物品的，责令停止违法行为或者予以关闭，没收违法所得，违法所得十万元以上的，并处违法所得一倍以上五倍以下的罚款，没有违法所得或者违法所得不足十万元的，单处或者并处二万元以上十万元以下的罚款；造成严重后果，构成犯罪的，依照刑法有关规定追究刑事责任。	第九十六条　生产经营单位有下列行为之一的，责令限期改正，可以处五万元以下的罚款；逾期未改正的，处五万元以上二十万元以下的罚款，对其直接负责的主管人员和其他直接责任人员处一万元以上二万元以下的罚款；情节严重的，责令停产停业整顿；构成犯罪的，依照刑法有关规定追究刑事责任： （一）未在有较大危险因素的生产经营场所和有关设施、设备上设置明显的安全警示标志的； （二）安全设备的安装、使用、检测、改造和报废不符合国家标准或者行业标准的；

续表

中华人民共和国安全生产法（2002版）	中华人民共和国安全生产法（2014版）
	（三）未对安全设备进行经常性维护、保养和定期检测的； （四）未为从业人员提供符合国家标准或者行业标准的劳动防护用品的； （五）危险物品的容器、运输工具，以及涉及人身安全、危险性较大的海洋石油开采特种设备和矿山井下特种设备未经具有专业资质的机构检测、检验合格，取得安全使用证或者安全标志，投入使用的； （六）使用应当淘汰的危及生产安全的工艺、设备的。
	第九十七条　未经依法批准，擅自生产、经营、运输、储存、使用危险物品或者处置废弃危险物品的，依照有关危险物品安全管理的法律、行政法规的规定予以处罚；构成犯罪的，依照刑法有关规定追究刑事责任。
第八十五条　生产经营单位有下列行为之一的，责令限期改正；逾期未改正的，责令停产停业整顿，可以处二万元以上十万元以下的罚款；造成严重后果，构成犯罪的，依照刑法有关规定追究刑事责任： （一）生产、经营、储存、使用危险物品，未建立专门安全管理制度、未采取可靠的安全措施或者不接受有关主管部门依法实施的监督管理的； （二）对重大危险源未登记建档，或者未进行评估、监控，或者未制定应急预案的； （三）进行爆破、吊装等危险作业，未安排专门管理人员进行现场安全管理的。	第九十八条　生产经营单位有下列行为之一的，责令限期改正，可以处十万元以下的罚款；逾期未改正的，责令停产停业整顿，并处十万元以上二十万元以下的罚款，对其直接负责的主管人员和其他直接责任人员处二万元以上五万元以下的罚款；构成犯罪的，依照刑法有关规定追究刑事责任： （一）生产、经营、运输、储存、使用危险物品或者处置废弃危险物品，未建立专门安全管理制度、未采取可靠的安全措施的； （二）对重大危险源未登记建档，或者未进行评估、监控，或者未制定应急预案的； （三）进行爆破、吊装以及国务院安全生产监督管理部门会同国务院有关部门规定的其他危险作业，未安排专门人员进行现场安全管理的； （四）未建立事故隐患排查治理制度的。
	第九十九条　生产经营单位未采取措施消除事故隐患的，责令立即消除或者限期消除；生产经营单位拒不执行的，责令停产停业整顿，并处十万元以上五十万元以下的罚款，对其直接负责的主管人员和其他直接责任人员处二万元以上五万元以下的罚款。
第八十六条　生产经营单位将生产经营项目、场所、设备发包或者出租给不具备安全生产条件或者相应资质的单位或者个人的，责令限期改正，没收违法所得；违法所得五万元以上的，并处违法所得一倍以上五倍以下的罚款；没有违法所得或者违法所得不足五万元的，单处或者并处一万元以上五万元以下的罚款；导致发生生产安全事故给他人造成损害的，与承包方、承租方承担连带赔偿责任。 生产经营单位未与承包单位、承租单位签订专门的安全生产管理协议或者未在承包合同、	第一百条　生产经营单位将生产经营项目、场所、设备发包或者出租给不具备安全生产条件或者相应资质的单位或者个人的，责令限期改正，没收违法所得；违法所得十万元以上的，并处违法所得二倍以上五倍以下的罚款；没有违法所得或者违法所得不足十万元的，单处或者并处十万元以上二十万元以下的罚款；对其直接负责的主管人员和其他直接责任人员处一万元以上二万元以下的罚款；导致发生生产安全事故给他人造成损害的，与承包方、承租方承担连带赔偿责任。

中华人民共和国安全生产法（2002版）	中华人民共和国安全生产法（2014版）
租赁合同中明确各自的安全生产管理职责，或者未对承包单位、承租单位的安全生产统一协调、管理的，责令限期改正；逾期未改正的，责令停产停业整顿。	生产经营单位未与承包单位、承租单位签订专门的安全生产管理协议或者未在承包合同、租赁合同中明确各自的安全生产管理职责，或者未对承包单位、承租单位的安全生产统一协调、管理的，<u>责令限期改正，可以处五万元以下的罚款，对其直接负责的主管人员和其他直接责任人员可以处一万元以下的罚款</u>；逾期未改正的，责令停产停业整顿。
第八十七条　两个以上生产经营单位在同一作业区域内进行可能危及对方安全生产的生产经营活动，未签订安全生产管理协议或者未指定专职安全生产管理人员进行安全检查与协调的，<u>责令限期改正；逾期未改正的，责令停产停业</u>。	第一百零一条　两个以上生产经营单位在同一作业区域内进行可能危及对方安全生产的生产经营活动，未签订安全生产管理协议或者未指定专职安全生产管理人员进行安全检查与协调的，<u>责令限期改正，可以处五万元以下的罚款，对其直接负责的主管人员和其他直接责任人员可以处一万元以下的罚款</u>；逾期未改正的，责令停产停业。
第八十八条　生产经营单位有下列行为之一的，<u>责令限期改正；逾期未改正的，责令停产停业整顿；造成严重后果，构成犯罪的，依照刑法有关规定追究刑事责任</u>： （一）生产、经营、储存、使用危险物品的车间、商店、仓库与员工宿舍在同一座建筑内，或者与员工宿舍的距离不符合安全要求的 （二）生产经营场所和员工宿舍未设有符合紧急疏散需要、标志明显、保持畅通的出口，或者封闭、堵塞生产经营场所或者员工宿舍出口的。	第一百零二条　生产经营单位有下列行为之一的，<u>责令限期改正，可以处五万元以下的罚款，对其直接负责的主管人员和其他直接责任人员可以处一万元以下的罚款；逾期未改正的，责令停产停业整顿；构成犯罪的，依照刑法有关规定追究刑事责任</u>： （一）生产、经营、储存、使用危险物品的车间、商店、仓库与员工宿舍在同一座建筑内，或者与员工宿舍的距离不符合安全要求的 （二）生产经营场所和员工宿舍未设有符合紧急疏散需要、标志明显、保持畅通的出口，或者封闭、堵塞生产经营场所或者员工宿舍出口的。
第八十九条　生产经营单位与从业人员订立协议，免除或者减轻其对从业人员因生产安全事故伤亡依法应承担的责任的，该协议无效；对生产经营单位的主要负责人、个人经营的投资人处二万元以上十万元以下的罚款。	第一百零三条　生产经营单位与从业人员订立协议，免除或者减轻其对从业人员因生产安全事故伤亡依法应承担的责任的，该协议无效；对生产经营单位的主要负责人、个人经营的投资人处二万元以上十万元以下的罚款。
第九十条　生产经营单位的从业人员不服从管理，违反安全生产规章制度或者操作规程的，由生产经营单位给予批评教育，依照有关规章制度给予处分；<u>造成重大事故，构成犯罪的，依照刑法有关规定追究刑事责任</u>。	第一百零四条　生产经营单位的从业人员不服从管理，违反安全生产规章制度或者操作规程的，由生产经营单位给予批评教育，依照有关规章制度给予处分；<u>构成犯罪的，依照刑法有关规定追究刑事责任</u>。
	<u>第一百零五条　违反本法规定，生产经营单位拒绝、阻碍负有安全生产监督管理职责的部门依法实施监督检查的，责令改正；拒不改正的，处二万元以上二十万元以下的罚款；对其直接负责的主管人员和其他直接责任人员处一万元以上二万元以下的罚款；构成犯罪的，依照刑法有关规定追究刑事责任。</u>

续表

中华人民共和国安全生产法（2002版）	中华人民共和国安全生产法（2014版）
第九十一条　生产经营单位主要负责人在本单位发生重大生产安全事故时，不立即组织抢救或者在事故调查处理期间擅离职守或者逃匿的，给予降职、撤职的处分，对逃匿的处十五日以下拘留；构成犯罪的，依照刑法有关规定追究刑事责任。 生产经营单位主要负责人对生产安全事故隐瞒不报、谎报或者拖延不报的，依照前款规定处罚。	第一百零六条　生产经营单位的主要负责人在本单位发生生产安全事故时，不立即组织抢救或者在事故调查处理期间擅离职守或者逃匿的，给予降级、撤职的处分，并由安全生产监督管理部门处上一年年收入百分之六十至百分之一百的罚款；对逃匿的处十五日以下拘留；构成犯罪的，依照刑法有关规定追究刑事责任。 生产经营单位的主要负责人对生产安全事故隐瞒不报、谎报或者迟报的，依照前款规定处罚。
第九十二条　有关地方人民政府、负有安全生产监督管理职责的部门，对生产安全事故隐瞒不报、谎报或者拖延不报的，对直接负责的主管人员和其他直接责任人员依法给予行政处分；构成犯罪的，依照刑法有关规定追究刑事责任。	第一百零七条　有关地方人民政府、负有安全生产监督管理职责的部门，对生产安全事故隐瞒不报、谎报或者迟报的，对直接负责的主管人员和其他直接责任人员依法给予处分；构成犯罪的，依照刑法有关规定追究刑事责任。
第九十三条　生产经营单位不具备本法和其他有关法律、行政法规和国家标准或者行业标准规定的安全生产条件，经停产停业整顿仍不具备安全生产条件的，予以关闭；有关部门应当依法吊销其有关证照。	第一百零八条　生产经营单位不具备本法和其他有关法律、行政法规和国家标准或者行业标准规定的安全生产条件，经停产停业整顿仍不具备安全生产条件的，予以关闭；有关部门应当依法吊销其有关证照。
	第一百零九条　发生生产安全事故，对负有责任的生产经营单位除要求其依法承担相应的赔偿等责任外，由安全生产监督管理部门依照下列规定处以罚款： （一）发生一般事故的，处二十万元以上五十万元以下的罚款； （二）发生较大事故的，处五十万元以上一百万元以下的罚款； （三）发生重大事故的，处一百万元以上五百万元以下的罚款； （四）发生特别重大事故的，处五百万元以上一千万元以下的罚款；情节特别严重的，处一千万元以上二千万元以下的罚款。
第九十四条　本法规定的行政处罚，由负责安全生产监督管理的部门决定；予以关闭的行政处罚由负责安全生产监督管理的部门报请县级以上人民政府按照国务院规定的权限决定；给予拘留的行政处罚由公安机关依照治安管理处罚法的规定决定。有关法律、行政法规对行政处罚的决定机关另有规定的，依照其规定。	第一百一十条　本法规定的行政处罚，由安全生产监督管理部门和其他负有安全生产监督管理职责的部门按照职责分工决定。予以关闭的行政处罚由负有安全生产监督管理职责的部门报请县级以上人民政府按照国务院规定的权限决定；给予拘留的行政处罚由公安机关依照治安管理处罚法的规定决定。

中华人民共和国安全生产法（2002版）	中华人民共和国安全生产法（2014版）
第九十五条　生产经营单位发生生产安全事故造成人员伤亡、他人财产损失的，应当依法承担赔偿责任；拒不承担或者其负责人逃匿的，由人民法院依法强制执行。 生产安全事故的责任人未依法承担赔偿责任，经人民法院依法采取执行措施后，仍不能对受害人给予足额赔偿的，应当继续履行赔偿义务；受害人发现责任人有其他财产的，可以随时请求人民法院执行。	第一百一十一条　生产经营单位发生生产安全事故造成人员伤亡、他人财产损失的，应当依法承担赔偿责任；拒不承担或者其负责人逃匿的，由人民法院依法强制执行。 生产安全事故的责任人未依法承担赔偿责任，经人民法院依法采取执行措施后，仍不能对受害人给予足额赔偿的，应当继续履行赔偿义务；受害人发现责任人有其他财产的，可以随时请求人民法院执行。
第七章　附则	**第七章　附则**
第九十六条　本法下列用语的含义： 危险物品，是指易燃易爆物品、危险化学品、放射性物品等能够危及人身安全和财产安全的物品。 重大危险源，是指长期地或者临时地生产、搬运、使用或者储存危险物品，且危险物品的数量等于或者超过临界量的单元（包括场所和设施）。	第一百一十二条　本法下列用语的含义： 危险物品，是指易燃易爆物品、危险化学品、放射性物品等能够危及人身安全和财产安全的物品。 重大危险源，是指长期地或者临时地生产、搬运、使用或者储存危险物品，且危险物品的数量等于或者超过临界量的单元（包括场所和设施）。
	第一百一十三条　本法规定的生产安全一般事故、较大事故、重大事故、特别重大事故的划分标准由国务院规定。 国务院安全生产监督管理部门和其他负有安全生产监督管理职责的部门应当根据各自的职责分工，制定相关行业、领域重大事故隐患的判定标准。
第九十七条　本法自2002年11月1日起施行。	第一百一十四条　本法自2014年12月1日起施行。

历年真题高频考点名师揭秘

章名称	节名称	考点	2014 题型	2014 分值	2014 直击真题	2013 题型	2013 分值	2013 直击真题	2012 题型	2012 分值	2012 直击真题	2011 题型	2011 分值	2011 直击真题	重要程度	备考指数
第一章 安全生产法律基础知识	第一节 法的概念、特征、分类和基本内容	法的分类	单项选择题			单项选择题			单项选择题			单项选择题			★★★	3
			多项选择题	2	二(71)、$P_5 \sim P_6$	多项选择题			多项选择题			多项选择题				
	第二节 安全生产立法的必要性及其重要意义		单项选择题			单项选择题			单项选择题			单项选择题			★	1
			多项选择题			多项选择题			多项选择题			多项选择题				
	第三节 我国安全生产法律体系的基本框架	安全生产法律体系的基本框架	单项选择题	2	一(1)、$P_{17} \sim P_{18}$ 一(2)、$P_{17} \sim P_{18}$	单项选择题	1	一(1)、$P_{17} \sim P_{18}$	单项选择题	2	一(1)、$P_{17} \sim P_{18}$ 一(2)、$P_{17} \sim P_{18}$	单项选择题	1	一(1)、$P_{17} \sim P_{18}$	★★★★★	5
			多项选择题			多项选择题	2	二(71)、$P_{14} \sim P_{19}$	多项选择题	2	二(71)、$P_{17} \sim P_{18}$	多项选择题	2	二(71)、$P_{17} \sim P_{19}$		
第二章 中华人民共和国安全生产法	第一节 安全生产法的立法目的、适用范围		单项选择题			单项选择题			单项选择题			单项选择题			★	1
			多项选择题			多项选择题			多项选择题			多项选择题				
	第二节 安全生产法的基本规定	生产经营单位主要负责人的安全责任	单项选择题	1	一(13)、P_{31}	单项选择题	2	一(3)、$P_{30} \sim P_{31}$ 一(5)、P_{31}	单项选择题	2	一(3)、$P_{30} \sim P_{31}$ 一(4)、P_{31}	单项选择题	2	一(2)、P_{31} 一(7)、P_{31}	★★★★★	5
			多项选择题			多项选择题			多项选择题			多项选择题				

续表

章节	考点	题型							星级	合计
	生产设施、场所安全距离和紧急疏散的规定	单项选择题		单项选择题		单项选择题		单项选择题	★★	2
		多项选择题		多项选择题		多项选择题		多项选择题		
	生产经营项目、场所发包或者出租的安全管理	单项选择题		单项选择题 1	一(7),P₅₀	单项选择题 1	一(7),P₅₀	单项选择题 1	★★ ★★★	5
		多项选择题		多项选择题		多项选择题		多项选择题		
	交叉作业的安全管理	单项选择题		单项选择题		单项选择题		单项选择题 1	★★	2
		多项选择题		多项选择题		多项选择题		多项选择题		
第三节 生产经营单位的安全生产保障	工伤保险的规定	单项选择题		单项选择题		单项选择题		单项选择题 1	★★	2
		多项选择题		多项选择题		多项选择题		多项选择题		
	安全生产资金投入的规定	单项选择题 1	一(4),P₄₅	单项选择题	一(4),P₄₅	单项选择题	一(5),P₄₅	单项选择题 1	★★	2
		多项选择题		多项选择题		多项选择题		多项选择题		
	安全生产管理机构和安全生产管理人员的配置	单项选择题		单项选择题		单项选择题		单项选择题	★★ ★★★	5
		多项选择题 2	二(72),P₄₅	多项选择题	二(72),P₄₅	多项选择题		多项选择题 2		

续表

章节	小节	题型						星级	合计
	爆破、吊装等作业现场的安全管理的规定	单项选择题						★	2
		多项选择题				一(6)、P₅₀		★★	
	重大危险源管理的规定	单项选择题						★★★	3
		多项选择题						★★★	
第四节 从业人员的权利和义务	从业人员的人身保障权利	单项选择题	3	一(3)、P₅₃ 一(10)、P₅₄ 一(11)、P₅₃	1		二(72)、P₄₉	★★ ★★★	5
		多项选择题							
	从业人员的安全生产义务	单项选择题	1	一(7)、P₅₅		一(8)、P₅₃	一(8)、P₅₄	★★ ★★	4
		多项选择题							
第五节 安全生产的监督管理	负有安全生产监督管理职责的部门依法监督检查时行使的职权	单项选择题	1		1	一(9)、P₅₆		★★ ★★★	5
		多项选择题					二(74)、P₅₈ 二(75)、P₅₈	4	
第六节 生产安全事故的应急救援与调查处理		单项选择题			1	一(10)、P₅₈		★	1
		多项选择题							

续表

章节	小节	知识点	单项选择题	多项选择题		单项选择题	多项选择题		单项选择题	多项选择题		重要程度	题数
		安全生产违法行为行政处罚的决定机关	1									★★★	3
		民事赔偿的强制执行			一(14)、P₇₁							★★	2
		生产经营单位的安全生产违法行为					2	二(73)、P₆₇				★★	2
		矿山建设的安全保障规定				一(11)、P₆₈~P₆₉				1	一(9)、P₇₄	★★	4
第三章 安全生产单行法律	第一节 中华人民共和国矿山安全法	矿山企业安全管理的规定	1		一(15)、P₇₆							★★	2
	第二节 中华人民共和国消防法	火灾预防的规定	1		一(16)、P₈₀		2	二(75)、P₈₁		2	一(11)、P₈₁ 一(10)、P₈₂	★★ ★★★	5

续表

	题型		题型		题型		题型		
消防组织的规定	单项选择题	2	二(73)、P$_{82}$~P$_{83}$	单项选择题	1	一(14)、P$_{82}$	单项选择题	1	一(10)、P$_{82}$	单项选择题			★★★	5
	多项选择题			多项选择题	2	二(73)、P$_{82}$	多项选择题			多项选择题	2	二(76)、P$_{82}$	★★★	5
灭火救援的规定	单项选择题	1	一(17)、P$_{83}$	单项选择题	1	一(13)、P$_{83}$	单项选择题	1	一(11)、P$_{83}$	单项选择题			★★★	5
	多项选择题			多项选择题			多项选择题			多项选择题				
第三节 中华人民共和国道路交通安全法	道路通行的规定	单项选择题	1	一(18)、P$_{86}$	单项选择题	2	一(15)、P$_{86}$ 一(16)、P$_{85}$	单项选择题	1	一(12)、P$_{86}$	单项选择题	1	一(12)、P$_{86}$	★★★	5
	突发事件及其应对的分工	多项选择题	1	二(21)、P$_{88}$	多项选择题	2	二(74)、P$_{86}$	多项选择题			多项选择题			★★	2
第四节 中华人民共和国突发事件应对法	突发事件的应急处置与救援	单项选择题			单项选择题			单项选择题			单项选择题			★★	2
	预防与应急准备	单项选择题	1	一(20)、P$_{89}$~P$_{92}$	单项选择题	2	一(17)、P$_{90}$ 一(18)、P$_{88}$~P$_{90}$	单项选择题			单项选择题	1	一(13)、P$_{91}$	★★	4
	监测与预警	单项选择题	1	一(19)、P$_{90}$	单项选择题			单项选择题	1	一(13)、P$_{91}$	单项选择题	1	一(14)、P$_{89}$	★★★	5
		多项选择题			多项选择题			多项选择题			多项选择题				

续表

章节	知识点	题型	题量	题号	题型	题量	题号	题型	题量	题号	题型	题量	题号	重要程度	学时
第四章 安全生产相关法律 第一节 中华人民共和国刑法	生产经营单位及其有关人员犯罪及其刑事责任	单项选择题	2	一(22)、P$_{98}$ 一(23)、P$_{99}$	单项选择题	2	一(19)、P$_{99}$ 一(20)、P$_{100}$	单项选择题	1	一(14)、P$_{98}$	单项选择题	2	一(15)、P$_{98}$ 一(16)、P$_{98}$	★★★	5
	关于矿山生产安全犯罪适用《刑法》的司法解释	单项选择题	2		单项选择题	2		单项选择题			单项选择题			★★★	5
		多项选择题	2	二(75)、P$_{101}$	多项选择题	2	二(75)、P$_{101}$	多项选择题	2	二(76)、P$_{102}$	多项选择题	2	二(77)、P$_{100}$		
	行政处罚概述	单项选择题	1	一(24)、P$_{104}$	单项选择题			单项选择题			单项选择题			★★	4
		多项选择题	2	二(74)、P$_{104}$	多项选择题			多项选择题			多项选择题				
第二节 中华人民共和国行政处罚法	处罚的管辖和适用	单项选择题			单项选择题			单项选择题	1	一(16)、P$_{110}$~P$_{111}$	单项选择题	1	一(17)、P$_{110}$	★★★	5
		多项选择题	2	二(76)、P$_{107}$	多项选择题	2	二(76)、P$_{110}$~P$_{111}$	多项选择题			多项选择题				
	行政处罚的设定	单项选择题	2		单项选择题			单项选择题			单项选择题			★★★	3
		多项选择题			多项选择题			多项选择题			多项选择题				
	行政处罚的决定	单项选择题	1	一(25)、P$_{111}$~P$_{112}$	单项选择题			单项选择题			单项选择题			★★	4
		多项选择题			多项选择题			多项选择题			多项选择题	1	一(18)、P$_{113}$		
	行政相对人的权利	单项选择题			单项选择题			单项选择题			单项选择题			★★★	3
		多项选择题			多项选择题			多项选择题			多项选择题	2	二(78)、P$_{105}$~P$_{106}$		

续表

章节	知识点	题型	数量	题号	数量	题号	数量	题号	难度	合计
	行政处罚的执行	单项选择题	1	一(22)、P₁₁₄	1	一(17)、P₁₁₄			★★	4
		多项选择题								
	行政处罚的设定	单项选择题	1	一(21)、P₁₀₇					★★	2
		多项选择题								
第三节 中华人民共和国行政许可法	行政许可的设定	单项选择题	1	一(26)、P₁₂₁			1	一(18)、P₁₂₀~P₁₂₁	★★★★★	5
		多项选择题					1	一(19)、P₁₂₀		
	行政许可中的一般分类	单项选择题					1	一(20)、P₁₁₇	★★	2
		多项选择题								
	法律责任	单项选择题	1	一(23)、P₁₂₅	1	一(19)、P₁₂₅			★★	4
		多项选择题								
第四节 中华人民共和国劳动法	女职工和未成年工特殊保护	单项选择题	1	一(32)、P₁₂₆	1	一(28)、P₁₂₆	1	一(21)、P₁₂₆	★★★★★	5
		多项选择题								

7

续表

节	考点	题型	题量	题号	题型	题量	题号	题型	题量	题号	题型	题量	题号	难度	合计
第五节 中华人民共和国职业病防治法	职业病诊断与职业病保障	单项选择题	2	一(30)、一(31),P133	单项选择题	3	一(2)、一(26)、一(27),P133	单项选择题	2	一(22)、一(23),P133	单项选择题	1	一(22),P133	★★★	5
	职业病的前期预防	单项选择题	3	一(27)、一(28)、一(29),P129	单项选择题	1	一(24),P129	单项选择题	1	一(20),P130	单项选择题	1	一(23),P130	★★★	5
	用人单位职业病管理	多项选择题	4	二(77),P131~P132;二(83),P132	单项选择题/多项选择题	2	一(25),P131;一(67),P129;二(77),P130~P132	单项选择题/多项选择题	2	一(21),P131;二(77),P130	多项选择题	2	二(79),P129	★★★	5
	劳动合同的建立内容										单项选择题	1	一(25),P138	★★	2
第六节 中华人民共和国劳动合同法	用人单位的权利义务	单项选择题	1	一(34),P140~P141				多项选择题	1	一(25),P138~P139	多项选择题	1	一(26),P138	★★	2
	劳动者的权利义务							单项选择题	1	一(26),P142				★★	4
	法律责任	单项选择题	1	一(33),P142										★★	4
	用人单位的权利义务				单项选择题	2	一(29)、一(30),P140							★★	4

续表

第五章 安全生产行政法规	第一节 安全生产许可证条例	取得安全生产许可证的条件和程序	单项选择题	1	一(35)、P_{148}~P_{151}	单项选择题	1	一(31)、P_{149}	单项选择题	1	一(27)、P_{149}~P_{150}	单项选择题	2	一(40)、P_{149} 一(41)、P_{150}	★★★	5
		行政处罚的种类和决定行政处罚的机关	多项选择题			多项选择题			多项选择题			多项选择题				
		安全生产许可监督管理的规定	单项选择题			单项选择题			单项选择题			单项选择题		一(15)、P_{156}	★★	2
			多项选择题			多项选择题			多项选择题			多项选择题				
	第二节 煤矿安全监察条例	煤矿安全监察的主要内容	单项选择题	1		单项选择题	1	一(68)、P_{153}	单项选择题	1	一(28)、P_{153}	单项选择题			★★	4
			多项选择题			多项选择题			多项选择题			多项选择题				
		预防煤矿事故违法行为所应负的法律责任	单项选择题			单项选择题			单项选择题		一(29)、P_{161}	单项选择题	1	一(27)、P_{160}~P_{161}	★★	4
			多项选择题			多项选择题			多项选择题			多项选择题				
	第三节 国务院关于预防煤矿生产安全事故的特别规定	停产整顿的规定	单项选择题	2	一(36)、P_{169}~P_{171} 一(37)、P_{170}	单项选择题	2	一(32)、P_{170} 一(33)、P_{170}	单项选择题	1	一(30)、P_{170}~P_{171}	单项选择题	1	一(28)、P_{173}	★★	2
			多项选择题			多项选择题			多项选择题			多项选择题		一(29)、P_{170}	★★★	5

续表

考点										重要程度	
	单项选择题	多项选择题	单项选择题	多项选择题	单项选择题	多项选择题	单项选择题	多项选择题			
煤矿行政许可的规定										★★★	3
预防煤矿事故违法行为所应负的法律责任			一(31)、P₁₇₃	1		2	二(83)、P₁₆₈			★★	2
关闭煤矿的要求					二(78)、P₁₇₁	2				★★★	3
第四节 建设工程安全生产管理条例											
建设单位的安全责任	一(6)、P₁₇₈ 一(8)、P₁₇₄~P₁₈₄ 一(9)、P₁₇₄~P₁₈₄ 一(38)、P₁₇₅~P₁₇₇	4	一(35)、P₁₈₁ 一(69)、P₁₈₃	2			一(30)、P₁₇₅	1		★★★	5
施工单位的安全责任					一(33)、P₁₈₁	1	一(31)、P₁₈₃	1		★★★	5
勘察、设计及工程监理等单位的安全责任	一(39)、P₁₇₉	1			一(32)、P₁₇₉~P₁₈₀	1				★★★	5

续表

	题型		题型		题型		题型		星级	分值
危险化学品经营的安全管理规定	单项选择题	一(40)、P₁₉₃	2	单项选择题	一(36)、P₁₉₅	1	单项选择题	一(36)、P₁₉₃	★★	5
	多项选择题	一(42)、P₁₉₄~P₁₉₅	2	多项选择题	一(70)、P₁₉₅		多项选择题	二(73)、P₁₉₄	★★★	
危险化学品生产、储存安全管理的规定	单项选择题	一(5)、P₁₉₁	1	单项选择题	二(79)、P₁₉₅	1	单项选择题	一(33)、P₁₉₁	★★	5
	多项选择题			多项选择题		2	多项选择题		★★★	
危险化学品安全管理的基本规定	单项选择题			单项选择题	二(78)、P₁₉₁	1	单项选择题	一(34)、P₁₈₆	★★	4
	多项选择题			多项选择题		2	多项选择题	二(79)、P₁₉₁~P₁₉₂	★★	
危险化学品运输安全管理规定	单项选择题	一(41)、P₁₉₆~P₁₉₇	1	单项选择题	一(37)、P₁₉₆	1	单项选择题	一(35)、P₁₉₇	★★	5
	多项选择题	二(79)、P₁₉₆	2	多项选择题			多项选择题	二(80)、P₁₉₅	★★★	
危险化学品安全管理的基本规定	单项选择题			单项选择题			单项选择题		★★★	3
	多项选择题			多项选择题			多项选择题	二(85)、P₁₈₇~P₁₈₈		
危险化学品登记与事故应急救援	单项选择题			单项选择题		1	单项选择题	一(37)、P₁₉₉	★★	2
	多项选择题			多项选择题			多项选择题			

第五节 危险化学品安全管理条例

续表

章节	题型	单项选择题数	题号	多项选择题数	题号	单项选择题数	题号	多项选择题数	题号	★难度	分值
危险化学品使用的安全管理规定	单项选择题 / 多项选择题			2	二(78)、P192	1				★★ ★★★	5
第六节 烟花爆竹安全管理条例 — 烟花爆竹燃放的规定	单项选择题 / 多项选择题			2	二(80)、P209	1	一(38)、P192~P193			★★ ★★★	5
烟花爆竹运输安全的规定	单项选择题 / 多项选择题	1				1	二(80)、P209	1	一(36)、P209	★★ ★★★	5
烟花爆竹经营安全的规定	单项选择题 / 多项选择题	1	一(43)、P208			1	一(39)、P209	1	一(37)、P208	★★ ★★★	5
烟花爆竹生产安全的规定	单项选择题 / 多项选择题						一(38)、P208			★★ ★★	4
第七节 民用爆炸物品安全管理条例 — 爆破作业的安全管理规定	单项选择题 / 多项选择题			1	一(6)、P207	2	二(81)、P207			★★ ★★★	5
	单项选择题 / 多项选择题	1	一(45)、P216		一(41)、P216			1	一(38)、P216	★★ ★★★	5

续表

章节	考点	单项选择题	多项选择题	单项选择题	多项选择题	单项选择题	多项选择题	单项选择题	多项选择题	星级	合计
	民用爆炸物品安全管理的基本规定								一(39)、P_{212} 1	★★	2
	民用爆炸物品销售、购买的安全管理规定	一(44)、P_{214} 1		一(40)、P_{214} 一(42)、P_{214} 2		一(40)、P_{214} 2				★★★	5
	民用爆炸物品储存的安全管理规定				1	一(41)、P_{217} 1				★★	2
	民用爆炸物品安全管理违法行为应负的法律责任				1	一(42)、P_{218} 1				★★	2
第八节 特种设备安全监察条例	特种设备使用的安全规定								一(42)、$P_{224}\sim P_{226}$ 一(43)、P_{224} 2	★★★★	4
	特种设备生产的安全规定								二(82)、$P_{222}\sim P_{224}$ 2	★★★	3

续表

章节	知识点	题型										合计	重要程度
	特种设备安全监察的基本规定	单项选择题	1	一(47)、P$_{221}$					1	一(43)、P$_{220}$			★★★ 5
		多项选择题	2	二(81)、P$_{221}$									
	特种设备安全违法行为应负的法律责任	单项选择题			2	二(81)、P$_{221}$							★★★ 3
		多项选择题							2	二(82)、P$_{233}$			
第九节 使用有毒物品作业场所劳动保护条例	劳动者的权利与义务	单项选择题					1				一(44)、P$_{241}$~P$_{242}$		★★ 2
		多项选择题											
	劳动过程的防护	单项选择题	1	一(46)、P$_{237}$	1	一(43)、P$_{240}$					一(45)、P$_{238}$~P$_{240}$		★★ 4
		多项选择题											
	作业场所的预防措施	单项选择题	1	一(44)、P$_{237}$								2	★★★ 5
		多项选择题									二(80)、P$_{237}$		
	职业健康监护	单项选择题											★★★ 3
		多项选择题	2	二(83)、P$_{241}$									

续表

章节	考点	题型	数量	题号、页码	题型	数量	题号、页码	题型	数量	题号、页码	题型	数量	题号、页码	难度	合计
第十节 国务院关于特大安全事故行政责任追究的规定	发生特大事故的责任追究的规定	单项选择题	1	一(68)、P₂₅₁	单项选择题			单项选择题	1	一(45)、P₂₅₁	单项选择题			★★	4
		多项选择题			多项选择题			多项选择题			多项选择题			★★	
第十一节 生产安全事故报告和调查处理条例	生产安全事故报告的规定	单项选择题	1	一(48)、P₂₅₈	单项选择题	1	一(44)、P₂₅₈	单项选择题			单项选择题	1	一(49)、P₂₅₈	★★★	5
		多项选择题			多项选择题	2	二(83)、P₂₅₇~P₂₅₈	多项选择题			多项选择题			★★★	
	生产安全事故分级	单项选择题			单项选择题			单项选择题	1	一(46)、P₂₅₆	单项选择题	1	二(84)、P₂₅₅	★★	5
		多项选择题	2	二(82)、P₂₅₆	多项选择题	2	二(82)、P₂₅₆	多项选择题			多项选择题			★★★	
	生产安全事故调查的规定	单项选择题			单项选择题	1	一(45)、P₂₆₃	单项选择题	1	一(47)、P₂₆₆	单项选择题			★★	4
		多项选择题			多项选择题			多项选择题			多项选择题			★★	
	生产安全事故报告和调查处理违法行为应负的法律责任	单项选择题	1	一(49)、P₂₇₂	单项选择题			单项选择题			单项选择题			★★	5
		多项选择题			多项选择题	2	二(84)、P₂₇₂	多项选择题			多项选择题			★★★	

续表

章节	小节	题型	数量	题号	题型	数量	题号	题型	数量	题号	题型	数量	题号	重要程度	分值
	工伤保险待遇的规定	单项选择题	1	一(52)、P_{278}~P_{281}	单项选择题	1	一(46)、P_{279}	单项选择题	1	一(49)、P_{278}~P_{279}	单项选择题	2	一(46)、P_{280} 一(47)、P_{279}	★★ ★★★	5
		多项选择题			多项选择题			多项选择题			多项选择题				
第十一节 工伤保险条例	工伤和劳动能力鉴定的规定	单项选择题	1	一(50)、P_{277}~P_{278}	单项选择题	2	一(47)、P_{277}~P_{278} 一(48)、P_{277}	单项选择题	1	一(48)、P_{277}~P_{278}	单项选择题			★★ ★★★	5
		多项选择题	2	二(84)、P_{276}	多项选择题	2	二(84)、P_{276}	多项选择题	2	二(85)、P_{276}~P_{277}	多项选择题	2	二(81)、P_{276}	★★	2
	工伤保险违法行为应负的法律责任	单项选择题	1	一(51)、P_{282}	单项选择题			单项选择题			单项选择题			★	1
		多项选择题			多项选择题			多项选择题			多项选择题				
第六章 安全生产部门规章	第一节 注册安全工程师执业资格制度暂行规定	单项选择题			单项选择题	1	一(49)、P_{292}	单项选择题	1	一(51)、P_{292}	单项选择题	1	一(50)、P_{292}	★★ ★★★	5
		多项选择题			多项选择题			多项选择题			多项选择题				
	第二节 注册安全工程师管理规定	单项选择题	2	一(53)、P_{290} 一(54)、P_{289}	单项选择题	1	一(50)、P_{290}	单项选择题			单项选择题	1	一(51)、P_{290}	★★ ★★★	5
		多项选择题			多项选择题			多项选择题			多项选择题				

续表

章节	知识点	题型	年份1 数量	年份1 题号	题型	年份2 数量	年份2 题号	题型	年份3 数量	年份3 题号	题型	年份4 数量	年份4 题号	重要度	分值
	注册安全工程师注册管理的基本要求	单项选择题			单项选择题			单项选择题			单项选择题			★★	5
		多项选择题	2	二(85)、P_{288}~P_{289}	多项选择题	2	二(85)、P_{288}~P_{289}	多项选择题			多项选择题			★★★	
第三节 生产经营单位安全培训规定	主要负责人、安全生产管理人员的安全培训	单项选择题	2		单项选择题	2	一(51)、P_{297} 一(52)、P_{296}	单项选择题	1		单项选择题	2	一(52)、P_{296} 一(53)、P_{296}	★★	5
		多项选择题			多项选择题			多项选择题	1		多项选择题			★★★	
	其他从业人员的安全培训	单项选择题	2	一(55)、P_{298} 一(56)、P_{297}~P_{299}	单项选择题			单项选择题	1	一(53)、P_{298}	单项选择题			★★	5
		多项选择题			多项选择题			多项选择题			多项选择题			★★★	
第四节 特种作业人员安全技术培训考核管理规定	特种作业操作证的复审	单项选择题	1	一(57)、P_{307}	单项选择题	1	一(53)、P_{307}	单项选择题	1	一(54)、P_{307}	单项选择题	1	一(54)、P_{307}	★★	5
		多项选择题			多项选择题			多项选择题			多项选择题			★★★	
	特种作业人员的考核发证	单项选择题			单项选择题			单项选择题			单项选择题	1	一(55)、P_{306}	★★	2
		多项选择题			多项选择题			多项选择题			多项选择题				
	特种作业操作证的监督管理	单项选择题			单项选择题			单项选择题	1	一(55)、P_{308}	单项选择题			★★	2
		多项选择题			多项选择题			多项选择题			多项选择题				

续表

章节	知识点	题型	题量	题号	题型	题量	题号	题型	题量	题号	题型	题量	题号	题型	题量	题号	题型	题量	题号	重要程度
第五节 劳动防护用品监督管理规定	劳动防护用品的配备与使用的规定	单项选择题	1	一、(58)、$P_{312} \sim P_{313}$	单项选择题	1	一、(54)、$P_{312} \sim P_{313}$	单项选择题	1	一、(56)、$P_{312} \sim P_{313}$	单项选择题	1	一、(56)、P_{313}							★★★★★ 5
		多项选择题			多项选择题			多项选择题			多项选择题									
第六节 作业场所职业危害申报管理办法	职业危害申报	单项选择题	1	一、(59)、P_{316}	单项选择题	1	一、(55)、P_{316}	单项选择题	1	一、(57)、P_{316}	单项选择题	1	一、(57)、P_{316}							★★★★★ 5
		多项选择题			多项选择题			多项选择题			多项选择题									
第七节 建设工程消防监督管理规定	消防设计、竣工验收备案抽查	单项选择题			单项选择题			单项选择题			单项选择题									★★★★ 4
		多项选择题			多项选择题			多项选择题			多项选择题									
	消防设计和施工的质量责任	单项选择题	1	一、(61)、P_{318}	单项选择题	1	一、(56)、P_{318}	单项选择题	1	一、(58)、P_{318}	单项选择题		一、(58)、P_{322}							★★★★★ 5
		多项选择题			多项选择题			多项选择题			多项选择题		二、(59)、P_{322}							
	消防设计审核和消防验收	单项选择题	1	一、(60)、P_{319}	单项选择题	1	一、(57)、P_{319}	单项选择题	1	一、(59)、P_{319}										★★★★★ 5
		多项选择题			多项选择题			多项选择题												
第八节 安全生产事故隐患排查治理暂行规定	事故隐患排查治理	单项选择题	2	一、(12)、$P_{326} \sim P_{327}$ 一、(62)、$P_{325} \sim P_{327}$	单项选择题	2	一、(58)、$P_{326} \sim P_{327}$	单项选择题	2	一、(60)、$P_{325} \sim P_{326}$ 一、(61)、P_{326}	单项选择题		一、(60)、P_{325} 一、(61)、P_{327}							★★★★★ 5
		多项选择题			多项选择题			多项选择题			多项选择题									

续表

章节	知识点	题型		题型		题型		题型		题型	重要程度	合计
		题型	题号	题型	题号	题型	题号	题型	题号			
第九节 生产安全事故应急预案管理办法	应急预案的实施	单项选择题		单项选择题	一(59)、P₃₃₁	单项选择题		单项选择题	一(63)、P₃₃₁	单项选择题 一(62)、P₃₃₁	★★	5
		多项选择题		多项选择题		多项选择题		多项选择题		多项选择题 一(63)、P₃₃₁	★★★	
	应急预案的编制	单项选择题	1 一(64)、P₃₂₈	单项选择题	1 一(60)、P₃₂₉	单项选择题	1	单项选择题	一(62)、P₃₂₈	单项选择题	★★★	5
		多项选择题		多项选择题		多项选择题		多项选择题		多项选择题		
	应急预案的评审	单项选择题	1 一(63)、P₃₂₉	单项选择题		单项选择题		单项选择题		单项选择题	★	2
		多项选择题		多项选择题		多项选择题		多项选择题		多项选择题		
第十节 生产安全事故信息报告和处置办法	生产安全事故的报告	单项选择题	1 一(65)、P₃₃₂	单项选择题		单项选择题	1 一(65)、P₃₃₂	单项选择题		单项选择题 一(48)、P₃₃₄	★★★	5
		多项选择题		多项选择题		多项选择题		多项选择题	2	多项选择题 一(65)、P₃₃₂		
	举报事故信息的处置	单项选择题		单项选择题		单项选择题		单项选择题	1	单项选择题 一(64)、P₃₃₄	★★	2
		多项选择题		多项选择题		多项选择题		多项选择题		多项选择题		
	较大涉险事故的范围	单项选择题		单项选择题	1 一(61)、P₃₃₂	单项选择题		单项选择题	一(64)、P₃₃₂	单项选择题	★★	4
		多项选择题		多项选择题		多项选择题		多项选择题		多项选择题		

续表

章节	考点	题型		年份A		年份B		年份C		年份D	重要性	题量
第十一节 安全评价机构管理规定	安全评价机构资质	单项选择题	多项选择题							一(66)、P_{337}	★★	4
	资质审批程序	单项选择题	多项选择题			1	一(66)、P_{339}				★★	2
	安全评价业务活动	单项选择题	多项选择题	2	一(66)、P_{340}~P_{341} 一(67)、P_{341}	1	一(66)、P_{337}	1		一(67)、P_{341}	★★ ★★★	5
	取得资质的条件	单项选择题	多项选择题	1	一(62)、P_{338}	1	一(67)、P_{338}	1			★★	4
	安全评价机构违法行为的处罚	单项选择题	多项选择题	1 2	一(12)、P_{343} 二(72)、P_{343}	2	一(74)、P_{343}	1			★★ ★★★	5
第十二节 建设项目安全"三同时"管理暂行办法	建设项目违反"三同时"管理的处罚	单项选择题	多项选择题					1		一(68)、P_{351}	★★	2
	建设项目安全设施设计审查	单项选择题	多项选择题							一(69)、P_{347}	★★	2

续表

								续表
	建设项目安全条件论证与安全预评价	单项选择题	1	一(70)、P$_{345}$~P$_{346}$	单项选择题	1	一(64)、P$_{345}$~P$_{346}$ 一(65)、P$_{346}$	单项选择题		★★★	5
		多项选择题			多项选择题	2		多项选择题	一(68)、P$_{345}$	★★★	
	建设项目安全设施施工和竣工验收	单项选择题	1	一(69)、P$_{349}$	单项选择题	1	一(66)、P$_{348}$~P$_{349}$	单项选择题	一(69)、P$_{349}$	★★★	5
		多项选择题			多项选择题			多项选择题		★★★	
第七章 安全生产标准体系	第一节 安全标准概述 安全生产标准的分类	单项选择题			单项选择题			单项选择题		★	2
		多项选择题			多项选择题			多项选择题		★	
	第二节 安全生产标准体系 安全生产标准制订、修订程序	单项选择题			单项选择题	1		单项选择题	一(70)、P$_{360}$	★★	2
		多项选择题			多项选择题			多项选择题	一(70)、P$_{357}$	★★	

21